딱! 2주!

진짜 한 권으로 끝내는

JLPT N4

황선아
히야마쇼타
시원스쿨어학연구소 지음

2023년 12월
최신 기출 유형
완벽 반영

S 시원스쿨닷컴

진짜 한 권으로 끝내는
JLPT N4

초판 1쇄 발행 2020년 9월 22일
7쇄 발행 2024년 4월 17일

지은이 황선아 히야마쇼타 시원스쿨어학연구소
펴낸곳 (주)에스제이더블유인터내셔널
펴낸이 양홍걸 이시원

홈페이지 www.siwonschool.com
주소 서울시 영등포구 영신로 166 시원스쿨
교재 구입 문의 02)2014-8151
고객센터 02)6409-0878

ISBN 979-11-6150-396-7
Number 1-310113-18181800-02

머리말

수험서는 왜 두꺼워야 할까요?

　항상 두꺼운 책을 들고 다니는 학생분들을 보면서 많은 고민을 하게 되었습니다. '혹시나 시험에서 놓치는 부분이 있지는 않을까?'하는 불안감 때문인지 다 외울 수도 없는 교재를 갖고만 계시지 않나요? 그래서 저는 학습자분들을 위해서 무엇을 할 수 있을까를 고민하다가 2010년도~2023년도 약 20회 분량의 기출문제를 연구하기 시작했습니다. 아직까지 자신 있게 '이 방법이 답이에요'라고 말할 수는 없지만, 반복되는 어휘와 문법을 수집하고 오래 기억할 수 있도록 카테고리별로 나누어 보니 '2주면 충분하겠구나' 하는 결론을 내렸습니다.

　JLPT N4는 일상생활에서 많이 사용하는 기본적인 어휘와 한자로 쓰여진 문장을 읽고 이해할 수 있는 능력을 요구합니다. 따라서 본 교재는 JLPT 준비뿐 아니라 일상생활에서 원활하게 의사소통을 할 수 있도록 일본어 능력을 또한 향상시켜 줄 것입니다.

　늘 학습자 입장에서 고민하고 또 고민하며 저자로서 학습자분들에게 어떤 도움을 드릴 수 있을지 그 답을 찾아가도록 노력하겠습니다. 먼발치가 아닌 여러분의 가까이에서 궁금증을 해결해 드리고 응원하겠습니다. 집필 기간 동안 옆에서 아낌없는 지지와 응원을 해 준 가족들과 좋은 교재를 출간할 수 있도록 기회를 주신 시원스쿨 관계자분들께도 이 자리를 빌려 감사의 말씀을 전합니다.

　この本は、日本語能力試験N4の合格を目指す皆さんに、少しでもお役に立てるように作られた本です。

　日本語能力試験は、2010年に改訂されて以降、試験の内容や出題の基準が公開されなくなったため、対策をするのが非常に難しくなりました。しかしこの本では、様々な研究、予想が徹底的にしてあります。基礎的な知識を使った問題から応用問題まで幅広く問題をご用意しているので、この本で勉強することで、着実に合格に近づけます。

　JLPT N4は、日本語の初級文法の学習を一通り終わった方なら合格できる水準です。また、中級へとつながる段階でもあるので、これからさらに上のレベルを目指していく方は、このJLPT N4の水準の文法や語彙、漢字はしっかり押さえておかなければなりません。ぜひこの本を通して基礎をしっかり固めて、JLPT N4に合格してください。応援しています！

2020년 9월 황선아, 히야마 쇼타

JLPT 개요

■ JLPT(日本語能力試験 일본어능력시험)란?

일본 국내 및 해외에서 일본어를 모국어로 하지 않는 사람을 대상으로 일본어 능력을 객관적으로 측정하고 인정하는 것을 목적으로 하는 시험입니다. 급수가 없는 JPT와는 달리 JLPT는 N1부터 N5까지 총 다섯 가지 레벨로 나뉘어 있으며 N1이 가장 난이도가 높은 레벨입니다. 시험에 합격하기 위해서는 '득점 구분 별 득점'과 '종합 득점' 두 가지의 점수가 필요합니다. 즉 과락 제도가 있으며 '득점 등화'라고 하는 상대 평가의 방식으로 채점이 시행됩니다. 시험은 7월과 12월, 총 연 2회 실시되며, 접수는 각각 4월, 9월부터 진행됩니다.

■ 출제유형과 시간 및 득점표

레벨	유형	교시	시간		득점 범위	종합 득점
N1	언어지식(문자·어휘·문법)	1교시	110분	165분	0~60	180
	독해				0~60	
	청해	2교시	55분		0~60	
N2	언어지식(문자·어휘·문법)	1교시	105분	155분	0~60	180
	독해				0~60	
	청해	2교시	50분		0~60	
N3	언어지식(문자·어휘)	1교시	100분	140분	0~60	180
	언어지식(문법) / 독해				0~60	
	청해	2교시	40분		0~60	
N4	언어지식(문자·어휘)	1교시	80분	115분	0~120	180
	언어지식(문법) / 독해					
	청해	2교시	35분		0~60	
N5	언어지식(문자·어휘)	1교시	60분	90분	0~120	180
	언어지식(문법) / 독해					
	청해	2교시	30분		0~60	

※ N3, N4, N5의 경우, 1교시에 언어지식(문자·어휘)과 언어지식(문법)/독해가 연결 실시됩니다.
※ 1교시 결시자는 2교시(청해) 시험에 응시가 불가합니다.

■ 레벨별 인정 기준

레벨	유형	인정 기준
N1	언어지식(문자·어휘·문법) 독해	논리적으로 약간 복잡하고 추상도가 높은 문장을 읽고 문장의 구성과 내용을 이해할 수 있으며, 다양한 화제의 글을 읽고 이야기의 흐름이나 상세한 표현 의도 또한 이해할 수 있음
	청해	자연스러운 속도로 읽어 주는 체계적인 내용의 회화나 뉴스, 강의를 듣고 내용의 흐름 및 등장인물의 관계나 내용의 논리구성 등을 상세히 이해하거나 요지를 파악할 수 있음
N2	언어지식(문자·어휘·문법) 독해	신문이나 잡지의 기사나 해설, 평이한 평론 등 논지가 명쾌한 문장을 읽고 문장의 내용을 이해할 수 있으며, 일반적인 화제에 관한 글을 읽고 이야기의 흐름이나 표현 의도를 이해할 수 있음
	청해	자연스러운 속도로 읽어 주는 체계적인 내용의 회화나 뉴스를 듣고 내용의 흐름 및 등장인물의 관계를 이해하거나 요지를 파악할 수 있음
N3	언어지식(문자·어휘·문법) 독해	일상적인 화제의 구체적인 내용을 나타내는 문장을 읽고 이해할 수 있으며 신문의 기사제목 등에서 정보의 개요를 파악할 수 있음. 일상적인 장면에서 난이도가 약간 높은 문장을 바꿔 제시하며 요지를 이해할 수 있음
	청해	자연스러운 속도로 읽어 주는 체계적인 내용의 회화를 듣고 등장인물의 관계 등 이야기의 구체적인 내용을 거의 이해할 수 있음
N4	언어지식(문자·어휘·문법) 독해	일상생활에서 흔하게 일어나는 화제를 기본적인 어휘나 한자로 쓴 문장을 읽고 이해할 수 있음
	청해	다소 느린 속도로 읽어 주는 일상적인 장면에서의 회화를 통해 대부분의 내용을 이해할 수 있음
N5	언어지식(문자·어휘·문법) 독해	히라가나나 가타카나, 일상생활에서 사용되는 기본적인 한자로 쓰여진 정형화된 어구나 문장을 읽고 이해할 수 있음
	청해	느리고 짧은 속도로 읽어 주는 일상생활에서 자주 접하는 장면에서의 회화로부터 필요한 정보를 얻어낼 수 있음

■ 시험 당일 필수 준비물

①신분증(주민등록증, 여권, 운전면허증, 주민등록발급 신청 확인서 등), ②수험표, ③필기도구(연필, 지우개)

이 책의 구성

이 책의 특징

'진짜 한 권 JLPT N4'만의 쉽고 빠른 2주 특급 처방으로 JLPT 학습을 서포트합니다.

✅ 3단계 특급 처방으로 JLPT 입문자도 쉽게 시작할 수 있도록 구성해 놓았습니다.
✅ 2주 학습 플랜으로 단기간에 JLPT N4를 마스터할 수 있도록 하였습니다.
✅ 2010~2023년 기출 어휘와 문법을 제시하여 실전에 빠르게 대비할 수 있습니다.

📷 첫째, 긴급처방

두꺼운 책 NO! 길고 지루한 해설 NO!

진짜 한 권의 자신감으로 꽉꽉 채운 2주 학습 플랜 제공

테마별 필수 어휘 · 필수 문형 2주 완성
2010~2023 최신 기출 단어 · 문형 수록

✏️ 둘째, 맞춤처방

23년도 7월 시험까지의 최신 기출 분석·반영!

언어지식부터 독해, 청해까지 빅데이터 분석을 통한 예상문제 제시!
실전보다 더 실전처럼 대비할 수 있는 맞춤 난이도로 출제!

✎ 셋째, 만점처방

JLPT 초급 학습자의 벽, 밀착 케어로 극복!

JLPT N4 합격과 N3 준비를 한번에 완성!
디테일한 해설로 문제 풀이 노하우까지!

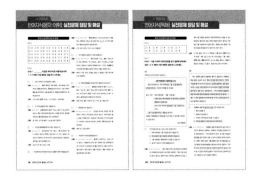

특별 부록 📲

❶ 실전 모의테스트 2회분 + 저자의 무료 해설 강의

실전 모의테스트 무료 해설강의로 문제 풀이 노하우까지 전격 공개!

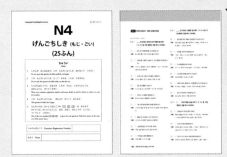

저자 직강 무료 해설 강의는 유튜브
에서 '진짜 한 권' 혹은 '진짜 한 권
JLPT N4'로 검색해 주세요.

❷ 셀프 테스트 어휘·문법 PDF 다운로드

PDF와 MP3는 시원스쿨 일본어
홈페이지(japan.siwonschool.com)의
수강신청>교재/MP3에서 무료 다운로드
받을 수 있습니다.

❹ 기초 문법 활용표 제공

❸ MP3 무료 다운로드

목차

PART 1 언어지식[문자·어휘]

PART 2 언어지식[문법]

PART 3 독해

PART 4 청해

별책 부록

'진짜 한 권으로 끝내는 JLPT N4'의 특급 처방 활용법

■ 기초 문법 활용 체크하기

공부 시작하기 전에 기초 문법을 기억하고 있는지 체크해
봅시다.

■ 긴급처방 활용법

일본어능력시험 N4는 문자 · 어휘/문법이 반복해서 출제
되므로, 표기해 놓은 기출 연도를 꼭 확인해 주세요.

■ 맞춤처방 활용법

실전에 대비할 수 있도록 시간을 표기해 놓았습니다.
시간을 체크하면서 명품 문제를 풀어보세요.

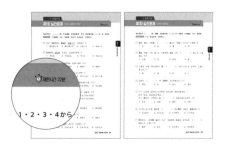

■ 만점처방 활용법

혼자서도 공부할 수 있도록 꼼꼼하게 해설을 달아 놓았습
니다. 주의 사항을 꼭 확인해 주세요.

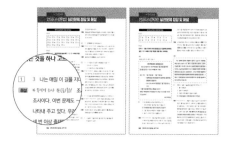

■ 실전 모의테스트로
  파이널 체크하기

저자 직강 무료 해설 강의에서
만점 노하우를 알려드립니다.

> 유튜브에서 '진짜 한 권' 혹은 '진짜
> 한 권 JLPT N4'로 검색해 주세요.

■ 셀프 테스트
  어휘 · 문법 체크하기

학습 플랜

두꺼운 책 NO! 길고 지루한 해설 NO! 히라가나부터 JLPT N4 합격까지 2주로 충분한 이유!

① JLPT N4 문자·어휘의 수는 어떤 교재든 동일합니다.

오랫동안 기억할 수 있도록 테마별로 어휘를 나누어 봤더니 2주로 충분했습니다.

② JLPT N4 문법은 기출 빅데이터를 철저하게 분석하여 중요한 것만 제시합니다.

10년간의 출제된 문법을 분류하고, 비슷한 문형을 묶으면 2주로도 충분합니다.

③ JLPT N4 독해와 청해는 노하우만 알면 됩니다.

독해와 청해 파트에서 필요한 정보를 잘 찾아낼 수 있는 노하우를 알려드립니다.

■ 진짜 한 권만의 쉽고 빠른 특급 처방 2주 계획표

*1회독하면서 나의 실력 체크 란에 √표시하고, 2회독 때 어려움에 표시된 부분 먼저 공부하세요.

2주 플랜	학습 내용	학습한 날짜		나의 실력 체크		
		1회독	2회독	쉬움	보통	어려움
DAY1	문자·어휘 긴급처방 DAY1 p.20					
	문법 긴급처방 DAY1 p.114					
	문자·어휘 맞춤처방 제1회 실전문제 p.59					
	독해 맞춤처방 제1회 실전문제 문제4 p.222~225					
DAY2	문자·어휘 긴급처방 DAY2 p.22					
	문법 긴급처방 DAY2 p.120					
	문자·어휘 맞춤처방 제2회 실전문제 p.64					
	독해 맞춤처방 제1회 실전문제 문제5 p.226~227					
DAY3	문자·어휘 긴급처방 DAY3 p.24					
	문법 긴급처방 DAY3 p.122					
	문자·어휘 맞춤처방 제3회 실전문제 p.69					
	독해 맞춤처방 제1회 실전문제 문제6 p.228-229					
DAY4	문자·어휘 긴급처방 DAY4 p.26					
	문법 긴급처방 DAY4 p.125					
	문자·어휘 맞춤처방 제4회 실전문제 p.74					
	독해 맞춤처방 제2회 실전문제 문제4 p.230~233					
DAY5	문자·어휘 긴급처방 DAY5 p.28					
	문법 긴급처방 DAY5 p.128					
	문자·어휘 맞춤처방 제5회 실전문제 p.79					
	독해 맞춤처방 제2회 실전문제 문제5 p.234~235					

시원스쿨의 2주 학습 플랜이 여러분의 JLPT 학습을 서포트하겠습니다.

기초 문법 활용표

공부 시작하기 전에 기초 문법을 기억하고 있는지 체크해 봅시다.

1 명사문의 패턴

구분	보통체(반말)		정중체	
긍정	本だ	책이다	本です	책입니다
부정	本では ない	책이 아니다	本では ありません では ないです	책이 아닙니다
과거	本だった	책이었다	本でした だったです (X)	책이었습니다
과거 부정	本では なかった	책이 아니었다	本では ありませんでした では なかったです	책이 아니었습니다

- ✅ では는 じゃ로 교체할 수 있으며, 회화에서는 じゃ를 더 많이 사용한다.
- ✅ ありません은 ないです로 교체 할 수 있다.
- ✅ ありませんでした는 なかったです로 교체할 수 있다.

2 い형용사의 패턴

い형용사란? 형용사는 명사를 수식하는 역할을 하며 주로 성질이나 상태를 나타냅니다. 그 중 끝이 い로 끝나는 형용사를 い형용사라고 합니다.

구분	보통체(반말)		정중체	
긍정	やすい	싸다	やすいです	쌉니다
부정	やすく ない	싸지 않다	やすく ありません く ないです	싸지 않습니다
과거	やすかった	쌌다	やすかったです でした(X)	쌌습니다
과거 부정	やすく なかった	싸지 않았다	やすく ありませんでした く なかったです	싸지 않았습니다

3 いい・よい(좋다)의 활용

구분	보통체(반말)		정중체	
긍정	いい・よい	좋다	いいです・よいです	좋습니다
부정	よくない	좋지 않다	よくありません よくないです	좋지 않습니다
과거	よかった	좋았다	よかったです	좋았습니다
과거 부정	よくなかった	좋지 않았다	よくありませんでした よくなかったです	좋지 않았습니다

✅ '좋다'라는 い형용사는 いい 혹은 よい라고 하는데, 활용할 때에는 꼭 よい를 사용한다.

4 な형용사의 패턴

な형용사란? 끝이 だ로 끝나고, 명사를 수식할 때 な로 바뀌는 형용사를 な형용사라고 합니다.

구분	보통체(반말)		정중체	
긍정	すきだ	좋아하다	すきです	좋아합니다
부정	すきではない	좋아하지 않다	すきではありません ではないです	좋아하지 않습니다
과거	すきだった	좋아했다	すきでした	좋아했습니다
과거 부정	すきではなかった	좋아하지 않았다	すきではありませんでした ではなかったです	좋아하지 않았습니다

✅ では는 じゃ로 교체할 수 있으며, 회화에서는 じゃ를 더 많이 사용한다.

✅ ありません은 ないです로 교체할 수 있다.

✅ ありませんでした는 なかったです로 교체할 수 있다.

5 동사의 특징과 분류

➕ 동사의 특징: 동사는 1그룹, 2그룹, 3그룹으로 나뉘며, 항상 う단으로 끝난다.

う단	う u	く ku	ぐ gu	す su	つ tsu	ぬ nu	ぶ bu	む mu	る ru

➕ 동사의 분류: 3그룹 ➡ 2그룹 ➡ 1그룹 순으로 외우면 쉽다.

1그룹 동사	☑ う단으로 끝난다. ☑ 2그룹과 3그룹을 제외한 동사	예 かう 사다 | たつ 서다 | のる 타다 のむ 마시다 | あそぶ 놀다 | かく 쓰다 いそぐ 서두르다 | はなす 말하다 ➕ **긴급처방!** 예외 1그룹 동사: 2그룹인 것 같지만 1그룹인 동사 예 かえる 돌아가(오)다 | しる 알다 | はいる 들어가(오)다 | はしる 달리다 | きる 자르다 | いる 필요하다
2그룹 동사	☑ る로 끝난다. ☑ る앞에 い・え단이 오는 동사	예 みる 보다 | ねる 자다 | おきる 일어나다
3그룹 동사	☑ 불규칙 동사(두 개뿐이다)	예 する 하다 | くる 오다

PART 1

N4 언어지식(문자·어휘)

 제1장 **긴급처방** 필수 문자·어휘

 제2장 **맞춤처방** 실전문제

 제3장 **만점처방** 정답 및 해설

진짜 한 권으로 끝내는 JLPT **N4**

★ 시작하기 전 공략 TIP

문자·어휘 파트는 어휘 암기가 열쇠!
긴급처방 최신어휘 2주 프로그램으로 효과적 암기!

최신 어휘
반영

테마별
분류

2주
단기 완성

★ 미리 확인하는 시험 영역

N4 언어지식의 '문자·어휘' 파트는 총 5개입니다.

⊘ **문제1**   한자읽기

⊘ **문제2**   표기

⊘ **문제3**   문맥규정

⊘ **문제4**   유의표현

⊘ **문제5**   용법

제1장 긴급처방

필수 문자·어휘

-테마별 2주 완성-

긴급처방

DAY 1 위치와 장소

명사

✔ 어휘 옆 숫자는 기출 연도

☐ 間	あいだ	동안, 사이
☐ 駅 ⑪	えき	역
☐ 銀行	ぎんこう	은행
☐ 公園	こうえん	공원
☐ 食堂 ⑪㉑	しょくどう	식당
☐ 近く	ちかく	근처
☐ 遠く	とおく	먼 곳, 멀리
☐ 所	ところ	곳
☐ 病院	びょういん	병원
☐ 東	ひがし	동쪽
☐ 西	にし	서쪽
☐ 南	みなみ	남쪽
☐ 北	きた	북쪽
☐ かいじょう ㉓	(会場)	회장, 모임 장소
☐ きょうかい	(教会)	교회
☐ しま	(島)	섬
☐ じんじゃ	(神社)	신사
☐ てら	(寺)	절
☐ ひろば	(広場)	광장
☐ まんなか	(真ん中)	한가운데
☐ りょうほう	(両方)	양쪽
☐ うち	(内)	(범위) 내

☐ 売り場 ⑭	うりば	매장
☐ 会社	かいしゃ	회사
☐ 近所 ⑬⑭	きんじょ	근처
☐ 工場 ⑬㉓	こうじょう	공장
☐ 建物	たてもの	건물
☐ 動物園	どうぶつえん	동물원
☐ 都会 ⑱	とかい	도회, 도시
☐ 場所 ⑪	ばしょ	장소
☐ 本屋 ⑭	ほんや	책방, 서점
☐ 港 ⑪	みなと	항구
☐ 店	みせ	가게
☐ 旅館 ⑩⑲	りょかん	여관
☐ いなか	(田舎)	시골
☐ きっさてん	(喫茶店)	찻집
☐ おみやげ ⑮⑯⑱	(お土産)	기념품, 토산품
☐ けっこんしき	(結婚式)	결혼식
☐ じむしょ	(事務所)	사무실
☐ たいしかん	(大使館)	대사관
☐ びよういん	(美容院)	미용실
☐ まわり	(周り)	주변
☐ おもて	(表)	겉, 표면
☐ うら	(裏)	뒤, 뒷면

🔖 동사

☐ 会う	あう	만나다	
☐ 着く ⑮㉓	つく	도착하다	
☐ かえる	(変える)	바꾸다	
☐ すく ⑬	(空く)	(공간이) 비다, 허기지다	
☐ まちがえる	(間違える)	잘못 알다, 틀리다	
☐ まわる	(回る)	돌다, 돌아다니다	
☐ よる	(寄る)	들르다	

☐ 送る ⑩⑪⑬⑭	おくる	보내다	
☐ 待つ ⑪⑬⑮㉓	まつ	기다리다	
☐ かわる	(変わる)	변하다	
☐ ならぶ	(並ぶ)	늘어서다, 줄을 서다	
☐ まよう	(迷う)	망설이다, 헤매다	
☐ むかう	(向かう)	향하다	
☐ わたる	(渡る)	건너다	

🔖 イ형용사

☐ 近い ㉑	ちかい	가깝다	
☐ 広い	ひろい	넓다	

☐ 遠い ⑩⑮㉑	とおい	멀다	
☐ 古い	ふるい	오래되다	

🔖 ナ형용사

☐ 静かだ ⑫	しずかだ	조용하다	
☐ にぎやかだ ⑪		떠들썩하다, 번화하다	

☐ 有名だ	ゆうめいだ	유명하다	

🧰 긴급처방 공부법

☐ 港 ⑪	みなと	항구	

한자가 먼저 제시된 단어
한자읽기와 표기에 자주 출제되는 어휘로
먼저 ①한자를 외우고 ②읽는 법과 의미를 익힙니다.

☐ すく ⑬	(空く)	(공간이) 비다, 허기지다	

읽는 법이 먼저 제시된 단어
문맥규정과 유의표현에 자주 출제되는 의미
가 중요한 어휘입니다. 괄호 안의 한자는 N3
단계에서 익힙니다.

긴급처방

DAY 2 일과 직업

명사

✓ 어휘 옆 숫자는 기출 연도

☐	駅員 ⑬	えきいん	역무원
☐	会議する	かいぎ	회의하다
☐	計画する ⑮㉑	けいかく	계획하다
☐	仕事する ⑫	しごと	일하다
☐	店員 ⑪	てんいん	점원
☐	話	はなし	이야기
☐	おきゃくさん	(お客さん)	손님
☐	かちょう	(課長)	과장
☐	きかい	(機会)	기회
☐	きょうそうする	(競争)	경쟁하다
☐	けっか ⑮㉑	(結果)	결과
☐	こうむいん	(公務員)	공무원
☐	つもり		생각, 작정, 의도
☐	はいしゃ	(歯医者)	치과 의사
☐	ふうとう	(封筒)	봉투
☐	もくてき	(目的)	목적
☐	ゆめ	(夢)	꿈
☐	医者 ⑬	いしゃ	의사
☐	係り ⑭	かかり	담당 직원
☐	手紙	てがみ	편지
☐	社員	しゃいん	사원
☐	場合	ばあい	경우, 사정
☐	用事 ⑮	ようじ	용무
☐	がか	(画家)	화가
☐	かんごし	(看護師)	간호사
☐	きって	(切手)	우표
☐	けいさつ	(警察)	경찰
☐	げんいん	(原因)	원인
☐	しゃちょう	(社長)	사장
☐	てんちょう	(店長)	점장
☐	ぶちょう	(部長)	부장
☐	へんじする	(返事)	답장, 대답하다
☐	やくそくする ⑭	(約束)	약속하다
☐	りゆう ⑬⑮㉒	(理由)	이유

PART 1 언어지식(문자·어휘)

🖊 동사

☐ 言う	いう	말하다	
☐ 終わる ⑭	おわる	끝나다	
☐ 進む ⑭⑳㉑㉒	すすむ	진행되다	
☐ 運ぶ ⑩㉓	はこぶ	나르다, 운반하다	
☐ うけとる	(受け取る)	받다, 수취하다	
☐ たしかめる	(確かめる)	확인하다	
☐ てつだう ⑬㉓	(手伝う)	돕다	
☐ にあう ⑩⑬⑲	(似合う)	어울리다	
☐ もどる ⑬	(戻る)	되돌아가(오)다	

☐ 急ぐ ⑬⑮	いそぐ	서두르다
☐ 調べる ⑭⑲㉑	しらべる	조사하다
☐ 習う ⑭⑳㉑	ならう	배우다
☐ 働く	はたらく	일하다
☐ さがす ⑬	(探す)	찾다
☐ つとめる	(勤める)	근무하다
☐ なれる ⑬	(慣れる)	익숙해지다
☐ まもる	(守る)	지키다

🖊 イ형용사

☐ 忙しい	いそがしい	바쁘다

☐ 正しい	ただしい	바르다, 옳다

🖊 ナ형용사

☐ 無理だ	むりだ	무리하다
☐ とくべつだ ⑲㉒	(特別だ)	특별하다
☐ まじめだ ⑪⑬	(真面目だ)	성실하다

☐ ざんねんだ ⑬⑮㉓	(残念だ)	유감스럽다
☐ ひまだ	(暇だ)	한가하다

긴급처방

DAY 3 집과 일상

명사

✓ 어휘 옆 숫자는 기출 연도

□	屋上 ⑫	おくじょう	옥상
□	紙 ⑫⑱	かみ	종이
□	世話 ⑬⑭㉓	せわ	보살핌, 신세
□	台所	だいどころ	부엌
□	机 ⑫⑳	つくえ	책상
□	日記 ⑪⑮⑳	にっき	일기
□	部屋	へや	방
□	おしいれ	(押し入れ)	붙박이장
□	おもちゃ		장난감
□	かじ	(家事)	가사
□	かべ	(壁)	벽
□	ごみ		쓰레기
□	せんたくき	(洗濯機)	세탁기
□	たな	(棚)	선반
□	でんとう	(電灯)	전등
□	にもつ	(荷物)	짐
□	ひきだし	(引き出し)	서랍, 인출
□	まつり	(祭り)	축제

□	お宅	おたく	댁
□	水道 ⑫	すいどう	수도(상수도)
□	洗濯する ⑬⑳	せんたく	세탁하다
□	地下	ちか	지하
□	電気	でんき	전기, 전등
□	人形	にんぎょう	인형
□	門	もん	문
□	かがみ	(鏡)	거울
□	かでん	(家電)	가전
□	こしょうする ⑫㉑	(故障)	고장나다
□	じゃまする		방해, 훼방하다
□	そうじ	(掃除)	청소
□	だんぼう	(暖房)	난방
□	れいぼう	(冷房)	냉방
□	どろぼう		도둑
□	ばんぐみ	(番組)	프로그램
□	ふとん		이불
□	るす ⑪⑮	(留守)	부재중

ナ형용사

□	必要だ	ひつようだ	필요하다
□	けっこうだ	(結構だ)	괜찮다
□	いやだ	(嫌だ)	싫다
□	きれいだ		깨끗하다, 예쁘다

동사

☐	洗う	あらう	씻다, 빨래하다
☐	起きる	おきる	일어나다
☐	思う	おもう	생각하다
☐	貸す ⑮	かす	빌려주다
☐	住む ⑫⑮	すむ	살다
☐	なる ⑩	(鳴る)	(전화가) 울리다
☐	おどろく ⑬	(驚く)	놀라다
☐	かわく	(乾く)	마르다, 건조되다
☐	さわる ⑪		만지다
☐	たずねる	(訪ねる)	방문하다
☐	つつむ ⑫	(包む)	싸다, 포장하다
☐	でかける	(出かける)	외출하다
☐	はく	(掃く)	쓸다
☐	ふく	(拭く)	닦다, 걸레질하다
☐	わらう	(笑う)	웃다
☐	歩く ⑪	あるく	걷다
☐	置く	おく	놓다, 두다
☐	返す	かえす	돌려주다, 반납하다
☐	借りる	かりる	빌리다
☐	眠る ⑲	ねむる	잠자다, 잠들다
☐	いきる	(生きる)	살다, 생존하다
☐	かざる ⑪	(飾る)	장식하다
☐	くる ⑩	(来る)	오다
☐	しかる ⑪⑭㉓		혼내다
☐	つく	(付く)	붙다
☐	つける	(付ける)	붙이다, (불 등을) 켜다
☐	ねる	(寝る)	자다, 눕다
☐	ひっこす ⑫㉒	(引っ越す)	이사하다
☐	よろこぶ ⑳	(喜ぶ)	기뻐하다

イ형용사

☐	重い ⑫⑭⑲	おもい	무겁다
☐	うれしい	(嬉しい)	기쁘다
☐	きたない ⑭		더럽다, 지저분하다
☐	さびしい ㉒		쓸쓸하다, 적적하다
☐	軽い ⑫⑭㉒	かるい	가볍다
☐	かなしい	(悲しい)	슬프다
☐	こわい	(怖い)	무섭다
☐	せまい ㉑	(狭い)	좁다

긴급처방

DAY 4 날씨와 자연

명사

어휘 옆 숫자는 기출 연도

□ 春	はる	봄
□ 夏 ⑱㉒	なつ	여름
□ 秋 ⑪⑮	あき	가을
□ 冬 ㉑	ふゆ	겨울
□ 空気	くうき	공기
□ 空	そら	하늘
□ 天気	てんき	날씨
□ 花	はな	꽃
□ 光	ひかり	빛
□ 雪 ⑪	ゆき	눈
□ 犬	いぬ	개
□ 馬	うま	말
□ きせつ	(季節)	계절
□ けしき ⑫	(景色)	경치
□ じしん	(地震)	지진
□ は	(葉)	잎
□ ひ	(火)	불
□ みずうみ	(湖)	호수
□ やまみち	(山道)	산길

□ 海	うみ	바다
□ 石 ⑪	いし	돌
□ 池	いけ	연못
□ 風	かぜ	바람
□ 雲 ⑬	くも	구름
□ 台風	たいふう	태풍
□ 天気予報 ⑭	てんきよほう	일기예보
□ 林 ⑭	はやし	수풀, 숲
□ 森 ⑫	もり	숲
□ 動物	どうぶつ	동물
□ 植物	しょくぶつ	식물
□ 牛	うし	소
□ 鳥	とり	새
□ くさ	(草)	풀
□ さか	(坂)	언덕
□ つき	(月)	달
□ ひ	(日)	해
□ ほし	(星)	별
□ むし	(虫)	벌레

🔖 동사

☐ 動く ⑫⑭	うごく	움직이다	
☐ 光る ⑫⑱	ひかる	빛나다	
☐ うえる	(植える)	심다	
☐ きこえる	(聞こえる)	들리다	
☐ さす ⑩⑫		(우산을) 쓰다	
☐ そだてる ⑬⑳㉑	(育てる)	키우다	
☐ のぼる	(登る)	(높은 곳에) 오르다	
☐ ふく	(吹く)	(바람이) 불다	
☐ もえる	(燃える)	타다	
☐ よごす	(汚す)	더럽히다	

☐ 見る	みる	보다	
☐ 見せる	みせる	보여 주다	
☐ かう ㉓	(飼う)	기르다, 사육하다	
☐ くれる	(暮れる)	(날이) 저물다	
☐ すてる	(捨てる)	버리다	
☐ ぬれる ⑭	(濡れる)	젖다	
☐ ひろう ⑬⑭	(拾う)	줍다	
☐ みえる	(見える)	보이다	
☐ やむ ⑬㉓	(止む)	(비가) 그치다, 멈추다	
☐ よごれる ⑫⑭㉓	(汚れる)	때 묻다, 더러워지다	

🔖 イ형용사

☐ 明るい ⑫	あかるい	밝다	
☐ 暗い ⑬⑭⑱⑲⑳	くらい	어둡다	
☐ 美しい ⑬	うつくしい	아름답다	
☐ 悪い	わるい	나쁘다	
☐ あさい ⑫	(浅い)	얕다	
☐ ふかい ⑮㉑	(深い)	깊다	

☐ 暑い	あつい	덥다	
☐ 熱い	あつい	뜨겁다	
☐ 厚い	あつい	두껍다	
☐ 寒い ⑭	さむい	춥다	
☐ あたたかい	(暖かい)	(날씨 등이)따뜻하다	
☐ すずしい ⑫		시원하다, 선선하다	

🔖 부사

☐ やっと		이제야 겨우, 간신히

긴급처방

DAY 5 교통과 안전

명사

✓ 어휘 옆 숫자는 기출 연도

☐	安心する ⑫⑮	あんしん	안심하다
☐	地下鉄	ちかてつ	지하철
☐	交通 ⑫	こうつう	교통
☐	空港⑩㉑	くうこう	공항
☐	地図	ちず	지도
☐	二台⑫	にだい	두 대(수량)
☐	あんないする ⑩⑫	(案内)	안내하다
☐	いりぐち	(入口)	입구
☐	かじ	(火事)	화재
☐	こうばん	(交番)	파출소
☐	ちゅうしゃじょう	(駐車場)	주차장
☐	どうろ	(道路)	도로
☐	ひこうき ㉑	(飛行機)	비행기
☐	わすれもの	(忘れ物)	잊은 물건, 분실물
☐	運転する ⑬	うんてん	운전하다
☐	自動車	じどうしゃ	자동차
☐	自転車 ⑫⑮⑳	じてんしゃ	자전거
☐	急行	きゅうこう	급행
☐	特急 ⑭㉓	とっきゅう	특급
☐	船 ㉑㉓	ふね	배
☐	いきかた/ゆきかた	(行き方)	가는 법
☐	おしらせ	(お知らせ)	알림, 안내문
☐	こうさてん	(交差点)	교차점, 교차로
☐	じこ	(事故)	사고
☐	でぐち	(出口)	출구
☐	のりもの	(乗り物)	탈것, 교통수단
☐	よやくする ⑪⑬	(予約)	예약하다
☐	りようする ⑫⑮⑳	(利用)	이용하다

イ형용사

☐	速い ⑩⑮	はやい	(속도가) 빠르다
☐	あぶない ⑮	(危ない)	위험하다

ナ형용사

☐	不便だ ⑭⑲	ふべんだ	불편하다
☐	便利だ ⑪	べんりだ	편리하다
☐	だいじょうぶだ	(大丈夫だ)	괜찮다
☐	ふくざつだ	(複雑だ)	복잡하다
☐	安全だ ㉓	あんぜんだ	안전하다
☐	きけんだ ⑮	(危険だ)	위험하다
☐	だめだ		안 되다, 소용없다
☐	へんだ	(変だ)	이상하다

DAY 5

🖊 동사

☐ 押す ⑬	おす	밀다, 누르다
☐ 引く ㉑	ひく	당기다
☐ 通る ⑲	とおる	통하다, 지나가다
☐ こむ ⑪⑬⑮㉑	(込む/混む)	붐비다
☐ すぎる ㉓	(過ぎる)	지나다, 통과하다
☐ つたえる ⑩⑪⑮	(伝える)	알리다, 전달하다
☐ ぬすむ	(盗む)	훔치다
☐ ふえる ⑮	(増える)	늘다, 증가하다
☐ ゆれる	(揺れる)	흔들리다

☐ 困る	こまる	곤란하다
☐ 乗る ⑫㉓	のる	타다
☐ うつ	(打つ)	때리다, 치다, 부딪다
☐ しらせる	(知らせる)	알려 주다
☐ すべる		미끄러지다
☐ つながる		연결되다
☐ のりかえる	(乗り換える)	갈아타다
☐ へる	(減る)	줄다, 감소하다
☐ わすれる	(忘れる)	잊다, (물건을) 잊고 두고 오다

🖊 자동사와 타동사(1)

☐ 開く ⑬	열리다
☐ 集まる	모이다
☐ 落ちる	떨어지다
☐ 決まる ⑩⑱	정해지다
☐ 切れる	끊어지다
☐ 建つ	(건물이) 세워지다
☐ 止まる	멈추다
☐ 始まる	시작되다
☐ 閉まる	닫히다
☐ 立つ	서다
☐ 出す	내다, 제출하다

☐ 開ける	열다
☐ 集める ⑫	모으다
☐ 落とす ⑪⑬	떨어뜨리다
☐ 決める ⑫⑬	정하다
☐ 切る	자르다
☐ 建てる ⑪	(건물을) 세우다, 짓다
☐ 止める	세우다, 정지하다
☐ 始める ⑫	시작하다
☐ 閉める ㉑	닫다
☐ 立てる	세우다
☐ 出る	나가(오)다

긴급처방

DAY 6 행동

명사

✅ 어휘 옆 숫자는 기출 연도

☐	工事する ⑫㉒	こうじ	공사하다
☐	出発する ⑪⑳㉑	しゅっぱつ	출발하다
☐	心配する	しんぱい	걱정하다
☐	注意する ⑳	ちゅうい	주의하다
☐	反対する ⑫⑬	はんたい	반대하다
☐	かんどうする	(感動)	감동하다
☐	きんちょうする	(緊張)	긴장하다
☐	けんかする ⑮		싸움하다
☐	さんせいする ⑮	(賛成)	찬성하다
☐	しっぱいする ⑫	(失敗)	실패하다
☐	しょうたいする ⑬㉓	(招待)	초대하다
☐	せんそうする	(戦争)	전쟁하다
☐	とうちゃくする	(到着)	도착하다
☐	はいたつする	(配達)	배달하다
☐	ほんやくする	(翻訳)	번역하다

☐	試合する ⑭	しあい	시합하다
☐	紹介する	しょうかい	소개하다
☐	生産する ⑫⑭⑮⑱	せいさん	생산하다
☐	中止する ⑫	ちゅうし	중지하다
☐	かくにんする	(確認)	확인하다
☐	きこくする ⑱	(帰国)	귀국하다
☐	けしょうする	(化粧)	화장하다
☐	さんかする	(参加)	참가하다
☐	さんぽする	(散歩)	산책하다
☐	じゅんびする	(準備)	준비하다
☐	せいかつする	(生活)	생활하다
☐	そうだんする	(相談)	상담하다
☐	ねぼうする ⑪⑬⑭	(寝坊)	늦잠자다
☐	ほうそうする	(放送)	방송하다
☐	れんらくする ㉑	(連絡)	연락하다

부사

☐	いつも	항상, 늘
☐	大変(たいへん)	매우, 무척
☐	まっすぐ	똑바로, 곧장
☐	もちろん	물론

☐	少し(すこ)	조금
☐	本当に(ほんとう)	정말로
☐	もうすぐ	이제 곧, 머지않아
☐	もっと	좀 더

DAY 6

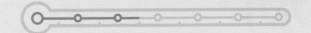

동사

□	考える ⑬⑲	かんがえる	생각하다
□	走る ⑬⑮	はしる	달리다
□	くらべる	(比べる)	비교하다
□	いのる	(祈る)	기도하다, 기원하다
□	なく	(泣く)	울다
□	はずす	(外す)	떼어 내다, 벗기다
□	ふむ	(踏む)	밟다
□	わたす ⑫	(渡す)	건네다, 넘기다
□	答える ⑮㉑	こたえる	대답하다
□	持つ	もつ	가지다, 들다
□	つかまえる		(범인을) 붙잡다, 붙들다
□	する		하다
□	にげる	(逃げる)	도망가다
□	はる ㉑		붙이다
□	やる		①주다 ②하다

イ형용사

□	おとなしい ⑪⑬	(大人しい)	얌전하다
□	すばらしい		훌륭하다, 멋지다
□	ひどい		심하다
□	おかしい		이상하다, 우습다
□	すごい		굉장하다
□	はずかしい	(恥ずかしい)	부끄럽다

ナ형용사

□	しつれいだ	(失礼だ)	무례하다, 예의없다
□	じゆうだ	(自由だ)	자유롭다
□	ていねいだ ⑪⑭	(丁寧だ)	정중하다, 신중하다

쉬어 가기

🔖 가족

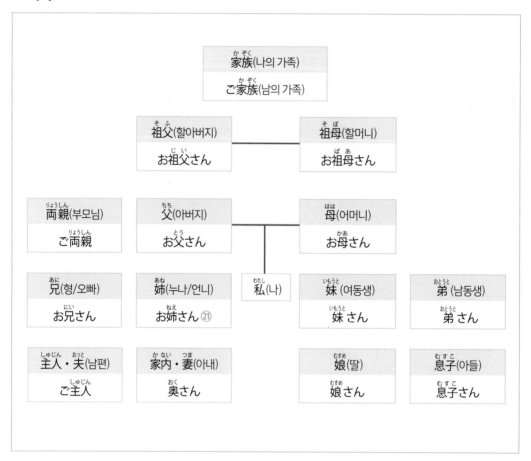

家族(나의 가족)
ご家族(남의 가족)

祖父(할아버지)
お祖父さん

祖母(할머니)
お祖母さん

両親(부모님)
ご両親

父(아버지)
お父さん

母(어머니)
お母さん

兄(형/오빠)
お兄さん

姉(누나/언니)
お姉さん ㉑

私(나)

妹(여동생)
妹 さん

弟(남동생)
弟 さん

主人・夫(남편)
ご主人

家内・妻(아내)
奥さん

娘(딸)
娘さん

息子(아들)
息子さん

🔖 인사말

☐	いかがですか	어떻습니까?
☐	おかげさまで	덕분에요
☐	お元気で	건강하세요
☐	おじゃまします	실례하겠습니다(방문 시, 집에 들어갈 때)
☐	おめでとうございます	축하합니다
☐	お待たせしました	오래 기다리셨습니다
☐	おだいじに	몸조리 잘하세요, 몸조심 하세요
☐	お先に 失礼します	먼저 실례하겠습니다, 먼저 들어가겠습니다
☐	お疲れさまでした	수고하셨습니다
☐	かしこまりました	알겠습니다
☐	かまいません	상관없습니다
☐	こちらこそ	저야말로
☐	失礼します	실례합니다
☐	ごめんください	실례합니다, 누구 계세요?(방문 시, 문 앞에서)
☐	どういたしまして	천만에요
☐	よく いらっしゃいました	잘 오셨습니다
☐	気を つけて	조심하세요
☐	ただいま	다녀왔습니다
☐	お帰りなさい	잘 다녀왔어요?, 어서 오세요
☐	行って きます	다녀오겠습니다
☐	行って まいります	다녀오겠습니다(정중한 표현)
☐	行って らっしゃい	다녀오세요

긴급처방

DAY 7 음식과 요리

명사

✓ 어휘 옆 숫자는 기출 연도

☐	味 ⑬⑮	あじ	맛
☐	牛肉	ぎゅうにく	소고기
☐	朝ご飯	あさごはん	아침 식사, 아침밥
☐	昼ご飯 ⑮⑱	ひるごはん	점심 식사, 점심밥
☐	晩ご飯	ばんごはん	저녁 식사, 저녁밥
☐	夕飯	ゆうはん	저녁 식사, 저녁밥
☐	食料品 ⑫⑭	しょくりょうひん	식료품
☐	野菜 ⑩⑬	やさい	채소
☐	用意する	ようい	준비하다
☐	おゆ	(お湯)	뜨거운 물
☐	ごちそう		대접함, 맛있는 요리
☐	しょくひん	(食品)	식품
☐	たまねぎ		양파
☐	におい	(匂い)	냄새
☐	どうぐ	(道具)	도구

☐	お茶	おちゃ	차
☐	氷 ⑭⑳	こおり	얼음
☐	米	こめ	쌀
☐	食事する ⑫	しょくじ	식사하다
☐	食べ物	たべもの	음식
☐	豆	まめ	콩
☐	魚	さかな	물고기, 생선
☐	料理する ⑪	りょうり	요리하다
☐	かん	(缶)	캔
☐	ざいりょう	(材料)	재료
☐	すいか		수박
☐	みかん		귤
☐	ぶどう		포도
☐	りんご		사과
☐	れいぞうこ	(冷蔵庫)	냉장고

✓ おちゃ(차)・おゆ(뜨거운 물) 등의 어휘는 'お'를 생략해서 쓰기도 한다.

부사

☐	いっぱい	많이
☐	じゅうぶん	충분히
☐	できるだけ	가능한 한, 가급적
☐	もっとも	가장

☐	かならず ㉑	반드시
☐	ぜひ ⑪	부디, 꼭
☐	まず	우선, 먼저
☐	よく	잘, 자주

🖊 동사

☐ 入れる	いれる	넣다	
☐ 作る ㉑	つくる	만들다	
☐ かむ		씹다	
☐ たのむ ㉑㉓	(頼む)	부탁하다, 주문하다	
☐ のこる ㉓	(残る)	남다	
☐ やく	(焼く)	태우다, 굽다	
☐ やける	(焼ける)	구워지다	

☐ 使う	つかう	사용하다
☐ 飲む	のむ	마시다
☐ とる	(取る)	잡다, 집어 오다
☐ さめる	(冷める)	식다
☐ ひえる ⑫㉓	(冷える)	식다, 차가워지다
☐ ひやす	(冷やす)	식히다, 차게하다

🖊 イ형용사

☐ 大きい	おおきい	크다
☐ あたたかい	(温かい)	(물, 음식 등이) 따뜻하다
☐ うすい ⑪⑳	(薄い)	①얇다 ②연하다
☐ おいしい		맛있다
☐ からい	(辛い)	맵다
☐ かたい ⑫	(硬い)	딱딱하다
☐ たりない ⑬⑮㉓	(足りない)	부족하다
☐ つめたい ⑫㉓	(冷たい)	차갑다

☐ 小さい	ちいさい	작다
☐ あたたかい	(暖かい)	(날씨 등이) 따뜻하다
☐ あまい	(甘い)	달다
☐ うまい ⑪		맛있다, 잘하다
☐ にがい ⑪㉓	(苦い)	쓰다
☐ やわらかい		부드럽다
☐ こまかい	(細かい)	잘다, 자세하다
☐ ぬるい		미지근하다

🖊 ナ형용사

☐ 十分だ ⑫⑮㉓	じゅうぶんだ	충분하다
☐ てきとうだ	(適当だ)	적당하다, 알맞다

☐ 好きだ ⑲	すきだ	좋아하다
☐ きらいだ	(嫌いだ)	싫어하다

긴급처방 DAY 8 가족과 인간관계

명사

✅ 어휘 옆 숫자는 기출 연도

☐ 兄 ⑫㉓	あに	형, 오빠	☐ 姉	あね	누나, 언니
☐ 弟	おとうと	남동생	☐ 妹 ⑬㉓	いもうと	여동생
☐ 家族	かぞく	가족	☐ 兄弟	きょうだい	형제
☐ 主人	しゅじん	남편, 주인	☐ 自分 ⑩	じぶん	자기, 자신
☐ 女性 ㉑㉓	じょせい	여성	☐ 男性 ⑫⑬	だんせい	남성
☐ 両親	りょうしん	부모님	☐ あいさつする ⑭	(挨拶)	인사하다
☐ おや	(親)	어버이, 부모	☐ うそ ⑬⑮⑳		거짓말
☐ えんりょする ⑬㉒	(遠慮)	사양하다	☐ おいわい	(お祝い)	축하, 축하 선물
☐ おおぜい ⑭㉓	(大勢)	여럿, 많은 사람	☐ おこさん	(お子さん)	자녀분
☐ おっと	(夫)	남편	☐ おみあい	(お見合い)	맞선
☐ つま	(妻)	아내	☐ かてい	(家庭)	가정
☐ かのじょ	(彼女)	그녀	☐ かれ	(彼)	그
☐ かんけい	(関係)	관계	☐ きみ	(君)	너
☐ そふ	(祖父)	조부, 할아버지	☐ こども	(子供)	(어린) 아이
☐ そぼ	(祖母)	조모, 할머니	☐ ちちおや	(父親)	부친, 아버지
☐ むすめ	(娘)	딸	☐ ははおや	(母親)	모친, 어머니
☐ むすこ	(息子)	아들	☐ おれい ⑪⑭	(お礼)	사례(의 말), 사례 선물

ナ형용사

☐ 親切だ ⑪㉑	しんせつだ	친절하다	☐ じゅうようだ	(重要だ)	중요하다
☐ たいせつだ ⑭	(大切だ)	소중하다, 중요하다	☐ だいじだ ⑭	(大事だ)	소중하다, 중요하다

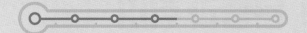

🖊 동사

☐ 生まれる	うまれる	태어나다
☐ 別れる	わかれる	헤어지다
☐ あやまる ⑩⑪	(謝る)	사과하다
☐ おこる ⑭	(怒る)	화내다
☐ つれる		데리고 가다
☐ ほめる ⑪⑬		칭찬하다
☐ しんじる	(信じる)	믿다

☐ 知る	しる	알다
☐ あげる		(내가 남에게) 주다
☐ くれる		(남이 나에게) 주다
☐ もらう		받다
☐ にる ⑫⑮	(似る)	닮다
☐ むかえる	(迎える)	맞이하다
☐ よぶ ⑬	(呼ぶ)	부르다

🖊 イ형용사

☐ 多い	おおい	많다
☐ きびしい ⑫⑮㉒	(厳しい)	엄하다, 심하다
☐ わかい	(若い)	젊다

☐ 少ない	すくない	적다
☐ やさしい	(優しい)	상냥하다, 마음씨가 곱다

🖊 부사

☐ あまり(~ない)	①그다지(~않다) ②너무
☐ けっして(~ない)	결코(~않다)
☐ 全然(ぜんぜん)(~ない) ⑪⑬	전혀(~않다)
☐ それほど(~ない)	①그만큼(~않다) ②그다지

☐ そんなに(~ない)	그다지(~않다)
☐ ちっとも(~ない)	조금도(~않다)
☐ なかなか(~ない) ㉒	①좀처럼(~않다) ②꽤, 상당히, 매우
☐ ほとんど(~ない) ㉒	거의(~않다)

PART 1 언어지식(문자·어휘)

긴급처방 DAY 9 운동과 취미

명사

✅ 어휘 옆 숫자는 기출 연도

☐	歌 ㉓	うた	노래
☐	映画 ⑭㉑	えいが	영화
☐	経験する ⑪⑬⑲㉓	けいけん	경험하다
☐	写真	しゃしん	사진
☐	美術	びじゅつ	미술
☐	予定 ⑫⑮⑱⑲	よてい	예정
☐	おしゃべりする		수다, 잡담하다
☐	おもいで ⑭㉓	(思い出)	추억
☐	サッカー		축구
☐	しゅみ	(趣味)	취미
☐	たのしみ	(楽しみ)	즐거움, 낙
☐	テニス		테니스
☐	バレーボール		배구
☐	はなみ	(花見)	꽃구경, 꽃놀이

☐	運動する ⑫㉑	うんどう	운동하다
☐	音楽	おんがく	음악
☐	見物する	けんぶつ	구경하다
☐	小説 ⑪	しょうせつ	소설
☐	野球	やきゅう	야구
☐	旅行する ⑬	りょこう	여행하다
☐	おどり	(踊り)	춤
☐	きょうみ	(興味)	흥미
☐	じゅうどう	(柔道)	유도
☐	すいえいする	(水泳)	수영하다
☐	てんらんかい	(展覧会)	전람회
☐	バスケットボール		농구
☐	まんが		만화
☐	やまのぼり	(山登り)	등산

イ형용사

☐	楽しい ⑭	たのしい	즐겁다
☐	つまらない		시시하다, 하찮다

ナ형용사

☐	上手だ	じょうずだ	잘하다, 능숙하다
☐	下手だ	へただ	서툴다

🖊 동사

☐ 歌う	うたう	(노래를) 부르다	
☐ 泳ぐ ⑭⑮	およぐ	헤엄치다	
☐ 読む	よむ	읽다	
☐ あそぶ	(遊ぶ)	놀다	
☐ かつ	(勝つ)	이기다	
☐ まける ⑳	(負ける)	지다	
☐ ひく	(弾く)	(악기를) 치다, 켜다, 연주하다	
☐ とまる	(泊まる)	숙박하다, 머무르다	

☐ 思い出す	おもいだす	생각나다	
☐ 聞く	きく	듣다, 묻다	
☐ 聞える	きこえる	들리다	
☐ つる	(釣る)	낚시하다	
☐ おどる ⑫	(踊る)	춤추다	
☐ たのしむ	(楽しむ)	즐기다	
☐ なげる	(投げる)	던지다	

🖊 자동사와 타동사(2)

☐ おれる	접히다, 부러지다	
☐ かかる	걸리다, (시간이) 들다	
☐ かたづく	정리되다	
☐ こわれる ⑮⑲㉒	고장나다	
☐ つづく	이어지다, 계속되다	
☐ とどく ㉓	도착하다	
☐ なおる	고쳐지다	
☐ なくなる	없어지다	
☐ みつかる	발견되다	
☐ わく	(물이) 끓다	
☐ われる	깨지다	
☐ きえる	꺼지다	

☐ おる	꺾다	
☐ かける	걸다, (자물쇠 등을) 잠그다	
☐ かたづける ⑩	정리하다	
☐ こわす	부수다, 고장 내다	
☐ つづける	계속하다	
☐ とどける ⑭	보내다	
☐ なおす ⑫	고치다, 수리하다	
☐ なくす ㉓	잃다, 분실하다	
☐ みつける ⑬	발견하다	
☐ わかす ⑭㉓	(물을) 끓이다	
☐ わる ⑪	깨다	
☐ けす	끄다	

긴급처방

DAY 10 몸과 건강

명사

어휘 옆 숫자는 기출 연도

□	医学	いがく	의학
□	足 ⑭	あし	다리
□	音	おと	소리, 음
□	声 ⑳	こえ	목소리
□	薬屋	くすりや	약국
□	気分 ⑮	きぶん	기분
□	力	ちから	힘
□	手	て	손
□	病気	びょうき	병
□	目	め	눈
□	せ	(背)	키, 신장
□	おなか	(お腹)	배, 위장
□	かみ	(髪)	머리카락
□	きもち ⑬	(気持ち)	기분, 감정
□	ぐあい ⑳	(具合)	상태, 컨디션
□	けが ⑫		부상
□	しゅうかん ⑬⑳	(習慣)	습관
□	ち	(血)	피
□	ねつ ⑬⑮㉓	(熱)	열
□	は	(歯)	이, 치아
□	体 ⑬	からだ	몸
□	頭 ⑮	あたま	머리
□	顔 ⑭⑱	かお	얼굴
□	薬 ⑬⑭	くすり	약
□	首	くび	목, 고개
□	心 ㉑	こころ	마음
□	退院する	たいいん	퇴원하다
□	入院する ⑫㉓	にゅういん	입원하다
□	耳	みみ	귀
□	おみまい ⑬⑳	(お見舞い)	병문안
□	うで	(腕)	팔
□	かぜ	(風邪)	감기
□	きず	(傷)	상처
□	きんえん ⑭	(禁煙)	금연
□	け	(毛)	털
□	けんこう	(健康)	건강
□	せなか	(背中)	등
□	のど ㉑		목, 목구멍
□	ゆび	(指)	손가락

DAY 10

동사

□	死ぬ	しぬ	죽다
□	とじる ⑩⑱	(閉じる)	(책을) 덮다, (눈을) 감다, (문을) 닫다
□	なおる ⑩	(治る)	(병이) 낫다
□	みがく	(磨く)	(이를) 닦다
□	やめる ⑬		(담배 등을) 끊다
□	たおれる ㉑	(倒れる)	쓰러지다
□	ぬる		바르다
□	やせる		마르다
□	ふとる ⑩⑫	(太る)	살찌다

イ형용사

□	低い	ひくい	낮다, 작다
□	眠い ⑳	ねむい	졸리다
□	太い	ふとい	굵다
□	ほそい	(細い)	가늘다, 좁다
□	痛い	いたい	아프다
□	強い ⑬㉓	つよい	세다, 강하다
□	弱い ⑩⑱㉓	よわい	약하다

ナ형용사

□	元気だ	げんきだ	건강하다, 활발하다
□	しんぱいだ ⑮㉑	(心配だ)	걱정스럽다

부사

□	きゅうに	갑자기
□	べつに	별로, 특별히
□	たぶん	아마도
□	とくに ⑩㉑	특히
□	たまに	가끔
□	ひじょうに	대단히

긴급처방

DAY 11 학교

명사

✔ 어휘 옆 숫자는 기출 연도

☐	文	ぶん	글, 문장
☐	意味	いみ	의미
☐	会話	かいわ	회화
☐	漢字	かんじ	한자
☐	国語	こくご	국어
☐	研究する ⑫⑮⑲	けんきゅう	연구하다
☐	試験する	しけん	시험하다
☐	質問する	しつもん	질문하다
☐	出席する	しゅっせき	출석하다
☐	説明する ⑩㉒	せつめい	설명하다
☐	地理 ⑫	ちり	지리
☐	発音する	はつおん	발음하다
☐	教室	きょうしつ	교실
☐	問題	もんだい	문제
☐	こうぎする	(講義)	강의하다
☐	こうはい	(後輩)	후배
☐	じ ⑩	(字)	글씨
☐	じょうだん	(冗談)	농담
☐	せん	(線)	선
☐	せんもん	(専門)	전문, 전공
☐	ちこくする ⑪	(遅刻)	지각하다
☐	なつやすみ	(夏休み)	여름 방학
☐	はたち	(二十歳)	스무 살
☐	ぶんぽう	(文法)	문법
☐	れきし	(歴史)	역사

☐	意見 ⑭㉑㉓	いけん	의견
☐	英語	えいご	영어
☐	科学	かがく	과학
☐	文学	ぶんがく	문학
☐	校長	こうちょう	교장
☐	作文する	さくぶん	작문하다
☐	辞書	じしょ	사전
☐	授業する ⑳	じゅぎょう	수업하다
☐	席	せき	자리
☐	体育	たいいく	체육
☐	図書館	としょかん	도서관
☐	文化	ぶんか	문화
☐	勉強 ⑫	べんきょう	공부하다
☐	けしゴム	(消しゴム)	지우개
☐	こうこう	(高校)	고등학교
☐	こくばん	(黒板)	칠판
☐	しょうがっこう	(小学校)	초등학교
☐	すうがく	(数学)	수학
☐	せんぱい	(先輩)	선배
☐	そつぎょうする	(卒業)	졸업하다
☐	ちゅうがっこう	(中学校)	중학교
☐	にゅうがくする	(入学)	입학하다
☐	ふくしゅうする	(復習)	복습하다
☐	よしゅうする ⑳㉑	(予習)	예습하다
☐	れんしゅう	(練習)	연습하다

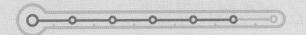
🖊 동사

☐	行う ㉒	おこなう	행하다	☐ 教える ⑪	おしえる	가르치다
☐	帰る ㉒	かえる	돌아가(오)다	☐ 数える ⑫㉒	かぞえる	(수를) 세다
☐	通う	かよう	다니다	☐ いじめる		괴롭히다
☐	うかる	(受かる)	(시험에) 합격하다	☐ うける	(受ける)	받다, (시험을) 치르다
☐	おぼえる ⑫	(覚える)	익히다, 외우다	☐ がんばる	(頑張る)	분발하다, 힘내다
☐	さわぐ ⑫	(騒ぐ)	떠들다	☐ すむ	(済む)	끝나다, 해결되다
☐	たずねる		묻다, 질문하다	☐ できる		생기다, 가능하다
☐	もうしこむ	(申し込む)	신청하다			

🖊 イ형용사

☐	うるさい		시끄럽다	☐ むずかしい	(難しい)	어렵다
☐	なつかしい	(懐かしい)	그립다	☐ やさしい	(易しい)	쉽다, 용이하다

🖊 ナ형용사

☐	簡単だ	かんたんだ	간단하다, 쉽다	☐ いっしょうけんめいだ	(一生懸命だ)	열심히 하다
☐	ねっしんだ	(熱心だ)	열심이다			

긴급처방 DAY 12 **경제생활**

📝 명사

✅ 어휘 옆 숫자는 기출 연도

☐ 営業する ⑬⑲㉑㉒	えいぎょう	영업하다	☐ 国産	こくさん	국산
☐ 工業	こうぎょう	공업	☐ 国民	こくみん	국민
☐ 産業	さんぎょう	산업	☐ 品物	しなもの	물건, 상품
☐ 市民	しみん	시민	☐ 社会	しゃかい	사회
☐ 住所 ⑩⑳	じゅうしょ	주소	☐ 人口 ⑫	じんこう	인구
☐ 新聞	しんぶん	신문	☐ 西洋	せいよう	서양
☐ 世界 ⑬⑲	せかい	세계	☐ 電話代	でんわだい	전화 요금
☐ 無料	むりょう	무료	☐ おつり		거스름돈
☐ かいがい	(海外)	해외	☐ けいざい	(経済)	경제
☐ おかねもち	(お金持ち)	부자	☐ きかい	(機械)	기계
☐ げんりょう	(原料)	원료	☐ こくさい	(国際)	국제
☐ じょうほう	(情報)	정보	☐ しょるい	(書類)	서류
☐ せいじ	(政治)	정치	☐ せいひん	(製品)	제품
☐ せきゆ	(石油)	석유	☐ ちょきんする ⑮⑳	(貯金)	저금하다
☐ にほんせい	(日本製)	일본 제품	☐ ねだん ㉒	(値段)	가격
☐ のうぎょう	(農業)	농업	☐ ぼうえき	(貿易)	무역
☐ ばいてん	(売店)	매점	☐ ゆしゅつする ⑬㉓	(輸出)	수출하다
☐ りょうきん	(料金)	요금	☐ ゆにゅうする	(輸入)	수입하다

✅ おかねもち(부자)의 'お'는 생략해서 쓰기도 한다.

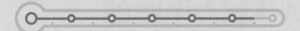

🔖 동사

☐ 売る ⑮	うる	팔다
☐ 足す	たす	더하다
☐ あがる	(上がる)	(물가 등이) 오르다
☐ はらう ⑪	(払う)	지불하다

☐ 売れる ⑳	うれる	팔리다
☐ 買う	かう	사다
☐ 足りる	たりる	충분하다
☐ くばる	(配る)	나눠 주다

🔖 イ형용사

☐ 安い	やすい	싸다
☐ ほしい		갖고 싶다, 원하다

☐ 高い ⑭	たかい	비싸다, 높다

🔖 ナ형용사

☐ さかんだ	(盛んだ)	활발하다, 번창하다

🔖 부사

☐ そろそろ	이제 곧, 슬슬
☐ ときどき	때때로, 가끔
☐ どきどき	두근두근
☐ にこにこ ⑬	생글생글, 싱글벙글

☐ だんだん	점점
☐ とうとう	드디어
☐ どんどん ㉒	점점, 순조롭게, 계속해서

긴급처방

DAY 13 시간과 패션

명사

✅ 어휘 옆 숫자는 기출 연도

☐	朝	あさ	아침
☐	今度 ⑬	こんど	이번, 다음번
☐	一度 ⑮	いちど	한 번, 일회, 한 차례
☐	今朝	けさ	오늘 아침
☐	今夜 ⑭	こんや	오늘 밤
☐	午後	ごご	오후
☐	午前	ごぜん	오전
☐	昼	ひる	낮, 정오
☐	昼休み	ひるやすみ	점심 시간
☐	昼間	ひるま	낮 동안
☐	夕方 ⑪	ゆうがた	저녁 무렵
☐	夕べ	ゆうべ	어제 저녁, 어젯밤
☐	このごろ	(この頃)	요즘
☐	しょうがつ	(正月)	설, 정초
☐	ひとつき	(ひと月)	한 달
☐	むかし	(昔)	옛날
☐	色 ㉓	いろ	색, 색깔
☐	時計	とけい	시계
☐	洋服	ようふく	양복
☐	うわぎ	(上着)	겉옷
☐	しちゃくする	(試着)	시착하다, 입어 봄
☐	ゆびわ	(指輪)	반지
☐	きもの	(着物)	기모노 (일본 전통의 옷)

☐	以下 ⑫	いか	이하
☐	以上 ㉑	いじょう	이상
☐	以内	いない	이내
☐	以外	いがい	이외
☐	以前	いぜん	이전
☐	以後	いご	이후
☐	最近	さいきん	최근
☐	最初 ⑪	さいしょ	최초
☐	最後 ⑪⑱㉑	さいご	최후
☐	時代	じだい	시대
☐	毎朝	まいあさ	매일아침
☐	このあいだ	(この間)	일전, 요전
☐	しょうらい ⑫⑱	(将来)	장래, 미래
☐	とちゅう ⑲	(途中)	도중
☐	ふつう	(普通)	보통
☐	つごう ⑫㉓	(都合)	형편, 사정
☐	服	ふく	옷
☐	茶色	ちゃいろ	갈색
☐	みどり	(緑)	녹색, 새싹
☐	したぎ	(下着)	속옷
☐	てぶくろ	(手袋)	장갑
☐	うでどけい	(腕時計)	손목시계
☐	かっこう	(格好)	모습, 모양, 꼴

🖊 동사

☐ 合う	あう	맞다, 어울리다
☐ 着る	きる	입다
☐ おくれる ⑭	(遅れる)	늦다
☐ ちがう	(違う)	다르다
☐ とりかえる ⑫		바꾸다, 교환하다
☐ はく	(履く)	신다, (바지 등을) 입다
☐ 空く	あく	(자리·시간이) 비다
☐ えらぶ	(選ぶ)	선택하다
☐ かぶる		(모자 등을) 쓰다
☐ とれる	(取れる)	떨어지다, 빠지다
☐ ぬぐ	(脱ぐ)	벗다
☐ まにあう ⑫	(間に合う)	시간에 맞게 당도하다

🖊 イ형용사

☐ 青い ⑪	あおい	파랗다
☐ 赤い ⑬⑲㉒㉓	あかい	빨갛다
☐ 黒い ⑮	くろい	까맣다
☐ 早い	はやい	(시간이) 이르다
☐ めずらしい	(珍しい)	진귀하다, 드물다
☐ 白い ㉑㉓	しろい	하얗다
☐ 新しい	あたらしい	새롭다
☐ 長い	ながい	길다
☐ 短い	みじかい	짧다
☐ きいろい	(黄色い)	노랗다

🖊 ナ형용사

☐ 同じだ	おなじだ	같다

🖊 부사

☐ さっき	아까, 조금 전
☐ ちょうど	마침, 꼭
☐ うっかり	깜빡, 무심코
☐ しっかり	제대로
☐ はっきり	확실히
☐ やっぱり/やはり	역시
☐ ずっと	쭉, 계속
☐ はやく	빨리, 급히
☐ ぐっすり	푹(깊은 잠을 자는 모양)
☐ すっかり	완전히, 모두
☐ びっくり	깜짝 놀람
☐ ゆっくり	천천히

긴급처방

DAY 14 가타카나

명사

어휘 옆 숫자는 기출 연도

- ☐ アイディア ⑩ 아이디어
- ☐ アジア 아시아
- ☐ アフリカ 아프리카
- ☐ インターネット ⑪ 인터넷
- ☐ エスカレーター 에스컬레이터
- ☐ オープン 오픈
- ☐ カタログ 카탈로그
- ☐ カレンダー 캘린더, 달력
- ☐ コピー 복사
- ☐ コンピューター 컴퓨터
- ☐ サイズ 사이즈
- ☐ サッカー 축구
- ☐ サンドイッチ 샌드위치
- ☐ ジュース 주스
- ☐ スーツ 양복
- ☐ スタート 스타트, 시작
- ☐ ストレス 스트레스
- ☐ セーター 스웨터
- ☐ セット 세트
- ☐ ソフト 소프트, 부드러움
- ☐ アナウンス 아나운스, 안내방송
- ☐ アクセサリー 액세서리
- ☐ アナウンサー 아나운서
- ☐ アルバイト 아르바이트
- ☐ エアコン 에어컨
- ☐ エレベーター 엘리베이터
- ☐ カーテン 커튼
- ☐ ガラス 유리
- ☐ クラブ 클럽, 동아리
- ☐ コンサート 콘서트
- ☐ サービス 서비스
- ☐ サイン 사인, 서명
- ☐ サラダ 샐러드
- ☐ ジャム 잼
- ☐ スイッチ ⑫⑬ 스위치
- ☐ スープ 수프
- ☐ ステーキ 스테이크
- ☐ スマホ 스마트폰
- ☐ セール 세일
- ☐ ソファ 소파
- ☐ ダイエット 다이어트
- ☐ インフルエンザ 인플루엔자, 독감

☐	タイプ	타입	☐	タオル	타월, 수건
☐	ダンス	댄스	☐	チーズ	치즈
☐	チェック ⑩	체크	☐	チケット	티켓
☐	チャンス ⑮	찬스, 기회	☐	テキスト	텍스트, 교과서
☐	デパート	백화점	☐	ドア	문
☐	ドライブ	드라이브	☐	ニュース	뉴스
☐	パーティー	파티	☐	パート	파트, 시간제 근무
☐	バイク	오토바이	☐	バスケットボール	농구
☐	パスタ	파스타	☐	パソコン	퍼스널 컴퓨터
☐	バレーボール	배구	☐	パンツ	팬티, 바지
☐	ハンバーガー	햄버거	☐	ピアノ	피아노
☐	ビール	맥주	☐	ビル	빌딩
☐	ファイル	파일	☐	プール	수영장
☐	プレゼント	선물	☐	ベル	벨
☐	ボール	공	☐	ポスター	포스터
☐	ボタン	버튼, 단추	☐	ミス	실수
☐	メートル	미터	☐	メール	메일
☐	メニュー ⑫	메뉴	☐	ヨーロッパ	유럽
☐	ルール ㉓	룰, 규칙	☐	レジ ㉓	레지스터, 계산대
☐	レストラン	레스토랑	☐	レポート	리포트
☐	ワイシャツ	와이셔츠	☐	ワイン	와인

PART 1 언어지식(문자·어휘)

긴급처방 쉬어 가기 유의어·구문

자주 출제되는 유의어

□ ていねいに かく ⑪	정성껏 쓰다	≒	きれいに かく	예쁘게 쓰다
□ えが うまい ⑪	그림 솜씨가 뛰어나다	≒	えが じょうずだ	그림을 잘 그린다
□ ねぼうした ⑪⑬	늦잠을 잤다	≒	おきるのが おそく なって しまった	일어나는 게 늦어졌다
□ 先生(せんせい)に ほめられた ⑪⑬	선생님께 칭찬받았다	≒	先生(せんせい)は「とてもよかったですよ」と 言(い)いました	선생님은 "너무 좋았어요"라고 말씀하셨다
□ よごれて いる ⑪⑫㉓	더럽혀 있다	≒	きたない	지저분하다
□ さいしょの ページ ⑪	첫 페이지	≒	はじめの ページ	시작 페이지
□ バスが こんで いる ⑪	버스가 붐비다	≒	バスに 人(ひと)が たくさん のっている	버스에 사람이 많이 타고 있다
□ おとなしい ⑪	얌전하다	≒	しずかだ	조용하다
□ てがみを おくる ⑪	편지를 보내다	≒	てがみを だす	편지를 부치다
□ ジュースは ひえて いる ⑫㉓	주스는 차가워져 있다	≒	ジュースは つめたい	주스는 차갑다
□ せいさんして いる ⑫⑭	생산하고 있다	≒	つくって いる	만들고 있다
□ アルバイトを する	아르바이트를 하다	≒	はたらく	일하다
□ 店(みせ)は すいて いる ⑬	가게는 비어 있다	≒	店(みせ)は おきゃくさんが 少(すく)ない	가게에는 손님이 적다
□ もどる ⑬	돌아오다	≒	かえって くる	돌아오다
□ ゆしゅつして いる ⑬㉓	수출하고 있다	≒	ほかの 国(くに)に うって いる	다른 나라에 팔고 있다
□ にこにこして いる ⑬	싱글벙글하고 있다	≒	わらって いる	웃고 있다
□ だいじだ ⑭	소중하다, 중요하다	≒	たいせつだ	소중하다, 중요하다
□ きんえん ⑭	금연	≒	たばこを すってはいけない ㉓	담배를 피워서는 안 된다
□ しかられる ⑭	혼나다	≒	おこられる	야단맞다
□ 9時(じ)に とどける ⑭	9시에 도착하게 하다	≒	9時(じ)に つく	9시에 도착한다

자주 출제되는 구문

☐	バスに のりかえる ⑭	버스로 갈아타다
☐	くうこうへ むかえに いく ⑭	공항에 마중 나가다
☐	花(はな)を かざる ⑭㉓	꽃을 장식하다
☐	雨(あめ)が やむ ⑭⑫㉓	비가 그치다
☐	さいふを おとす ⑬⑪	지갑을 떨어뜨리다(분실하다)
☐	スイッチを 押(お)す ⑬	스위치를 누르다
☐	なくした かぎを みつける ⑬	분실한 열쇠를 발견하다
☐	タバコを やめる	담배를 끊다
☐	えんりょしないで 食(た)べて ください ⑬	사양하지 말고 드세요
☐	犬(いぬ)の せわを して いる ⑬	강아지를 돌보고 있다
☐	病院(びょういん)に よって 会社(かいしゃ)に 行(い)く ⑫	병원에 들르고 회사에 간다
☐	プレゼントを つつんで もらいました ⑫	선물을 포장해 주었습니다
☐	足(あし)を けがして しまいました ⑫	다리를 다치고 말았습니다
☐	かいぎの じかんに まに あいました ⑫	회의 시간에 늦지 않게 갔습니다
☐	かさを さす ⑫	우산을 쓰다
☐	川(かわ)を わたる ⑫	강을 건너다
☐	くるまが こしょうした ⑪	차가 고장났다
☐	子(こ)どもが ねつを だした ⑪	아이가 열이 났다
☐	しょくじだいを はらう ⑪	밥값을 지불하다
☐	さわらないで ください ⑪	만지지 마세요
☐	ふくが まだ かわいて いない ⑪	옷이 아직 마르지 않았다
☐	くるまを とめる ⑪	차를 세우다

제2장 맞춤처방

- 💊 **문제 유형 살펴보기**
- 💊 **제1회 실전문제**
- 💊 **제2회 실전문제**
- 💊 **제3회 실전문제**
- 💊 **제4회 실전문제**
- 💊 **제5회 실전문제**

문제 유형 **살펴보기**

문제1 한자읽기
もんだい1 漢字読み

 문제유형

한자읽기(9문항) ➡ 한자로 쓰인 어휘의 읽는 법을 묻는 문제 ➡ 예상 소요 시간 3분

★ 2020년도 제2회 시험부터 시험 9문항에서 7문항으로 변경

> **もんだい1** ＿＿＿＿＿の ことばは ひらがなで どう かきますか。
> 1・2・3・4から いちばん いい ものを ひとつ えらんで ください。
>
> 　　 문제1 ＿＿＿의 말은 히라가나로 어떻게 씁니까? 1·2·3·4에서 가장 알맞은 것을 하나 고르세요.

> ⬚1　きょうは 元気が いいですね。
> 　　 1　けんき　　 2　げんき　　 3　てんき　　 4　でんき
>
> 　　　　 밑줄만 보고 바로 선택지에서 찾아내 보세요~

1	① ● ③ ④

⬢ 포인트

STEP1 밑줄 한자만 체크

문장을 다 읽지 말고 밑줄 한자 부분만 보고 빠르게 정답 체크하기

STEP2 선택지 체크

▶장음이 있는지 없는지
　예 場所, 小学生

▶촉음이 있는지 없는지
　예 学校, 学生

▶탁음인지 반탁음인지
　예 一本, 二本, 三本

▶「ん」이 들어가 있는지
　예 店長, 手帳

STEP3 오답 소거

틀렸다고 생각하는 선택지 소거

문제2 표기
もんだい2 表記

🖊 문제유형

표기(6문항) ➡ 히라가나로 쓰인 어휘가 한자로 어떻게 쓰이는지 묻는 문제 ➡ 예상 소요 시간 3분

★ 2020년도 제2회 시험부터 시험 6문항에서 5문항으로 변경

> **もんだい2** _____の ことばは どう かきますか。1・2・3・4
> から いちばん いい ものを ひとつ えらんで ください。
>
> 문제2 _____의 말은 어떻게 씁니까? 1·2·3·4에서 가장 알맞은 것을 하나 고르세요.
>
> 10 この ざっしを みて ください。
>
> 1 貝て 2 買て 3 見て 4 目て
>
> 동음이의어에 주의하며,
> 본문에 어울리는 한자를 찾아보세요~
>
> | 10 | ① ② ● ④ |

🖊 포인트

STEP1 **문제 체크**

밑줄의 단어만 보고 답을 찾지 말고, 밑줄의 앞뒤 문맥 살펴보고 의미 유추

STEP2 **선택지 체크**

▶ 모양이 비슷한 한자 유의
예) 毎—海—悔

▶ 소리가 비슷한 글자 주의
예) 見—験, 開く—空く

▶ 의미가 비슷한 글자에 주의
예) 洗—流—注—汚

STEP3 **오답 소거**

틀렸다고 생각하는 선택지 소거

문제3 문맥규정
もんだい3 文脈規定

✏️ 문제유형

문맥규정(10문항) ➡ 문장에 맞는 어휘를 고르는 문제 ➡ 예상 소요 시간 7분

★ 2020년도 제2회 시험부터 시험 10문항에서 8문항으로 변경

もんだい3 （　　　）に　なにを　いれますか。1・2・3・4から
　　　　　いちばん　いい　ものを　ひとつ　えらんで　ください。

└─ 문제3 (　)에 무엇을 넣습니까? 1·2·3·4에서 가장 알맞은 것을 하나 고르세요.

16　つよい　かぜが　（　　　）　います。

　1　いそいで　　　　　　2　とんで

　3　ふいて　　　　　　　4　はしって

└─ 괄호 앞뒤 문맥을 체크하면서 어울리는 어휘를 찾으세요!

16	①	②	●	④

✏️ 포인트

STEP1 문제 체크	STEP2 선택지 체크	STEP3 정답 체크
괄호 앞뒤로 연결된 어휘를 잘 살펴보고 괄호 안에 넣을 어휘 유추	▶비슷한 무리의 선택지일 경우 호응하는 어휘를 반드시 체크 예 ゆきが ふる(눈이 내리다) ▶반대의 뜻을 가진 선택지 조심 예 けす(끄다)-つける(켜다) ▶비슷하지만 의미가 다른 선택지의 함정 주의 예 まいあさ(매일 아침) 　-けさ(오늘 아침)	괄호 안에 어휘를 넣고 문장이 매끄러운지 다시 한 번 체크하며 정답 찾기

문제4 유의표현
もんだい4 言い換え類義

🖋 문제유형

유의표현(5문항) ➡ 다른 단어나 표현으로 의미가 가까운 말이나 표현을 묻는 문제 ➡ 예상 소요 시간 4분

★ 2020년도 제2회 시험부터 시험 5문항에서 4문항으로 변경

> もんだい4 _____の ぶんと だいたい おなじ いみの ぶんが
> あります。1・2・3・4から いちばん いい ものを ひ
> とつ えらんで ください。

↳ 문제4 _____의 문장과 대체로 같은 의미의 문장이 있습니다.
1·2·3·4에서 가장 알맞은 것을 하나 고르세요.

26 けさ しゅくだいを しました。

   1 おとといの あさ しゅくだいを しました。

   2 おとといの よる しゅくだいを しました。   공통된 부분을 제외하고,
                                                다른 부분을 비교하며
   3 きょうの あさ しゅくだいを しました。   정답을 찾아보세요~

   4 きょうの よる しゅくだいを しました。

   | 26 | ① | ② | ● | ④ |

🖋 포인트

STEP1 문제 체크

공통된 부분을 제외하고, 다른 부분을 체크하여 시간을 단축

STEP2 선택지 체크

▶가타카나 선택지 먼저 체크
　예 たてもの≒ビル,
　　 たべもの≒ケーキ

▶부정형 선택지 꼼꼼히 체크
　예 くらい≒あかるくない

▶주고받는 표현의 주체자 확인
　예 AがBに かす≒Bは Aに かりる
　　 AがBに おしえる≒Bは Aに ならう

STEP3 정답 찾기

선택지도 전부 성립하는 문장이므로, 오답 소거하기가 힘들지만, 선택지에서 가타카나가 나오거나 부정형이 나오면 먼저 확인해 보자.

문제5 용법
もんだい5 用法

문제유형

용법(5문항) ➡ 주어진 어휘로 만들어진 올바른 문장을 고르는 문제 ➡ 예상 소요 시간 5분

★ 2020년도 제2회 시험부터 시험 10문항에서 8문항으로 변경

もんだい5　つぎの　ことばの　つかいかたで　いちばん　いい　ものを
　　　　　1・2・3・4から　ひとつ　えらんで　ください。

> 문제5 다음 말의 사용법으로 가장 알맞은 것을 1·2·3·4에서 하나 고르세요.

31　すてる

1　ここを　ぜんぶ　すてて　ください。

2　ここに　いらない　ものを　すてて　ください。

3　しゅくだいを　するのは　すてて　ください。

4　本を　かばんに　すてて　ください。

단어와 주로 같이 사용되는 표현, 뉘앙스를 먼저 파악 후 해당 단어가 올바르게 사용된 문장을 찾아보세요~

| 31 | ① | ● | ③ | ④ |

포인트

STEP1 문제 체크

선택지를 먼저 읽지 말고, 단어의 정확한 뜻과 뉘앙스를 먼저 파악

STEP2 선택지 체크

▶앞뒤 말과의 연결이 올바른지 사용된 장면이 적절한지 체크

⑩ ラジオの おとが 大きい(O)
라디오 소리가 크다

日本語の おとが じょうずだ(X)
일본어 소리가 능숙하다

STEP3 오답 소거

앞뒤 말과 부자연스러운 선택지는 바로 소거하며 정답 찾기

제1회 실전문제 -언어지식(문자·어휘)-

제한시간 22분

もんだい1 _____の ことばは ひらがなで どう かきますか。1・2・3・4から

`한자읽기` いちばん いい ものを ひとつ えらんで ください。

1 ごご 3時までに 駅前に 集まって ください。⑫
　　1　はじまって　　2　あつまって　　3　とまって　　4　きまって

2 あの店の 店員は とても しんせつです。⑪
　　1　てにん　　　　2　てんにん　　　3　ていん　　　4　てんいん

3 これは 世界に ひとつだけの とけいです。⑬⑲
　　1　せいかい　　　2　せいがい　　　3　せかい　　　4　せがい

4 ここからの 景色が とても うつくしいです。⑫
　　1　けいろ　　　　2　けしき　　　　3　けいしょく　　4　けいしき

5 あそこの 旅館は にほんで いちばん ゆうめいです。⑩⑲
　　1　りょうかん　　2　りょかん　　　3　りょうがん　　4　りょがん

6 この みせの 食料品は 高くないので よく 来ます。⑫⑭
　　1　しょくりゅうひん　　　　　　2　しょくりょうひん
　　3　しゅくりゅうひん　　　　　　4　しゅくりょうひん

7 夕方、ゆきが ふりました。⑪
　　1　ゆほう　　　　2　ゆがた　　　　3　ゆうほう　　　4　ゆうがた

8 あさより かぜが 強く なりました。⑬㉓
　　1　つよく　　　　2　よわく　　　　3　ながく　　　　4　おもく

9 ここに なまえと 住所を 書いて ください。⑩
　　1　じゅうしょう　2　じゅしょう　　3　じゅうしょ　　4　じゅしょ

もんだい2 ＿＿＿＿＿の ことばは どう かきますか。1・2・3・4から いちばん

[표기] **いい ものを ひとつ えらんで ください。**

[10] わたしは あかい リボンが ついた ふくが ほしいです。⑬⑲㉒㉓

1 青い　　2 赤い　　3 白い　　4 黒い

[11] はやく しりょうを おくって ください。⑩⑪⑬⑭

1 送って　　2 遅って　　3 書って　　4 後って

[12] きょうの ひるごはんは うどんに しましょう。⑮⑱

1 朝ご飯　　2 朝ご飲　　3 昼ご飯　　4 昼ご飲

[13] デパートは いえから とおくて あまり 行きません。⑩⑮

1 短くて　　2 長くて　　3 近くて　　4 遠くて

[14] かかりの 人には 聞いて みましたか。⑭

1 係り　　2 糸り　　3 員り　　4 倶り

[15] となりの いえは すいどうこうじを して います。⑫

1 氷首　　2 水首　　3 氷道　　4 水道

もんだい3 （　　　）に　なにを　いれますか。1・2・3・4から　いちばん　いい　ものを
[문맥규정] **ひとつ　えらんで　ください。**

16 コップを（　　　　）われて　しまった。⑪⑬
1　おして　　2　おくって　　3　おとして　　4　おちて

17 私は　バレーボールの（　　　　）を　よく　しりません。⑪
1　アイディア　　2　ルール　　3　あんない　　4　せつめい

18 おとうとの　たんじょうびに　どこで　しょくじを　するか（　　　　）。⑫⑬
1　さそいましょう　　2　はらいましょう　　3　はいりましょう　　4　きめましょう

19 いえを　出る　前に、でんきを　けしたか（　　　　）して　ください。⑩
1　スイッチ　　2　スタート　　3　オープン　　4　チェック

20 あめに　ふられて　ふくが　（　　　　）　しまいました。⑭
1　なおして　　2　かって　　3　ぬれて　　4　あえて

21 かいがい　せいかつには　もう（　　　　）。⑬
1　なれましたか　　2　がんばりましたか　　3　かよいましたか　　4　つとめましたか

22 ともだちと（　　　　）して、けがを　して　しまいました。⑮
1　じゅんび　　2　ようい　　3　けんか　　4　けいけん

23 やまださんは　クラスの　中で　いちばん　しずかで　（　　　）学生です。⑩⑪⑬
1　うるさい　　2　おとなしい　　3　うすい　　4　にがい

24 きょうしつで　なくした　ノートを（　　　　）けど、どこにも　なかった。⑬
1　しらべた　　2　みつけた　　3　あつめた　　4　さがした

25 みんなで　クリスマスツリーを（　　　　）。⑪
1　きこえた　　2　かわいた　　3　かざった　　4　かよった

もんだい4 ＿＿＿＿＿の　ぶんと　だいたい　おなじ　いみの　ぶんが　あります。
유의표현　１・２・３・４から　いちばん　いいものを　ひとつ　えらんで　ください。

26　わたしは　ダンスが　すきです。⑫

1　わたしは　はしるのが　すきです。
2　わたしは　あるくのが　すきです。
3　わたしは　おどるのが　すきです。
4　わたしは　おこるのが　すきです。

27　その　はなしを　聞いて　おどろきました。⑬

1　その　はなしを　聞いて　びっくりしました。
2　その　はなしを　聞いて　さんせいしました。
3　その　はなしを　聞いて　やくそくしました。
4　その　はなしを　聞いて　かんこうしました。

28　この　とけいは　ははが　くれたので　とても　だいじです。⑭

1　この　とけいは　ははが　くれたので　とても　ゆうめいです。
2　この　とけいは　ははが　くれたので　とても　たいせつです。
3　この　とけいは　ははが　くれたので　とても　べんりです。
4　この　とけいは　ははが　くれたので　とても　じょうぶです。

29　この　国は　こめを　ゆしゅつして　います。⑬㉓

1　この　国は　こめを　ほかの　国に　うって　います。
2　この　国は　こめを　ほかの　国から　買って　います。
3　この　国は　こめを　ほかの　国に　あげて　います。
4　この　国は　こめを　ほかの　国から　もらって　います。

30　いもうとは　ピアノが　うまいです。⑪

1　いもうとは　ピアノが　すきです。
2　いもうとは　ピアノが　きらいです。
3　いもうとは　ピアノが　じょうずです。
4　いもうとは　ピアノが　へたです。

もんだい5　つぎの　ことばの　つかいかたで　いちばん　いい　ものを　1・2・3・4から
[용법]　ひとつ　えらんで　ください。

[31] とちゅう ⑲

1　テーブルの　とちゅうに　ケーキと　ぎゅうにゅうが　あります。
2　この　ビルの　とちゅうから　ふじさんが　見えます。
3　がっこうへ　いく　とちゅうで　ともだちに　あいました。
4　くだものの　とちゅうで　バナナが　いちばん　すきです。

[32] けしき ⑫⑬

1　もう　そろそろ　かえって　くる　けしきですね。
2　この　まちは　川も　山も　あって　けしきが　いいです。
3　この　りょうりは　へんな　けしきが　します。
4　きのうは　くびが　いたくて　れんしゅうを　けしき　しました。

[33] ふべん ⑭⑲

1　わたしは　ふべんな　まつりが　だいすきです。
2　こうつうが　ふべんなので　ひっこしました。
3　がくせいの　あいだに　やきゅうが　ふべんです。
4　この　もんだいは　ふべんなので　こうこうせいにも　むりです。

[34] すずしい ⑫

1　さいきん　しごとが　すずしくて　あそべませんでした。
2　すこし　すずしくて　みずを　いれました。
3　かぜが　すずしくて　きもちが　いいです。
4　いっしょに　はたらく　はやしさんは　すずしいです。

[35] かたづける ⑩

1　せんせいは　がくせいを　四(よっ)つの　グループに　かたづけました。
2　いろいろな　いけんが　出たので、少し　かたづけましょう。
3　プレゼントを　きれいに　かたづけて　ともだちに　あげました。
4　へやを　かたづけて　ゆうしょくの　じゅんびを　しました。

맞힌 개수 확인 ＿＿＿ /35

제2회 실전문제 -언어지식(문자·어휘)-

⏱ 제한시간 22분

もんだい1 _____の ことばは ひらがなで どう かきますか。1・2・3・4から
[한자읽기] いちばん いい ものを ひとつ えらんで ください。

1 あの 料理は どんな 味が しますか。⑬⑮
 1 あじ　　　　　　2 かおり　　　　　3 におい　　　　　4 いろ

2 新しい へやは ひろくて 明るいです。⑫
 1 あかるい　　　2 まるい　　　　　3 ふるい　　　　　4 かるい

3 たんごを じしょで 調べました。⑭⑲
 1 くらべました　2 とべました　　3 しらべました　4 まなべました

4 ともだちは ちゅうごくに ある 工場で はたらいて います。⑬㉓
 1 こうじょ　　　2 こうじょう　　3 おくじょ　　　　4 おくじょう

5 近所の きっさてんで きむらさんに あいました。⑬⑭
 1 きんじょ　　　2 ちかじょ　　　3 きんじょう　　　4 ちかじょう

6 あねは れきしを 研究して います。⑫⑮⑲
 1 けんきゅ　　　2 けんきゅう　　3 げんきゅ　　　　4 げんきゅう

7 この 国は 車の ぎじゅつが 進んで いる。⑩⑭
 1 つつんで　　　2 すすんで　　　3 かこんで　　　　4 とんで

8 あの バスは デパートの まえを 通りますか。
 1 まがります　　2 かります　　　3 とおります　　　4 おくります

9 アメリカは こめを 生産して います。⑫⑭⑮⑱
 1 せいさん　　　2 せさん　　　　3 しょうさん　　　4 しょさん

もんだい2 _____の　ことばは　どう　かきますか。1・2・3・4から　いちばん
표기　いい　ものを　ひとつ　えらんで　ください。

10 しょくどうは　2かいに　あります。⑪
　　1　食同　　　　　2　食所　　　　　3　食場　　　　　4　食堂

11 わたしは　くるまの　うんてんが　できません。⑬
　　1　運転　　　　　2　運軽　　　　　3　連転　　　　　4　連軽

12 あの　りょかんで　とまる　つもりです。⑩⑲
　　1　旅飲　　　　　2　旅館　　　　　3　旅飯　　　　　4　旅食

13 きっぷうりばは　どこですか。⑭
　　1　完り場　　　　2　完り所　　　　3　売り場　　　　4　売り所

14 ねむい　ときは　コーヒーを　飲みます。⑪
　　1　寝い　　　　　2　眠い　　　　　3　晩い　　　　　4　夜い

15 むすこは　やさいが　はいった　りょうりは　たべません。⑩⑬
　　1　野菜　　　　　2　理菜　　　　　3　野薬　　　　　4　理薬

もんだい3 (　　　　)に　なにを　いれますか。1・2・3・4から　いちばん　いい　ものを
문맥규정 ひとつ　えらんで　ください。

16 やまださんは　いつも　としょかんで（　　　　　）べんきょうして　います。⑪
　　1　たいせつに　　　　2　まっすぐに　　　　3　ねっしんに　　　4　だいじに

17 英語の　せつめいが　かいて　ある（　　　　　）が　ありますか。⑫⑭
　　1　アルバイト　　　2　チップ　　　　　3　サービス　　　　4　メニュー

18 来週　アメリカに　帰るので　ひこうきの　チケットを（　　　　　）しました。⑬㉒
　　1　よやく　　　　　2　やくそく　　　　3　うけつけ　　　　4　けいかく

19 これは　つかいかたを　まちがえると（　　　　　）です。⑪⑮
　　1　けっこう　　　　2　きけん　　　　　3　じゆう　　　　　4　あんぜん

20 はが　わるいので、（　　　　　）ものは　食べられない。⑫
　　1　かたい　　　　　2　ながい　　　　　3　おもい　　　　　4　ふかい

21 父と（　　　　　）して　おとうとに　あげる　くつを　かいました。⑪
　　1　あいさつ　　　　2　さんせい　　　　3　そうだん　　　　4　へんじ

22 きょうの　しょくじだいは　きむらさんが（　　　　　）。⑪⑬⑮
　　1　ひろいました　　2　はらいました　　3　かいました　　　4　ひきだしました

23 まえより　もっと　ひろい　いえに（　　　　　）。⑫
　　1　すすみました　　2　とりました　　　3　ひっこしました　4　でかけました

24 ともだちが　にゅういんしたので（　　　　　）に　行きます。⑬
　　1　けんがく　　　　2　けんぶつ　　　　3　おねがい　　　　4　おみまい

25 みんなで　かんがえれば、いい（　　　　　）が　でるかもしれない。⑩
　　1　プール　　　　　2　パーティー　　　3　アイディア　　　4　ニュース

もんだい4 _____の ぶんと だいたい おなじ いみの ぶんが あります。

<u>유의표현</u>　**1・2・3・4から いちばん いい ものを ひとつ えらんで ください。**

26　きょうは おきるのが おそく なって しまいました。⑪⑬⑭㉓

　　1　きょうは ちこくしました。

　　2　きょうは ねぼうしました。

　　3　きょうは けんきゅうしました。

　　4　きょうは よういしました。

27　あの 人は とても きれいですね。⑬

　　1　あの 人は とても うれしいですね。

　　2　あの 人は とても おとなしいですね。

　　3　あの 人は とても きびしいですね。

　　4　あの 人は とても うつくしいですね。

28　じを きれいに かいて ください。⑪⑭

　　1　じを おおきく かいて ください。

　　2　じを ふとく かいて ください。

　　3　じを ていねいに かいて ください。

　　4　じを かんたんに かいて ください。

29　スカートが 小さいので とりかえて ください。⑫

　　1　スカートが 小さいので お金を かえして ください。

　　2　スカートが 小さいので 大きい スカートを ください。

　　3　スカートが 小さいので 長い スカートを ください。

　　4　スカートが 小さいので 新しい スカートを ください。

30　ともだちと あう やくそくが あります。⑫⑮⑱⑲

　　1　ともだちと あう よていです。

　　2　ともだちと あう わけです。

　　3　ともだちと あう ばしょです。

　　4　ともだちと あう げんいんです。

もんだい5 つぎの ことばの つかいかたで いちばん いい ものを 1・2・3・4から
용법 ひとつ えらんで ください。

31 にあう ⑩⑬⑲

1 あの 子の 目は お母さんに にあって いますね。
2 きのう えきまえの みせで ともだちに にあいました。
3 いみが にあって いる たんごは たくさん あります。
4 かのじょは あおい ふくが にあいますね。

32 ぬれる ⑭

1 のどが ぬれて のみものを かいました。
2 どの かばんを 買うか ぬれて います。
3 あめが たくさん ふったので、みちが ぬれて います。
4 3年前より 5キロぐらい ぬれました。

33 わる ⑪

1 きのう かのじょと わって かなしいです。
2 ねぼうして じゅぎょうに わって しまいました。
3 まいあさ おんがくを わりながら さんぽして います。
4 グラスを おとして、 わって しまった。

34 しょうたい ⑬㉓

1 あの 店は 夜9時まで しょうたいして います。
2 てがみを かいて しょうたいを つたえます。
3 高校の せんぱいを けっこんしきに しょうたいする つもりです。
4 毎月 5千円ずつ しょうたいして います。

35 せんたく ⑬

1 どようびに へやを せんたくしました。
2 シャツと パンツを せんたくしました。
3 ねる まえには はを せんたくして ください。
4 かおを せんたくして がっこうに いきます。

🖊 맞힌 개수 확인 ＿＿＿ / 35

제3회 실전문제 -언어지식(문자·어휘)-

제한시간 22분

もんだい1 ＿＿＿＿＿の ことばは ひらがなで どう かきますか。1・2・3・4から
[한자읽기] いちばん いい ものを ひとつ えらんで ください。

[1] この あたりは こうつうが ちょっと 不便です。⑭⑲

1 ぶへん　2 ふへん　3 ふべん　4 ぶべん

[2] お店の 営業じかんを おしえて もらいました。⑩⑬⑲㉒

1 さんぎょう　2 えいぎょう　3 のうぎょう　4 ぎょぎょう

[3] かれの いけんには 反対です。⑫⑬

1 はんだい　2 ほんだい　3 ほんたい　4 はんたい

[4] みなさん 最後まで がんばりましょう。⑱㉑

1 さいこう　2 さいごう　3 さいこ　4 さいご

[5] あしたまでですから あまり 急がなくても いいですよ。⑬⑮

1 いそがなくても　2 ぬがなくても　3 およがなくても　4 さわがなくても

[6] わたしは 空港で はたらいて います。⑩

1 くこう　2 くうこう　3 くこ　4 くうこ

[7] おとうとは りっぱな 医者に なりました。⑬

1 いじゃ　2 いいじゃ　3 いしゃ　4 いいしゃ

[8] それは わたしに とって 特別な おもいでです。⑲㉒

1 どくべつ　2 とくべつ　3 どくりつ　4 とくりつ

[9] そこに おいて ある 紙に なまえと じゅうしょを かいて ください。⑫⑱

1 かたち　2 かみ　3 いと　4 ゆか

もんだい2 _____の　ことばは　どう　かきますか。1・2・3・4から　いちばん
いい　ものを　ひとつ　えらんで　ください。

表기

10 しゃちょうの　<u>よてい</u>は　いつも　てちょうに　書いて　おきます。⑫⑮⑱⑲

    1　予定　　　　　　2　有定　　　　　　3　用定　　　　　　4　要定

11 じゅぎょうが　おわってから　ともだちと　<u>えいが</u>を　見に　行きます。⑭㉑

    1　映面　　　　　　2　央面　　　　　　3　映画　　　　　　4　央画

12 そぼは　あさ　はやく　<u>おきます</u>。⑩⑬

    1　起きます　　　　2　置きます　　　　3　立きます　　　　4　上きます

13 あの　さっかの　<u>しょうせつ</u>は　とても　おもしろいです。⑪

    1　小説　　　　　　2　少説　　　　　　3　小語　　　　　　4　少語

14 ベトナムで　いろいろな　<u>けいけん</u>を　しました。⑪⑬⑲㉓

    1　計験　　　　　　2　経験　　　　　　3　計件　　　　　　4　経件

15 <u>しょうらい</u>の　ゆめは　なんですか。⑫⑱

    1　未来　　　　　　2　末来　　　　　　3　状来　　　　　　4　将来

もんだい3　(　　　)に　なにを　いれますか。1・2・3・4から　いちばん　いい　ものを
[문맥규정]　**ひとつ　えらんで　ください。**

16 きゅうに　てんきが　わるくなって　しあいは（　　　　　）に　なって　しまった。⑫
1　ちり　　2　ちゅうし　　3　よやく　　4　よてい

17 デパートの　入り口に　車を（　　　　　）ください。⑪
1　とめないで　　2　やめないで　　3　きめないで　　4　しめないで

18 あねは　きょねん　大学を（　　　　　）して、日本語を　おしえて　います。⑭
1　ふくしゅう　　2　きょういく　　3　そつぎょう　　4　けんきゅう

19 わたしは　まいあさ　ジョギングを　するのが　（　　　　　）です。⑬
1　けいけん　　2　しゅうかん　　3　そうじ　　4　そうだん

20 きのう　きむらさんが　ひっこしを（　　　　　）くれました。⑬㉓
1　つつんで　　2　はこんで　　3　かたづけて　　4　てつだって

21 りょうりを　つくって　くれた（　　　　　）に　チョコレートを　あげた。⑪⑭
1　おみまい　　2　おせわ　　3　おれい　　4　おじぎ

22 あめが（　　　　　）、りょこうに　行けます。⑬
1　やんで　　2　おわって　　3　きえて　　4　とまって

23 パソコンが（　　　　　）したので　兄に　なおして　もらいました。⑪⑫
1　こしょう　　2　しっぱい　　3　うんてん　　4　うんどう

24 じゅぎょうちゅうに　ねて　しまって　先生に（　　　　　）。⑪⑭
1　たのまれた　　2　ほめられた　　3　さそわれた　　4　しかられた

25 うんどうした　あとに　おいしい　ごはんを　たべるのは（　　　　　）が　いいです。⑬
1　げんき　　2　きもち　　3　こころ　　4　ぐあい

もんだい4 _____の ぶんと だいたい おなじ いみの ぶんが あります。

유의표현 1・2・3・4から いちばん いい ものを ひとつ えらんで ください。

26 ここは きんえんです。⑭㉓
　　1 ここで しゃしんを とっては いけません。
　　2 ここで うるさく はなしては いけません。
　　3 ここで おさけを のんでは いけません。
　　4 ここで たばこを すっては いけません。

27 この 車は ちゅうごくで せいさんします。⑫⑭⑮⑱
　　1 この 車は ちゅうごくで かります。
　　2 この 車は ちゅうごくで つくります。
　　3 この 車は ちゅうごくで あらいます。
　　4 この 車は ちゅうごくで とめます。

28 やまださんの はなしは ぜんぶ うそです。⑬⑮
　　1 やまださんの はなしは ぜんぶ ほんとうです。
　　2 やまださんの はなしは ぜんぶ ほんとうではありません。
　　3 やまださんの はなしは ぜんぶ ゆうめいです。
　　4 やまださんの はなしは ぜんぶ ゆうめいではありません。

29 バスが でました。⑪
　　1 バスが しゅっぱつしました。
　　2 バスが とまりました。
　　3 バスが まがりました。
　　4 バスが つきました。

30 この ビールは ひえて います。⑫㉓
　　1 この ビールは あたたかいです。
　　2 この ビールは つめたいです。
　　3 この ビールは ぬるいです。
　　4 この ビールは まずいです。

もんだい5 つぎの ことばの つかいかたで いちばん いい ものを 1・2・3・4から
[용법] ひとつ えらんで ください。

31 こむ ⑪⑬⑮㉑

1 やまださんの 字は こむので よみにくいです。
2 あさの 電車は いつも こんで います。
3 食べすぎて おなかが こんで います。
4 かばんの なかに ほんが こんで います。

32 しらべる ⑭⑲

1 じこの げんいんを しらべて います。
2 りんごは れいぞうこに しらべて ください。
3 母は まいあさ いぬと しらべて います。
4 あさ しらべて はを みがきます。

33 そだてる ⑫⑬㉑

1 いろいろな しりょうを そだてて レポートを 書きます。
2 きょねんから ビルを そだてて います。
3 母と さくらの 木を そだてて います。
4 なつやすみに ともだちと あそびに そだてる つもりです。

34 にがい ⑪㉓

1 この くすりは とても にがくて のみたく ありません。
2 にがい もんだいは 先生に しつもんして ください。
3 かれの こえは にがくて おおきかった。
4 くらい みちを 一人で あるくのは にがい。

35 つたえる ⑩⑪⑮

1 がくせいに しけんの じかんを つたえました。
2 ともだちを えきまで つたえました。
3 ゆうびんきょうくで にもつを つたえました。
4 いもうとの たんじょうびに 花を つたえました。

✏ 맞힌 개수 확인 ____ / 35

제4회 실전문제 -언어지식(문자·어휘)-

⏱ 제한시간 22분

もんだい1 ＿＿＿＿の　ことばは　ひらがなで　どう　かきますか。１・２・３・４から
한자읽기　いちばん　いい　ものを　ひとつ　えらんで　ください。

1 あなたが　眠って　いる　あいだに　えいがは　おわりました。⑲
　1　かぎって　　　2　まって　　　　3　うつって　　　4　ねむって

2 この　みちは　暗いですから　夜は　とおらないで　ください。⑫⑬⑭⑱⑲
　1　うるさい　　　2　あぶない　　　3　くらい　　　　4　あかるい

3 むずかしい　問題は　特に　ありません。⑩
　1　どくに　　　　2　とくに　　　　3　べつに　　　　4　すぐに

4 おとうとは　まいにち　日記を　書いて　います。⑪⑮
　1　にちきい　　　2　にちき　　　　3　にっき　　　　4　にっきい

5 ひとりで　旅行するのが　すきです。⑬
　1　りょこ　　　　2　りょこう　　　3　りょうこ　　　4　りょうこう

6 森には　どんな　どうぶつが　住んで　いますか。⑪
　1　き　　　　　　2　はな　　　　　3　やま　　　　　4　もり

7 どこに　行くか　決まったら　れんらくします。⑩⑱㉓
　1　きまったら　　2　しまったら　　3　とまったら　　4　つまったら

8 あかちゃんの　世話を　するのは　たいへんです。⑬⑭㉓
　1　せわ　　　　　2　せいわ　　　　3　せはなし　　　4　せいはなし

9 みんなで　にもつを　運んで　います。⑩㉓
　1　よんで　　　　2　うんで　　　　3　はこんで　　　4　とんで

もんだい2 _____の ことばは どう かきますか。1・2・3・4から いちばん

표기 いい ものを ひとつ えらんで ください。

10 ゆきが うつくしく ふって います。⑪

1 雷　　　　　2 電　　　　　3 雪　　　　　4 雲

11 おくじょうからの けしきが きれいです。⑫

1 建場　　　　2 屋場　　　　3 建上　　　　4 屋上

12 さかなが たくさん およいで います。⑭⑮

1 海いで　　　2 泳いで　　　3 水いで　　　4 毎いで

13 あそこは 小さい みなとでした。⑩

1 飛　　　　　2 船　　　　　3 空　　　　　4 港

14 あそこで ひかって いるのは 何の ほしだろう。⑪⑯

1 光って　　　2 化って　　　3 星って　　　4 生って

15 わたしは さくらが さく はるが いちばん すきです。⑱

1 春　　　　　2 夏　　　　　3 秋　　　　　4 冬

もんだい3　(　　　)に　なにを　いれますか。1・2・3・4から　いちばん　いい　ものを
[문맥규정]　ひとつ　えらんで　ください。

16 まどを　あけたら　(　　　　　)かぜが　ふいて　きました。⑫⑬
1　すずしい　2　したしい　3　こまかい　4　ふとい

17 まえださんに　会ったら　「本を　かえして　ください」と　(　　　　　)ください。⑩⑪⑮
1　たずねて　2　とどけて　3　わたして　4　つたえて

18 母は　今　朝(あさ)ご飯(はん)を　(　　　　　)して　います。⑪
1　せわ　2　りよう　3　ようい　4　やくそく

19 母が　たいせつに　して　いる　(　　　　　)を　わって　しまいました。⑭
1　さら　2　ふくろ　3　タオル　4　ポスター

20 この　川は　(　　　　　)ので　子どもも　あそべます。⑫
1　うすい　2　おもい　3　ふるい　4　あさい

21 あぶないので　あの　犬は(　　　　　)ください。⑪
1　ならわないで　2　さわらないで　3　いわないで　4　すわらないで

22 おなかが　いたくて　びょういんに　(　　　　　)から　学校に　行きます。⑬
1　かえって　2　かよって　3　よって　4　まがって

23 雨が　ふって　いるのか　みんな　かさを　(　　　　　)いる。⑩⑫
1　かぶって　2　さして　3　はいて　4　あけて

24 にもつは　おもく　ないので、　一人で　(　　　　　)です。⑫⑮
1　ぜんぶ　2　さいご　3　じゅうぶん　4　すっかり

25 (　　　　　)しないで、　どうぞ　たくさん　食べて　ください。⑬
1　はんたい　2　えんりょ　3　もんだい　4　しつれい

もんだい4 _____の ぶんと だいたい おなじ いみの ぶんが あります。

유의표현 1・2・3・4から いちばん いい ものを ひとつ えらんで ください。

26 新しい かぐを かいました。⑬⑳

1 新しい ノートや ペンを かいました。

2 新しい カメラや ビデオを かいました。

3 新しい つくえや ベッドを かいました。

4 新しい ふくや くつを かいました。

27 きむらさんは 駅前の パンやで アルバイトを して います。⑬⑭

1 きむらさんは 駅前の パンやで まって います。

2 きむらさんは 駅前の パンやで あそんで います。

3 きむらさんは 駅前の パンやで はたらいて います。

4 きむらさんは 駅前の パンやで やすんで います。

28 まえださんの びょうきが なおりました。⑩

1 まえださんは もう いたいです。

2 まえださんは もう いたく ありません。

3 まえださんは まだ いたいです。

4 まえださんは まだ いたく ありません。

29 ゆうめいな 店なのに 今は すいて います。⑬

1 ゆうめいな 店なのに 今は おきゃくさんが 多いです。

2 ゆうめいな 店なのに 今は おきゃくさんが 少ないです。

3 ゆうめいな 店なのに 今は しなものが 多いです。

4 ゆうめいな 店なのに 今は しなものが 少ないです。

30 手が よごれて いたので あらって きました。⑫⑭

1 手が つめたかったので あらって きました。

2 手が いたかったので あらって きました。

3 手が ちいさかったので あらって きました。

4 手が きたなかったので あらって きました。

정답과 해설 100쪽

もんだい5　つぎの　ことばの　つかいかたで　いちばん　いい　ものを　1・2・3・4から
[용법]　ひとつ　えらんで　ください。

[31] こうじ ⑫

1　あたまが　いたくて、びょういんで　こうじを　しました。
2　ほんだなが　こわれて　父が　こうじを　して　くれました。
3　ここは　こうじを　して　いるので、とおらないで　ください。
4　みんなの　まえで　じぶんの　いけんを　こうじするのは　はずかしいです。

[32] ぜひ ⑪⑬

1　日本語が　ぜひ　じょうずに　ならなくて　たいへんです。
2　ぜひ　いちど　よんで　みて　ください。
3　この　みちを　ぜひ　行って　みぎに　まがって　ください。
4　おいしいものを　ぜひ　たべて　おなかが　いっぱいです。

[33] わかす ⑭㉓

1　まど　ガラスを　わかして　ははに　おこられた。
2　この　おかしを　みんなで　わかして　食べて　ください。
3　おちゃを　入れるから　おゆを　わかして　ください。
4　やまださんの　じゅうしょを　わかして　ください。

[34] つごう ⑫

1　また　つごうを　だして　がんばって　ください。
2　あしたの　つごうは　はれです。
3　つごうが　あれば　いっしょに　はたらきたいです。
4　その　日は　つごうが　わるくて　行けません。

[35] ひろう ⑬⑭

1　あたたかい　はるに　なると　花が　ひろいます。
2　はやく　しごとを　おわらせて　ともだちに　ひろいます。
3　その　はなしを　ひろって　ともだちに　れんらくしました。
4　バスの　中で　さいふを　ひろいました。

맞힌 개수 확인 _____ /35

제5회 실전문제 -언어지식(문자·어휘)-

제한시간 22분

もんだい1 ＿＿＿＿＿の ことばは ひらがなで どう かきますか。1・2・3・4から いちばん いい ものを ひとつ えらんで ください。

[한자읽기]

1 この にもつは 重いですから いっしょに はこびましょう。⑫⑭⑲
1 ながい　2 ふかい　3 かるい　4 おもい

2 今も なくなった そふの 顔は おぼえて います。⑭⑱
1 あたま　2 かお　3 ちから　4 うで

3 きのうより かぜが 弱くなりました。⑩⑱
1 つよく　2 よわく　3 かるく　4 おもく

4 いなかより 都会の ほうが べんりです。⑱
1 とうあい　2 とあい　3 とうかい　4 とかい

5 ３じ はんに 特急でんしゃが きます。⑭
1 ときゅ　2 とっきゅ　3 ときゅう　4 とっきゅう

6 わたしの 指に にあう ゆびわは 何ですか。⑬
1 くび　2 ゆび　3 あたま　4 みみ

7 かいぎが おわるまで ここで 待ちます。⑪⑬⑮
1 たちます　2 まちます　3 もちます　4 かちます

8 ちょっと へんな 味が します。⑬⑮
1 かじ　2 おと　3 あじ　4 こえ

9 らいねんの はる そつぎょうする 予定です。⑫⑮⑱⑲
1 ようてい　2 よてい　3 ようでい　4 よでい

もんだい2　＿＿＿＿＿の　ことばは　どう　かきますか。1・2・3・4から　いちばん
[표기]　いい　ものを　ひとつ　えらんで　ください。

[10] やまださんは　いつ　きこくしますか。⑱

1　帰国　　2　行国　　3　起国　　4　戻国

[11] ねぼうして　がっこうまで　はしって　いきました。⑬⑮

1　足って　　2　歩って　　3　走って　　4　掛って

[12] ここは　こどもが　あんぜんに　遊べる　ところです。⑱㉓

1　安金　　2　安全　　3　女全　　4　女金

[13] あしたは　バスケットボールの　しあいが　あります。⑭

1　詩会　　2　試会　　3　詩合　　4　試合

[14] てんいんに　アイスクリームは　どこに　あるか　聞きました。⑪

1　占員　　2　占人　　3　店員　　4　店人

[15] 目を　とじて　みて　ください。⑩⑱

1　開じて　　2　門じて　　3　聞じて　　4　閉じて

もんだい3 （　　　）に　なにを　いれますか。1・2・3・4から　いちばん　いい　ものを

문맥규정 ひとつ　えらんで　ください。

16 つぎの　えきで　電車から　バスに　（　　　　　）　ください。⑭
　　1　おりて　　　　　2　ひっこして　　　3　のりかえて　　　4　でて

17 すうがくの　テストが　あるので、（　　　　　）　べんきょうします。⑪⑬
　　1　だいじに　　　　2　まじめに　　　　3　しんせつに　　　4　じょうぶに

18 この　犬は　（　　　　　）いるので　おもいです。⑩⑫
　　1　ころんで　　　　2　やせて　　　　　3　ふとって　　　　4　すわって

19 この　りょうりは　ちょっと　へんな　（　　　　　）が　しますね。
　　1　ねだん　　　　　2　ぐあい　　　　　3　おと　　　　　　4　におい

20 うえださんに　ちこくした　（　　　　　）を　聞きました。⑬⑮
　　1　れんらく　　　　2　いけん　　　　　3　そうだん　　　　4　りゆう

21 バスが　おくれて、やくそくの　時間に　（　　　　　）。⑫
　　1　まにあいませんでした　　　　　　2　とどきませんでした
　　3　たりませんでした　　　　　　　　4　よりませんでした

22 あかちゃんが　（　　　　　）を　出して　びょういんに　つれて　行きました。⑪
　　1　びょうき　　　　2　ぐあい　　　　　3　ねつ　　　　　　4　けが

23 あそこの　エレベーターを　（　　　　　）して　ください。⑫⑮㉓
　　1　うんてん　　　　2　だんぼう　　　　3　ひつよう　　　　4　りよう

24 サッカーしあいが　ちゅうしに　なって　（　　　　　）です。⑬⑮㉓
　　1　ふべん　　　　　2　だめ　　　　　　3　ざんねん　　　　4　しんぱい

25 そふの　びょうきが　よく　なって　（　　　　　）しました。⑫⑮
　　1　あんしん　　　　2　しんぱい　　　　3　さんせい　　　　4　はんたい

もんだい4 _____の　ぶんと　だいたい　おなじ　いみの　ぶんが　あります。
유의표현　1・2・3・4から　いちばん　いいものを　ひとつ　えらんで　ください。

26 たいへんな　じだいは　もう　すぎました。⑫⑮

　　1　らくな　じだいでした。

　　2　にぎやかな　じだいでした。

　　3　きびしい　じだいでした。

　　4　したしい　じだいでした。

27 雨が　やみました。⑬

　　1　雨は　もう　ふりません。

　　2　雨は　まだ　ふって　います。

　　3　雨が　ふって　ほしいです。

　　4　雨が　ふらないで　ほしいです。

28 おとうとと　しょうらいの　ことを　話しました。⑫⑱

　　1　おとうとと　今までの　ことを　話しました。

　　2　おとうとと　むかしの　ことを　話しました。

　　3　おとうとと　これからの　ことを　話しました。

　　4　おとうとと　さいきんの　ことを　話しました。

29 せんせいは　何時ごろ　もどりますか。⑬

　　1　せんせいは　何時ごろ　でかけますか。

　　2　せんせいは　何時ごろ　かえって　きますか。

　　3　せんせいは　何時ごろ　ねますか。

　　4　せんせいは　何時ごろ　おきますか。

30 いもうとは　いつも　にこにこして　います。⑬

　　1　いもうとは　いつも　わらって　います。

　　2　いもうとは　いつも　なやんで　います。

　　3　いもうとは　いつも　あそんで　います。

　　4　いもうとは　いつも　やすんで　います。

정답과 해설 104쪽

もんだい5　つぎの　ことばの　つかいかたで　いちばん　いい　ものを　1・2・3・4から
[용법]　ひとつ　えらんで　ください。

[31] しかる ⑪⑭㉓

1　しゅうまつは　えいがを　しかるのが　すきです。
2　ともだちと　ひさしぶりに　としょかんで　しかった。
3　うそを　ついて　先生に　しかられた。
4　さいきん　ふとって　しかろうと　おもう。

[32] さわぐ ⑫

1　電車の　中で　子どもが　さわいで　いて　うるさいです。
2　あねは　さわいで　ねて　しまいました。
3　きょう　さわぐと　みっかぐらい　かかります。
4　あさから　のどが　いたくて　びょういんに　さわごうと　します。

[33] おとなしい ⑩⑪⑬

1　来週は　しごとが　おとなしいです。
2　きょうの　てんきは　とても　おとなしいです。
3　やまださんの　むすこは　おとなしいですね。
4　あの　としょかんは　とても　おとなしいです。

[34] いか ⑫

1　ねこは　いすの　いかに　います。
2　１万円　いかの　ネクタイが　ほしいです。
3　びょういんの　いかに　ゆうびんきょくが　あります。
4　ゆきが　降っているので　いかは　さむいです。

[35] 鳴(な)る

1　子どもが　鳴(な)って　寝ることが　できません。
2　あの　映画は　とても　かなしくて　鳴(な)って　しまいました。
3　だれか　来たのか　ベルが　鳴(な)って　います。
4　先生に　おこられた　学生は　鳴(な)りながら　家に　帰りました。

맞힌 개수 확인 _____ / 35

제3장 만점처방

실전문제 정답 및 해설

언어지식(문자·어휘) 실전문제 정답 및 해설

제1회 실전문제 정답 및 해설

|정답|

1 2	**2** 4	**3** 3	**4** 2	**5** 2	**6** 2	**7** 4
8 1	**9** 3	**10** 2	**11** 1	**12** 3	**13** 4	**14** 1
15 4	**16** 3	**17** 2	**18** 4	**19** 4	**20** 3	**21** 1
22 3	**23** 2	**24** 4	**25** 3	**26** 3	**27** 1	**28** 2
29 1	**30** 3	**31** 3	**32** 2	**33** 2	**34** 1	**35** 4

|해설|

문제 1 _____의 말은 히라가나로 어떻게 씁니까?
1·2·3·4에서 가장 알맞은 것을 하나 고르세요.

1 2 오후 3시까지 역 앞에 모여 주세요.

해설 ＊ 훈독에 주의! 集의 훈독은 「あつまる・あつめる」이며, 의미는 集まる(모이다), 集める(모으다)이다. 다른 선택지 始まる(시작되다), 止まる(멈추다), 決まる(정해지다)도 함께 알아두자.

어휘 ごご 오후 | 駅前 역 앞 | ～てください ~해 주세요

2 4 저 가게의 점원은 매우 친절합니다.

해설 ＊ 음독 체크! 店員(점원)의 店은 「てん」, 員은 「いん」이라고 읽는다. 員은 어떤 분야에 종사하는 사람을 뜻하며, 会社員(회사원), 銀行員(은행원) 등이 대표적이다.

어휘 店 가게 | とても 매우 | しんせつだ 친절하다

3 3 이것은 세계(세상)에 하나뿐인 시계입니다.

해설 ＊ 단음에 주의! 世의 음독은 「せ・せい」, 「界」의 음독은 「かい」이라고 읽는데, 世界는 「せいかい」가 아닌 「せかい」로 읽으니 주의하자. 하나의 한자가 단음과 장음 둘 다 발음되는 경우에는 특히 주의해야 한다.

어휘 ひとつ 한 개 | とけい 시계

4 2 이곳에서의 (이곳에서 보는) 경치가 매우 아름답습니다.

해설 ＊ 오답 선택지 체크! 景色(경치)는 「けしき」라 읽는다. 헷갈리는 선택지로 「けいしき」혹은「けいしょく」가 자주 등장하기 때문에 실수하지 않도록 하자.

어휘 ここ 이곳, 여기 | うつくしい 아름답다

5 2 저기 여관은 일본에서 가장 유명합니다.

해설 ＊ 장음과 탁음 체크하기! 旅의 음독은 「りょ」, 館는 「かん」이다. 오답 선택지로 「りょうかん」 혹은 「りょがん」이 등장하므로, 장음이나 탁음에 주의해야 한다. 그리고 大使館(대사관)처럼 한자 館이 들어간 단어는 건물과 관련이 있다.

어휘 あそこ 저곳, 저기 | にほん 일본 | いちばん 가장 | ゆうめいだ 유명하다

6 2 이 가게의 식료품은 비싸지 않기 때문에 자주 옵니다.

해설 ＊ 요음(や·ゆ·よ) 주의! 食料品(식료품)의 食은 「しょく」, 料는 「りょう」, 品은 「ひん」이라고 읽는데, 특히 食를 「しゅく」라고 읽거나 料를 「りゅう」라고 읽어서는 안 된다. 두 번이나 출제되었던 표현이므로 주의하자.

어휘 みせ 가게 | 高い 비싸다 | よく 자주, 잘 | 来る 오다

7 4 저녁 때 눈이 왔습니다.

해설 ＊ 시간을 나타내는 표현 체크! 시간을 나타내는 표현은 자주 출제된다. 夕方는 「ゆうがた」이라고 읽는다. 이때 탁음이 붙는 것을 기억해야 한다. 오답으로 「ゆうかた」가 자주 등장한다. 이외에도 14년도에 한자읽기 문제로 今夜(오늘 밤)가 출제되었다.

어휘 ゆき 눈 | ふる 내리다

8 1 아침보다 바람이 강해졌습니다.

해설 ＊ 형용사 반대어 함정 체크! 強(세다, 강하다)는 「つよい」라고 읽는다. イ형용사의 한자 읽기 문제의 오답 선택지를 보면, 반대어가 꼭 등장하는데 強い(강하다)↔弱い(약하다), 長い(길다)↔短い(짧다), 重い(무겁다)↔軽い(가볍다) 등을 함께 알아 두면 좋다.

어휘 あさ 아침 | より ~보다 | かぜ 바람 | い형용사 어간+くな る ~해지다

어휘 デパート 백화점 | いえ 집 | あまり~ない 그다지~않다 | 行く 가다

9   3   여기에 이름과 주소를 써 주세요.

해설 ※ 비슷한 한자의 음에 주의! 「住所」의 「住」는 「じゅう」, 「所」 는 「しょ」라고 읽으니 주의하자. 비슷한 한자 主, 住, 注의 발음을 헷갈릴 수 있으니 정확히 정리하자.

어휘 なまえ 이름 | 書く 쓰다

14   1   담당하는 사람에게는 물어봤습니까?

해설 ※ 비슷한 한자에 주의! かかり(담당)는 「係り」라고 표기한 다. 한자 係와 비슷한 糸은 いと라 읽고 '실'이라는 뜻이다. 비슷하게 생겼으므로 꼭 주의하자. 員은 어떤 분야에 종사하 는 사람을 뜻하며, 음독으로 「いん」이라고 읽는다.

어휘 人 사람 | 聞く 묻다 | ~てみる ~해 보다

문제 2   _____의 말은 어떻게 씁니까? 1·2·3·4에서 가장 알맞은 것을 하나 고르세요.

10   2   나는 빨간 리본이 달린 옷을 갖고 싶습니다.

해설 ※ 색 관련 한자 체크! あかい(빨갛다)는 한자로 「赤い」이라 고 표기한다. 오답인 선택지 青い(파랗다), 白い(하얗다), 黒 い(까맣다)도 함께 알아두자.

어휘 リボン 리본 | つく 붙다, 달리다 | ふく 옷 | ほしい 갖고 싶다

15   4   옆 집은 수도 공사를 하고 있습니다.

해설 ※ 비슷한 한자에 주의! すいどう(수도)는 「水道」이라고 표기 한다. 氷와 水, 首와 道처럼 비슷한 한자가 반드시 선택지에 등장하니 유심히 체크해야 한다.

어휘 となり 옆, 이웃 | こうじ 공사 | ~ている ~하고 있다

11   1   빨리 자료를 보내 주세요.

해설 ※ 비슷한 한자에 주의! おくる(보내다)는 한자로 「送る」라고 표기한다. 오답 선택지로 등장한 遅는 동사로 遅れる(늦다) 이며, 같은 음으로 발음되어 함정에 빠지기 쉬우므로 주의하자.

어휘 はやく 빨리 | しりょう 자료

문제 3   (   )에 무엇을 넣습니까? 1·2·3·4에서 가장 알맞은 것을 하나 고르세요.

16   3   컵을 떨어뜨려서 깨져 버렸다.

해설 ※ 자·타동사 조심! 괄호에 들어갈 말로 コップ(컵)과 わ れて しまった(깨져 버렸다)를 보고 유추할 수 있는 표현은 '떨어뜨려서'이다. '떨어뜨리다'는 일본어로 「おとす」가 된 다. 주의할 점은 오답 선택지 중 자동사 おちる(떨어지다)와 혼동해서는 안 된다. おす(누르다), おくる(보내다)도 체크 해 두자.

어휘 コップ 컵 | われる 깨지다 | ~てしまう ~해 버리다

12   3   오늘 점심 밥은 우동으로 합시다.

해설 ※ 시간 관련 한자 체크! ひるごはん(점심 밥)의 일본어 표기 는 昼ご飯이다. 시간과 관련된 한자 朝(아침), 昼(점심), 夜 (저녁)도 알아두자. 또한 飯·飲·食는 비슷하게 생겨 항상 같이 출제된다.

어휘 きょう 오늘 | うどん 우동 | ~にする ~로 하다

17   2   나는 배구의 룰(규칙)을 잘 모릅니다.

해설 ※ 공란 앞뒤 단어 체크! 공란 앞뒤 단어를 보면 バレーボール (배구)와 しりません(모릅니다)이 있다. 자연스럽게 연결할 수 있는 것은 アイディア(아이디어), ルール(룰, 규칙), あ んない(안내), せつめい(설명) 중 2번 「ルール(룰, 규칙)」 이다.

어휘 バレーボール 배구 | しる 알다

13   4   백화점은 집에서 멀어서 그다지 가지 않습니다.

해설 ※ 반대되는 한자 주의! とおい(멀다)는 「遠い」라고 표기하 며, 반대되는 단어 ちかい(가깝다)는 「近い」로 표기한다. 다 른 선택지 短い(짧다), 長い(길다)도 함께 알아두자.

18 　4　남동생의 생일에 어디에서 식사를 할지 정합시다.

해설　※ 힌트가 되는 어휘 찾기! 공란 앞에는 의문사 どこで(어디에서)와 불확실함을 나타내는 조사 するか(할지)가 있는 것으로 보아 장소가 불확실함을 알 수 있다. 선택지의 さそいましょう(권합시다), はらいましょう(지불합시다), はいりましょう(들어갑시다), きめましょう(정합시다) 중 적합한 것은 「きめましょう(정합시다)」가 된다.

어휘　おとうと 남동생 | たんじょうび 생일 | どこ 어디 | しょくじ 식사 | ~か ~인지

19 　4　집을 나가기 전에는 전기를 껐는지 체크해 주세요.

해설　※ 오답 선택지 주의! 공란 앞 でんきを けしたか(전기를 껐는지)와 ~して ください(~해 주세요)를 연결해 줄 수 있는 것은 スイッチ(스위치), スタート(시작), オープン(오픈), チェック(체크) 중 「チェック(체크)」가 된다. でんき(전기)만 보고 スイッチ(스위치)를 고르지 않도록 주의하자.

어휘　いえ 집 | 出る 나오다 | 前に 전에 | でんき 전기 | けす 끄다

20 　3　비를 맞아서 옷이 젖어 버렸습니다.

해설　※ 힌트가 되는 어휘 찾기! 괄호 앞에 あめに ふられる(비를 맞다)와 어울리는 표현은 「ふくが ぬれる(옷이 젖다)」가 된다. 늘 같이 나오는 표현이므로 꼭 알아두자. 다른 선택지 중 なおす(고치다), かう(사다)의 의미도 체크해 놓자.

어휘　あめ 비 | ふる 내리다 | ふく 옷 | ~てしまう ~해 버리다

21 　1　해외 생활에는 이제 익숙해졌습니까?

해설　※ 힌트가 되는 어휘 체크! 공란 앞 せいかつには(생활에는)에 연결하여 자연스러운 표현을 선택지에서 찾아보자. なれる(익숙해지다), がんばる(분발하다), かよう(다니다), つとめる(근무하다) 중 「なれる(익숙해지다)」가 된다. なれる(익숙해지다)는 자주 등장하는 표현이니 기억해 두자.

어휘　かいがい 해외 | せいかつ 생활 | もう 이미, 벌써

22 　3　친구와 싸움을 해서 다치고 말았습니다.

해설　※ 힌트가 되는 어휘 체크! 「けがを して しまいました(다치고 말았습니다)」의 원인으로 적절한 것은 선택지 じゅんび

(준비), ようい(준비), けんか(싸움), けいけん(경험) 중 「けんか(싸움)」가 된다.

어휘　ともだち 친구 | けが 상처 | けがを する 상처를 입다, 다치다

23 　2　야마다 씨는 반에서 가장 조용하고 얌전한 학생입니다.

해설　※ 사람의 성격을 나타내는 표현 체크! 선택지 중 사람을 수식할 수 있는 것은 うるさい(시끄럽다)와 おとなしい(얌전하다)이며, 두 선택지 중 しずかで(조용하고)와 연결할 수 있는 것은 「おとなしい(얌전하다)」가 된다. 다른 선택지 うすい(얇다, 연하다), にがい(쓰다)도 자주 등장하는 어휘이므로 체크해 두자.

어휘　クラス 반, 클래스 | 中で 중에서 | いちばん 가장, 제일 | しずかだ 조용하다 | 学生 학생

24 　4　교실에서 잃어버린 노트를 찾았지만 어디에도 없었다.

해설　※ 비슷한 의미의 선택지 주의! 공란에 들어갈 만한 단어는 さがした이다. 우리말 '찾다'에 해당하는 표현은 さがす와 みつける가 있다. さがす(찾다)는 잃어버린 물건 등 적극적으로 무언가를 찾을 때, みつける(발견하다)는 우연히 발견했을 때 사용한다. 본 문제에서는 잃어버린 노트를 찾는 상황이므로, 「さがす(찾다)」가 정답이 된다. 다른 선택지 しらべる(조사하다), あつめる(모으다)도 알아 두자.

어휘　きょうしつ 교실 | なくす 잃어버리다 | ノート 노트 | どこにも 어디에도

25 　3　다 같이 크리스마스 트리를 장식했다.

해설　※ 힌트가 되는 어휘 체크! クリスマスツリー(크리스마스 트리)와 어울리는 선택지는 「かざる(꾸미다, 장식하다)」가 된다. 다른 선택지 きこえる(들리다), かわく(마르다), かよう(다니다)의 의미도 알아 두자.

어휘　みんなで 다 같이 | クリスマスツリー 크리스마스 트리

문제 4 _____의 문장과 대체로 같은 의미의 문장이 있습니다. 1·2·3·4에서 가장 알맞은 것을 하나 고르세요.

26　3　나는 댄스(춤)를 좋아합니다.

1　나는 달리는 것을 좋아합니다.

2　나는 걷는 것을 좋아합니다.

3　나는 춤추는 것을 좋아합니다.

4　나는 화내는 것을 좋아합니다.

해설　※ 가타카나 꼼꼼하게 체크! ダンス(댄스)를 바꿔 말하면 「おどる(춤추다)」로 표현할 수 있다. 이때 おどる(춤추다) 뒤에 붙은 の는 '것'으로 해석하면 된다.

어휘　ダンス 댄스 | すきだ 좋아하다 | はしる 달리다 | あるく 걷다 | おどる 춤추다 | おこる 화내다

27　1　그 이야기를 듣고 놀랐습니다.

1　그 이야기를 듣고 놀랐습니다.

2　그 이야기를 듣고 찬성했습니다.

3　그 이야기를 듣고 약속했습니다.

4　그 이야기를 듣고 관광했습니다.

해설　※ 단어 의미 체크! おどろく(놀라다)를 바꿔 말하면 「びっくりする(놀라다)」이다. 일상생활에 자주 쓰이는 어휘이므로 꼭 외워 두자.

어휘　はなし 이야기 | 聞く 듣다 | おどろく 놀라다 | びっくりする 놀라다 | さんせい 찬성 | やくそく 약속 | かんこう 관광

28　2　이 시계는 엄마가 주었기 때문에 매우 소중합니다.

1　이 시계는 엄마가 주었기 때문에 매우 유명합니다.

2　이 시계는 엄마가 주었기 때문에 매우 소중합니다.

3　이 시계는 엄마가 주었기 때문에 매우 편리합니다.

4　이 시계는 엄마가 주었기 때문에 매우 튼튼합니다.

해설　※ 단어 의미 체크! 시간 단축을 위해 공통된 부분은 제외하고 확인하자. だいじだ(소중하다)의 유의어는 선택지 2번 「たいせつだ(소중하다)」이다.

어휘　とけい 시계 | はは 엄마 | くれる (다른 사람이 나에게) 주다 | だいじだ 소중하다 | ゆうめいだ 유명하다 | たいせつだ 소중하다 | べんりだ 편리하다 | じょうぶだ 튼튼하다

29　1　이 나라는 쌀을 수출하고 있습니다.

1　이 나라는 쌀을 다른 나라에 팔고 있습니다.

2　이 나라는 쌀을 다른 나라에서 사고 있습니다.

3　이 나라는 쌀을 다른 나라에 주고 있습니다.

4　이 나라는 쌀을 다른 나라에서 받고 있습니다.

해설　※ 반대되는 의미 체크! ゆしゅつ(수출)은 다른 나라에게 물건을 파는 것을 말하며, 정답은 1번 うる(팔다)가 들어간 문장이 된다. 반대로 ゆにゅう(수입)과 어울리는 선택지는 かう(사다)가 들어간 문장 2번이 된다. うる(팔다)와 かう(사다)를 혼동해서는 안 된다.

어휘　国 나라 | こめ 쌀 | ゆしゅつ 수출 | ~ている ~하고 있다 | ほかの 다른 | うる 팔다 | かう 사다 | もらう 받다

30　3　여동생은 피아노를 잘합니다.

1　여동생은 피아노를 좋아합니다.

2　여동생은 피아노를 싫어합니다.

3　여동생은 피아노가 능숙합니다.

4　여동생은 피아노가 서툽니다.

해설　※ 여러 뜻을 가진 어휘 주의! うまい는 '맛있다' 혹은 '잘하다' 등의 의미를 가지고 있는데 주어가 いもうと(여동생) 이기 때문에 '잘하다'로 해석하는 것이 적당하다. 유의어로는 ナ형용사 じょうずだ(능숙하다)가 된다.

어휘　いもうと 여동생 | ピアノ 피아노 | うまい 잘하다 | すきだ 좋아하다 | きらいだ 싫어하다 | じょうずだ 능숙하다 | へただ 서툴다

문제 5　다음 말의 사용법으로 가장 알맞은 것을 1·2·3·4 에서 하나 고르세요.

31　3　학교에 가는 도중에 친구를 만났습니다.

해설　※ 제시 단어 바로 쓸 표현 빠르게 캐치하기! とちゅう는 어떠한 행동을 하는 '도중'이라는 뜻이다. 네 가지 선택지 중에서 행동을 나타내는 3번 「がっこうへ いく(학교에 가다)」가 정답이 된다. 다른 선택지의 경우 1번은 うえ(위), 2번은 おくじょう(옥상), 4번은 なか(안, 속) 등이 적당하다.

어휘　テーブル 테이블 | ケーキ 케이크 | ぎゅうにゅう 우유 | ビル 빌딩 | ふじさん 후지산 | 見える 보이다 | がっこう 학교 | ともだち 친구 | ~にあう ~을/를 만나다 | くだもの 과일 | バナナ 바나나 | いちばん 가장 | すきだ 좋아하다

32 | 2 이 마을은 강도 산도 있어서 **경치**가 좋습니다.

해설 | ✱ 어울리는 어휘 체크! 2회 이상 출제된 단어인 けしき(경치)에 해당하는 것은 川(강)와 山(산)가 등장한 2번이다. 그리고 「けしきが いい(경치가 좋다)」라는 표현은 자주 쓰이는 표현이다. 다른 선택지의 경우 1번은 じかん(시간), 3번은 あじ(맛), 4번은 けっせき(결석) 등의 어휘로 교체하면 자연스럽다.

어휘 | もう 이제, 더 이상 | そろそろ 슬슬 | かえる 돌아가(오)다 | まち 마을 | 川 강 | 山 산 | いい 좋다 | りょうり 요리 | へんだ 이상하다 | きのう 어제 | くび 목 | いたい 아프다 | れんしゅう 연습

33 | 2 교통이 **불편**하기 때문에 이사했습니다.

해설 | ✱ 단어 의미 체크! ふべん(불편)은 어떤 것을 사용하거나 이용하는 것에 어려움을 겪는 것을 의미한다. 주로 「こうつう(교통)」와 함께 사용된다. 다른 선택지의 경우 1번 にぎやかだ(번화하다), 3번 さかんだ(유행이다), 4번 ふくざつだ(복잡하다) 등의 어휘로 교체하면 자연스럽다.

어휘 | まつり 축제 | だいすきだ 매우 좋아하다 | こうつう 교통 | ひっこす 이사하다 | がくせい 학생 | あいだ 사이 | やきゅう 야구 | もんだい 문제 | こうこうせい 고등학생

34 | 3 바람이 **시원**해서 기분이 좋습니다.

해설 | ✱ 어울리는 어휘 체크! すずしい(시원하다)는 주로 날씨를 표현할 때 사용하며, かぜ(바람)과 함께 자주 등장한다. 정답은 3번이 된다. 다른 선택지 1번은 いそがしい(바쁘다), 2번은 あつい(뜨겁다), 4번은 やさしい(상냥하다) 등의 어휘로 교체하면 자연스럽다.

어휘 | さいきん 최근 | しごと 일 | あそぶ 놀다 | すこし 조금 | みず 물 | いれる 넣다 | あき 가을 | ~になる ~이/가 되다 | かぜ 바람 | ふく 불다 | いっしょに 함께 | はたらく 일하다

35 | 4 방을 **정리**하고 저녁 식사 준비를 합니다.

해설 | ✱ 어울리는 어휘 체크! かたづける(정리하다)는 へや(방) 등을 치운다는 표현으로 사용한다. '의견/생각을 정리하다'라고 표현할 때 かたづける(정리하다)보다는 「まとめる(정리

하다)」를 사용한다. 다른 선택지의 경우 1번은 わける(나누다), 2번은 まとめる(정리하다), 3번은 つつむ(포장하다) 등의 어휘로 교체하면 자연스럽다.

어휘 | せんせい 선생님 | がくせい 학생 | グループ 그룹 | いろいろだ 여러 가지다, 다양하다 | いけん 의견 | 出る 나오다 | 少し 조금 | プレゼント 선물 | きれいだ 예쁘다, 깨끗하다 | ともだち 친구 | あげる (내가 다른 사람에게) 주다 | へや 방 | ゆうしょく 저녁 식사 | じゅんび 준비

제2회 실전문제 정답 및 해설

| 정답 |

1 1	2 1	3 3	4 2	5 1	6 2	7 2
8 3	9 1	10 4	11 2	12 2	13 3	14 2
15 1	16 3	17 4	18 1	19 2	20 1	21 3
22 2	23 3	24 4	25 2	26 2	27 4	28 3
29 2	30 1	31 4	32 3	33 4	34 3	35 2

| 해설 |

문제 1 _____의 말은 히라가나로 어떻게 씁니까?
1·2·3·4에서 가장 알맞은 것을 하나 고르세요.

1 | 1 저 요리는 어떤 **맛**이 납니까?

해설 | ✱ 같은 카테고리 어휘 주의! 味(맛)은 훈독으로 「あじ」라고 읽는다. 다른 보기의 어휘들은 あじ(맛)와 함께 자주 등장하므로 혼동하지 말자. かおり(향기)의 한자는 香り, におい(냄새)의 한자는 匂い, いろ(색)의 한자는 色이다.

어휘 | 料理 요리 | どんな 어떤 | ~がする ~이/가 나다

2 | 1 새로운 방은 넓고 **밝**습니다.

해설 | ✱ 훈독에 주의! イ형용사는 주로 훈독으로 읽으며, 明은 훈독으로 「あかるい」라고 읽는다. 다른 선택지 丸い(둥글다), 古い(오래되다), 軽い(가볍다)도 시험에서 자주 출제되니 함께 알아 두자.

어휘 | 新しい 새롭다 | へや 방 | ひろい 넓다

3	3 단어를 사전에서 조사했습니다.

해설 ※ 훈독에 주의! 調べる(조사하다, 검토하다)는 「しらべる」라고 읽는다. 독해나 청해 파트에서도 자주 등장하는 어휘이므로 꼭 기억해 두자. 調의 음독은 「ちょう」이며, 관련 어휘로 調査(조사)가 있다. 다른 선택지 比べる(비교하다), 飛ぶ(날다), 学ぶ(배우다)도 함께 알아두자.

어휘 たんご 단어 | じしょ 사전

4	2 친구는 중국에 있는 공장에서 일하고 있습니다.

해설 ※ 읽음에 주의 工은 「く・こう」, 場는 「じょう」으로 읽는다. 工場(공장)의 경우는 「こうじょう」로 읽으며, 오답 선택지로 「くじょう」가 등장하므로 주의하자. 場의 경우, 장소를 나타내는데 運動場(운동장), 駐車場(주차장)도 자주 나오니 함께 알아 두자.

어휘 ともだち 친구 | ちゅうごく 중국 | はたらく 일하다 | ~ている ~하고 있다

5	1 근처의 찻집에서 기무라 씨를 만났습니다.

해설 ※ 탁음에 주의! 近는 음독으로 「きん」, 所는 음독으로 「しょ」이라고 읽는데, 두 한자가 결합되면서 所의 「しょ」가 「じょ」로 바뀌어 きんじょ로 발음되기 때문에 반드시 체크해 두어야 한다.

어휘 きっさてん 찻집 | ~にあう ~을/를 만나다

6	2 누나(언니)는 역사를 연구하고 있습니다.

해설 ※ 탁음과 장음 주의! '연구'의 읽는 법을 찾는 문제로 研의 음독은 「けん」, 究의 음독은 「きゅう」이다. 研을 「げん」, 究를 「きゅ」라고 읽어서는 안 된다. 3회 이상 출제되었던 어휘이므로 꼭 외워 두자. 研究室(연구실)의 경우 청해에서 자주 등장한다.

어휘 あね 누나(언니) | れきし 역사

7	2 이 나라는 자동차의 기술이 앞서고 있다.

해설 ※ 비슷한 발음에 주의! 2회 이상 출제된 단어인 進む(나아가다, 앞서다)는 「すすむ」라고 읽는다. 발음이 비슷한 包む(포장하다)와 혼동해서는 안 된다. 다른 선택지 囲む(둘러싸다), 飛ぶ(날다)의 의미도 함께 정리해 두자.

어휘 国 나라 | 車 자동차 | ぎじゅつ 기술

8	3 저 버스는 백화점 앞을 지납니까?

해설 ※ 다양한 읽는 방법에 주의! 通る(지나가다, 통과하다)는 「とおる」라고 읽는다. 같은 한자를 사용한 동사로 자주 등장하는 通う(다니다)는 「かよう」로 발음한다. 오답의 한자는 まがる(돌다)는 曲がる, かりる(빌리다)는 借りる, おくる(보내다)는 送る이다.

어휘 バス 버스 | デパート 백화점 | まえ 앞

9	1 미국은 쌀을 생산하고 있습니다.

해설 ※ 읽음에 주의! '생산'의 읽는 법을 찾는 문제로 시험에서 4회 이상 출제된 중요한 어휘이다. 生의 음독은 「せい・しょう」, 産의 음독은 「さん」이다. 해당 단어에서는 「しょうさん」이 아닌 「せいさん」으로 읽으니 주의하자.

어휘 アメリカ 미국 | 米 쌀

문제 2 _____의 말은 어떻게 씁니까? 1・2・3・4에서 가장 알맞은 것을 하나 고르세요.

10	4 식당은 2층에 있습니다.

해설 ※ 비슷한 의미인 한자에 주의! しょくどう(식당)은 「食堂」이라고 표기한다. 다른 선택지에서 所(소)・場(장)은 모두 '장소'를 뜻하므로 혼동하면 안 된다. 所(소)는 음독으로 「しょ」, 場(장)은 「じょう」이다.

어휘 ~かい ~층

11	1 나는 자동차 운전을 못합니다.

해설 ※ 비슷한 한자에 주의! うんてん(운전)은 「運転」이라고 표기한다. 運과 連, 転과 軽가 비슷하게 생겼으니 주의하자. 특히 동일한 부수를 갖고 있는 한자들은 함께 정리해 두는 것이 좋다.

어휘 くるま 자동차 | できる 할 수 있다

12	2 저 여관에서 묵을 예정입니다.

해설 ※ 비슷한 한자에 주의! 19년도에 출제된 りょかん(여관)은 「旅館」이라고 표기한다. 館의 경우 선택지의 飲(마실 음),

飯(밥 반), 食(먹을 식)과 비슷하게 생겼기 때문에 오답 선택지로 늘 함께 등장하므로, 혼동하지 않도록 하자.

어휘 とまる 묵다 | つもり 예정

13　3　티켓 **판매소(매표소)**는 어디입니까?

해설 ✽ 비슷한 모양과 의미에 주의! うりば(매장)는 「売り場」라고 표기한다. 完과 売는 비슷하게 생겼으니 구분해 두자. 또한 장소를 나타내는 한자는 場와 所가 있는데, 場의 훈독은 ば, 所의 훈독은 ところ이다.

어휘 きっぷ 표, 티켓 | どこ 어디

14　2　**졸릴** 때에는 커피를 마십니다.

해설 ✽ 비슷한 카테고리 선택지 주의! ねむい(졸리다)는 「眠い」라고 표기한다. 오답 선택지로 함께 등장하는 寝는 훈독으로 「ねる」라고 읽고, '자다'라는 의미이므로 절대 혼동해서는 안 된다. 다른 선택지 ばん(저녁)은 晩, よる(밤)는 夜라고 표기한다.

어휘 とき 때 | コーヒー 커피 | 飲む 마시다

15　1　아들은 **채소**가 들어간 요리는 먹지 않습니다.

해설 ✽ 비슷한 한자에 주의! やさい(채소)는 「野菜」라고 표기한다. 野와 理, 菜와 薬처럼 비슷한 한자가 선택지에서 등장하는 문제는 실수하기 쉬우니 꼼꼼하게 확인하도록 한다.

어휘 むすこ 아들 | はいる 들어가(오)다 | りょうり 요리 | たべる 먹다

문제 3 (　　　)에 무엇을 넣습니까? 1·2·3·4에서 가장 알맞은 것을 하나 고르세요.

16　3　야마다 씨는 항상 도서관에서 **열심히** 공부하고 있습니다.

해설 ✽ 힌트가 되는 단어 체크! 공란 뒤의 べんきょう(공부)를 수식할 수 있는 표현을 찾는 문제이다. 선택지 たいせつに(소중히), まっすぐに(곧바로), ねっしんに(열심히), だいじに(소중히) 중 적합한 것은 「ねっしんに(열심히)」가 된다.

어휘 いつも 항상 | としょかん 도서관 | べんきょう 공부 | ~ている ~하고 있다

17　4　영어 설명이 써 있는 **메뉴(메뉴판)**가 있습니까?

해설 ✽ 힌트가 되는 표현 체크! 공란 앞의 「英語の せつめいが かいて ある(영어 설명이 쓰여 있는)」에 주목하자. 뒤에 접속할 수 있는 선택지는 アルバイト(아르바이트), チップ(팁), サービス(서비스), メニュー(메뉴) 중 メニュー(메뉴, 메뉴판)이다. 그리고 メニューが ありますか(메뉴판 있습니까?)처럼 뒷문장과 연결했을 때도 자연스럽다. 선택지 모두 가타카나이고 식당에서 자주 듣는 표현이라서 헷갈릴 수 있으니 가타카나가 등장했을 경우, 방심하지 말고 꼼꼼하게 읽고 의미를 파악하자.

어휘 英語 영어 | せつめい 설명 | かく 쓰다 | 타동사+てある ~해져 있다(상태)

18　1　다음 주 미국에 돌아가서 비행기 티켓을 **예약**했습니다.

해설 ✽ 어울리는 어휘 찾기! チケット(티켓)과 어울리는 선택지는 「よやく(예약)」가 된다. よやく(예약)과 함께 자주 등장하는 표현 やくそく(약속), うけつけ(접수처), けいかく(계획)도 함께 알아두자.

어휘 来週 다음 주 | 帰る 돌아가(오)다 | ひこうき 비행기 | チケット 티켓

19　2　이것은 사용법을 틀리면 **위험**합니다.

해설 ✽ 힌트가 되는 어휘 캐치하기! 공란 앞 まちがえると(틀린다면, 실수하면)와 연결할 수 있는 표현은 '안 된다, 큰일난다, 위험하다' 등 경고하는 표현이다. 그러므로 정답은 けっこうだ(훌륭하다), きけんだ(위험하다), じゆうだ(자유롭다), あんぜんだ(안전하다) 중 「きけんだ(위험하다)」가 된다.

어휘 つかいかた 사용방법 | まちがえる 틀리다

20　1　이가 안 좋기 때문에 **딱딱한** 것은 먹지 못한다.

해설 ✽ 어울리는 어휘 찾기! 「はが わるい(이가 나쁘다)」와 「たべられない(못 먹는다)」를 연결할 수 있는 어휘는 かたい(딱딱하다), ながい(길다), おもい(무겁다), ふかい(깊다) 중 「かたい(딱딱하다)」가 되며, 반대의 의미인 やわらかい(부드럽다)도 함께 외워 두면 좋다.

어휘 は 이 | わるい 나쁘다 | もの 것 | 食べる 먹다

21 3 아빠와 상의해서 남동생에게 줄 신발을 샀습니다.

해설 ※ 여러가지 의미를 가지고 있는 표현 주의! 공란을 제외한 내용을 살펴보자. 아빠와 남동생에게 줄 선물을 골랐다는 내용이다. 공란 앞뒤의 내용을 연결할 수 있는 것은 선택지 あいさつ (인사), さんせい(찬성), そうだん(상담, 상의), へんじ(답장) 중「そうだん(상담, 상의)」이 된다. 相談(そうだん)은 한자 그대로 읽으면 '상담'이지만 우리말로 '상의, 의논'의 의미도 포함되어 있어 폭 넓게 사용된다.

어휘 父 아빠 | おとうと 남동생 | あげる (내가 다른 사람에게) 주다 | くつ 신발, 구두 | かう 사다

22 2 오늘의 식사비는 기무라 씨가 지불했습니다.

해설 ※ 어울리는 어휘 찾기! しょくじだい(식사비)는 식당에서 내야 하는 돈이므로 선택지에서 어울리는 표현은「はらう(지불하다)」가 된다. 다른 선택지 ひろう(줍다)는 주로 ゴミ(쓰레기)와 함께 오며, かう(사다)와 ひきだす(꺼내다, 인출하다)의 의미도 알아두자.

어휘 きょう 오늘 | しょくじだい 식사비

23 3 전보다 더 넓은 집으로 이사했습니다.

해설 ※ 문맥 체크! まえより(전보다) 더 넓은 집으로 뒤에 이어질 표현으로는 '옮기다, 이사하다'가 된다. 정답은 3번「ひっこしました(이사했습니다)」이다. いえ(집)만 보고 でかけました(외출했습니다)를 고르지 않도록 조심하자.

어휘 いま 지금 | より ~보다 | もっと 더, 더욱 | ひろい 넓다 | いえ 집

24 4 친구가 입원했기 때문에 병문안을 갑니다.

해설 ※ 어울리는 어휘 찾기! にゅういん(입원)과 어울리는 선택지는「おみまい(병문안)」가 된다. 발음이 비슷해서 헷갈리는 おねがい(부탁)와 けんがく(견학), けんぶつ(구경)도 정확한 의미를 알아두자.

어휘 ともだち 친구 | にゅういん 입원 | ので ~때문에 | 行く 가다

25 3 다 같이 생각하면 좋은 아이디어가 나올지도 모른다.

해설 ※ 선택지에서 힌트가 되는 어휘 찾기! かんがえる(생각하다)와 연관되는 단어를 선택지에서 보면 プール(수영장), アイデ

ィア(아이디어), パーティー(파티), ニュース(뉴스, 소식) 중「アイディア(아이디어)」이다. 따라서 정답은 3번이다.

어휘 みんなで 다 같이 | かんがえる 생각하다 | いい 좋다 | でる 나오다 | ~かもしれない ~일지도 모른다

문제 4 _____의 문장과 대체로 같은 의미의 문장이 있습니다. 1·2·3·4에서 가장 알맞은 것을 하나 고르세요.

26 2 오늘은 일어나는 것이 늦어져 버렸습니다.
  1 오늘은 지각했습니다.
  2 오늘은 늦잠 잤습니다.
  3 오늘은 연구했습니다.
  4 오늘은 준비했습니다.

해설 ※ 정확한 해석 체크!「おきるのが おそく なる(일어나는 것이 늦어지다)」를 정확히 해석해야 한다. 선택지 중 1번 ちこく(지각)는 늦잠을 잤을 때 일어날 수 있는 결과이기는 하지만 유추할 수 있는 상황을 고르는 것이 아닌 유의어를 찾는 문제이다. 문제와 바꾸어 쓸 수 있는 표현은 ねぼう(늦잠)가 된다. 3회 이상 출제되었던 표현이므로 외워 두자.

어휘 おきる 일어나다 | おそい 늦다 | い형용사 어간+くなる ~해 지다 | ~てしまう ~해 버리다 | ちこく 지각 | ねぼう 늦잠 | けんきゅう 연구 | ようい 준비

27 4 저 사람은 매우 예쁘네요.
  1 저 사람은 매우 기쁘네요.
  2 저 사람은 매우 얌전하네요.
  3 저 사람은 매우 엄격하네요.
  4 저 사람은 매우 아름답네요.

해설 ※ 여러 뜻을 가진 어휘 주의! きれいだ는 '예쁘다' 혹은 '깨끗하다' 등의 의미를 가지고 있다. 주어가 あの人(저 사람)이기 때문에 '예쁘다'로 해석하는 것이 적당하다. 유의어로는 うつくしい(아름답다)가 된다.

어휘 人 사람 | とても 매우 | きれいだ 예쁘다 | うれしい 기쁘다 | おとなしい 얌전하다 | きびしい 엄격하다 | うつくしい 아름답다

28 3 글자를 예쁘게 써 주세요.
  1 글자를 크게 써 주세요.

2 글자를 굵게 써 주세요.

3 글자를 정성들여 써 주세요.

4 글자를 간단하게 써 주세요.

해설 ✻ 여러 뜻을 가진 어휘 주의! 「ていねいだ」는 '정중하다, 공손하다' 외에도 '주의 깊다, 정성들이다'라는 의미를 가지고 있다. 예를 들어 「ていねいに よむ(주의 깊게 읽다)」, 「ていねいに かく(정성들여 쓰다)」 등으로 자주 시험에 등장하며, 글씨를 예쁘게 쓴다는 것은 정성들여 쓰는 것이므로 정답은 3번이 된다. 다소 어려우니 꼭 기억해 두자.

어휘 じ 글자, 글씨 | きれいだ 깨끗하다 | かく 쓰다 | 〜てください 〜해 주세요 | おおきい 크다 | ふとい 굵다 | ていねいだ 정중하다, 정성들이다 | かんたんだ 간단하다

29 2 치마가 작기 때문에 바꿔 주세요.

1 치마가 작기 때문에 돈을 돌려 주세요.

2 치마가 작기 때문에 큰 치마를 주세요.

3 치마가 작기 때문에 긴 치마를 주세요.

4 치마가 작기 때문에 새로운 치마를 주세요.

해설 ✻ 힌트 찾아내기 とりかえる(바꾸다)의 의미를 모르면 풀기 어려운 문제이다. 치마의 사이즈가 작아서 바꿔달라는 문장으로 「大きい スカート(큰 치마)」를 달라는 표현으로 바꾸어 말할 수 있다. 환불해 달라는 의미는 아니기 때문에 선택지 1번으로 착각해서는 안 된다. 유의어에서는 반대되는 표현이 자주 나오므로 小さい(작다)↔大きい(크다)를 힌트로 생각해도 좋다.

어휘 スカート 치마 | 小さい 작다 | とりかえる 바꾸다 | 〜てください 〜해 주세요 | お金 돈 | かえす 돌려주다 | 大きい 크다 | 長い 길다 | 新しい 새롭다

30 1 친구와 만날 약속이 있습니다.

1 친구와 만날 예정입니다.

2 친구와 만날 이유입니다.

3 친구와 만날 장소입니다.

4 친구와 만날 원인입니다.

해설 ✻ 단어 의미 체크! やくそく(약속)은 「よてい(예정)」나 「スケジュール(스케줄)」 등으로 바꾸어 표현할 수 있다. 12년·15년·18년·19년 4회나 출제되었던 표현이므로 꼭 알아 두자.

어휘 ともだち 친구 | あう 만나다 | やくそく 약속 | よてい 예정 | わけ 이유 | ばしょ 장소 | げんいん 원인

문제 5 다음 말의 사용법으로 가장 알맞은 것을 1·2·3·4에서 하나 고르세요.

31 4 그녀는 파란 옷이 어울리네요.

해설 ✻ 어울리는 표현 체크! 동사가 등장했을 때에는 앞에 나오는 명사를 확인해야 한다. 「にあう(어울리다)」는 주로 옷이 사람에게 잘 어울린다고 하거나 사귀고 있는 두 사람이 잘 어울린다고 할 때 사용한다. 정답은 4번이며, 2회 이상 출제되었던 어휘이다. 다른 선택지의 경우 1·3번은 にる(닮다), 2번은 あう(만나다) 등의 어휘로 교체하면 자연스럽다.

어휘 子 아이 | 目 눈 | お母さん 엄마 | きのう 어제 | えきまえ 역 앞 | みせ 가게 | いみ 의미 | たんご 단어 | たくさん 많이 | かのじょ 그녀 | あおい 파랗다 | ふく 옷

32 3 비가 많이 내렸기 때문에 길이 젖어 있습니다.

해설 ✻ 제시된 단어와 어울리는 어휘를 선택지에서 먼저 체크하기 ぬれる(젖다)는 비, 음료 등 액체 따위에 의해 젖는 것을 의미한다. 따라서 あめ(비)나 のみもの(음료)로 인해 みち(길) 또는 ふく(옷) 등이 젖다와 같이 자주 쓰이며, 정답은 3번이 된다. 다른 선택지의 경우 1번은 かわく(마르다), 2번은 なやむ(고민하다), 4번은 ふとる(살찌다)로 교체하면 자연스럽다.

어휘 のど 목 | のみもの 음료 | かう 사다 | どの 어느 | かばん 가방 | あめ 비 | たくさん 많이 | ふる 내리다 | みち 길 | 자동사+ている 〜해져 있다(상태) | より 〜보다 | キロ 킬로 | ぐらい 정도

33 4 유리컵을 떨어뜨려서 깨 버렸다.

해설 ✻ 단어 의미 체크! 「わる(깨다)」는 종이 혹은 천이 아닌 유리 등이 깨질 때 사용한다. 정답은 グラス(유리컵)가 있는 문장 2번이 된다. 다른 선택지의 경우 1번은 わかれる(헤어지다), 2번은 おくれる(늦다), 3번은 きく(듣다)로 교체하면 자연스럽다.

어휘 わる 깨다 | きのう 어제 | かのじょ 그녀, 여자친구 | かなしい 슬프다 | ねぼうする 늦잠자다 | じゅぎょう 수업 | 〜てしまう 〜해 버리다 | まいあさ 매일 아침 | おんがく

음악 | さんぽ 산책 | グラス 유리컵 | おとす 떨어뜨리다

[34] 3 고등학교 선배를 결혼식에 초대할 생각입니다.

해설 ✽ *어휘 성질 파악하기!* しょうたい(초대)는 누군가를 파티나 이벤트에 초대한다는 문장에서 주로 사용한다. 선택지에서 しょうたい(초대) 앞에 대상(사람)이 있는 것은 せんぱい(선배)가 등장한 3번이다. 다른 선택지는 1번 えいぎょう(영업), 2번 こころ(마음), 4번 ちょきん(저금)으로 교체하면 자연스럽다.

어휘 店(みせ) 가게 | 夜(よる) 밤 | てがみ 편지 | つたえる 전하다 | 高校(こうこう) 고등학교 | せんぱい 선배 | けっこんしき 결혼식 | つもり 예정 | 毎月(まいつき) 매월 | ずつ ~씩

[35] 2 셔츠와 바지를 세탁했습니다.

해설 ✽ *어울리는 표현 체크!* 선택지 중 せんたく(세탁)와 어울릴 수 있는 단어가 있는 문장을 찾자. 1번 へや(방)는 세탁 대신 そうじ(청소)가 적당하고, 2번 パンツ(바지)는 세탁과 어울리므로 정답, 3번 は(치아)는 みがく(닦다)와 4번 かお(얼굴)는 あらう(씻다)로 교체하는 것이 자연스럽다.

어휘 どようび 토요일 | へや 방 | シャツ 셔츠 | パンツ 바지 | ねる 자다 | まえに 전에 | は 이 | かお 얼굴 | がっこう 학교 | いく 가다

제3회 실전문제 정답 및 해설

| 정답 |

1 3	**2** 2	**3** 4	**4** 4	**5** 1	**6** 2	**7** 3
8 2	**9** 2	**10** 1	**11** 3	**12** 1	**13** 1	**14** 2
15 4	**16** 2	**17** 1	**18** 3	**19** 2	**20** 4	**21** 3
22 1	**23** 1	**24** 4	**25** 2	**26** 4	**27** 2	**28** 2
29 1	**30** 2	**31** 2	**32** 1	**33** 3	**34** 1	**35** 1

| 해설 |

문제 1 _____의 말은 히라가나로 어떻게 씁니까?
1·2·3·4에서 가장 알맞은 것을 하나 고르세요.

[1] 3 이 주변은 교통이 조금 **불편**합니다.

해설 ✽ *탁음 주의!* 14년, 19년에 출제된 문제이다. 不便(불편)의 不은 「ふ」, 便은 「べん」으로 읽는데, 「ふへん」이 오답으로 자주 등장하니 주의하자.

어휘 あたり 주변 | 交通(こうつう) 교통 | ちょっと 조금

[2] 2 가게의 **영업**시간을 가르쳐 받았습니다(주었습니다).

해설 ✽ *듬에 주의!* 시험에서 3회 이상 출제된 단어로 매우 중요하다. 営은 「えい」, 業은 「ぎょう・ごう」라고 읽는데, 営業(영업)는 「えいごう」가 아닌 「えいぎょう」로 읽으니 주의하자.

어휘 店(みせ) 가게 | じかん 시간 | おしえる 가르치다 | ~てもらう ~해 받다

[3] 4 그의 의견에는 **반대**입니다.

해설 ✽ *탁음 주의!* 反対(반대)의 反은 「はん」, 対는 「たい」으로 읽는데, 오답 선택지로 「ほんたい」나 「はんだい」가 자주 등장하니 주의하자. 반대어인 賛成(さんせい)(찬성)도 함께 알아두자.

어휘 いけん 의견

[4] 4 여러분 **마지막**까지 힘냅시다.

해설 ✽ *단음에 주의!* 最의 음독은 「さい」, 後의 음독은 「ご・こう」이라고 읽는데, 最後(최후, 마지막)는 「さいこう」가 아닌 「さいご」로 읽는다. 가장, 최고를 나타내는 最가 들어간 단어로는 最近(さいきん)(최근), 最初(さいしょ)(최초)가 있다.

어휘 がんばる 분발하다, 힘내다 | ~ましょう ~합시다

[5] 1 내일까지니까 그다지 **서두르지** 않아도 괜찮아요.

해설 ✽ *동일한 발음으로 끝나는 어휘 체크!* 急ぐ(서두르다)는 「いそぐ」로 발음한다. 다른 선택지의 ぬぐ(벗다)의 한자는 脱ぐ, およぐ(헤엄치다)는 泳ぐ, さわぐ(떠들다)는 騒ぐ이다. 전부 ぐ로 끝나는 동사이기 때문에 헷갈릴 수 있으니, 한자와 정확히 매치하여 알아 두자.

어휘 明日(あした) 내일 | あまり~ない 그다지~않다 | いい 좋다

[6] 2 나는 **공항**에서 일하고 있습니다.

해설 ✽ *장음에 주의!* 空港(공항)는 두 한자 모두 장음이 있다. 空는

음독으로 「くう」, 港는 음독으로 「こう」이라고 읽는다. 「く
こう」 혹은 「くうこ」라고 읽지 않도록 유의하자.

어휘 はたらく 일하다 | ~ている ~하고 있다

7 3 남동생은 훌륭한 의사가 되었습니다.

해설 ＊ 읽음에 주의! 医는 음독으로 「い」, 者는 음독으로 「しゃ」라
고 읽는다. 者는 사람을 뜻하는 한자로 歯医者(치과의사)도
함께 알아두자.

어휘 おとうと 남동생 | りっぱだ 훌륭하다 | ~になる ~이/가 되다

8 2 그것은 나에게 있어 특별한 추억입니다.

해설 ＊ 오답인 타음 주의! 特別だ는 '특별하다'라는 의미로 特는
「とく」, 別는 「べつ」라고 읽는다. 자주 실수하는 부분은 特를
「どく」라고 읽는 것이다. 꼭 주의하자. 두 한자는 따로따로 特
に(특히), 別に(별로) 등 부사로도 많이 활용된다.

어휘 それ 그것 | ~にとって ~에게 있어 | おもいで 추억

9 2 그곳에 놓여 있는 종이에 이름과 주소를 써 주세요.

해설 ＊ 훈독에 주의! 18년에 출제된 어휘이다. 紙(종이)는 「かみ」
라고 읽으며 비교적 자주 출제되는 어휘이니 반드시 알아두
자. 다른 선택지의 かたち(모양)의 한자는 形, いと(실)는
糸, ゆか(바닥)는 床이다.

어휘 そこ 거기, 그곳 | おく 두다 | 타동사+てある ~해져 있다
(상태) | なまえ 이름 | じゅうしょ 주소 | かく 쓰다 | ~て
ください ~해 주세요

문제 2 _____의 말은 어떻게 씁니까? 1·2·3·4에서
가장 알맞은 것을 하나 고르세요.

10 1 사장님의 예정은 항상 수첩에 써 둡니다.

해설 ＊ 비슷한 발음에 주의! よてい(예정)는 「予定」이라고 표기한다.
선택지의 단어들이 有, 用, 要로 비슷한 발음이 나기 때문에 헷
갈릴 수 있으나, 단음의 「よ」로 읽히는 것은 「予」밖에 없다.

어휘 しゃちょう 사장 | いつも 항상 | てちょう 수첩 | かく 쓰다

11 3 수업이 끝나고 나서 친구와 영화를 보러 갑니다.

해설 ＊ 비슷한 한자에 주의! えいが(영화)는 「映画」라고 표기한

다. 映와 央, 面와 画가 비슷하게 생겼으니 주의하자. 2자 이
상의 단어의 경우 대부분 비슷하게 생겼거나, 동일한 부수를
갖고 있는 한자가 함정으로 등장한다.

어휘 じゅぎょう 수업 | おわる 끝나다 | ~てから ~하고 나서 |
見る 보다 | ます형+に行く ~하러 가다

12 1 할머니는 아침 일찍 일어납니다.

해설 ＊ 함정 주의! 선택지에서 「おきます」를 한자로 표기하면 1
번의 起きます와 2번의 置きます를 생각할 수 있다. ます
가 붙어있어서 헷갈릴 수 있지만, 각각 사전형은 起きる(일
어나다), 置く(두다, 놓다)이니 함정에 빠지지 말자. 앞에 '아
침 일찍'이라는 표현이 왔기 때문에 '일어나다'의 의미를 갖는
1번 「起きます」가 정답이다.

어휘 そぼ 할머니 | あさ 아침 | はやく 빨리

13 1 저 작가의 소설은 매우 재미있습니다.

해설 ＊ 비슷한 한자와 발음에 주의! しょうせつ(소설)은 「小説」라
고 표기한다. 작다의 의미를 지닌 小와 적다의 의미인 少는 한
자도 비슷하고 발음도 「しょう」로 동일하기 때문에 헷갈리기
쉽다. 소설의 경우에는 「小」를 사용한다는 것 꼭 기억하자.

어휘 さっか 작가 | とても 매우 | おもしろい 재미있다

14 2 베트남에서 여러 가지 경험을 했습니다.

해설 ＊ 비슷한 발음에 주의! 3회 이상 출제된 けいけん(경험)의 한
자 표기는 「経験」이다. 선택지의 한자들이 비슷하게 발음되
어 혼동될 수 있다. けいけん은 시간이 경과하는 것을 의미하
는 한자 経(경)과 경험을 나타내는 한자 験(험)을 사용한다.

어휘 ベトナム 베트남 | いろいろだ 여러 가지다, 다양하다

15 4 장래의 꿈은 무엇입니까?

해설 ＊ 비슷한 한자에 주의! しょうらい(장래)는 두 번 이상 출제
된 중요한 어휘이며, 「将来」라고 표기한다. 오답 선택지로 将
(장) 대신에 未, 末, 状이 등장하니 조심하자. 선택지 1번의
未来(미래)의 경우는 의미도 비슷하여 더욱 주의해야 한다.

어휘 ゆめ 꿈 | なん 무엇

문제 3 ( )에 무엇을 넣습니까? 1·2·3·4에서 가장 알맞은 것을 하나 고르세요.

16 2 갑자기 날씨가 나빠져서 시합은 중지되고 말았다.

해설 ※ 문맥 체크! てんきが わるくなって(날씨가 나빠져서) 시합은 어떻게 되었을지 생각해 보자. 선택지 중 적합한 것은 ちゅうし(중지)이다. 다른 선택지 ちり(지리), よやく(예약), よてい(예정)도 시험에서 자주 등장한다.

어휘 きゅうに 갑자기 | てんき 날씨 | わるい 나쁘다 | い형용사+くなる ~해지다 | しあい 시합 | ~てしまう ~해 버리다

17 1 백화점 입구에 자동차를 세우지 말아 주세요.

해설 ※ 힌트가 되는 어휘 체크! 공란 앞의 車와 어울리는 단어는 선택지 とめる(세우다), やめる(그만두다), きめる(결정하다), しめる(문 등을 닫다) 중 「とめる(세우다)」가 된다. しめる(잠그다)는 ドア(문)와 함께 사용하여 車の ドアを しめる(자동차의 문을 닫다)로 활용할 수 있다. 두 가지 표현을 혼동하지 말자.

어휘 デパート 백화점 | 入り口 입구 | 車 자동차 | ~ないで ください ~하지 마세요

18 3 누나(언니)는 작년에 대학을 졸업하고 일본어를 가르치고 있습니다.

해설 ※ 공란 앞 문장 체크! 「大学を(대학을)」 뒤에 붙일 수 있는 선택지는 3번 そつぎょう(졸업)와 4번 けんきゅう(연구)이다. 그리고 괄호 뒤에 일본어를 가르치고 있다고 했으므로 앞뒤 문장을 자연스럽게 연결할 수 있는 것은 「そつぎょう(졸업)」가 된다. 반대어인 にゅうがく(입학)와 다른 선택지 ふくしゅう(복습), きょういく(교육)도 체크해 두자.

어휘 あね 누나(언니) | きょねん 작년 | 大学 대학 | 日本語 일본어 | おしえる 가르치다

19 2 저는 매일 아침 조깅을 하는 것이 습관입니다.

해설 ※ 키워드 체크! まいあさ(매일 아침)가 등장한 것으로 보아 ジョギング(조깅)를 하루가 아닌 반복적으로 한다는 것을 알 수 있다. 반복적으로 행하는 것을 습관이라고 할 수 있으

며 정답은 2번 しゅうかん(습관)이다. 다른 선택지 けいけん(경험), そうじ(청소), そうだん(상담)의 의미도 체크해 두자.

어휘 まいあさ 매일 아침 | ジョギング 조깅

20 4 어제 기무라 씨가 이사를 도와주었습니다.

해설 ※ 힌트가 되는 어휘 찾기! 선택지의 의미가 비슷하여 혼동이 올 수 있으나 공란 앞에는 ひっこしを(이사를)가 있으므로 어울리는 동사는 「てつだう(돕다)」이다. 다른 선택지 つつむ(포장하다), はこぶ(옮기다), かたづける(정리하다)는 이사와 관련 있는 표현이지만 ひっこしを(이사를)보다는 にもつを(짐을) 뒤에 붙는 게 적당하다.

어휘 きのう 어제 | ひっこし 이사 | ~てくれる (다른 사람이 나에게) ~해 주다

21 3 요리를 만들어 준 답례로 초콜릿을 주었다.

해설 ※ お가 붙은 단어는 사전에 되뒤 두기! 문제를 올바르게 해석하더라도 선택지에서 혼동이 와서 놓치는 경우가 많다. 선택지의 おみまい(병문안), おせわ(신세), おれい(답례, 사례), おじぎ(인사)는 함께 자주 출제되는 어휘이다. 문장에서 요리를 도와줘서 초콜릿을 주었다고 했기 때문에 이는 「おれい(답례)」에 해당한다.

어휘 りょうり 요리 | つくる 만들다 | チョコレート 초콜릿 | あげる (내가 다른 사람에게) 주다

22 1 비가 그쳐서 여행을 갈 수 있습니다.

해설 ※ 단어의 정확한 쓰임 체크! '비가 내리다'는 あめが ふる이고, 반대로 '비가 그치다'는 あめが やむ라고 한다. 괄호 뒤에는 '여행을 갈 수 있게 되었다'고 했기 때문에 정답은 1번 「やんで(그쳐서)」가 된다. 다른 선택지는 やむ(그치다)와 비슷한 의미를 지닌 것으로 おわる(끝나다), きえる(사라지다), とまる(멈추다) 등을 꼭 암기해 두자.

어휘 あめ 비 | りょこう 여행 | 行く 가다

23 1 컴퓨터가 고장났기 때문에 형(오빠)이 고쳐 주었습니다.

해설 ※ 힌트가 되는 어휘 체크! 우선 괄호 앞의 パソコン(컴퓨터)과 괄호 뒤의 なおす(고치다)를 연결지어 유추할 수 있는 표현

은 こしょう(고장), しっぱい(실패), うんてん(운전), う んどう(운동) 중 「こしょう(고장)」가 된다. 주의할 점은 こ しょう(고장)의 경우 する를 붙여 '고장나다'라고 해석한다. '고장하다'로 직역해서 오답으로 분류해서는 안 된다.

パソコン 컴퓨터 | ので ~때문에 | なおす 고치다

[24] **4** 수업 중에 자 버려서 선생님에게 혼났다.

해설 ✻ 반대 의미를 지닌 선택지 체크! 선택지를 보면 수동의 의미 가 포함되어 있는데, 본래 동사의 의미를 알고 있으면 어렵 지 않다. 각각의 의미를 알아보면, たのむ(부탁하다)→たの まれる(부탁받다), ほめる(칭찬하다)→ほめられる(칭찬받 다), さそう(권하다)→さそわれる(권유받다), しかる(혼내 다)→しかられる(혼나다)가 된다. 괄호 앞의 내용이 '수업 중에 자 버렸다'이 「しかられる(혼나다)」가 정답이 된다.

어휘 じゅぎょうちゅう 수업 중 | ねる 자다 | ~てしまう ~해 버리다 | 先生(せんせい) 선생님

[25] **2** 운동한 후에 맛있는 밥을 먹는 것은 기분이 좋습니다.

해설 ✻ 특정 구문 체크! 「きもちが いい(기분 좋다)」라는 구문을 알고 있으면 간단하게 풀 수 있는 문제이다. 다른 선택지도 げんきを だす(기운을 내다), こころが いたい(마음이 아 프다), ぐあいが わるい(컨디션이 나쁘다) 처럼 구문으로 외워 두면 좋다.

어휘 うんどう 운동 | ~たあとに ~한 후에 | おいしい 맛있다 | ごはん 밥 | たべる 먹다 | いい 좋다

문제 4 _____의 문장과 대체로 같은 의미의 문장이 있습니다. 1·2·3·4에서 가장 알맞은 것을 하나 고르세요.

[26] **4** 이곳은 금연입니다.
1 이곳에서 사진을 찍어서는 안 됩니다.
2 이곳에서 시끄럽게 말해서는 안 됩니다.
3 이곳에서 술을 마셔서는 안 됩니다.
4 이곳에서 담배를 피워서는 안 됩니다.

해설 ✻ 특정 어휘 체크! きんえん(금연)과 きつえん(흡연)은 독해 와 청해에서도 자주 등장하니 같이 외워 두자. きんえん(금 연)과 きつえん(흡연)은 모두 タバコ(담배)와 관련있는 표

현이므로 정답은 4번이 된다. 금지 표현 ~ては いけない(~ 해서는 안 되다), 허가 표현 ~ても いい(해도 되다)도 함께 외워 두자.

어휘 ここ 여기, 이곳 | きんえん 금연 | しゃしん 사진 | とる 찍다 | うるさい 시끄럽다 | はなす 이야기하다, 말하다 | おさけ 술 | のむ 마시다 | たばこ 담배 | すう 피우다

[27] **2** 이 차는 중국에서 생산합니다.
1 이 차는 중국에서 빌립니다.
2 이 차는 중국에서 만듭니다.
3 이 차는 중국에서 씻습니다.
4 이 차는 중국에서 멈춥니다.

해설 ✻ 단어 의미 체크! せいさん(생산)은 물건을 만들어 내는 것 을 의미한다. 즉 선택지의 つくる(만들다)로 바꾸어 표현할 수 있다. せいさん(생산)처럼 する(하다)를 뒤에 붙여 표현 할 수 있는 명사들이 시험에 많이 출제된다. 긴급처방의 어휘 옆에 표기해 두었으니 체크해 두면 좋다.

어휘 車(くるま) 자동차 | ちゅうごく 중국 | せいさん 생산 | かりる 빌 리다 | つくる 만들다 | あらう 씻다 | とめる 세우다

[28] **2** 야마다 씨의 이야기는 전부 거짓말입니다.
1 야마다 씨의 이야기는 전부 사실입니다.
2 야마다 씨의 이야기는 전부 사실이 아닙니다.
3 야마다 씨의 이야기는 전부 유명합니다.
4 야마다 씨의 이야기는 전부 유명하지 않습니다.

해설 ✻ 부정형 선택지가 포인트! 선택지에 부정형이 있다면, 그 선택 지부터 확인하자. 2번 ほんとうでは ありません(사실이 아닙니다) 4번 ゆうめいでは ありません(유명하지 않습니 다) 중 うそ(거짓말)와 교체할 수 있는 것은 2번이 된다.

어휘 はなし 이야기 | ぜんぶ 전부 | うそ 거짓말 | ほんとうだ 사실이다 | ゆうめいだ 유명하다

[29] **1** 버스가 출발했습니다.
1 버스가 출발했습니다.
2 버스가 멈췄습니다.
3 버스가 돌았습니다.
4 버스가 도착했습니다.

해설 ✷ 여러 뜻을 가진 어휘 주의! でる는 '나가다, 나오다'의 의미로 사용되며, バスが でる의 경우 '나가다(=출발하다)'의 의미로 사용되었다. 여러 뜻을 갖고 있는 어휘의 경우 함께 오는 단어를 알아두는 것이 좋다.

어휘 バス 버스 | バスが でる 버스가 출발하다 | しゅっぱつ 출발 | とまる 멈추다 | まがる 돌다 | つく 도착하다

[30] 2 이 맥주는 차가워져 있습니다.
　1 이 맥주는 따뜻합니다.
　2 이 맥주는 차갑습니다.
　3 이 맥주는 미지근합니다.
　4 이 맥주는 맛없습니다.

해설 ✷ 단어 의미 체크! ひえる는 '차가워지다'의 의미로 사용된다. 시험에서 1회 출제되었고 조금 생소한 단어일 수 있으니 반드시 외워 두자. ひえる(차가워지다)는 「つめたい(차갑다)」로 바꾸어 표현할 수 있다.

어휘 ビール 맥주 | ひえる 차가워지다 | あたたかい 따뜻하다 | つめたい 차갑다 | ぬるい 미지근하다 | まずい 맛없다

문제 5 다음 말의 사용법으로 가장 알맞은 것을 1·2·3·4에서 하나 고르세요.

[31] 2 아침의 전철은 항상 붐빕니다.

해설 ✷ 어울리는 어휘 체크! こむ(붐비다)는 주로 電車が こんでいる(전철이 붐비다), 道が こんでいる(길이 막히다)로 활용된다. 3회 이상 출제된 단어로 반드시 알아 두어야 한다. 다른 선택지의 경우 1번은 きたない(더럽다), 3번은 いたい(아프다), 4번은 はいる(들어가다) 등으로 교체하면 자연스럽다.

어휘 字 글자, 글씨 | よむ 읽다 | ~にくい ~하기 어렵다 | あさ 아침 | 電車 전철 | いつも 항상 | 食べる 먹다 | ます형+すぎる 지나치게 ~하다 | おなか 배 | かばん 가방 | なか 안 | ほん 책

[32] 1 사고의 원인을 조사하고 있습니다.

해설 ✷ 어울리는 어휘 체크! 19년도에 출제된 단어이다. しらべる(조사하다, 검색하다)는 주로 じょうほう(정보), げんいん(원인), りゆう(이유)와 함께 사용한다. 다른 선택지 1번은 いれる(넣다), 3번은 さんぽする(산책하다), 4번은 おきる

(일어나다)로 교체할 수 있다.

어휘 じこ 사고 | げんいん 원인 | りんご 사과 | れいぞうこ 냉장고 | 母 엄마 | まいあさ 매일 아침 | いぬ 강아지 | は 이 | みがく 닦다

[33] 3 엄마와 벚꽃 나무를 기르고 있습니다.

해설 ✷ 함께 오는 대상 체크! こども(아이)나 木(나무) 등을 기를 때 사용하는 표현은 そだてる(키우다, 기르다)이다. 함께 사용하는 표현을 알아두면 빠르게 문제를 풀 수 있다. 다른 선택지 1번은 しらべる(조사하다), 2번은 たてる(세우다), 4번은 いく(가다)로 교체하면 자연스럽다.

어휘 いろいろだ 여러 가지다, 다양하다 | しりょう 자료 | レポート 레포트 | 書く 쓰다 | きょねん 작년 | ビル 빌딩, 건물 | さくら 벚꽃 | 木 나무 | なつやすみ 여름방학 | ともだち 친구 | あそぶ 놀다 | つもり 예정

[34] 1 이 약은 매우 써서 먹고 싶지 않습니다.

해설 ✷ 함께 오는 대상 체크! にがい(쓰다)는 맛을 표현하는 어휘이다. 즉 먹을 수 있는 대상과 함께 와야 하며, 선택지 중 먹을 수 있는 것은 「くすり(약)」밖에 없다. 다른 선택지 2번은 むずかしい(어렵다), 3번은 あかるい(밝다), 4번은 あぶない(위험하다)로 교체할 수 있다.

어휘 くすり 약 | とても 매우 | のむ 마시다 | ~たい ~하고 싶다 | もんだい 문제 | 先生 선생님 | しつもん 질문 | ~てください ~해 주세요 | かれ 그 | こえ 목소리 | おおきい 크다 | くらい 어둡다 | みち 길 | 一人で 혼자서 | あるく 걷다

[35] 1 학생에게 시험 시간을 전달했습니다.

해설 ✷ 단어 의미 체크! 시험에서 3회 이상 출제된 단어인 「つたえる」는 '전하다, 알리다'라는 뜻으로 정보 등을 전할 때 사용한다. 다른 선택지 2번과 3번은 おくる(배웅하다, 보내다), 4번은 あげる(주다)로 바꾸면 자연스럽다.

어휘 がくせい 학생 | しけん 시험 | じかん 시간 | ともだち 친구 | えき 역 | ゆうびんきょく 우체국 | にもつ 짐 | いもうと 여동생 | たんじょうび 생일 | 花 꽃

|정답|

1 4		**2** 3		**3** 2		**4** 3		**5** 2		**6** 4		**7** 1
8 1		**9** 3		**10** 2		**11** 4		**12** 2		**13** 4		**14** 1
15 1		**16** 1		**17** 4		**18** 3		**19** 1		**20** 4		**21** 2
22 3		**23** 2		**24** 4		**25** 2		**26** 3		**27** 3		**28** 2
29 2		**30** 4		**31** 3		**32** 2		**33** 3		**34** 4		**35** 4

|해설|

문제 1 _____의 말은 히라가나로 어떻게 씁니까?
1·2·3·4에서 가장 알맞은 것을 하나 고르세요.

1 4 당신이 잠들고 있는 사이에 영화는 끝났습니다.

해설 ＊ 비슷한 의미를 가진 한자 주의! 眠る(잠들다)는 훈독으로 「ね
むる」라고 읽는다. 眠る와 비슷한 의미를 갖고 있어 오답 선
택지로 寝る(자다)가 항상 등장한다. 寝る(자다)는 ねる라
고 읽는다. 다른 선택지 かぎる(한하다)는 한자로 限る, ま
つ(기다리다)는 待つ, うつる(옮기다)는 移る로 표기한다.

어휘 あなた 당신 ｜ ～ている ~하고 있다 ｜ あいだに 사이에 ｜
えいが 영화 ｜ おわる 끝나다

2 3 이 길은 어둡기 때문에 밤에는 지나다니지 말아 주세요.

해설 ＊ 형용사 반대어 함께 체크! 暗은 훈독으로 「くらい」라고 읽
는다. イ형용사의 한자읽기 문제의 오답 선택지를 보면, 반
대어가 꼭 등장하는데 함께 알아두면 좋다. 暗い(어둡다)↔
明るい(밝다), 長い(길다)↔短い(짧다), 高い(높다)↔低い
(낮다), 速い(빠르다)↔遅い(느리다) 등이 자주 출제된다.

어휘 みち 길 ｜ 夜 밤 ｜ とおる 지나가(오)다 ｜ ～ないで くださ
い ~하지 말아 주세요

3 2 어려운 문제는 특별히 없습니다.

해설 ＊ 오답의 탁음 주의! 特に(특별히)는 「とくに」라고 읽는다. 오
답으로 「どくに」처럼 탁음을 붙이지 않도록 주의하자. 또한
헷갈리는 표현으로 べつに(별로)도 자주 등장하는데 한자로
는 別に라고 표기한다.

어휘 むずかしい 어렵다 ｜ 問題 문제

4 3 남동생은 매일 일기를 쓰고 있습니다.

해설 ＊ 촉음에 주의! 日記(일기)의 日는 음독으로 「にち・じつ」,
記는 음독으로 「き」이라고 읽는데, 두 한자가 결합되면서 日
의 「にち」가 바뀌어 「にっき」라고 읽으니 주의하자. 이와
같이 결합되어 촉음으로 발음되는 단어로는 学校(학교), 雑
誌(잡지) 등이 있다.

어휘 弟 남동생 ｜ 毎日 매일 ｜ 書く 쓰다

5 2 혼자서 여행하는 것을 좋아합니다.

해설 ＊ 장음 함정 주의! 旅行(여행)은 음독으로 「りょこう」라고
읽는다. りょ를 りょう라고 발음하거나 こう를 짧게 こ라고
발음해서는 안 된다. 또한 旅行의 旅(여행)은 한자를 단독으
로 읽는 경우 「たび」라고 읽는 것도 함께 외워 두자.

어휘 ひとりで 혼자서 ｜ すきだ 좋아하다

6 4 숲에는 어떤 동물이 살고 있습니까?

해설 ＊ 훈독에 주의! 森(숲)은 「もり」라고 읽는다. 森의 부수는 木
이다. 혼동하여 き로 발음하지 않도록 주의하자. 다른 선택지
はな(꽃)의 한자 표기는 花, やま(산)는 山이 된다.

어휘 どんな 어떤 ｜ 動物 동물 ｜ 住む 살다

7 1 어디에 갈지 결정되면 연락하겠습니다.

해설 ＊ 훈독에 주의! 18년에 출제되었던 동사 決まる(결정되다)는
きまる라고 읽고, 決める(결정하다)는 きめる가 된다. 다른
선택지의 しまる(닫히다)는 閉まる, とまる(멈추다)는 止
まる라고 표기하고 つまる(가득차다, 막히다)는 다소 어려
운 표현으로 의미만 잘 알아 두자.

어휘 どこ 어디 ｜ 行く 가다 ｜ ～か ~인지 ｜ れんらく 연락

8 1 아기를 보살피는 것은 힘듭니다.

해설 ＊ 장음 오답 주의! 명사 世話(보살핌, 신세)의 世는 「せ・せ
い」, 話는 「わ」로 읽는다. 世話(보살핌, 신세)를 읽을 때는
짧게 「せわ」라고 읽는다. 장음으로 「せいわ」라고 읽지 않
도록 조심하자. 世話(보살핌, 신세)의 응용 표현으로 世話を
する(보살피다), 世話に なる(신세를 지다)의 의미도 알아
두자.

어휘 あかちゃん 아기 ｜ たいへんだ 힘들다

[9] 3 다 같이 짐을 옮기고 있습니다.

[해설] ★ 훈독에 주의! 運ぶ(운반하다, 나르다)는 「はこぶ」라고 읽는다. はこぶ(운반하다, 나르다)는 독해, 청해 문제에서도 자주 등장하는 표현으로 にもつをはこぶ(짐을 옮기다)를 통째로 외워 두면 유용하다. 다른 선택지 한자를 살펴보면, よぶ(부르다)는 呼ぶ, うむ(낳다)는 生む, とぶ(날다)는 飛ぶ이다.

[어휘] みんなで 다 같이 | にもつ 짐

문제 2 ＿＿＿＿의 말은 어떻게 씁니까? 1·2·3·4에서 가장 알맞은 것을 하나 고르세요.

[10] 3 눈이 아름답게 내리고 있습니다.

[해설] ★ 동일한 부수에 주의! ゆき(눈)는 「雪」라고 표기한다. 선택지의 한자들은 전부 雨를 부수로 갖기 때문에 헷갈리기 쉽다. 雷(천둥), 雲(구름) 등과 정확히 구분하자.

[어휘] うつくしい 아름답다 | ふる 내리다 | ~ている ~하고 있다

[11] 4 옥상에서의 경치가 예쁩니다.

[해설] ★ 비슷한 의미와 발음에 주의! おくじょう(옥상)는 「屋上」이라고 표기한다. 屋와 建는 건물과 관련이 있어 의미로 접근하면 혼동될 수 있다. 또한 場와 上는 발음이 「じょう」로 같으니 주의하자.

[어휘] けしき 경치 | きれいだ 예쁘다

[12] 2 물고기가 많이 헤엄치고 있습니다.

[해설] ★ 비슷한 한자에 주의! およぐ(헤엄치다)는 「泳ぐ」이라고 표기한다. 2번 泳과 3번 水는 비슷하게 생겨 혼동하기 쉬운 한자이다.

[어휘] さかな 물고기 | たくさん 많이

[13] 4 저곳은 작은 항구였습니다.

[해설] ★ 비슷한 카테고리 선택지 주의! みなと(항구)는 「港」이라고 표기한다. 선택지의 한자들은 하늘 또는 바다와 관련된 한자이다. 오답인 선택지 船(배), 空(하늘)도 함께 알아 두자.

[어휘] あそこ 저곳, 저기 | 小さい 작다

[14] 1 저기서 빛나고 있는 것은 무슨 별일까?

[해설] ★ 비슷한 한자에 주의! ひかる(빛나다)는 「光る」라고 표기한다. 光る (빛나다)와 호응하는 어휘는 3번 선택지에 등장한 한자 星이고 ほし(별)라고 읽는데, 星る라는 동사는 존재하지 않으므로 조심하자. 光는 다른 선택지 化(될 화), 生(날 생)의 한자와도 비슷하게 생겨서 틀리기 쉽다.

[어휘] 何の 무슨, 어떤 | ほし 별

[15] 1 나는 벚꽃이 피는 봄을 가장 좋아합니다.

[해설] ★ 계절을 나타내는 한자 체크! はる(봄)은 「春」이라고 표기한다. 선택지는 계절을 나태는 한자 夏(여름), 秋(가을), 冬(겨울)은 반드시 알아 두자.

[어휘] さくら 벚꽃 | さく 피다 | いちばん 가장 | すきだ 좋아하다

문제 3 (　　　)에 무엇을 넣습니까? 1·2·3·4에서 가장 알맞은 것을 하나 고르세요.

[16] 1 창문을 열었더니 시원한 바람이 불어왔습니다.

[해설] ★ 단어 성격 파악하기! 선택지 すずしい(시원하다), したしい(친하다), こまかい(자세하다, 잘다), ふとい(두껍다) 중에서 「かぜ(바람)」을 수식할 수 있는 イ형용사는 すずしい(시원하다)뿐이다.

[어휘] まど 창문 | あける 열다 | かぜ 바람 | ふく 불다 | ~てくる ~해 오다

[17] 4 마에다 씨를 만나면 "책을 돌려 주세요"라고 전해 주세요.

[해설] ★ 자주 등장하는 구문 체크! 우리말의 '전달하다'에 해당하는 동사는 わたす와 つたえる가 있다. わたす의 경우 주로 물건을 건네줄 때 사용하며, つたえる는 주로 말을 전할 때 사용한다. 해당 문제는 말을 전하는 것으로 「つたえる(전하다)」가 정답이 된다. 2번 선택지 とどける의 경우, '보내다, 신고하다'이고, たずねる는 '묻다'이므로 오답이 된다.

[어휘] ~に会う ~을/를 만나다 | 本 책 | かえす 돌려주다 | ~てください ~해 주세요

[18] 3 엄마는 지금 아침 밥을 준비하고 있습니다.

[해설] ★ 키워드 찾아서 문제 풀기! 공란 앞에 朝ご飯(아침 밥)이 키워드가 된다. 괄호에 선택지를 대입해 보면, せわ(신세), りよ

う(이용), ようい(준비), ようじ(용무) 중에서 적합한 표현은「ようい(준비)」가 된다. ようい(준비)의 비슷한 표현으로는 じゅんび(준비)가 있다.

母 엄마, 어머니 | 今 지금 | 朝ご飯 아침 밥

---

19 1 엄마가 소중히 하는 그릇을 깨 버렸습니다.

해설 ✱ 힌트가 되는 어휘 찾기! 공란 뒤 등장하는 동사는 わる(깨지다)이다. 선택지 さら(접시), ふくろ(장갑), タオル(타올), ポスター(포스터) 중 깨질 수 있는 것은「さら(접시)」밖에 없다.

어휘 母 엄마, 어머니 | たいせつだ 소중하다 | ~ている ~하고 있다 | わる 깨다 | ~てしまう ~해 버리다

---

20 4 이 강은 얕기 때문에 아이도 놀 수 있습니다.

해설 ✱ 어울리는 어휘 찾기! かわ(강)와 자주 쓰이는 형용사는 ふかい(깊다), あさい(얕다)이다. 형용사는 시험에서 자주 출제되므로 다른 선택지 うすい(얇다), おもい(무겁다), ふるい(낡다)도 알아 두자.

어휘 川 강 | 子ども 아이 | あそぶ 놀다

---

21 2 위험하기 때문에 저 강아지는 만지지 마세요.

해설 ✱ 힌트가 되는 어휘 체크! 공란 앞의 あぶないので(위험하니까)가 힌트가 된다. 괄호 뒤에는 위험하니까 저 강아지는 '만지지 마세요'라는 표현이 적절하다. 선택지를 괄호에 대입해 보면 1번 ならわないでください(배우지 마세요), 2번 さわらないでください(만지지 마세요), 3번 いわないでください(말하지 마세요), 4번 すわらないでください(앉지 마세요) 중 2번이 정답이 된다. さわる(만지다)는 독해와 청해에서도 자주 등장하니 꼭 외워 두자.

어휘 あぶない 위험하다 | ので ~때문에 | 犬 강아지 | ~ないでください ~하지 말아 주세요

---

22 3 배가 아파서 병원에 들르고 나서 학교에 갑니다.

해설 ✱ 공란 앞뒤 체크! 공란 앞 びょういん(병원)과 공란 뒤 学校(학교) 중 최종 목적지는 学校(학교)이다. 즉, びょういん(병원)에 들렀다 学校(학교)에 간다는 문장이다. 주로 '~에 들르다'에 해당하는 동사는「~による」이며, 정답은 3번이

된다. 다른 선택지 かえる(돌아가다, 돌아오다), かよう(다니다), まがる(돌다)의 의미도 체크하자.

어휘 おなか 배 | いたい 아프다 | びょういん 병원 | ~てから ~하고 나서 | 学校 학교 | 行く 가다

---

23 2 비가 내리고 있는 것인지 모두 우산을 쓰고 있다.

해설 ✱ 함께 오는 단어 체크! 공란 앞 かさ(우산)와 어울리는 동사를 알고 있으면 문제를 풀기 쉬워진다. 우리말로 '우산을 쓰다'는「かさを さす」라고 한다. さす라는 동사는 '찌르다'라는 의미를 가지고 있지만 앞에 かさ가 붙으면 '우산을 쓰다'가 된다. 이런 구문들은 통째로 외워 두면 유용하다. 선택지 1번의 かぶる의 경우 '쓰다'의 의미를 갖지만,「ぼうし(모자)」와 함께 사용하여 '모자를 쓰다'가 된다. 다른 선택지 はく(신다), あける(열다)도 알아 두자.

어휘 雨 비 | ふる 내리다 | ~か ~인지 | みんな 모두 | かさ 우산

---

24 3 짐은 무겁지 않기 때문에 혼자서 충분합니다.

해설 ✱ 문장의 흐름 체크! 공란 앞에서 짐이 무겁지 않다고 했다. 그렇다면 뒷문장 一人で(혼자서) 뒤에는 '충분하다'라는 표현이 연결될 것이다. '충분하다'는 일본어로「じゅうぶんだ」이며, 정답은 3번이다. 다른 선택지 ぜんぶ(전부), さいご(마지막), すっかり(완전히)도 자주 출제되는 표현이니 반드시 알아 두자.

어휘 にもつ 짐 | おもい 무겁다 | ので ~때문에 | 一人で 혼자서

---

25 2 사양하지 말고 어서 많이 드세요.

해설 ✱ 특정 구문 체크! 자주 등장하는 구문은 통째로 암기해 두자. えんりょしないで 혹은 えんりょなくは '사양하지 말고'라는 의미로 다소 어려운 표현이지만 일상생활에서 많이 사용하는 표현이라서 시험에도 출제된다. 다른 선택지 はんたい(반대), もんだい(문제), しつれい(실례)의 뜻도 정확히 암기해 두자.

어휘 どうぞ 어서 | たくさん 많이 | 食べる 먹다 | ~てください ~해 주세요

문제 4 _____의 문장과 대체로 같은 의미의 문장이 있습니다. 1·2·3·4에서 가장 알맞은 것을 하나 고르세요.

26 3 새로운 가구를 샀습니다.
  1 새로운 노트와 펜을 샀습니다.
  2 새로운 카메라와 비디오를 샀습니다.
  3 새로운 책상과 침대를 샀습니다.
  4 새로운 옷과 신발을 샀습니다.

해설 ※ 특정 어휘 체크! かぐ의 의미는 '가구'이다. 가구에 해당하는 것은 つくえ(책상)와 ベッド(침대)가 된다. 정답은 3번이다.

어휘 新しい 새롭다 | かぐ 가구 | かう 사다 | ノート 노트 | ペン 펜 | カメラ 카메라 | ビデオ 비디오 | つくえ 책상 | ベッド 침대 | ふく 옷 | くつ 신발, 구두

27 3 기무라 씨는 역 앞 빵집에서 아르바이트를 하고 있습니다.
  1 기무라 씨는 역 앞 빵집에서 기다리고 있습니다.
  2 기무라 씨는 역 앞 빵집에서 놀고 있습니다.
  3 기무라 씨는 역 앞 빵집에서 일하고 있습니다.
  4 기무라 씨는 역 앞 빵집에서 쉬고 있습니다.

해설 ※ 가타카나 제대로 읽기! アルバイト는 '아르바이트'를 의미하며 「はたらく(일하다)」로 바꾸어 표현할 수 있다. 그리고 ~で はたらく(~에서 일하다)의 유의어인 ~に つとめる(~에서 근무하다)도 함께 체크해 두자.

어휘 駅前 역 앞 | パンや 빵집 | アルバイト 아르바이트 | まつ 기다리다 | あそぶ 놀다 | はたらく 일하다 | やすむ 쉬다

28 2 마에다 씨의 병이 나았습니다.
  1 마에다 씨는 이제 아픕니다.
  2 마에다 씨는 이제 아프지 않습니다.
  3 마에다 씨는 아직 아픕니다.
  4 마에다 씨는 아직 아프지 않습니다.

해설 ※ 부정형에 주의! びょうきが なおりました(병이 나았습니다)의 유의어는 いたい(아프다)의 부정형인 「いたくありません(아프지 않습니다)」으로 표현할 수 있다. '치료되다, 낫다'의 의미를 가지고 있는 なおる는 2회 이상 출제된 중요한 표현이다.

어휘 びょうき 병 | なおる 낫다 | もう 이제, 벌써 | いたい 아프다 | まだ 아직

29 2 유명한 가게인데 지금은 비어 있습니다.
  1 유명한 가게인데 지금은 손님이 많습니다.

  2 유명한 가게인데 지금은 손님이 적습니다.
  3 유명한 가게인데 지금은 물건이 많습니다.
  4 유명한 가게인데 지금은 물건이 적습니다.

해설 ※ 특정 어휘 체크! 가게나 전철 등의 공간이 비어 있을 때 사용하는 어휘는 동사 「すく(비다)」이다. 즉 「すいている(비어 있다)」는 것은 사람이 「少ない(적다)」를 의미하므로 정답은 2번이 된다.

어휘 ゆうめいだ 유명하다 | 店 가게 | のに ~인데도 불구하고 | 今 지금 | すく 비다 | おきゃくさん 손님 | 多い 많다 | 少ない 적다 | しなもの 물건

30 4 손이 더러워져 있어서 씻고 왔습니다.
  1 손이 차가웠기 때문에 씻고 왔습니다.
  2 손이 아팠기 때문에 씻고 왔습니다.
  3 손이 작았기 때문에 씻고 왔습니다.
  4 손이 더러웠기 때문에 씻고 왔습니다.

해설 ※ 단어 의미 체크! よごれる는 '더러워지다'라는 의미이며, 유의어로는 イ형용사 「きたない(더럽다)」가 있다. 여기에서 주의할 점은 きたない의 ない를 부정형으로 착각해서는 안 된다.

어휘 手 손 | よごれる 더러워지다 | あらう 씻다 | つめたい 차갑다 | ちいさい 작다 | きたない 더럽다

문제 5 다음 말의 사용법으로 가장 알맞은 것을 1·2·3·4에서 하나 고르세요.

31 3 이곳은 공사를 하고 있으니까 지나가지 마세요.

해설 ※ 단어 의미 체크! こうじ(공사)는 건물이나 길의 '공사'를 의미하므로, 주로 건물을 이용하면 안 된다는 문장이나, 길을 지나다닐 수 없다는 문장이 온다. 물건을 고친다는 의미로는 사용할 수 없으니 주의하자. 다른 선택지 경우 1번은 けんさ(검사), 2번은 なおす(고치다), 4번은 いう(말하다) 등의 어휘로 교체하면 자연스럽다.

어휘 あたま 머리 | いたい 아프다 | びょういん 병원 | ほんだな 책장 | こわれる 부서지다 | ~てくれる (다른 사람이 나에게) ~해 주다 | とおる 지나가(오)다 | ~ないでください ~하지 말아 주세요 | みんな 모두 | じぶん 자신 | いけん 의견 | はずかしい 부끄럽다

[32] 2 부디 한번 읽어 봐 주세요.

해설 ✳ 어울리는 표현 체크! ぜひ(부디, 꼭)는 남에게 청하거나 부탁할 때 쓰는 표현으로 주로 요청 표현인 ~てください(~해 주세요)와 어울린다. 부사는 어울리는 표현을 함께 알아두는 것이 좋다. 다른 선택지 1번 あまり(그다지), 3번 まっすぐ(곧장), 4번 たくさん(많이)으로 교체하면 자연스럽다.

어휘 日本語 일본어 | じょうずだ 능숙하다 | な형용사 어간+になる ~해지다 | たいへんだ 힘들다 | いちど 한번 | よむ 읽다 | ~てみる ~해 보다 | ~てください ~해 주세요 | みち 길 | みぎ 오른쪽 | まがる 돌다 | おいしい 맛있다 | たべる 먹다 | おなか 배 | いっぱい 가득

[33] 3 차를 끓일 거니까 물을 끓여 주세요.

해설 ✳ 단어의 특징 체크! わかす(끓이다)는 액체를 끓이는 것을 의미한다. 즉 액체에 해당하는 단어와 함께 사용되는 점을 기억하자. 대표적으로 「おゆを わかす(물을 끓이다)」가 있다. 다른 선택지 1번은 わる(깨다), 2번은 わける(나누다), 4번은 おしえる(가르치다) 등의 어휘로 교체하면 자연스럽다.

어휘 まど 창문 | ガラス 유리 | はは 엄마 | おこる 화내다 | おかし 과자 | みんなで 다같이 | 食べる 먹다 | おちゃ 차 | 入れる 넣다 | おちゃを入れる 차를 끓이다 | おゆ 뜨거운 물 | じゅうしょ 주소

[34] 4 그날은 사정이 좋지 않아 갈 수 없습니다.

해설 ✳ 단어의 정확한 의미 체크! つごう의 정확한 의미를 파악하는 것이 중요하다. 「つごう」는 '형편, 사정'을 의미한다. 날씨나 컨디션을 의미하는 것이 아니라 「つごうが いい(상황이 좋다)・つごうが わるい(상황이 나쁘다)」처럼 시간적으로 여유가 있는지를 묻는 경우가 많다. 다른 선택지 1번 げんき(기운, 기력), 2번 てんき(날씨), 3번 きかい(기회) 등의 어휘로 교체하면 자연스럽다.

어휘 また 또, 다시 | だす 내다 | がんばる 힘내다, 분발하다 | あした 내일 | はれ 맑음 | いっしょに 함께 | はたらく 일하다 | ~たい ~하고 싶다 | わるい 나쁘다 | 行く 가다

[35] 4 버스 안에서 지갑을 주웠습니다.

해설 ✳ 특정 어휘 체크! ひろう(줍다)는 ごみ(쓰레기), さいふ(지갑)처럼 무언가를 주울 때 쓸 수 있다. 반대어 すてる(버리다)도 함께 알아두자. 다른 선택지는 1번 さく(피다), 2번 あう(만나다), 3번 きく(듣다) 등의 어휘로 교체하면 자연스럽다.

어휘 あたたかい 따뜻하다 | はる 봄 | ~になる ~이/가 되다 | 花 꽃 | はやく 빨리 | しごと 일 | おわらせる 끝내다 | ともだち 친구 | れんらく 연락 | バス 버스 | 中 안 | さいふ 지갑

제5회 실전문제 정답 및 해설

| 정답 |

[1] 4	[2] 2	[3] 2	[4] 4	[5] 4	[6] 2	[7] 2
[8] 3	[9] 2	[10] 1	[11] 3	[12] 2	[13] 4	[14] 3
[15] 4	[16] 3	[17] 2	[18] 3	[19] 4	[20] 4	[21] 1
[22] 3	[23] 4	[24] 3	[25] 1	[26] 3	[27] 1	[28] 3
[29] 2	[30] 1	[31] 3	[32] 3	[33] 3	[34] 2	[35] 3

| 해설 |

문제 1 _____의 말은 히라가나로 어떻게 씁니까?
1·2·3·4에서 가장 알맞은 것을 하나 고르세요.

[1] 4 이 짐은 무겁기 때문에 함께 옮깁시다.

해설 ✳ 형용사 반대어 함정 체크! イ형용사는 대부분 훈독이며, 重い(무겁다)는 훈독으로 「おもい」라고 읽는다. イ형용사의 한자읽기 문제의 오답 선택지를 보면, 반대어가 꼭 등장하는데 함께 알아두면 좋다. 重い(무겁다)↔軽い(가볍다), 深い(깊다)↔浅い(얕다), 寒い(춥다)↔暑い(덥다), 固い(딱딱하다)↔柔らかい(부드럽다) 등이 자주 출제된다.

어휘 にもつ 짐 | いっしょに 함께 | はこぶ 옮기다 | ~ましょう ~합시다

[2] 2 지금도 돌아가신 할아버지의 얼굴은 기억하고 있습니다.

해설 ✳ 신체 부위 한자 체크! 顔(얼굴)는 「かお」라 읽고, 18년에 출제되었다. 오답인 선택지의 頭(머리), 力(힘), 腕(팔)도 함께 알아 두자.

어휘 今 지금 | なくなる 돌아가시다, 죽다 | そふ 할아버지 | おぼえる 외우다 | ~ている ~하고 있다

[3]　2　어제보다 바람이 약해졌습니다.

해설 ※ 비슷한 한자에 주의! 弱い(약하다)는 훈독으로 「よわい」이다. 반대의 의미인 強い(강하다)는 「つよい」라고 읽는다. 비슷하게 생겨 혼동하기 쉬우므로 주의하자.

어휘 昨日 어제 | より ~보다 | い형용사 어간+くなる ~해지다

[4]　4　시골보다 도시 쪽이 편리합니다.

해설 ※ 오답의 발음과 탁음 주의! 都市(도시)의 都는 「と」, 市는 「し」으로 읽는다. 오답의 패턴으로 자주 등장하는 「とうし」나 「どし」를 선택하지 않도록 주의한다.

어휘 いなか 시골 | ほう 쪽 | べんりだ 편리하다

[5]　4　3시 반에 특급 전철이 옵니다.

해설 ※ 촉음에 주의! 特는 음독으로 「とく」, 急는 음독으로 「きゅう」이라고 읽는데, 결합되면서 「とくきゅう」가 아닌 「とっきゅう」로 읽으니 주의하자. 이와 같이 결합되어 촉음으로 발음되는 단어로는 日記(일기), 結婚(결혼) 등이 있다.

어휘 でんしゃ 전철 | くる 오다

[6]　2　나의 손가락에 어울리는 반지는 무엇입니까?

해설 ※ 비슷한 발음에 주의! 指(손가락)는 일본어로 「ゆび」이다. 1번의 くび(목)와 발음이 비슷하여 헷갈릴 수 있으니 주의하자. 오답인 선택지의 首(목)・頭(머리)・耳(귀)도 함께 알아 두자.

어휘 にあう 어울리다 | ゆびわ 반지 | 何 무엇

[7]　2　회의가 끝날 때까지 여기서 기다리겠습니다.

해설 ※ 선택지에 함께 자주 등장하는 단어 체크! '기다리다'의 의미를 갖는 待는 훈독으로 「まつ」이다. 선택지 중 함정에 빠지기 쉬운 단어는 3번의 持つ(갖다, 들다)이다. 한자도 발음도 비슷하기 때문에 함께 자주 등장하니 알아 두자.

어휘 かいぎ 회의 | おわる 끝나다

[8]　3　조금 이상한 맛이 납니다.

해설 ※ 감각과 관련된 단어 체크! '맛이 나다'는 일본어로 「味が する」라고 한다. 한자읽기뿐만 아니라 문맥규정에도 자주 출제되므로 통째로 외워 두면 유용하게 쓰인다. 다른 선택지 「音が する(소리가 나다), 声が する(목소리가 나다)」도 함께 외워 두자.

어휘 ちょっと 조금, 잠시 | へんだ 이상하다 | ~がする ~이/가 나다

[9]　2　내년 봄에 졸업할 예정입니다.

해설 ※ 오답의 장음에 주의! 予定(예정)의 予는 「よ」, 定는 「てい」으로 읽는다. 오답의 패턴으로 자주 등장하는 「ようてい」에 주의하자.

어휘 らいねん 내년 | はる 봄 | そつぎょう 졸업

문제 2　_____의 말은 어떻게 씁니까? 1·2·3·4에서 가장 알맞은 것을 하나 고르세요.

[10]　1　야마다 씨는 언제 귀국합니까?

해설 ※ 비슷한 발음에 주의! きこく(귀국)는 18년도에 출제된 중요한 어휘이다. '고국으로 돌아가는 것'을 의미하므로 한자 표기는 「帰国」가 된다. '돌아가(오)다'의 의미를 갖는 「帰る」와 나라를 의미하는 한자 「国」를 알고 있으면 충분히 유추할 수 있는 단어이다. 起의 발음이 き이기 때문에 혼동할 수 있으니 단어의 뜻을 정확히 파악 후 문제를 풀자.

어휘 いつ 언제

[11]　3　늦잠을 자서 학교까지 달려서 갔습니다.

해설 ※ 비슷한 한자와 의미에 주의! はしる(달리다)는 「走る」라고 표기한다. 선택지의 足(발)나 歩く(걷다)와 헷갈리지 않도록 하자.

어휘 ねぼうする 늦잠 자다 | がっこう 학교 | いく 가다

[12]　2　이곳은 아이가 안전하게 놀 수 있는 곳입니다.

해설 ※ 비슷한 한자에 주의! 18년에 출제된 あんぜん(안전)은 「安全」이라고 표기한다. 女와 安, 金와 全처럼 비슷하게 생긴 한자가 등장하는 패턴은 매 시험 출제되고 있다.

어휘 こども 아이 | 遊ぶ 놀다 | ところ 장소

13 4 내일은 농구 시합이 있습니다.

해설 ＊ 비슷한 모양과 발음에 주의! しあい(시합)은 「試合」라고 표기한다. 試와 詩는 모양이 비슷하고 동일한 부수로 헷갈리기 쉽다. 또한 会와 合는 모양도 발음도 비슷하여 함께 자주 출제되니 반드시 구분하자.

어휘 あした 내일 | バスケットボール 농구

14 3 점원에게 아이스크림은 어디에 있는지 물었습니다.

해설 ＊ 비슷한 모양과 발음에 주의! てんいん(점원)은 「店員」이라고 표기한다. 店과 占은 비슷하게 생겼으니 주의하자. 員와 人은 발음이 비슷하여 혼동할 수 있으나 員은 「いん」, 人은 「じん・にん」이라고 읽으며, 員은 일하는 사람을 의미한다.

어휘 アイスクリーム 아이스크림 | どこ 어디 | 聞く 묻다, 듣다

15 4 눈을 감아 봐 주세요.

해설 ＊ 동일한 부수에 주의! とじる(감다)는 「閉じる」라고 표기한다. 선택지의 한자들은 전부 門를 부수로 갖기 때문에 헷갈리기 쉽다. 開ける(열다), 門(문), 聞く(듣다, 묻다)와 정확히 구분하자.

어휘 目 눈 | ~てみる ~해 보다 | ~てください ~해 주세요

문제 3 (　　　)에 무엇을 넣습니까? 1·2·3·4에서 가장 알맞은 것을 하나 고르세요.

16 3 다음 역에서 전철에서 버스로 갈아타 주세요.

해설 ＊ 특정 구문 체크하기! 다른 교통수단으로 '갈아타다'는 일본어로 「のりかえる」라 하고 앞에는 조사 に를 붙인다. バス만 보고 おりる(내리다)를 고르지 않도록 주의하자.

어휘 つぎ 다음 | えき 역 | 電車 전철 | バス 버스

17 2 수학 시험이 있기 때문에 착실하게 공부합니다.

해설 ＊ 어울리는 단어 체크! べんきょうする(공부하다)를 꾸며줄 수 있는 행동으로는 だいじに(소중히), まじめに(성실하게), しんせつに(친절하게), じょうぶに(튼튼하게) 중 「まじめに(성실하게)」가 된다.

어휘 すうがく 수학 | テスト 시험 | べんきょう 공부

18 3 이 강아지는 살쪄 있기 때문에 무겁습니다.

해설 ＊ 힌트가 되는 어휘 체크! 공란 뒤의 「おもい (무겁다)」와 어울리는 표현을 생각해 보자. 강아지가 어떤 상태이기 때문에 무거울까? 선택지 ころぶ(구르다), やせる(마르다), ふとる(살찌다), すわる(앉다) 중 적절한 것은 ふとる(살찌다)가 된다.

어휘 犬 강아지 | ので ~때문에 | おもい 무겁다

19 4 이 요리는 조금 이상한 냄새가 나네요.

해설 ＊ 공란 앞뒤 단어 체크! 공란 뒤의 「~がする(~이/가 나다)」 앞에는 감각과 관련된 단어가 와야 한다. 또한 「りょうり(요리)」와 함께 올 수 있는 표현으로는 におい(냄새), あじ(맛) 등이 있다. 다른 선택지 ねだん(가격), ぐあい(상태), おと(소리)의 의미도 알아두자.

어휘 りょうり 요리 | ちょっと 조금, 잠시 | へんだ 이상하다 | ~がする ~이/가 나다

20 4 우에다 씨에게 지각한 이유를 물었습니다.

해설 ＊ 문맥 체크! 선택지의 れんらく(연락), いけん(의견), そうだん(상담), りゆう(이유)는 같이 등장하는 표현들이다. ちこくした(지각한)와 きく(묻다) 사이의 괄호 안에 들어갈 적당한 말은 4번 りゆう(이유)이다. 또한 きく는 '듣다' 뿐만 아니라 '묻다'의 의미도 가지고 있다는 것을 꼭 체크해 두자.

어휘 ちこく 지각 | 聞く 듣다, 묻다

21 1 버스가 늦어서 약속 시간에 맞춰 가지 못했습니다.

해설 ＊ 힌트가 되는 어휘 체크! 공란 앞 「バスが おくれて(버스가 늦어서)」에 주목하자. 버스가 늦어서 생긴 결과로 적절한 것을 선택지에서 고르면 된다. 선택지 まにあう(시간에 맞다), とどく(도착하다), たりる(충분하다), よる(들르다) 중 まに あう의 부정형 「まに あいませんでした(시간에 맞춰 가지 못했습니다)」가 정답이 된다.

어휘 バス 버스 | おくれる 늦다 | やくそく 약속 | 時間 시간

[22] 3 아기가 열이 나서 병원에 데리고 갔습니다.

해설 ✻ 함께오는 어휘 체크! 선택지의 단어 중 공란 뒤의 出す(내다)와 어울리는 선택지를 찾으면 쉽게 풀 수 있는 문제이다. 선택지 중 3번을 대입해 보면 「ねつを だす(열이 나다, 열을 내다)」가 되며, 뒷문장 '병원에 데리고 갔다'와도 자연스럽게 연결된다. 다른 선택지 びょうきになる(병이 나다), ぐあいが わるい(몸 상태가 좋지 않다), けがを する(다치다)처럼 동사와 같이 연결해서 외워 두면 좋다.

어휘 あかちゃん 아기 | 出す 내다 | びょういん 병원 | つれる 데려가(오)다 | 行く 가다

[23] 4 저기 엘리베이터를 이용해 주세요.

해설 ✻ 힌트가 되는 어휘 찾기! エレベーター(엘리베이터)는 사람들이 이동을 위해 이용하는 것이므로 「りよう(이용)」가 정답이 된다. 다른 선택지 うんてん(운전), だんぼう(난방), ひつよう(필요)의 의미도 알아 두자.

어휘 あそこ 저기, 저곳 | エレベーター 엘리베이터

[24] 3 축구 시합이 중지되어 유감입니다.

해설 ✻ 문맥 체크! しあいが ちゅうしに なって(시합이 중지되어)라는 내용이 나왔기 때문에 뒤에는 「ざんねんだ(안타깝다)」가 적당하다. ふべんだ(불편하다)는 이용하는 것이나 사용하는 것이 거북할 때 쓰는 표현이므로 본 문제에서는 부자연스러우니 헷갈리지 말자.

어휘 サッカー 축구 | しあい 시합 | ちゅうし 중지 | ～になる ～이/가 되다

[25] 1 할아버지의 병이 좋아져서 안심했습니다.

해설 ✻ 힌트가 되는 어휘 찾기! 할아버지의 병이 よく なって(좋아져서)라고 했으므로 뒤에는 「あんしんだ(안심이다)」가 어울린다. びょうき(병)라는 단어만 보고 しんぱい(걱정)를 체크하지 않도록 조심하자.

어휘 そふ 할아버지 | びょうき 병 | いい 좋다 | い형용사 어간+くなる ～해지다

문제 4 _____의 문장과 대체로 같은 의미의 문장이 있습니다. 1·2·3·4에서 가장 알맞은 것을 하나 고르세요.

[26] 3 힘든 시대는 이제 지났습니다.
  1 편한 시대였습니다.
  2 번화한 시대였습니다.
  3 혹독한 시대였습니다.
  4 친한 시대였습니다.

해설 ✻ 여러가지 의미를 지닌 어휘 조심! きびしい는 '엄하다, 혹독하다, 힘들다'라는 의미를 가지고 있으므로, たいへんだ(힘들다)의 유의어로 적당하다. 다소 어렵지만 자주 출제되는 표현이다. 꼭 체크해 두자.

어휘 たいへんだ 힘들다 | じだい 시대 | もう 이제, 벌써 | すぎる 지나다 | らくだ 편하다 | にぎやかだ 번화하다 | きびしい 엄격하다 | したしい 친근하다

[27] 1 비가 그쳤습니다.
  1 비는 더 이상 내리지 않습니다.
  2 비는 아직 내리고 있습니다.
  3 비가 내렸으면 좋겠습니다.
  4 비가 내리지 않았으면 좋겠습니다.

해설 ✻ 항상 따라다니는 표현 캐치! '비가 그치다'는 표현은 とまる(멈추다)가 아닌 「やむ(그치다)」라는 동사를 사용한다. やむ(그치다)는 바꿔 말하면 「もう ふりません(더 이상 내리지 않습니다)」이 된다.

어휘 雨 비 | やむ 그치다, 멎다 | もう 이제, 더 이상 | まだ 아직 | ふる 내리다 | ～てほしい ～했으면 한다 | ～ないでほしい ～하지 않았으면 한다

[28] 3 남동생과 장래의 일을 이야기했습니다.
  1 남동생과 지금까지의 일을 이야기했습니다.
  2 남동생과 옛날 일을 이야기했습니다.
  3 남동생과 앞으로의 일을 이야기했습니다.
  4 남동생과 최근의 일을 이야기했습니다.

해설 ✻ 키워드 체크! 문제의 키워드 しょうらいの こと(장래의 일)와 비슷한 표현을 선택지에서 찾아보면 1번 今までの こと(지금까지의 일), 2번 むかしの こと(옛날 일), 3번 これ

からの こと(앞으로의 일), 4번 さいきんの こと(최근 일) 중 3번이 된다. しょうらい가 '장래, 미래'를 의미한다는 것 꼭 기억하자.

어휘 おとうと 남동생 | しょうらい 장래 | 話す 이야기하다, 말하다 | 今 지금 | むかし 옛날 | さいきん 최근

---

[29] 2 선생님은 몇 시쯤 돌아옵니까?

1 선생님은 몇 시쯤 외출합니까?

2 선생님은 몇 시쯤 돌아옵니까?

3 선생님은 몇 시쯤 잡니까?

4 선생님은 몇 시쯤 일어납니까?

해설 ✻ 같은 카테고리 어휘 체크! もどる는 '되돌아가(오)다'라는 뜻이고, もどる의 유의어인 かえる는 '돌아가(오)다'이다. 두 가지 모두 본래 있던 장소로 돌아가거나 돌아온다는 의미이다. 정답은 2번이 된다.

어휘 せんせい 선생님 | ごろ 경, 쯤 | もどる 돌아가(오)다 | でかける 외출하다 | かえる 돌아가(오)다 | ねる 자다 | おきる 일어나다

---

[30] 1 여동생은 항상 싱글벙글하고 있습니다.

1 여동생은 항상 웃고 있습니다.

2 여동생은 항상 고민하고 있습니다.

3 여동생은 항상 놀고 있습니다.

4 여동생은 항상 쉬고 있습니다.

해설 ✻ 부사와 동사 매치하기! にこにこ(싱글벙글)는 활짝 웃는 모습을 나타내는 부사로 동사 「わらう(웃다)」로 바꾸어 쓸 수 있다.

어휘 いもうと 여동생 | いつも 항상, 늘 | にこにこ 싱글벙글 | わらう 웃다 | ~ている ~하고 있다 | なやむ 고민하다 | あそぶ 놀다 | やすむ 쉬다

문제 5 다음 말의 사용법으로 가장 알맞은 것을 1·2·3·4에서 하나 고르세요.

[31] 3 거짓말을 해서 선생님께 혼났다.

해설 ✻ 조사 확인하기! しかる는 '혼내다', 수동형 しかられる는 '혼나다'라는 뜻이다. 조사만 잘 확인해도 정답을 빨리 찾

을 수 있다. 예를 들어 母にしかられる(엄마에게 혼나다), 先生にしかられる(선생님께 혼나다)가 되며, 정답은 3번이다. 다른 선택지 1번은 みる(보다), 2번은 べんきょうする(공부하다), 4번은 うんどうする(운동하다)로 교체하면 자연스럽다.

어휘 しゅうまつ 주말 | えいが 영화 | すきだ 좋아하다 | ともだち 친구 | ひさしぶりに 오랜만에 | としょかん 도서관 | うそを つける 거짓말을 하다 | さいきん 최근 | ふとる 살찌다

---

[32] 1 전철 안에서 아이가 떠들고 있어서 시끄럽습니다.

해설 ✻ 어울리는 표현 체크! さわぐ(떠들다)는 시끌벅적하게 떠드는 것을 의미한다. 「うるさい(시끄럽다)」와 자주 쓰인다. 다른 선택지 2번은 つかれる(지치다), 3번은 おくる(보내다), 4번은 いく(가다)로 교체하면 자연스럽다.

어휘 電車 전철 | 中 안 | 子ども 아이 | うるさい 시끄럽다 | あね 누나(언니) | ~てしまう ~해 버리다 | きょう 오늘 | ぐらい 정도 | かかる 걸리다, 소요되다 | あさ 아침 | のど 목 | いたい 아프다 | びょういん 병원

---

[33] 3 야마다 씨의 아들은 얌전합니다.

해설 ✻ 함께 오는 대상 체크! おとなしい의 정확한 의미를 파악해야 한다. おとな(大人)만 보고 '어른스럽다'로 해석하면 안 되며 정확한 뜻은 '얌전하다'이다. 사람뿐만 아니라 동물에 대해서도 사용할 수 있는 점에 유의하자. 다른 선택지 1번은 いそがしい(바쁘다), 2번은 いい(좋다), 4번은 しずかだ(조용하다)로 바꾸는 것이 좋다.

어휘 来週 다음 주 | しごと 일 | てんき 날씨 | とても 매우 | むすこ 아들 | としょかん 도서관

---

[34] 2 1만엔 이하의 넥타이를 사고 싶습니다.

해설 ✻ 함께 오는 표현 체크! いか(이하)는 수량이나 정도가 일정한 기준보다 적거나 모자란 것을 의미한다. 즉 いか(이하) 앞에는 숫자가 자주 등장한다. 다른 선택지 1번은 した(아래), 3번은 うしろ(뒤), 4번은 そと(밖) 등이 자연스럽다.

어휘 ねこ 고양이 | いす 의자 | ネクタイ 넥타이 | ほしい 갖고 싶다 | ゆうびんきょく 우체국 | ゆき 눈 | さむい 춥다

---

35 3 누군가 왔는지 벨이 울리고 있습니다.

해설 ※ 함께 오는 어휘 체크! 鳴る는 '(종, 벨 등이) 울리다'의 의미를 갖는다. 따라서 ベル(벨)라는 단어와 자주 함께 등장한다. 용법에 등장하는 어휘의 경우 함께 오는 단어를 알아 두는 것이 좋다. 다른 선택지는 전부 동사 泣く(울다)로 교체하면 자연스럽다.

어휘 子ども 아이ㅣ寝る 자다ㅣ映画 영화ㅣとても 매우ㅣかなしい 슬프다ㅣベル 벨ㅣ先生 선생님ㅣおこる 화내다ㅣ学生 학생ㅣ帰る 돌아가(오)다

PART 2

N4 언어지식(문법)

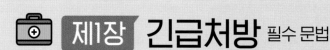 제1장 긴급처방 필수 문법

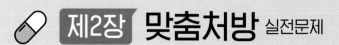 제2장 맞춤처방 실전문제

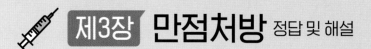 제3장 만점처방 정답 및 해설

진짜 한 권으로 끝내는 JLPT **N4**

★ 시작하기 전 공략 TIP

문법 파트는 기초 문법 이해가 필수!

- 2023년 대비 최신 어휘 반영
- 빅데이터 기반 꼼꼼한 설명
- 2주 단기 완성

★ 미리 확인하는 시험 영역

N4 언어지식의 '문법' 파트는 총 3개입니다.

- ⊘ **문제1** 문장의 문법1(문법형식 판단)
- ⊘ **문제2** 문장의 문법2(문장 만들기)
- ⊘ **문제3** 글의 문법

필수 문법

-2주 완성-

긴급처방

DAY 1 조사

시험에 자주 나오는 조사

체크 박스 아래 숫자는 기출 연도

□ **は**

[뜻] ~은/는

[예] 山田(やまだ)は学生(がくせい)です。 야마다는 학생입니다.

兄(あに)は背(せ)が高(たか)いが、私(わたし)は背(せ)が低(ひく)い。 대비

형(오빠)은 키가 크지만, 나는 키가 작다.

□ ⑫ ㉓ **が**

① ~이/가

[예] 彼(かれ)がこのクラスの先生(せんせい)です。 그가 이 클래스(반)의 선생님입니다.

② ~지만 접속 조사

[예] あの店(みせ)は おいしいですが、高(たか)いです。 저 가게는 맛있지만, 비쌉니다.

> **긴급처방!** ~을/를로 해석하지만 조사 が를 사용하는 경우
>
> ~が すきだ ~을/를 좋아하다 | ~が きらいだ ~을/를 싫어하다 | ~が じょうずだ ~을/를 잘하다 | ~が へただ ~을/를 못하다 | ~が ほしい ~을/를 갖고 싶다
>
> 私(わたし)は ニンジンが きらいです。 나는 당근을 싫어합니다.
>
> 新(あたら)しい かばんが ほしいです。 새로운 가방을 갖고 싶습니다.
>
> 日本語(にほんご)が 話(はな)せます。 일본어를 말할 수 있습니다. 가능 동사 앞

□ ⑱ **を**

[뜻] ~을/를

[예] 新(あたら)しいペンを買(か)います。 새로운 펜을 삽니다.

私(わたし)は毎朝公園(まいあさこうえん)を走(はし)っています。 통과점

저는 매일 아침 공원을 달리고 있습니다.

□ ⑩ ⑪ ⑭ **に**

① ~에 장소, 사물, 시간

[예] いすの下(した)にねこがいます。 의자 아래에 고양이가 있습니다.

昼休(ひるやす)みに本(ほん)を読(よ)みます。 점심 시간에 책을 읽습니다.

② ~에게 [대상]

[예] 先生(せんせい)に話(はな)します。선생님에게 이야기합니다.

③ ~에 [수량사]

[예] 一日(いちにち)に3回(かい)この薬(くすり)を飲(の)んでください。하루에 3번 이 약을 드세요.

④ ~하러 [목적]

[예] 買(か)い物(もの)に行(い)きます。쇼핑하러 갑니다.

긴급처방! 조사 に가 붙는 동사

~にあう ~을/를 만나다 | ~にのる ~을/를 타다 ㉓ | ~にすむ ~에서 살다 ㉓ |
~にまがる ~쪽으로 돌다 ⑯

友達(ともだち)に会(あ)います。친구를 만납니다.

つぎの しんごうを みぎに まがって ください。
다음 신호를 오른쪽으로 돌아 주세요. (우회전하세요.)

□ **へ**

[뜻] ~에 [방향]

[예] 夏休(なつやす)みに日本(にほん)へ行(い)きます。여름 방학에 일본에 갑니다.

□ ⑩ ⑪ ㉑ ㉓ **で**

① ~에서 [장소]

[예] 駅(えき)の前(まえ)で会(あ)いましょう。역 앞에서 만납시다.

② ~으로 [수단]

[예] 地下鉄(ちかてつ)で行(い)きます。지하철로 갑니다.

③ ~(으)로 [재료]

[예] これは米(こめ)で作(つく)ったパンです。이것은 쌀로 만든 빵입니다.

④ ~때문에 [이유]

[예] かぜで休(やす)みます。감기 때문에 쉽니다.

⑤ ~해서 [계산]

[예] 全部(ぜんぶ)でいくらですか。전부해서 얼마입니까?

⑥ ~이면 [시간]

[예] 10分(ぷん)で行(い)きます。10분이면 갑니다.

□ ⑯ ㉑ ㉒ ㉓

も

① ~도

[예] 木村(きむら)さんも学生(がくせい)です。기무라 씨도 학생입니다.

② ~이나 [강조]

[예] 100枚(まい)もあります。100장(씩)이나 있습니다.

□

の

① ~의 것 [소유격]

[예] あの雑誌(ざっし)は私(わたし)のです。저 잡지는 내 것입니다.

② 보통체의 질문

[예] いつ来(く)るの。언제 와?

③ ~이/가 [주격 조사 が 대신 사용]

[예] 私(わたし)の作(つく)ったパンです。내가 만든 빵입니다.

□ ⑫ ⑭ ㉑ ㉒ ㉓

と

① ~와/과 [전부 열거]

[예] イチゴとスイカがあります。

딸기와 수박이 있습니다.

✔ ~といっしょに(~와/과 함께)

きのうあねといっしょに出(で)かけました。

어제 언니와 함께 외출했습니다.

② ~라고 [인용]

[예] 私(わたし)はきのう「けっこんして ください」とりさんに言(い)いました。

저는 어제 '결혼해 주세요'라고 이 씨에게 말했습니다.

PART 2 언어지식(문법)

☐ や～など

[뜻] ~(이)랑 ~등 일부 열거

[예] イチゴやスイカなどがあります。 딸기랑 수박 등이 있습니다.

☐ か
⑫ ⑱ ㉑ ㉓

[뜻] ~일지 불확실

[예] 来(く)るかどうかわかりません。 올지 어떨지 모릅니다.

☐ から
⑩ ⑪ ⑫ ㉑

① ~에서, ~부터 장소, 시간

[예] 7時(じ)から始(はじ)まります。 7시부터 시작됩니다.

② ~니까, ~때문에 접속 조사

[예] 寒(さむ)いから暖房(だんぼう)をつけましょう。 추우니까 난방을 켭시다.

☐ まで

[뜻] ~까지 계속

[예] あなたが来(く)るまでここで待(ま)っています。

당신이 올 때까지 (계속) 여기에서 기다리고 있겠습니다.

昨日(きのう)は夜(よる)12時(じ)まで勉強(べんきょう)しました。

어제는 밤 12시까지 (계속) 공부했습니다.

☐ までに
⑪

[뜻] ~까지 기한

[예] レポートは来週月曜日(らいしゅうげつようび)までに出(だ)してください。

리포트는 다음 주 월요일까지 제출해 주세요.

> **⊕ 긴급처방!** まで・までに의 차이점
>
> まで : 동작이나 상태가 '어느 시점까지' 계속됨을 나타낸다.
>
> までに : 사건이 특정 기한 내에 한 번만 발생하는 것을 나타낸다.

☐ だけ
⑪

[뜻] ~만, ~뿐

[예] クラスに男(おとこ)の人(ひと)は一人(ひとり)だけです。 클래스(반)에 남자는 한 명뿐입니다.

☐ しか～ない
⑭ ⑱

[뜻] ~밖에 없다

[예] 1000円(えん)しかありません。 1000엔밖에 없습니다.

□	**より**	[뜻] **~보다** 비교 [예] 兄は私より背が高いです。형은 나보다 키가 큽니다.
□ ⑰	**ほど~ない**	[뜻] **~만큼 ~지 않다** [예] 日本料理の中ですしほどおいしい食べ物はない。 일본요리 중에서 초밥만큼 맛있는 음식은 없다. 死ぬほど痛くない。 죽을 만큼 아프지 않다.
□	**くらい・ぐらい**	[뜻] **~정도** [예] 3時間ぐらいあります。3시간 정도 있습니다.
□	**ころ・ごろ**	[뜻] **~쯤, ~경** 접미사 [예] 6時ごろ会いましょう。6시쯤 만납시다.
□ ⑫ ⑱	**ので**	[뜻] **~니까, ~때문에** 접속조사 [예] 今日はつかれたので出かけませんでした。 오늘은 피곤해서 외출하지 않았습니다. 雨が降っているのでタクシーに乗りましょう。 지금 비가 내리고 있으니까 택시를 탑시다.
□ ⑩	**のに**	① **~인데, ~인데도 불구하고** 역접 [예] 雨が降るのに出かけます。비가 오는데도 불구하고 외출합니다. ② **~하는 데** 목적과 용도 [예] ここから会社に行くのに1時間かかります。 여기에서 회사까지 가는 데 1시간 걸립니다.

☐	**とか**	**[뜻] ~라든지** [예] お小遣(こづか)いは交通費(こうつうひ)とか家賃(やちん)とかで使(つか)います。 용돈은 교통비라든지 집세(라든지)로 사용합니다.
☐ ⑪	**でも**	**[뜻] ~라도** [예] コーヒーでもいかがでしょうか。 커피라도 어떠신가요?(커피 좀 드실래요?)
☐	**ばかり**	**[뜻] ~만, ~뿐** [예] ゲームばかりしています。 게임만 하고 있습니다.
☐ ⑭ ㉒ ㉓	**ずつ**	**[뜻] ~씩** [예] りんごとぶどうを一(ひと)つずつください。 사과와 포도를 1개씩 주세요.
☐	**には**	**① ~하려면, ~하기에는** [예] 駅(えき)まで行(い)くにはバスが一番速(いちばんはや)いです。 역까지 가려면 버스가 가장 빠릅니다. **② ~은/는, ~로서는** [예] 私(わたし)にはよく分(わ)かりません。 저는 잘 모르겠습니다.

긴급처방 DAY 2 **동사 활용**

1 동사 접속 활용표1

사전형	ない형 (~하지 않다)	ます형 (~합니다)	명사 수식형 (~하는)	가정형 ば (~하면)	의지·권유형 (~해야지·~하자)
1그룹	u→a+ない	u→i+ます	u+명사	u→e+ば	u→o+う
行く	行かない	行きます	行く人	行けば	行こう
待つ	待たない	待ちます	待つ人	待てば	待とう
作る	作らない	作ります	作る人	作れば	作ろう
急ぐ	急がない	急ぎます	急ぐ人	急げば	急ごう
会う 예외	会わない	会います	会う人	会えば	会おう
帰る 예외 1그룹	帰らない	帰ります	帰る人	帰れば	帰ろう
2그룹	る→ない	る→ます	る+명사	る→れば	る→よう
食べる	食べない	食べます	食べる人	食べれば	食べよう
見る	見ない	見ます	見る人	見れば	見よう
3그룹			불규칙		
する	しない	します	する人	すれば	しよう
くる	こない	きます	くる人	くれば	こよう

✅ う로 끝나는 1그룹 동사는 ない형으로 활용할 때 주의해야 한다.

　(예) あう + ない = あわない(O), ああない(X)

　　　かう + ない = かわない(O), かあない(X)

✅ かえる(돌아가다, 돌아오다)처럼 겉모습은 2그룹처럼 생겼지만 1그룹 활용을 하는 동사가 있는데, 이런 동사를 예외 1그룹 동사라고 한다. 아래의 예외 1그룹 동사는 일상생활에서 자주 사용하고 시험에도 자주 출제되고 있다.

　(예) **예외 1그룹 동사**

いる 필요하다	→ いります(O), います(X)	
かえる 돌아가(오)다	→ かえります(O), かえます(X)	
きる 자르다	→ きります(O), きます(X)	

　しる 알다　　→ しります(O), します(X)

　はいる 들어가(오)다　→ はいります(O), はいます(X)

　はしる 달리다　→ はしります(O), はします(X)

2 동사 접속 활용표2

사전형	연결형(て형) [~하고, ~해서]	과거형(た형) [~했다]	열거(たり형) [~하거나]	조건(たら형) [~하면, ~했더니]
1그룹	う·つ·る→って む·ぶ·ぬ→んで く·ぐ→いて·いで す→して	う·つ·る→った む·ぶ·ぬ→んだ く·ぐ→いた·いだ す→した	う·つ·る→ったり む·ぶ·ぬ→んだり く·ぐ→いたり·いだり す→したり	う·つ·る→ったら む·ぶ·ぬ→んだら く·ぐ→いたら·いだら す→したら
会う	会って	会った	会ったり	会ったら
待つ	待って	待った	待ったり	待ったら
作る	作って	作った	作ったり	作ったら
読む	読んで	読んだ	読んだり	読んだら
遊ぶ	遊んで	遊んだ	遊んだり	遊んだら
死ぬ	死んで	死んだ	死んだり	死んだら
書く	書いて	書いた	書いたり	書いたら
急ぐ	急いで	急いだ	急いだり	急いだら
話す	話して	話した	話したり	話したら
行く 예외	行って	行った	行ったり	行ったら
帰る 예외 1그룹	帰って	帰った	帰ったり	帰ったら
2그룹	る→て	る→た	る→たり	る→たら
食べる	食べて	食べた	食べたり	食べたら
見る	見て	見た	見たり	見たら
3그룹	불규칙			
する	して	した	したり	したら
くる	きて	きた	きたり	きたら

✅ く로 끝나는 1그룹 동사는 て·た·たり·たら형으로 활용할 때, 끝이 いて·いた·いたり·いたら로 바뀌는데,
行く(가다)의 경우는 行って·行った·行ったり·行ったら로 바뀐다.

예) 行く→行って·行った·行ったり·行ったら(O) | 行いて·行いた·行いたり·行いたら(X)

긴급처방 DAY 3 필수 문형(1)

1 동사 ます형에 접속하는 문형

체크 박스 아래 숫자는 기출 연도

☐ ㉓	やすい	[뜻] ~하기 쉽다, ~하기 간편하다 [예] 字(じ)がきれいで読(よ)みやすいです。 글씨가 깔끔해서 읽기 쉽습니다.
☐ ⑫	にくい	[뜻] ~하기 어렵다, ~하기 불편하다 [예] この薬(くすり)は苦(にが)くて飲(の)みにくいです。 이 약은 써서 먹기 어렵습니다.
☐	すぎる	[뜻] 지나치게 ~하다 [예] 食(た)べすぎて、おなかが痛(いた)いです。 너무 많이 먹어서(과식해서), 배가 아픕니다. **긴급처방!** 형용사의 경우 い형용사い+すぎる　忙(いそが)しすぎる 너무 바쁘다 な형용사だ+すぎる　不便(ふべん)すぎる 너무 불편하다
☐	始(はじ)める	[뜻] ~하기 시작하다 [예] 食(た)べ始(はじ)める前(まえ)に、「いただきます」と言(い)います。 먹기 시작하기 전에 '잘 먹겠습니다'라고 말합니다.
☐	だす	[뜻] (갑자기) ~하기 시작하다 [예] 赤(あか)ちゃんが急(きゅう)に泣(な)きだしました。 아기가 갑자기 울기 시작했습니다.

⑯ **終わる**

뜻 ~하는 것이 끝나다, 다 ~하다

예 本を 読み終わったので 返しに 行きます。

책을 다 읽었기 때문에 반납하러 갑니다.

続ける

뜻 계속 ~하다

예 若い 人の 数は 減り続けています。

젊은 사람의 수는 계속 줄고 있습니다.

方

뜻 ~하는 방법

예 この 漢字の 読み方は 何ですか。

이 한자의 읽는 방법은 무엇입니까?

➕ **긴급처방!** '~하는 법' 이외의 方 읽는 방법

　①かた: ~분(경어 표현)
　　예 あの方 저분

　②ほう: ~쪽(방향을 나타냄)
　　예 右の方 오른쪽, 우측

ながら

뜻 ~하면서 동시 동작

예 音楽を 聞きながら 勉強します。

음악을 들으면서 공부합니다.

2 동사 て형・た형에 접속하는 문형

☐ ⑱	**ておく**	**뜻** ~해 두다
		예 お客さんが来る前に部屋を掃除しておきます。 손님이 오기 전에 방을 청소해 두겠습니다.
☐	**てみる**	**뜻** ~해 보다
		예 京都に行ったら着物を着てみたいです。 교토에 가면 기모노를 입어 보고 싶습니다.
☐ ⑩	**てしまう**	**뜻** ~해 버리다
		예 どこかで財布を落としてしまいました。 어디선가 지갑을 떨어뜨려 버렸습니다(잃어 버렸습니다).
☐ ㉓	**たり~たりする**	**뜻** ~하거나 ~하거나 하다
		예 週末は買い物をしたりカフェに行ったりします。 주말에는 쇼핑을 하거나 카페를 가거나 합니다.
☐ ⑪	**たまま**	**뜻** ~한 채
		예 めがねをかけたまま寝てしまいました。 안경을 쓴 채로 자 버렸습니다. 電気をつけたまま出かけました。 불을 켠 채로 외출했습니다.

DAY 4 필수 문형(2)

1 동사 ない형에 접속하는 문형

☑ 체크 박스 아래 숫자는 기출 연도

☐	**なくて**	뜻 ~하지 않아서 원인·이유
		예 勉強しなくて試験に落ちた。
		공부하지 않아서 시험에 떨어졌다.

☐	**ないで**	뜻 ~하지 않고 상황 설명
		예 この酒は冷やさないで飲んでください。
		이 술은 차갑게 하지 말고 드세요.

☐	**ずに**	뜻 ~하지 않고 상황 설명
		예 このアプリを使えば、待たずにタクシーに乗れます。
		이 어플을 사용하면 기다리지 않고 택시를 탈 수 있습니다.

> ➕ **긴급처방!**
> ずに는 ないで와 같은 표현인데, する의 접속 형태를 주의해야 한다.
> する+ないで = しないで(하지 않고)
> する+ずに = せずに(하지 않고) | しずに(X)

2 경험 표현

☐	**동사 사전형 + ことがある**	뜻 ~할 때가 있다
		예 うちの庭に猫が来ることがあります。
		우리 집 정원에 고양이가 올 때가 있습니다.

☐	**동사 た형 + ことがある**	뜻 ~한 적이 있다
		예 ベトナムに行ったことがあります。
		베트남에 간 적이 있습니다.

□ 동사 た형 + ところだ	뜻 방금 ~한 참이다
	예 今ご飯を食べたところです。 지금 방금 밥을 먹은 참입니다.

□ 동사 ている + ところだ	뜻 ~하고 있는 중이다
	예 今宿題をしているところです。 지금 숙제를 하고 있는 중입니다.

□ 동사 사전형 + ところだ	뜻 ~하려는 참이다
	예 今電車をおりるところです。 지금 전철을 내리려던 참입니다.

3 의지·예정의 표현

□⑩ (よ)う	뜻 ~해야지 의지·~하자 권유
	동사 의지형 만드는 법 1그룹: う단→お단+う 2그룹: る→よう 3그룹: する→しよう 　　　　くる→こよう
	예 じゃあ、後で会おう。 그럼 나중에 만나자(만나야지). 早く寝よう。 일찍 자자(자야지). 明日もう一度来よう。 내일 한 번 더 오자(와야지). いっしょに勉強しよう。 같이 공부하자(공부해야지).

□ と思う	뜻 ~하려고 (생각)하다
	접 동사 의지형
	예 今年はJLPTを受けようと思います。 올해는 JLPT를 보려고 생각합니다.

□	**とする**	[뜻] **~하려고 하다** [접] 동사 의지형 [예] みんなに手紙(てがみ)を出(だ)そうとします。 모두에게 편지를 보내려고 합니다.
□ ⑫ ⑭	**つもりだ**	[뜻] **~할 생각이다, ~할 예정이다** [접] 동사 사전형 [예] 明日(あした)はデパートへ行(い)くつもりです。 내일은 백화점에 갈 예정입니다.
□	**予定(よてい)だ**	[뜻] **~할 예정이다** [접] 동사 사전형 [예] 来年(らいねん)アメリカに留学(りゅうがく)する予定(よてい)です。 내년에 미국으로 유학 갈 예정입니다.

긴급처방

DAY 5 필수 문형(3)

1 가능 표현

✓ 체크 박스 아래 숫자는 기출 연도

☐ ことができる
[12] [23]

[뜻] ~할 수 있다

[접] 동사 사전형

[예] このカードで何(なん)でも買(か)うことができます。
이 카드로 무엇이든 살 수 있습니다.

☐ 가능 동사
[18]

[뜻] ~할 수 있다

동사 가능형 만드는 법

1그룹: う단→え단+る

2그룹: る→られる

3그룹: する→できる / くる→こられる

[예] 私(わたし)は日本語(にほんご)が話(はな)せます。 저는 일본어를 말할 수 있습니다.

この花(はな)は食(た)べられます。 이 꽃은 먹을 수 있습니다.

日本(にほん)の料理(りょうり)ができますか。
일본 요리를 할 수 있습니까?

あしたのパーティーに来(こ)られますか。
내일 파티에 올 수 있습니까?

✓ 가능 동사 앞에서는 '~을/를'로 해석되지만 조사 'が'를 사용한다.

2 결정과 결심 표현

☐ こと

[뜻] ~것

[접] 동사 사전형

[예] サッカーを見(み)ることがすきです。 축구를 보는 것을 좋아합니다.

PART 2 언어지식(문법)

	ことにする	뜻 ~하기로 하다 결심
㉑㉓		접 동사 사전형
		예 自転車で学校に行くことにしました。 자전거로 학교에 가기로 했습니다.

	ことになる	뜻 ~하게 되다 결정
⑱		접 동사 사전형
		예 新しい家に引っ越すことになりました。 새로운 집에 이사하게 되었습니다.
		✓ 본인의 의지가 아닌 타인 혹은 외부 작용에 의한 결정을 말함.

	ようために	뜻 ~하도록
		접 동사 사전형, 동사 가능형
		예 日本語で新聞が読めるように、漢字の勉強をしています。 일본어로 신문을 읽을 수 있도록 한자 공부를 하고 있습니다.

	ようにする	뜻 ~하도록 하다
		접 동사 사전형, 동사 ない형
		예 毎日新聞を読むようにします。 매일 신문을 읽도록 합니다.

	ようになる	뜻 ~하게 되다 변화
		접 동사 사전형, 동사 가능형
		예 日本語が話せるようになりました。 일본어를 말할 수 있게 되었습니다.

[3] 확신과 판단 표현

□ はずだ

[뜻] ~일 것이다 [확신]

[접] [동사・い형용사・な형용사・명사]의 명사 수식형

[예] このボタンを押(お)すと電気(でんき)がつくはずです。

이 버튼을 누르면 불이 켜질 것입니다.

□ はずがない

[뜻] ~일 리가 없다

[접] [동사・い형용사・な형용사・명사]의 명사 수식형

[예] 東京(とうきょう)のマンションがこんなに安(やす)いはずがない。

도쿄의 아파트가 이렇게 저렴할 리가 없다.

□ だろう

[뜻] ~하겠지, ~할 것이다

[접] [동사・い형용사・な형용사・명사]의 보통형

(단, な형용사와 명사가 현재형일 경우 だ를 붙이지 않는다.)

[예] 一生懸命勉強(いっしょうけんめいべんきょう)したから合格(ごうかく)するだろう。

열심히 공부했기 때문에 합격하겠지.

✓ だろう(~할 것이다, ~하겠지)의 정중한 표현은 でしょう(~할 것입니다, ~하겠지요)이다.

□ ⑪ かもしれない

[뜻] ~일지도 모른다

[접] [동사・い형용사・な형용사・명사]의 보통형

(단, な형용사와 명사가 현재형일 경우 だ를 붙이지 않는다.)

[예] 山田(やまだ)さんはアルバイトで忙(いそが)しいかもしれません。

야마다 씨는 아르바이트로 바쁠지도 모릅니다.

4 희망 표현

□ **たい**

뜻 ~하고 싶다

접 동사 ます형

예 一度は食べてみたい料理ですね。
いちど　　　た　　　　　　　　りょうり

한번은 먹어 보고 싶은 요리네요.

□ **たがる**

뜻 (제3자가) ~하고 싶어하다

접 동사 ます형

예 夫は北海道の温泉に行きたがっています。
おっと　ほっかいどう　おんせん　い

남편은 홋카이도의 온천에 가고 싶어합니다.

⊕ **긴급처방!**

「い형용사+がる」는 '~해/워하다'의 의미를 갖는다. 주어가 1인칭이나 2인칭일 경우에는 たい(~하고 싶다)를 사용하지만 3인칭일 경우에 たがる(~하고 싶어하다)를 사용해야 한다.

□ **ほしい**

뜻 갖고 싶다, 원하다

예 新しい時計が ほしいです。
あたら　　とけい

새로운 시계를 갖고 싶습니다.

□ **てほしい**

뜻 (남이) ~해 주길 바란다, ~해 주었으면 한다

접 동사 て형

예 もっと詳しく話してほしいです。
くわ　　はな

더 자세하게 이야기해 주었으면 좋겠습니다.

1 허가와 금지 표현

✅ 체크 박스 아래 숫자는 기출 연도

☐	な	뜻 ~하지 마 금지
		접 동사 사전형
		예 ここでタバコを吸うな。 여기서 담배를 피우지 마.
☐	てもいい	뜻 ~해도 좋다 허가
		접 동사 て형
		예 テストの時、辞書を使ってもいいですか。 시험 때 사전을 사용해도 됩니까?
☐ ⑭	なくてもいい	뜻 ~하지 않아도 된다 허가
		접 동사 ない형
		예 私の国では家に入る時、靴を脱がなくてもいいです。 우리나라에서는 집에 들어갈 때 신발을 벗지 않아도 됩니다.
☐	てもかまわない	뜻 ~해도 괜찮다 허가
		접 동사 て형
		예 少しくらい遅れてもかまいません。 조금 늦어도 괜찮습니다.

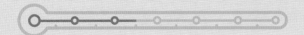

□ なくてもかまわない	뜻 ~하지 않아도 괜찮다 ^{허가}
	접 동사 ない형
	예 全部言わなくてもかまいません。 전부 말하지 않아도 괜찮습니다.

□ てはいけない てはならない	뜻 ~해서는 안 되다 ^{금지}
	접 동사 て형
	예 この川で泳いではいけない。 이 강에서 헤엄쳐서는 안 된다. お酒を飲んだら車を運転してはならない。 술을 마셨으면 차를 운전해서는 안 된다.

□ てはだめだ ちゃだめだ	뜻 ~해서는 안 되다 ^{금지}
	접 동사 て형
	예 ここでたばこを吸ってはだめです。 여기에서 담배를 피워서는 안 됩니다.

2 의무와 명령 표현

☐	**なければならない** **なくてはいけない** **なくてはならない**	**뜻** ~하지 않으면 안 되다, ~해야 한다 의무

접 동사 ない형

예 教室^{きょうしつ}では日本語^{にほんご}で話^{はな}さなければならない。

교실에서는 일본어로 말하지 않으면 안 된다.

約束^{やくそく}は守^{まも}らなくてはいけない。

약속은 지키지 않으면 안 된다.

来月^{らいげつ}、また来^こなくてはなりませんか。

다음 달에 또 오지 않으면 안 됩니까?

☐	**동사 명령형**	**뜻** ~해, ~해라 명령

동사 명령형 만드는 법

1그룹: う단→え단

2그룹: る → ろ

3그룹: する → しろ

くる → こい

예 ちゃんとしろ。제대로 해라.

☐	**なさい**	**뜻** ~하거라, ~해라 명령

접 동사 ます형

예 早^{はや}く家^{うち}に帰^{かえ}りなさい。빨리 집에 돌아가거라.

긴급처방 DAY 7 조사+동사

1 조사와 동사를 활용한 문형

✅ 체크 박스 아래 숫자는 기출 연도

☐ **がする**
⑭
㉓

뜻 (느낌)이/가 들다/나다

예 おいしい においが します。 맛있는 냄새가 납니다.

➕ **긴급처방!** 빈출 표현: 감각 명사+する

においがする (냄새가 나다), かおりがする (향기가 나다), 音がする
(소리가 나다), 味がする (맛이 나다), 気がする (느낌이 나다)

☐ **に比べて**

뜻 ~에 비해

예 去年に比べて今年はあまり暑くありません。

작년에 비해 올해는 그다지 덥지 않습니다.

☐ **について**

뜻 ~에 대해서

예 この問題についてどう考えますか。

이 문제에 대해서 어떻게 생각합니까?

☐ **にとって**

뜻 ~에게 있어서

예 私にとって一番大切な人は家族です。

나에게 있어서 가장 소중한 사람은 가족입니다.

☐ **によると**
⑱
㉓

뜻 ~에 의하면

예 本によると赤は元気が出る色だそうだ。

책에 의하면 빨강은 힘이 나는 색이라고 한다.

☐ **によって**
⑭

뜻 ~에 의해서

예 この祭りは人たちによって続けられている。

이 축제는 사람들에 의해서 계속되고 있다.

PART 2

언어지식(문법)

[2] 헷갈리는 동사

☐ ⑫ **知(し)っている/ 知(し)らない**

[뜻] 알고 있다/모르다

[예] A : 『一期一会(いちごいちえ)』ということばを知(し)っていますか。

'이치고 이치에'라는 말을 알고 있습니까?

B1 : はい、知(し)っています。 네, 알고 있습니다.

B2 : いいえ、知(し)りません。 (O) 아니요, 모릅니다.

いいえ、知(し)っていません。 (X)

✓ 知(し)っている(알고 있다)의 부정 표현이 知(し)っていない가 아니라 知(し)らない(모르다)라는 것을 꼭 기억하자.

☐ **見(み)る/ 見(み)える/ 見(み)せる/**

[뜻] 보다/보이다/보여주다

[예] 娘(むすめ)は一人(ひとり)でテレビを見(み)ます。

딸은 혼자서 TV를 봅니다.

きれいな星(ほし)が見(み)えます。

예쁜 별이 보입니다.

その写真(しゃしん)、ちょっと見(み)せてください。

그 사진 잠깐 보여 주세요.

☐ **聞(き)く/ 聞(き)こえる**

[뜻] 듣다/들리다

[예] 電車(でんしゃ)の中(なか)で音楽(おんがく)を聞(き)きます。

전철 안에서 음악을 듣습니다.

どこかで姉(あね)の声(こえ)が聞(き)こえました。

어디선가 누나(언니)의 목소리가 들렸습니다.

긴급처방

DAY 8 **기타 표현**

🔖 시험에 자주 나오는 기타 표현

✅ 체크 박스 아래 숫자는 기출 연도

☐ ⑪ ⑫ ⑱	**けど・けれど(も)**	뜻 ~이지만

접 [동사・い형용사・な형용사・명사]의 보통형/정중형

예 行きたいけれど、アルバイトがあります。

가고 싶지만 아르바이트가 있습니다.

☐ **し**

뜻 ~하고

접 [동사・い형용사・な형용사・명사]의 보통형/정중형

예 日本語はおもしろいし、むずかしくありません。

일본어는 재미있고 어렵지 않습니다.

今日はひまだし、天気もいいから、散歩しましょう。

오늘은 한가하고 날씨도 좋으니까 산책합시다.

☐ **ため**

뜻 ~때문에

접 동사 た형・명사の

예 道がこんでいたため遅れました。

길이 붐비고 있었기 때문에 늦었습니다.

☐ ⑭ ⑱ ㉑ **ため(に)**

뜻 ~위해서

접 동사 사전형・명사の

예 明日のテストのために勉強する。

내일 시험을 위해서 공부한다.

☐ ⑫ ㉓	**間 /** あいだ **間に** あいだ	**뜻** ~동안, ~사이(계속적인 상태)/~동안에, ~사이에(일회성 동작)
		접 동사 사전형/ている형・명사の
		예 子どもが寝ている間に料理をしました。 こ　　　　ね　　　あいだ　りょうり 아이가 자는 사이에 요리를 했습니다.
		예 冬休みの間、毎日日本語の勉強をした。 ふゆやす　あいだ　まいにちにほんご　べんきょう 겨울방학 동안 매일 일본어 공부를 했다.

☐ ⑱	**という**	**뜻** ~라고 하다, ~라고 하는(+명사)
		접 명사
		예 東京には「スカイツリー」という建物があります。 とうきょう　　　　　　　　　　　　たてもの 도쿄에는 '스카이트리'라는 건물이 있습니다.

☐	**ように言う** い	**뜻** ~하라고 말하다
		접 동사 사전형・동사 ない형
		예 前田さんに早く学校へ来るように言ってください。 まえだ　　　はや　がっこう　く　　　　　い 마에다 씨에게 빨리 학교에 오라고 말해 주세요.

☐	**ように言われる** い	**뜻** ~하라고 듣다
		접 동사 사전형・동사 ない형
		예 先生に夜一人で帰るときは気を付けて帰るように言われた。 せんせい　よるひとり　かえ　　　　き　　つ　　　かえ　　　　い 선생님에게 밤에 혼자 (집에) 돌아갈 때에는 조심해서 돌아가라고 들었다.

☐	**いくら~ても** **どんなに~ても**	**뜻** 아무리 ~해도
		예 いくらメールを送っても返事が来ない。 おく　　　へんじ　こ 아무리 메일을 보내도 답장이 오지 않는다.

☐	**もし~ても**	**뜻** 만일 ~해도
		예 もし雨が降っても旅行は行きます。 あめ　ふ　　　りょこう　い 만일 비가 내려도 여행은 갑니다.

DAY 9 **조건 표현**

긴급처방 공부법

조건 표현의 경우 N4 단계에서는 용법을 묻는 문제는 출제되지 않으며, 접속 형태가 출제된다. 공부할 때는 먼저 접속 형태를 꼼꼼히 살펴 보고, 예문을 읽고 해석하는 정도로만 체크해 두자.

1 조건 표현의 접속 형태

✅ 체크 박스 아래 숫자는 기출 연도

품사 종류	사전형	と	ば	たら ㉓	なら	의미
동사	いく たべる する くる	いくと たべると すると くると	いけば たべれば すれば くれば	いったら たべたら したら きたら	いくなら たべるなら するなら くるなら	가면 먹으면 하면 오면
い형용사	ちかい	ちかいと	ちかければ	ちかかったら	ちかいなら	가까우면
な형용사	しずかだ	しずかだと	しずかなら(ば)	しずかだったら	しずかなら	조용하면
명사	てんき	てんきだと	てんきなら(ば)	てんきだったら	てんきなら	날씨라면

2 조건 표현의 예문

☐ **と**

뜻 ~하면

① **자연 현상·습관·기계 조작**

3月になると桜が咲きます。 자연 현상

3월이 되면 벚꽃이 핍니다.

毎朝起きると、コーヒーを1杯飲みます。 습관

매일 아침 일어나면 커피 한 잔을 마십니다.

このボタンをまわすと音が小さくなります。 기계 조작

이 버튼을 돌리면 소리가 작아집니다.

② 길 안내

この道をまっすぐ行くと本屋があります。

이 길을 곧장 가면 서점이 있습니다.

左に曲がると花屋があります。

좌회전하면 꽃집이 있습니다.

□ **ば**

뜻 ~하면, ~라면

① 자연 현상·기계 조작·일반적 논리

春になれば、花が咲きます。 자연 현상

봄이 되면, 꽃이 핍니다.

お金を入れてボタンを押せばきっぷが出ます。 기계 조작

돈을 넣고 버튼을 누르면, 표가 나옵니다.

駅から近ければ、便利です。 일반적 논리

역에서 가까우면 편리합니다.

✅ 여기에서 ば는 と와 교체해서 사용할 수 있다.

② 속담

ちりもつもれば山となる。 티끌도 쌓이면 산이 된다(티끌 모아 태산).

✅ 속담에서 등장하는 가정 표현은 모두 ば이다.

③ 가정 조건(만약 ~라면)

もし安ければ買います。(もし安くなければ買いません。)

만약 싸면 사겠습니다. (만약 싸지 않으면 사지 않겠습니다.)

もしいい天気なら(ば)、出かけます。(もし、雨なら(ば)、家にいます。)

만약 날씨가 좋다면, 외출하겠습니다. (만약 비가 온다면 집에 있겠습니다.)

✅ AばB(A하면 B하다)는 A하지 않으면 B하지 않는다는 의미도 내포하고 있다.

□ **たら**
㉑
㉓

뜻 (만약) ~하면, ~되면(그 후에)

① 가정 조건(만약 ~라면)

もしいい天気だったら、散歩しましょう。

만약 날씨가 좋다면 산책합시다.

もしいいアイディアがあったら、言ってください。

만약 좋은 아이디어가 있다면 말씀해 주세요.

② 확정 조건('~하면 바로'라는 의미)

12時になったら、お昼ごはん食べに行きましょう。

12시가 되면 점심 먹으러 갑시다.

二十歳になったら、お酒が飲めるようになります。

스무살이 되면 술을 마실 수 있게 됩니다.

✅ 확정 조건일 때【たら≠と・ば】

□ **なら**

뜻 ~라면, ~한다면

① (상대방이 말한 화제에 대한) 조언・의견

A : ねつがあるようですが…。 열이 있는 것 같은데요….

B : ねつがあるなら薬を飲んだ方がいいです。 조언

　　열이 있다면 약을 먹는 편이 좋아요.

A : スーパーへ行ってくるよ。 슈퍼에 다녀올게요.

B : スーパーへ行くのなら、ミルクも買ってきて。 의견

　　슈퍼에 가는 것이라면 우유도 사 와.

A : 鈴木さん、いませんか。 스즈키 씨 없나요?

B : 鈴木さんなら、さっき出かけましたよ。 의견

　　스즈키 씨라면 조금 전에 외출했어요.

긴급처방

DAY 10 진행과 상태 표현

1 자주 출제되는 자동사와 타동사

자동사		타동사	
ドアが開く	문이 열리다	ドアを開ける	문을 열다
窓が閉まる	창문이 닫히다	窓を閉める	창문을 닫다
電気がつく	전등이 켜지다	電気をつける	전등을 켜다
火が消える	불이 꺼지다	火を消す	불을 끄다
車が止まる	차가 멈추다	車を止める	차를 세우다
にもつが落ちる	짐이 떨어지다	にもつを落とす	짐을 떨어뜨리다
糸が切れる	실이 끊기다	糸を切る	실을 끊다
学生が集まる	학생이 모이다	学生を集める	학생을 모으다
虫が入る	벌레가 들어가(오)다	かばんに入れる	가방에 넣다
犬が外に出る	강아지가 밖으로 나오다	レポートを出す	보고서를 제출하다
子どもたちが並ぶ	아이들이 줄 서다	お皿を並べる	접시를 늘어놓다
木が倒れる	나무가 쓰러지다	木を倒す	나무를 쓰러뜨리다
パソコンが壊れる	컴퓨터가 고장나다	建物を壊す	건물을 부수다
グラスが割れる	유리가 깨지다	グラスを割る	유리를 깨다

✅ **자동사란?** 저절로 일어나는 동작으로 자동사 앞에는 조사 が(이/가)가 등장한다.

✅ **타동사란?** 목적어를 필요로 하는 동사로 조사 を(을/를)를 수반한다.

2 진행과 상태 표현

✅ 체크 박스 아래 숫자는 기출 연도

☐ **타동사 + ている**
⑪

뜻 ~하고 있다 진행

예 父は部屋で本を読んでいます。

아버지는 방에서 책을 읽고 있습니다.

たまごを割っている音がします。

계란을 깨고 있는 소리가 들려요.

☐ **타동사 + てある**

뜻 ~해져 있다, ~해 두다 상태

예 犬がいつでも入れるように、ドアを開けました。

강아지가 언제든지 들어갈 수 있도록 문을 열었습니다.

⇒ ドアが開けてあります。

　문이 열려 있습니다.

家の前に私の車が止めてあります。

집 앞에 제 차가 세워져 있습니다. (세워 두었습니다.)

➕ **긴급처방!** 타동사와 자동사의 상태 표현

타동사로 만든 상태 표현은 누군가가 일부러 만들어 놓은 상태를 말하며,
자동사로 만든 상태 표현은 보이는 것 그대로 묘사할 때 사용한다.

☐ **자동사 + ている**

뜻 ~해져 있다 상태

예 テーブルの上から本が落ちました。

테이블 위에서 책이 떨어졌습니다.

⇒ あれ、本が落ちていますよ。

　어머나? 책이 떨어져 있네요.

あ、電気がついていますよ。教室にだれかいるんですね。

앗, 불이 켜져 있네요. 교실에 누군가 있나 봐요.

1 사역·수동·사역 수동 표현의 접속 형태

구분	사역형	수동형	사역 수동형
형태	(さ)せる	(ら)れる	(さ)せられる
의미	시키다, ~하게 하다	~당하다, ~되다, ~받다, ~지다	억지로 ~하다, 어쩔 수 없이 ~하다
1그룹	끝을 あ단으로 바꾸고 +せる よむ→よませる	끝을 あ단으로 바꾸고 +れる かく→かかれる	끝을 あ단으로 바꾸고 +せられる (=される) まつ→またせられる =またされる
2그룹	る를 없애고 +させる たべる→たべさせる	る를 없애고 +られる みる→みられる	る를 없애고 +させられる たべる→たべさせられる
3그룹	する→させる	する→される	する→させられる
	くる→こさせる	くる→こられる	くる→こさせられる

2 사역·수동·사역 수동 표현의 예문

사역 (さ)せる	① 강제 先生は毎日子どもたちに本を読ませました。 선생님은 매일 아이들에게 책을 읽게 했습니다. 私は犬を走らせました。 저는 강아지를 달리게 했습니다. ② 허가 お母さんは子どもたちを遊ばせました。 어머니는 아이들을 놀게 했습니다. お母さんは子どもたちにゲームをやらせました。 어머니는 아이들에게 게임을 하게 했습니다. ③ 유발 弟はうそを言って父を怒らせました。 남동생은 거짓말을 해서 아버지를 화나게 했습니다.

PART 2 언어지식(문법)

수동 ㉑㉒㉓
(ら)れる

① 기본적인 수동문

母は 私を ほめました。 어머니는 저를 칭찬했습니다.

→私は 母に ほめられました。 저는 어머니에게 칭찬받았습니다.

どろぼうが 私のさいふを 盗みました。 도둑이 나의 지갑을 훔쳤습니다.

→私は どろぼうに さいふを 盗まれました。 나는 도둑에게 지갑을 도난당했습니다.

② 피해 수동(피해를 입거나 번거롭다고 느꼈을 때의 수동문)

夕べ 友だちが 来て 勉強できませんでした。 어젯밤 친구가 와서 공부를 못 했습니다.

→夕べ 友だちに 来られて 勉強できませんでした。

어젯밤 친구에게 찾아옴을 당해서(친구가 찾아와서) 공부를 못 했습니다.

雨が 降って かぜを ひきました。 비가 와서 감기에 걸렸습니다.

→雨に 降られて かぜを ひきました。 비를 맞아서 감기에 걸렸습니다.

③ 주어가 사람이 아닐 때의 수동문

この小説は 村上春樹が 書きました。 이 소설은 무라카미 하루키가 썼습니다.

→この小説は 村上春樹によって 書かれました。

이 소설은 무라카미 하루키에 의해 쓰였습니다.

사역 수동
(さ)せられる

彼は 私を 2時間も 待たせました。 **사역문**

그는 나를 2시간이나 기다리게 했습니다.

→私は 彼に 2時間も 待たせられました(待たされました)。 **사역 수동문**

저는 그가 기다리게 해서 어쩔 수 없이 2시간이나 기다렸습니다.

先輩は 私に 歌を 歌わせました。 **사역문**

선배는 나에게 노래를 부르게 했습니다.

→私は 先輩に 歌を 歌わせられました(歌わされました)。 **사역 수동문**

나는 선배가 시켜서 어쩔 수 없이 노래를 불렀습니다.

✅ 사역 수동 표현은 다른 사람이 시켜서 어쩔 수 없이 행동을 한다는 의미로 기쁘지 않은 감정을 나타낸다.

긴급처방 DAY 12 수수(주고받는) 표현

1 수수(주고받는) 표현의 종류

	あげる (내가 남에게) 주다		くれる (남이 나에게) 주다		もらう (내가 남에게) 받다	
사물 수수	あげます	줍니다	くれます	줍니다	もらいます	받습니다
행동 수수	てあげます	해 줍니다	てくれます	해 줍니다	てもらいます	해 받습니다
경어 수수	てさしあげます	해 드립니다	てくださいます	해 주십니다	ていただきます	해 받습니다

☑ 주고받는 표현에서 私에는 내 그룹, 즉 가족・회사 동료 등도 포함된다.

☑ 행동을 주고받았을 때는 동사를 연결하는 て형을 붙여 てあげる, てくれる, てもらう를 사용한다.

☑ あげる(주다)대신 やる(주다)를 사용할 때도 있는데, やる는 동물이나 식물, 아이 등에게 줄 때 사용한다.

2 수수(주고받는) 표현의 예문

やる **あげる** **てあげる** ㉒	毎朝私は花に水をやります。 매일 아침 저는 꽃에 물을 줍니다. 私は弟に本を読んでやりました。 저는 남동생에게 책을 읽어 주었습니다. 私は森さんにプレゼントをあげました。 저는 모리 씨에게 선물을 주었습니다. 森さんは田中さんに本を貸してあげました。 모리 씨는 다나카 씨에게 책을 빌려주었습니다. ☑ 「やる・てやる」는 동물이나 식물, 아이에게 사용합니다.

DAY 12

PART 2

언어지식(문법)

くれる **てくれる**	田中さんが私の妹に本をくれました。 다나카 씨가 제 여동생에게 책을 주었습니다. 鈴木さんが私にケーキを作ってくれました。 스즈키 씨가 저에게 케이크를 만들어 주었습니다. 林さんは私を1時間も待ってくれました。 하야시 씨는 저를 1시간이나 기다려 주었습니다.
もらう **てもらう**	私は彼女に手紙をもらいました。 저는 여자친구에게 편지를 받았습니다. 私は林さんに1時間も待ってもらいました。 저는 하야시 씨에게 1시간이나 기다려 받았습니다(하야시 씨가 1시간이나 기다려 주었습니다). 私は友だちに助けてもらいました。 저는 친구에게 도움을 받았습니다(친구가 저를 도와주었습니다).
さしあげる **てさしあげる**	私は先生にプレゼントをさしあげました。 저는 선생님에게 선물을 드렸습니다. 私は先生にケーキを作ってさしあげました。 저는 선생님께 케이크를 만들어 드렸습니다.
くださる **てくださる**	山田さんが私に映画のチケットをくださいました。 야마다 씨가 저에게 영화 티켓을 주셨습니다. 先生が私の作文を直してくださいました。 선생님이 저의 작문을 고쳐 주셨습니다.
いただく **ていただく**	私は山田さんに映画のチケットをいただきました。 저는 야마다 씨에게 영화 티켓을 받았습니다. 先生に私の作文を直していただきました。 선생님에게 저의 작문을 고쳐 받았습니다(선생님이 저의 작문을 고쳐 주셨습니다).

DAY 13 추측 표현

긴급처방 공부법

추측 표현에는 そうだ・ようだ・らしい과 같이 세 가지가 있다. 시험에는 의미 구분보다는 접속 형태 위주로 등장한다. 접속 형태를 꼼꼼하게 체크하자.

1 접속 형태(현재 긍정)

そうだ		ようだ		らしい	
겉모습만 보고 판단, 순간적인 판단 ~ 할(일)것 같다		주관적 근거에 의한 추측 ~인(한)것 같다		객관적 근거에 의한 추측 ~라는 것 같다	
동사 ます형	ふりそうだ 비가 내릴 것 같다	동사 사전형	ふるようだ 내리는 것 같다	동사 사전형	ふるらしい 내린다는 것 같다
い형용사い	さむそうだ 추울 것 같다	い형용사い	さむいようだ 추운 것 같다	い형용사い	さむいらしい 춥다는 것 같다
な형용사だ	ひまそうだ 한가할 것 같다	な형용사な	ひまなようだ 한가한 것 같다	な형용사だ	ひまらしい 한가하다는 것 같다
명사	X	명사の	日本人のようだ 일본인인 것 같다	명사	日本人らしい 일본인이라는 것 같다

✅ **そうだ의 주의해야 하는 접속형태**

いい(좋다)+そうだ ➡ よさそうだ(좋을 것 같다)

ない(없다)+そうだ ➡ なさそうだ(없을 것 같다)

✅ **ようだ와 らしい의 주의해야 하는 접속형태**

ようだ와 らしい의 경우 접속하는 모든 품사는 과거 た형(ふった・さむかった・ひまだった・日本人だった)에도 접속할 수 있다.

✅ **みたいだ는 ようだ의 회화적 표현으로 뜻은 같지만, 접속형태는 らしい와 같다.**

ふるみたいだ(내리는 것 같다), さむいみたいだ(추운 것 같다),

ひまみたいだ(한가한 것 같다), 日本人みたいだ(일본인인 것 같다)

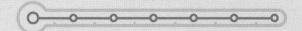

2 접속 형태(현재 부정)

구분	そうだ+ない	ようだ+ない	らしい+ない
동사	ふりそうにない ふりそうもない ふりそうにもない ふら<del>なさ</del>そうだ(X) (비가) 내릴 것 같지 않다	ふらないようだ (비가) 내리지 않는 것 같다	ふらないらしい (비가) 내리지 않는다는 것 같다
い형용사	さむくなさそうだ さむそうではない 추울 것 같지 않다	さむくないようだ 춥지 않은 것 같다	さむくないらしい 춥지 않다는 것 같다
な형용사	しずかではなさそうだ しずかそうではない 조용하지 않을 것 같다	しずかではないようだ 조용하지 않은 것 같다	しずかではないらしい 조용하지 않다는 것 같다
명사	日本人ではなさそうだ 일본인이 아닐 것 같다	日本人ではないようだ 일본인이 아닌 것 같다	日本人ではないらしい 일본인이 아니라는 것 같다

3 추측 표현 そうだ・ようだ・らしい의 활용

	そうだ	ようだ	らしい
명사 수식	雨がふりそうな空 비가 내릴 것 같은 하늘	人形のような顔 인형 같은 얼굴	春らしい天気 봄 같은 날씨/봄다운 날씨
동사, 형용사 수식	雨がふりそうに見える 비가 내릴 것처럼 보인다	日本人のように話す 일본인처럼 말한다	春らしくあたたかい 봄처럼 따뜻하다

⊘ そうだ와 ようだ는 な형용사처럼, らしい는 い형용사처럼 활용한다.

4 추측과 전문 そうだ의 비교

	추측의 そうだ		전문의 そうだ
	겉모습만 보고 판단, 순간적인 판단 **~할(일)것 같다**		**다른 사람의 말을 듣고 전하는 표현** **[~에 의하면] ~라고 한다**
동사 ます형	ふりそうだ 비가 내릴 것 같다	동사 보통형	ふるそうだ 비가 내린다고 한다
い형용사 い	さむそうだ 추울 것 같다	い형용사 보통형	さむいそうだ 춥다고 한다
な형용사 だ	ひまそうだ 한가할 것 같다	な형용사 보통형	ひまだそうだ 한가하다고 한다
명사	X	명사의 보통형	日本人だそうだ 일본인이라고 한다

⊘ **주의1**

추측의 そうだ와 전문의 そうだ는 접속형태를 틀리면 완전히 다른 의미가 되므로 시험에서도 접속형태를 묻는 문제가 자주

등장한다. 전문의 そうだ가 문장 속에서 어떻게 쓰이는지 살펴보자.

㉮ ニュースによると明日は雨が降るそうです。

뉴스에 의하면 내일은 비가 내린다고 합니다.

友だちの手紙では日本の冬はあまり寒くないそうだ。

친구의 편지로는 일본의 겨울은 별로 춥지 않다고 한다.

お父さんの話によると、お母さんは若いころきれいだったそうです。

아버지의 말에 따르면, 어머니는 젊었을 때 아름다웠다고 합니다.

あの人は学生ではなくて先生だそうだ。

저 사람은 학생이 아니라 선생님이라고 한다.

✅ **주의2**

보통형 접속은 반말체를 말하며, 접속 형태는 다음과 같다.

동사의 보통형	い형용사의 보통형	な형용사의 보통형	명사의 보통형
書^かく	暑^{あつ}い	静^{しず}かだ	学生^{がくせい}だ
書^かかない	暑^{あつ}くない	静^{しず}かではない	学生^{がくせい}ではない
書^かいた	暑^{あつ}かった	静^{しず}かだった	学生^{がくせい}だった
書^かかなかった	暑^{あつ}くなかった	静^{しず}かではなかった	学生^{がくせい}ではなかった

✅ **주의3**

昨日^{きのう}(어제) · 先週^{せんしゅう}(지난주) · 先月^{せんげつ}(지난달) · 去年^{きょねん}(작년)처럼 과거 시제가 등장했을 경우,

다음과 같은 오류가 생기지 않도록 주의해야 한다.

㉑昨日^{きのう}大雨^{おおあめ}が降^ふったそうです。(O) / 昨日^{きのう}大雨^{おおあめ}が降^ふるそうでした。(X)

어제 큰비가 내렸다고 한다.

긴급처방 DAY 14 경어

★ 경어의 종류

① 존경어: 상대방을 직접 높이는 표현으로 주어는 상대방이 된다.

② 겸양어: 자신을 낮춰 말하는 표현으로 주어는 자신이 된다.

③ 정중어: 상대방에게 정중하게 말하는 표현으로 です(입니다)와 ます(합니다)가 포함된다.

1 특수 경어표

일반 동사	존경어 (상대를 높인다)	겸양어 (나를 낮춘다)
行く・来る 가다・오다	いらっしゃいます 가십니다・오십니다	まいります 갑니다・옵니다
いる 있다	いらっしゃいます 계십니다	おります 있습니다
言う 말하다	おっしゃいます 말씀하십니다	もうします 말합니다
知っている 알고 있다	ごぞんじです 알고 계십니다	ぞんじます 알고 있습니다
見る 보다	ごらんになります 보십니다	はいけんします 봅니다
する 하다	なさいます 하십니다	いたします 합니다
飲む・食べる 마시다・먹다	めしあがります 드십니다	いただきます 마십니다・먹습니다
聞く 묻다		うかがいます 여쭙니다

예 社長はあの方をごぞんじですか。 사장님은 저분을 알고 계십니까? **존경어**

森先生は今教室にいらっしゃいます。 모리 선생님은 지금 교실에 계십니다. **존경어**

はじめまして、私は山田ともうします。 처음 뵙겠습니다. 저는 야마다라고 합니다. **겸양어**

先生、うかがいたいことがありますが。 선생님, 여쭤보고 싶은 게 있는데요. **겸양어**

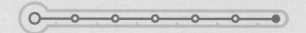

2 일반적인 존경어 공식

존경어	의미
お+동사 ます형+になります	~하십니다
ご+한자+になります	★특수 경어표에 등장하는 동사는 특수한 형태로 외우자.
お+동사 ます형+ください	~해 주세요, ~해 주십시오
ご+한자+ください	★~てください의 존경 표현이다.

예 いつ国へお帰りになりますか。 언제 고국에 돌아가십니까?

社長は今日の会議にご出席になりますか。 사장님은 오늘 회의에 출석하십니까?

お入りください。 들어오십시오.

お座りください。 앉아 주십시오.

お待ちください。 기다려 주십시오.

ご相談ください。 상담해 주십시오.

ご使用ください。 사용해 주십시오.

3 일반적인 겸양어 공식

겸양어	의미
お+동사 ます형+します	~합니다, ~해 드립니다
ご+한자+します	★특수 경어표에 등장하는 동사는 특수한 형태로 외우자.

예 お願いします。 부탁드립니다. ㉑

お送りします。 보내드리겠습니다.

ご案内します。 안내해 드리겠습니다.

ご説明します。 설명해 드리겠습니다.

3 정중어

정중어	의미
あります→ございます	있습니다

예 トイレは2階にございます。 화장실은 2층에 있습니다.

제2장 맞춤처방

문제 유형 **살펴보기**

문제1 문장의 문법1 (문법형식 판단)
もんだい1 文の文法1(文法形式の判断)

🖊 문제유형

문법형식 판단(15문항) ➡ 문장에 맞는 문형을 고르는 문제 ➡ 예상 소요 시간 10분

★ 2020년도 제2회 시험부터 시험 시간 변경에 따라 예상 소요 시간 배분

> もんだい1 (　　　)に 何を 入れますか。1・2・3・4から いちばん
> いい ものを 一つ えらんで ください。
>
> └─ 문제1 (　　　)에 무엇을 넣습니까? 1・2・3・4 에서 가장 알맞은 것은 하나 고르세요.
>
> 1　これ (　　　) ざっしです。
>
> 　　1 に　　　　 2 を　　　　 3 は　　　　 4 や
>
> 어려운 단어가 나오더라도 조사를 꼼꼼하게
> 체크하고 문장 구조를 이해하면서 답을 찾는다.
>
> | 1 | ① ② ● ④ |

🖊 포인트

STEP1 문제 체크	STEP2 선택지 체크	STEP3 오답 소거
괄호 앞뒤만 확인해서는 안 되고, 문장 전체를 꼼꼼하게 체크하자.	▶조사의 다양한 역할에 조심 ▶과거형인지 현재형인지 시제 체크 ▶부정형인지 긍정형인지 주의 ▶ない가 따라다니는 부사 체크 ▶접속형태 확인하기 　て형, ない형, ます형 등	괄호에 선택지 넣어가며 오답 선택지를 소거한다.

문제2 문장의 문법2 (문장 만들기)
もんだい2 文の文法2(文の組み立て)

🖊 문제유형

문장 만들기(5문항) ➡ 나열된 단어를 재배열하여 문장을 완성시키는 문제 ➡ 예상 소요 시간 5분

★ 2020년도 제2회 시험부터 시험 시간 변경에 따라 예상 소요 시간 배분

> **もんだい2** ___★___ に 入る ものは どれですか。1・2・3・4から いちばん いい ものを 一つ えらんで ください。
>
> 문제2 ___★___ 에 들어갈 것은 어느 것입니까? 1·2·3·4 에서 가장 알맞은 것을 하나 고르세요.

16 あの _____ _____ __★__ _____ ですか。

　　1　くるま　　2　の　　　3　だれ　　　4　は

접속 형태를 고려하면서 4개의 빈칸 중 첫 번째와
네 번째 빈칸을 먼저 찾도록 노력하자.

| 16 | ① ② ● ④ |

🖊 포인트

STEP1 문제 체크

밑줄 앞뒤의 접속 형태를 고려하며, 첫 번째 빈칸과 네 번째 빈칸에 들어갈 선택지 먼저 찾아내자.

STEP2 선택지 체크

▶동사를 수식해 주는 문장인지, 명사를 수식해 주는 문장인지 문장의 구조를 파악하고 그에 맞는 조사를 찾기

▶문장의 앞뒤가 인과 관계인지 역접 관계인지 접속 조사 파악하기

▶주고받는 표현(くれる・もらう・あげる) 앞에 등장하는 조사 꼼꼼하게 체크하기

STEP3 정답 찾기

순서 배열을 올바르게 한 후, ★의 위치를 확인한다. ★의 위치는 문제마다 다르므로 마지막에 실수하지 않도록 하자.

문제3 글의 문법
もんだい3 文章の文法

✏ 문제유형

글의 문법(5문항) ➡ 글을 읽고 앞뒤의 연결이 맞는 말을 찾는 문제 ➡ 예상 소요 시간 5분

★ 2020년도 제2회 시험부터 시험 시간 변경에 따라 예상 소요 시간 배분

もんだい3 21 から 25 に 何を 入れますか。文章の 意味を
考えて、1・2・3・4から いちばん いい ものを 一つ え
らんで ください。

└─ 문제3 21 부터 25 에 무엇을 넣습니까? 글의 의미를 생각하여 1·2·3·4 에서 가장 알맞은 것을
하나 고르세요.

大好きな ジュースは すいかジュースです。私の 国では いろい
ろな 店に あります。 21 하지만, 그러나 、日本では 売って いる 店
を 知りません。日本で 好きな ジュースは りんごジュースです。
毎日 飲みます。

└─ 지문을 먼저 읽고 빈칸에 우리말로 적어 놓은 다음 선택지와
비교해 보며 정답을 찾는다.

21   1 だから   2 でも   3 いつも   4 もっと

| 21 | ① | ● | ③ | ④ |

✏ 포인트

STEP1 문제 체크

문장의 문법은 문장과 문장 사이의 연결이 바르게 되어 있는지 묻는 문제이다.

접속사 1문제, 문말표현 2문제, 지시어 1문제, 문맥어구 1문제가 출제된다.

STEP2 선택지 체크

▶앞 문장과의 관계 체크하기
  역접(앞뒤 반대되는 내용),
  순접(앞뒤 유사한 내용),
  인과(앞뒤 원인이나 결과)

▶시제, 접속사, 지시어 표시하
  면서 읽어 내려가기

▶문장 끝이 빈칸일 때에는 부정형
  이 적당한지 긍정형이 적당한지
  희망 표현이 들어갈지 유추하기

STEP3 오답 소거

선택지를 대입하며 문제를 풀면 모두 정답으로 보인다.

지문을 먼저 읽고 빈칸에 한국어로 적어 놓은 다음 선택지와 비교해 본다.

제1회 실전문제 -언어지식(문법)-

⏱ 제한시간 20분

もんだい1 (　　　)に 何を 入れますか。1・2・3・4から いちばん いい ものを
[문법형식 판단] 一つ えらんで ください。

[1] 私は　毎日　この道　(　　　　)　通(とお)って　学校へ　行って　います。⑱

1　と　　2　に　　3　を　　4　で

[2] 彼(かれ)は　車を　2台(だい)　持(も)って　いますが、私は　1台(だい)　(　　　　)　持(も)って　いません。⑭⑱㉑㉓

1　しか　　2　も　　3　だけ　　4　を

[3] 大きな　声(こえ)を　出したので　猫(ねこ)　(　　　　)　びっくりして　にげて　しまいました。⑫㉓

1　を　　2　が　　3　の　　4　へ

[4] 友(とも)だち　(　　　　)　の　荷物(にもつ)が　とどきました。⑪⑫㉓

1　だけ　　2　に　　3　から　　4　まで

[5] リー「これを　送(おく)りたいんですが、やり方(かた)が　わかりますか。」
山下(やました)「ええ、かんたんですよ。」
リー「教(おし)えて　ください。私　(　　　　)　わからないんです。」⑫

1　とも　　2　には　　3　ほど　　4　への

[6] インターネットを　使(つか)えば　(　　　　)　買(か)い物(もの)が　できて　便利(べんり)です。⑭

1　どこから　　2　どこにも　　3　いつから　　4　いつでも

[7] 明日(あした)から　一か月間(かん)　東京(とうきょう)へ　行く　予定(よてい)だが、泊(と)まる　ホテルが　(　　　　)　決(き)まって　いない。⑭㉓

1　まだ　　2　もう　　3　もうすぐ　　4　そろそろ

8 木村「山田さん、きのうは　かぜで　おやすみでしたね。具合は　どうですか。」
山田「はい。（　　　　　）元気に　なりました。」⑭

1 あまり　　　　　2 よく　　　　　　3 かならず　　　4 すっかり

9 この　祭りは　長い　間　村の　人たち　（　　　　　）続けられて　いる。⑭

1 より　　　　　　2 から　　　　　　3 について　　　4 によって

10 入学式の　間　子どもたちは　先生の　話を　（　　　　　）聞いて　いました。⑭

1 熱心　　　　　　2 熱心に　　　　　3 熱心で　　　　4 熱心な

11 私は　友だちと　富士山に　（　　　　　）つもりです。⑫⑭

1 のぼる　　　　　2 のぼった　　　　3 のぼろう　　　4 のぼりたい

12 駅前の　やおやでは　いろいろな　しゅるいの　やさいが　（　　　　　）。⑱

1 買う　　　　　　2 買える　　　　　3 買えられる　　4 買われる

13 田中「森さん、荷物が　多いね。　私も　（　　　　　）。」
森　「あ、重く　ないので　だいじょうぶです。ありがとうございます。」⑱

1 持ったか　　　　2 持たせるか　　　3 持とうか　　　4 持たないか

14 その　えは　とても　きれいで　すばらしいですね。ぜひ　写真を　（　　　　　）。⑱

1 とらせて　ください　　　　　　　2 とって　みます
3 とって　しまいます　　　　　　　4 とられて　ください

15 家の　れいぞうこには　（　　　　　）食べて　いない　やさいが　たくさん　ある。⑪

1 買いそうで　　　2 買って　いる　　3 買ったまま　　4 買う間

もんだい２　＿★＿に　入る　ものは　どれですか。１・２・３・４から　いちばん　いい
[문장 만들기]　**ものを　一つ　えらんで　ください。**

[16] 本屋が　あった　＿＿＿＿　＿＿＿＿　＿★＿　＿＿＿＿　とても　やさしい。

1　店員は　　2　場所に　　3　できた　　4　花屋の

[17] 鈴木「授業には　もう　間に合わないですね。」
南「今すぐ　＿＿＿＿　＿★＿　＿＿＿＿　＿＿＿＿　タクシーで　行こう。」⑪㉓

1　乗れば　　2　タクシーに
3　間に合う　　4　かもしれないから

[18] 冬休みに　友だちの　＿＿＿＿　＿★＿　＿＿＿＿　＿＿＿＿　なった。⑱㉓

1　遊びに　　2　国へ　　3　行く　　4　ことに

[19] （家で）
A「何か　てつだうよ。」
B「じゃあ、れいぞうこに　入って　＿＿＿＿　＿＿＿＿　＿★＿　＿＿＿＿
くれる？」⑪⑱

1　飲み物を　　2　いる
3　テーブルに　出して　　4　おいて

[20] 子どものころ　＿＿＿＿　＿＿＿＿　＿★＿　＿＿＿＿　毎日　夜遅くまで　勉強
して　いました。⑱

1　という　　2　ゆめが　あった
3　私は　　4　医者に　なる

もんだい3 [21] から [25] に 何を 入れますか。文章の 意味を 考えて、
글의 문법 1・2・3・4から いちばん いい ものを 一つ えらんで ください。

下の 文章は リンダの 作文です。

山のぼり

リンダ ハント

　私の 両親は 山のぼりが 好きです。毎週 土曜日は 山に 行きます。その 時 いつも 私を [21]、私は 山に のぼるのが 好きでは ありませんでした。運動を あまり しなかったので、山に のぼるのは とても たいへんでした。両親は 健康の [22] 山のぼりを はじめました。初めは 1時間で のぼれるぐらいの 低い 山に のぼりました。両親は いつも「気持ちいい」と 言いながら のぼりますが 私は [23] 分かりませんでした。

　両親と 一緒に のぼってから 1年が すぎました。初めは とちゅうで おりたくて 泣いた ことも あります。でも 今は 山に のぼるのを [24] なりました。以前は まわりの 景色が 目に 入りませんでしたが、今は 青い 空も きれいな 花も 大好きです。[25] 一番 好きなのは 山を おりたあとに 食べる ご飯です。いつもより ずっと おいしく かんじます。だから 今は 毎週 山に 行きます。今は 両親が 気持ちいいと 言って いた 気持ちが 分かります。

21

1 つれて　いきましたが　　　　2 つれて　いきませんでしたが
3 一人で　いかせますが　　　　4 一人で　いかせませんが

22

1 おかげで　　　2 せいで　　　3 ために　　　4 ように

23

1 うっかり　　　　　　　　　　2 そろそろ
3 ぜんぜん　　　　　　　　　　4 とくべつに

24

1 楽_{たの}しむ　そうに　　　　2 楽_{たの}しむ　ように
3 楽_{たの}しむ　だけ　　　　　4 楽_{たの}しむ　ぐらい

25

1 そして　　　2 もし　　　3 または　　　4 ところが

» 맞춤처방

제2회 실전문제 -언어지식(문법)-

⏱ 제한시간 20분

もんだい1 (　　　)に　何を　入れますか。1・2・3・4から　いちばん　いい　ものを
[문법형식 판단] **一つ　えらんで　ください。**

[1] バターは　ぎゅうにゅう　(　　　　)　作(つく)られる。⑪⑫
　1　の　　　2　が　　　3　も　　　4　から

[2] きのう　レポートについて　友(とも)だち　(　　　　)　話(はな)しました。⑫⑭
　1　で　　　2　と　　　3　を　　　4　の

[3] 林(はやし)「きのう　デパートへ　行ったんです。」
上田(うえだ)「何　(　　　　)　買(か)いましたか。」
林(はやし)「ええ、赤(あか)い　スカートを　買(か)いました。」⑩⑫⑱
　1　が　　　2　か　　　3　も　　　4　の

[4] 私は　レストランの　予約(よやく)を　父　(　　　　)　たのまれました。⑪⑫㉓
　1　に　　　2　で　　　3　が　　　4　を

[5] (　　　　)　しっぱいする　ことは　あるよ。⑪
　1　だれも　　　2　だれか　　　3　だれでも　　　4　だれが

[6] 学校が　休み　(　　　　)、英語の　勉強(べんきょう)を　しました。⑫
　1　間(あいだ)　　　2　の間(あいだ)　　　3　間(あいだ)で　　　4　の間(あいだ)で

[7] 息子(むすこ)は　先月　中学を　卒業(そつぎょう)しました。(　　　　)　高校の　入学式(にゅうがくしき)です。⑯
　1　あまり　　　2　だいたい　　　3　もうすぐ　　　4　だんだん

[8] 会社に　行く　バスが　(　　　　)　来なくて、タクシーに　乗って　行きました。⑯
　1　やっと　　　2　きっと　　　3　いつか　　　4　なかなか

[9] 木村(きむら)「明日(あした)　いっしょに　えいがを　見に　行きませんか。」
山田(やまだ)「ごめんなさい。（　　　　　）、明日(あした)は　約束が　あるんです。」⑪⑫⑱

1　行きたいけれど　2　行きたくて　3　行きたいから　4　行きたいし

[10] この　メロンは　（　　　　　）　すぎて、はこに　入らない。⑪

1　大き　2　大きい　3　大きく　4　大きくて

[11] 先週　図書館で　本を　借(か)りました。ぜんぶ　（　　　　　）　1週間　かかりました。

1　読(よ)んだり　2　読(よ)むのに　3　読(よ)みに　4　読(よ)むか　どうか

[12] ベルの　音(おと)が　（　　　　　）　ので　起きました。⑫⑱

1　聞いた　2　聞こえた　3　聞かれた　4　聞かせた

[13] 私は　ペンを　忘(わす)れたので、となりの　ひとに　貸(か)して　（　　　　　）。⑩⑪

1　あげました　2　やりました　3　くれました　4　もらいました

[14] 毎朝　ジョギングを　（　　　　　）　早く　起きて　います。⑭⑱

1　しようか　2　しようために　3　するか　4　するために

[15] 森(もり)「田中(たなか)さんの　たんじょうびに　何を　あげましょうか。」
上田(うえだ)「ケーキは　どうですか。」
森(もり)「いいですね。田中(たなか)さんは　あまいものが　好(す)きだから　きっと　（　　　　　）。」⑭

1　よろこぶそうです　2　よろこぶでしょう
3　よろこばせました　4　よろこんで　います

もんだい2 ___★___に 入る ものは どれですか。1・2・3・4から いちばん いい

문장 만들기 ものを 一つ えらんで ください。

16 南 「田中さん、駅から ABC会社までの 行き方が わかりますか。」
田中「いいえ、わかりません。 _____ _____ __★__ _____ に聞いて
みましょう。」⑭

　1　だれ　　　　　2　駅　　　　　　3　か　　　　　4　で

17 今日は 仕事の後 約束が あって、 _____ __★__ _____ _____
かもしれません。⑭㉓

　1　のが　　　　　2　遅く　　　　　3　なる　　　　4　帰る

18 この まんがを 読んだ ことが ありますか。もし _____ __★__
_____ _____ので 今度 本を 貸します。⑩⑪⑫

　1　まだ 読んで　2　もらいたい　　3　いなかったら　4　ぜひ 読んで

19 森 「木村さんは ケータイを 持って いませんか。」
木村「ええ、高校を 卒業 _____ __★__ _____ _____います。

　1　思って　　　　2　買おうと　　　3　から　　　　4　して

20 今日は、雨が _____ _____ __★__ _____ ください。

　1　そうだから　　2　忘れないで　　3　傘を　　　　4　降り

もんだい3 [21] から [25] に 何を 入れますか。文章の 意味を 考えて、

글의 문법 1・2・3・4から いちばん いい ものを 一つ えらんで ください。

下の 文章は 留学生の 作文です。

日本の文化

リサ マリー

　私は アメリカ [21] 来た リサです。5年前に 一人で 日本に 来ました。 日本に 来る前は 日本語が ぜんぜん 話せなかったので 来てから 数カ月間は 大変でした。アメリカとは 文化も けっこう 違うので 初めは アメリカに 帰りたいと 思った ことも あります。でも 学校に 通ってから 私の 考えは [22] 。そこで 友だちに なった 人が 日本語を やさしく 教えて くれました。日本の 文化や おいしい 食べ物も 紹介して くれました。

　その中で 私が いちばん びっくりしたのは 家に [23] くつを 脱ぐことです。アメリカは 外でも 家の中でも くつを 履いて 生活します。 [24] シャワーを あびる時は 脱ぎます。でも、それ以外は ずっと 履いています。友だちの 家に 初めて 遊びに 行ったとき みんな くつを 脱いで いるので 私は どうしてだろうと 思って いました。でも、私も 日本で 生活しながら 慣れて きたので 今は [25] 。家の中も 汚れないので いいです。

[21]

1 から　　　　2 まで　　　3 で　　　　4 へ

[22]

1 変わります　　　　　　　2 変わりません
3 変わりました　　　　　　4 変わりませんでした

[23]

1 入るに　　　2 入る時　　　3 入るころ　　　4 入るぐらい

[24]

1 もちろん　　　　　　　2 なるほど
3 そして　　　　　　　　4 それで

[25]

1 不便でした　　　　　　　2 不便かも　しれません
3 不便では　ありません　　4 不便では　ありませんでした

제3회 실전문제 -언어지식(문법)-

⏱ 제한시간 20분

もんだい1 (　　　　)に　何を　入れますか。1・2・3・4から　いちばん　いい　ものを
[문법형식 판단] **一つ　えらんで　ください。**

[1] 今日は　しゅくだいが　少なかったので、（　　　　）　終わりました。
1　1時間　　2　1時間しか　　3　1時間で　　4　1時間を

[2] 妹は　病気になって、両親　（　　　　）　心配させました。⑯⑱
1　を　　2　が　　3　の　　4　や

[3] 山田さん（　　　　）違って　彼女は　とても　やさしいですね。⑫⑭
1　や　　2　と　　3　だけ　　4　ぐらい

[4] 弟は　いつも　うるさい。　静かなのは、寝る　とき　（　　　　）　だ。⑪
1　しか　　2　だけ　　3　の　　4　に

[5] 森「合格　プレゼントで　お兄さんに　何を　もらったんですか。」
南「兄（　　　　）　腕時計を　もらいました。」⑩⑪⑫
1　からが　　2　からも　　3　からで　　4　からは

[6] 鈴木「外が　うるさいですね。（　　　　）　音でしょうか。」
前田「ああ、工事の　音ですよ。」⑫
1　どれ　　2　どうして　　3　なんの　　4　なんで

[7] 森　「もしもし、木村さん。今、どこに　いますか。」
木村「駅前の　本屋ですよ。」⑫⑭
森　「じゃあ、（　　　　）　待って　いて　ください。　今から　行きます。」
1　ここで　　2　そこで　　3　ここに　　4　そこに

[8] 次の　試合は　何時に　（　　　　）　聞いて　みます。⑩⑫⑱
1　始まるの　　2　始まるのが　　3　始まるか　　4　始まるから

9 そうじを　（　　　　　　）　買い物に　行きます。⑪㉓

　　1　していて　　　　2　したあとで　　　3　したが　　　　4　するか

10 母から　もらった　ゆびわなので、大切に　（　　　　　）。⑪

　　1　しています　　2　います　　　　3　あります　　　4　なります

11 私は　虫が　きらいで　（　　　　　）　いやです。⑱

　　1　見たあと　　　2　見る前　　　　3　見るのも　　　4　見るのを

12 田中「先週は　レポートを　（　　　　　）、どうも　ありがとうございました。」
　　森　「いいえ、どういたしまして。」⑪⑱

　　1　てつだって　　　　　　　　　2　てつだって　あげて
　　3　てつだって　くれて　　　　　4　てつだったから

13 山下「きのう　帰りに　駅前で　木村さんと　林さんが　デートして　いるのを　見ま
　　　　した。」
　　南　「ああ、だから　木村さんが　急いで　（　　　　　）。」⑱

　　1　帰りました　　2　帰るでしょう　3　帰るだけですね　4　帰ったんですね

14 (レストランで)
　　山田「席が　ありませんね。」
　　リー「あ、あそこの　席が　（　　　　　）　よ。」
　　山田「本当ですね。空くまで、少し　待ちましょうか。」⑯

　　1　空きそうです　　　　　　　　2　空きました
　　3　空いて　います　　　　　　　4　空いたらしいです

15 (会議室で)
　　鈴木「山田さん、会議の　じゅんびは　終わりましたか。てつだいましょうか。」
　　山田「ありがとうございます。じゃあ、ノートパソコンを　となりの　会議室から
　　　　（　　　　　）。」
　　鈴木「はい、わかりました。」⑩⑪⑭

　　1　持って　いきますか。　　　　2　持って　きて　もらえますか。
　　3　持って　こなくても　いいですか　4　持って　こないと　いけませんか。

もんだい２　＿★＿に　入る　ものは　どれですか。１・２・３・４から　いちばん　いい　ものを　一つ　えらんで　ください。

[문장 만들기]

16 林「上田さん、これから　食事でも　どうですか。」
上田「すみません。ちょうど　＿＿　＿＿　＿★＿　＿＿　です。」⑪

1　食べた　　2　今　　3　なん　　4　ところ

17 明日は　重要な　会議が　あるから、＿＿　＿★＿　＿＿　＿＿　いけません。⑩

1　で　　2　そんな　　3　ふく　　4　は

18 山下「木村さん、夕食は　家で　作って　＿＿　＿＿　＿★＿　＿＿　どちらが　好きですか。」
木村「私は　料理を　するのが　好きなんです。」⑱

1　店に　　2　食べるのと　　3　行くのと　　4　食べに

19 外国人の　友だちの　家で　丸い　＿＿　＿＿　＿★＿　＿＿　くだもの　を　食べました。⑫㉓

1　赤くて　　2　の　　3　形　　4　甘い

20 両親といっしょに　＿＿　＿★＿　＿＿　＿＿　を　して　います。⑭⑱

1　ちょきん　　2　ために　　3　行く　　4　旅行に

もんだい3　[21]　から　[25]　に　何を　入れますか。文章の　意味を　考えて、
글의 문법　1・2・3・4から　いちばん　いい　ものを　一つ　えらんで　ください。

下の　文章は　ゼニさんが　ナナさんに　書いた　手紙です。

ナナさんへ

　ナナさん、こんにちは。ゼニです。

　先週　ナナさんが　[21]　本のおかげで　レポートを　書く　ことが　できま
した。やはり　歴史は　むずかしいので　ナナさんの　本が　なかったら　書けま
せんでした。ナナさんも　英語の　テストの　勉強で　いそがしいのに　てつだっ
て　くれて　本当に　ありがとうございます。[22]　てつだう　ことが　できる
と　思うので　もし　わからない　ことが　あれば　連絡して　ください。

　[23]　テストが　終わったら　一緒に　おいしいものを　食べに　行きません
か。ナナさんに　お礼が　したいです。スパゲッティや　ピザなどを　[24]　が
学校の　近くに　あります。一度　行ったことが　ありますが　とても　おいし
かったので　ナナさんにも　紹介したいです。もし　イタリアンが　好きではないな
ら　[25]　。うどんの　おいしい　店も　あります。

　では、返事を　待って　います。

21

1 かして あげた | 2 かして くれた
3 かりて あげた | 4 かりて くれた

22

1 英語なら | 2 英語ほど
3 英語だけ | 4 英語しか

23

1 しかし | 2 または
3 それから | 4 すると

24

1 売り店 | 2 売って いる 店
3 売りそうな 店 | 4 売る ような 店

25

1 言います | 2 言わなくても いいです
3 言いましょうか | 4 言って ください

맞힌 개수 확인 _____ / 25

» 맞춤처방

제4회 실전문제 -언어지식(문법)-

⏱ 제한시간 20분

もんだい1 (　　　　)に 何を 入れますか。1・2・3・4から いちばん いい ものを 一つ えらんで ください。 [문법형식 판단]

[1] 山田さんは　英語も　フランス語　(　　　　)　話す　ことが　できます。⑪

1　で　　2　を　　3　も　　4　が

[2] これは　木　(　　　　)　作った　おもちゃです。⑪

1　に　　2　の　　3　と　　4　で

[3] 先生の　話　(　　　　)、あしたの　試験は　むずかしいそうだ。⑱㉓

1　について　　2　にとって　　3　にくらべると　　4　によると

[4] 弟は　今　会社員ですが、去年　(　　　　)　大学に　通って　いました。⑱

1　の時　　2　ころ　　3　に　　4　までは

[5] 私は　よく　図書館に　行って　本を　読みます。本なら　(　　　　)　好きです。⑱

1　何でも　　2　何から　　3　どれか　　4　どのくらい

[6] 山田「この　町、10年前は　人が　少ない　静かな　町でしたね。」
高橋「ええ、でも、(　　　　)　変わりましたね。」⑱

1　かならず　　2　すっかり　　3　うっかり　　4　ちっとも

[7] (駅で)
林「あまいものが　ほしいので　急いで　買って　きますね。」
上田「わかりました。出発まで　時間は　ありますから、(　　　　)。」⑭

1　急がなければ　なりません　　2　急いだほうが　いいですよ
3　急ぐしか　ありませんね　　4　急がなくても　いいです

8 鈴木「山田さん、きのう　駅前の　デパートに　行きましたか。」
　　山田「いいえ、きのうは　（　　　　　　）　家に　いましたよ。」
　　1　そろそろ　　　　2　いつも　　　　　3　ずっと　　　　　4　なかなか

9 この　図書館は　ざっしを　2冊まで　（　　　　　　）　ことが　できます。⑫㉓
　　1　借りる　　　　　2　借りられる　　　3　借りよう　　　　4　借りさせる

10 (喫茶店で)
　　森　「暑いですね。」
　　山田「そうですね。私は　アイスコーヒーが　いいです。」
　　森　「じゃあ、私は　オレンジジュース　（　　　　　　）。」⑫
　　1　で　します　　2　に　します　　3　で　あります　　4　に　あります

11 友だちに　かいて　もらった　地図が　わかり　（　　　　　　）　困りました。⑫㉓
　　1　ないで　　　　　2　やすくて　　　　3　できなくて　　　4　にくくて

12 林さんの　部屋は　いつも　きれいな　花が　かざって　（　　　　　　）。⑫⑱
　　1　います　　　　　2　あります　　　　3　みます　　　　　4　おきます

13 先生、この　問題　よく　わかりませんが、　もう一度　（　　　　　　）。⑩⑪
　　1　教えて　みますか　　　　　　　　2　教えて　あげますか
　　3　教えて　いただけますか。　　　　4　教えて　ありますか

14 (教室で)
　　中村「先生、すみません、テキストを　忘れました。」
　　先生「じゃあ、山田さん、テキストを　中村さんに　（　　　　　　）　ください。」
　　山田「はい、わかりました。」⑫
　　1　見て　おいて　　2　見て　あげて　　3　見せて　おいて　4　見せて　あげて

15 木村さんは　1時間前に　（　　　　　　）　まだ　来て　いません。
　　1　出発しても　　　2　出発したので　　3　出発したら　　　4　出発したのに

もんだい2 ___★___ に 入る ものは どれですか。1・2・3・4から いちばん いい

문장 만들기 ものを 一つ えらんで ください。

16 明日は _____ __★__ _____ _____ 早く 寝ます。⑭

    1 朝早く   2 ならない   3 ので   4 起きなければ

17 この ケーキ _____ __★__ _____ _____ か わかりますか。⑩⑫⑱

    1 を   2 人は   3 作った   4 だれ

18 できる _____ _____ _____ __★__ わかりません。⑫

    1 やって   2 か   3 どうか   4 みないと

19 森 「山田さん。大阪の 大学に 行くことを、 両親に 話しましたか。」
山田 「いいえ、まだです。でも、もし 両親に _____ _____ __★__ _____ つもりです。」⑪⑫

    1 勉強する   2 大阪で   3 されても   4 反対

20 おいしい スパゲッティが _____ __★__ _____ _____ 2時間も かかった。⑫⑱

    1 できた   2 作る   3 のに   4 けれど

もんだい3 ［21］から［25］に 何を 入れますか。文章の 意味を 考えて、

1・2・3・4から いちばん いい ものを 一つ えらんで ください。

下の 文章は 山田さんが 「料理」に ついて 書いた 作文です。

料理

山田 みお

　私は 料理が ［21］。料理を するのが きらいでは ありませんが、いろいろな 理由で しなく なりました。

　子どものころ 家に 一人で いた時 ラーメンを ［22］と 思って お湯を わかしましたが、その あつい お湯で けがを してから 料理を するのが 怖くなりました。もちろん 簡単に できる 料理は して いますが 火を 使う 料理は しません。

　また 弟に 料理を 作って あげた ［23］、弟は 「おいしくない」と 言って 食べませんでした。それで その時に 料理が ［24］しまいました。

　今は コンビニや スーパーで おいしい 食べ物が 簡単に 買えるので 料理を する ことが 必要だと 思いませんでしたが、結婚してから 料理を 習いたいと 思いました。自分で 作れる 料理が ないので、いつも 買って 食べるしか なかったからです。いつも 同じものだけ 食べて いる 家族を みて 料理を 作って あげたいと 思う ［25］。

21

　1　あまり　上手<ruby>じょう<rt></rt></ruby>だです　　　　2　あまり　上手く　ありません
　3　あまり　上手です　　　　　　　4　あまり　上手では　ありません

22

　1　作<ruby>つく<rt></rt></ruby>る　　　　2　作った　　　3　作ろう　　　　4　作らせる

23

　1　ことが　いましたが　　　　2　ことが　ありましたが
　3　ものが　いましたが　　　　4　ものが　ありましたが

24

　1　きらいに　いって　　　　2　きらいに　きて
　3　きらいに　みて　　　　　4　きらいに　なって

25

　1　ことに　しました　　　　2　ことに　なりました
　3　ように　しました　　　　4　ように　なりました

제5회 실전문제 -언어지식(문법)-

⏱ 제한시간 20분

もんだい1 (　　　)に 何を 入れますか。1・2・3・4から いちばん いい ものを
`문법형식 판단` 一つ えらんで ください。

1 母は 料理 （　　　　　） 使う 野菜を 庭で 育てて います。⑩⑭

　　1　に　　　　　2　と　　　　　3　を　　　　　4　の

2 (やおやで)

　A「すみません。じゃがいもと にんじんを 1つ （　　　　　） ください。

　B「はい、わかりました。」⑭㉓

　　1　と　　　　　2　も　　　　　3　ずつ　　　　4　しか

3 母が 作った パンは とても おいしくて 六つ （　　　　） 食べました。㉓

　　1　が　　　　　2　も　　　　　3　で　　　　　4　に

4 (ラーメン屋で)

　林 「この ラーメン とても からいですね。」

　リー「えっ、そうですか。 私 （　　　　） からくないですよ。」⑭

　　1　には　　　　2　とは　　　　3　へ　　　　　4　ほど

5 A「おいしい におい （　　　　　） しますね。」

　B「妹が 台所で クッキーを 焼いて いるんです。」⑭

　　1　を　　　　　2　に　　　　　3　が　　　　　4　は

6 (駅で)

　A「あのう、この ゆびわが 落ちて （　　　　　）。」

　B「ありがとうございます。どこに ありましたか。」

　A「改札口の前です。」⑭

　　1　いました　　2　ありました　3　しました　　4　なりました

7 私は くだものの 中で りんごしか （　　　　　）。⑭⑱

　　1　食べます　　　　　　　　　2　食べません

　　3　食べた ことが あります　　4　食べる ことが あります

8 森 「1日 2時間は 歩いて ください。」
田中「2時間は 無理です。」
森 「じゃあ、30分でも （　　　　　　）。」⑫
1 歩きます　　　2 歩けます　　　3 歩きましょう　4 歩くだろう

9 今週は 仕事が 忙しかったので、週末は 家で ゆっくり （　　　　　　） つもり
です。⑫⑭
1 休み　　　　2 休む　　　　3 休んで　　　　4 休もう

10 昨日 山田さんが 急いで （　　　　） を 見ました。⑫
1 走って いる　　　　　　　　2 走って いること
3 走って いるもの　　　　　　4 走って いるの

11 私は あかちゃんが （　　　　　　） あいだに 料理を します。⑫
1 寝て いる　　　2 寝るの　　　3 寝させる　　　4 寝た後の

12 キム「山田さん、この 単語は （　　　　　　） 意味ですか。」⑪㉒
山田「分かりません。先生に 聞いて みましょう。」
1 どう　　　　　2 どういう　　　3 どのぐらい　　4 どうやって

13 （会社で）
森 「すみません、田中さんは どこですか。」
鈴木「田中さんは 今 会議中で、4時 （　　　　　） 終わると 思います。」⑪
1 までも　　　　2 までか どうか　3 までには　　　4 までにも

14 部屋の 電気を （　　　　　） 出かけて しまって、母に おこられました。⑪
1 つけてみて　　2 つけたまま　　3 つけすぎて　　4 つけて あって

15 木村「暗いですね。」
山田「天気予報に よると 午後から （　　　　　）。」⑫
1 雨だそうです　　　　　　　　2 雨そうです
3 雨だようです　　　　　　　　4 雨ようです

もんだい2 ___★___ に 入る ものは どれですか。1・2・3・4から いちばん いい
문장 만들기 ものを 一つ えらんで ください。

16 息子さんは _____ _____ ___★___ _____ ですね。⑪

  1 ピアノも   2 歌も   3 上手   4 ひけるし

17 林 「木村さん。おれいの 手紙は もう 出しましたか。」
  木村「いいえ、_____ ___★___ _____ _____ です。」⑫⑭

  1 だしに   2 つもり   3 明日   4 行く

18 (学校で)
  先生「教室には もう _____ ___★___ _____ _____ ですよね。」
  南 「いいえ、前田さんが 勉強して います。」⑫

  1 ん   2 だれ   3 いない   4 も

19 (店で)
  A「すみません。週末は 何時まで _____ ___★___ _____ _____。」
  B「午後 3時までです。」⑩⑫⑱

  1 くださいませんか   2 教えて
  3 開いて   4 いるか

20 ここは _____ _____ ___★___ _____ 入れません。⑭⑱

  1 しか   2 チケット   3 を   4 買った 人

もんだい3 　21　から　25　に　何を　入れますか。文章の　意味を　考えて、
글의 문법 　1・2・3・4から　いちばん　いい　ものを　一つ　えらんで　ください。

下の　文章は　前田さんが「友だちの　相談」に　ついて　書いた　作文です。

友だちの　相談

前田　いつき

　私は　高校　3年生です。私の　家は　パンやを　しているので　21　大人
に　なったら　パンやさんに　なろうと　思って　いました。もちろん　パン
が　大好きだし、お客さんが　パンを　おいしそうに　食べて　喜ぶのを　見ると
22　。だから　昔から　私の　夢は　きまって　いました。

　でも　友だちの　花子は　まだ　自分には　夢が　ないと　心配して　います。
好きな　ことも　ないし、人より　うまく　できる　ことも　ないと　私に　相談
しました。花子は　子どものころ　絵を　かく　ことが　上手だったので　画家に
なるだろうと　思って　いました。でも　高校に　入ってから　急に　絵を　かく
ことを　やめました。もう　23　は　卒業するので　何に　なるかを　考えな
ければ　ならないと　思って　いるようです。

　友だちの　将来を　決めることは　できないので　私は　何と　言って　あげれ
ば　いい　24　迷って　います。でも　私が　考える　花子は　何かを　始め
たら　一生懸命　やる　人なので　そんなに　心配して　いません。花子に　いい
話を　25　です。

21

1 昔へ 2 昔から 3 昔の間 4 昔のまま

22

1 うれしかったです 2 うれしそうです
3 うれしいそうです 4 うれしいかもしれません

23

1 5月前 2 5カ月前 3 5月後 4 5カ月後

24

1 のは 2 のが 3 のと 4 のか

25

1 して あげたい 2 して くれたい
3 して しまいたい 4 して なりたい

맞힌 개수 확인 ____ / 25

실전문제 정답 및 해설

» 만점처방

언어지식(문법) 실전문제 정답 및 해설

제1회 실전문제 정답 및 해설

|정답|

[1] 3	[2] 1	[3] 2	[4] 3	[5] 2	[6] 4	[7] 1
[8] 4	[9] 4	[10] 2	[11] 1	[12] 2	[13] 3	[14] 1
[15] 3	[16] 4	[17] 1	[18] 1	[19] 3	[20] 2	[21] 1
[22] 3	[23] 3	[24] 2	[25] 1			

|해설|

문제 1 (　　)에 무엇을 넣습니까? 1・2・3・4에서 가장 알맞은 것을 하나 고르세요.

[1] 3 나는 매일 이 길을 지나서 학교에 가고 있습니다.

[해설] * 목적격 조사 を(을/를)! 조사 を(을/를)는 통과점을 나타내는 조사이다. 이번 문제도 ~を通る(~을 지나다)라는 통과점을 나타내 주고 있다. 우리말과 많이 비슷한 표현으로 시험에도 세 번 이상 출제되었던 조사이다. 다른 선택지 2번 に의 경우 通(かよ)う라는 동사와 함께 쓰여 '~을 다니다'라는 뜻으로 자주 등장하므로 ~を通る(~을 지나다), ~に通う(~을 다니다)를 통째로 외워 두자.

[어휘] 毎日(まいにち) 매일 | 道(みち) 길 | 通(とお)る 지나가(오)다 | 学校(がっこう) 학교 | 行(い)く 가다

[2] 1 그는 자동차를 2대 갖고 있지만, 나는 1대밖에 갖고 있지 않습니다.

[해설] * しか(밖에)+부정형에 주목! 조사 しか(~밖에)는 항상 부정형 ない(없다, 아니다)를 동반한다. 오답 선택지로 자주 등장하는 조사 だけ는 '뿐, 만'의 뜻으로 しか처럼 부정형이 아닌 긍정형이 온다.

[어휘] 彼(かれ) 그 | 車(くるま) 자동차 | ~台(だい) ~대 | 持(も)つ 가지다, 들다

[3] 2 큰 목소리를 내서 고양이가 놀라서 도망쳐 버렸습니다.

[해설] * 주격 조사 が(이/가)! 주격 조사 が는 주어에 붙어 '~이/가'이라고 해석한다. 우리말과 많이 비슷해서, 문장만 잘 해석하면 간단하게 풀 수 있다.

[어휘] 大(おお)きな 큰 | 声(こえ) 목소리 | 出(だ)す 내다 | ので ~때문에 | 猫(ねこ) 고양이 | びっくりする 놀라다 | にげる 도망가다 | ~てしまう ~해 버리다

[4] 3 친구로부터 짐이 도착했습니다.

[해설] * 사람 + から(~로 부터)! から는 장소・시간・사람 뒤에 접속해 출발하는 기점을 나타내며, '~에서(부터), ~으로(부터)'라는 의미를 갖는다. 친구로부터 짐이 도착했다는 것을 의미하므로 「から(~으로부터)」가 정답이다.

[어휘] 友(とも)だち 친구 | 荷物(にもつ) 짐 | とどく 도착하다

[5] 2 이: 이걸 보내고 싶은데, 방법을 알고 있습니까?
야마시타: 네, 간단해요.
이: 가르쳐 주세요. 저는 모르겠습니다.

[해설] * 私 + には(는)! には는 사람을 나타내는 명사 뒤에 붙어 '그 사람에게는, 그 사람으로서는'이라는 의미를 가진다. 해당 문제의 私には分かりません은 '저로서는(저는) 모르겠습니다'이며, 私は分かりません(저는 모르겠습니다)을 강조한 표현이라 할 수 있다. 통째로 외워 두면 유용하다.

[어휘] これ 이것 | 送(おく)る 보내다 | ~たい ~하고 싶다 | やり方(かた) 하는 방법 | わかる 알다 | かんたんだ 간단하다, 쉽다 | 教(おし)える 가르치다 | ~てください ~해 주세요

[6] 4 인터넷을 사용하면 언제라도 쇼핑을 할 수 있어 편리합니다.

[해설] * 의문사 + でも(~라도)! 빈칸에 적합한 표현으로는 いつでも(언제라도), どこでも(어디서든) 등이 올 수 있다. でも는 자칫 '~이지만'이라고 해석하기 쉬우나, 의문사+でも는 '~라도', '~든'이라고 해석되니 주의하자.

[어휘] インターネット 인터넷 | 使(つか)う 사용하다 | 買(か)い物(もの) 쇼핑 | できる 할 수 있다 | 便利(べんり)だ 편리하다

[7] 1 내일부터 1개월간 도쿄에 갈 예정이지만 머물 호텔이 아직 결정되지 않았다.

해설 ✽ まだ(아직)~ていない(~하지 않았다)! 문법 파트에서 등장하는 부사 문제는 문장 끝이 어떤 형태인지만 확인해도 문제를 간단하게 풀 수 있다. 특히 もう~た(이미 ~했다), まだ~ている(아직 ~하고 있다), まだ~ていない(아직 ~하지 않았다)가 자주 등장한다. 이번 문제도 문맥상 決まっていない(정해지지 않았다)에서 알 수 있듯이 정답은 1번「まだ(아직)」가 된다. 다른 선택지 もうすぐ(머지않아), そろそろ(이제 슬슬)도 알아 두자.

어휘 明日 내일 ǀ 一か月間 1개월간 ǀ 東京 도쿄 ǀ 予定 예정 ǀ 泊まる 머물다, 묵다 ǀ ホテル 호텔 ǀ 決まる 결정되다

8 4 기무라: 야마다 씨, 어제는 감기로 쉬셨죠. 컨디션은 어때요?
야마다: 네, 완전히 건강해졌습니다.

해설 ✽ すっかり(말끔히)~になる(해지다)! 부사 すっかり는 '완전히, 죄다'의 의미이며, 종종 ~になる(~해지다)와 함께 등장한다. 우리말로 '다 나았습니다'를 바꿔 말하면 すっかり元気になりました라 할 수 있다. 다른 선택지 あまり(그다지), よく(자주, 잘), かならず(반드시)도 자주 출제되므로 외워 두자.

어휘 昨日 어제 ǀ かぜ 감기 ǀ やすみ 휴일, 쉼 ǀ 具合 상태, 컨디션 ǀ どう 어떻게 ǀ 元気だ 건강하다

9 4 이 축제는 오랫동안 마을 사람들에 의해서 계속되고 있다.

해설 ✽ 사람 + によって(~에 의해서)! ~によって는 '~에 의해서'라는 의미로, 수동문에서 동작하는 주체에 붙는다. 이번 문제의 구조를 살펴보면「~は~によって~(ら)れる(~은 ~에 의해 ~되다)」가 된다. 혼동되는 선택지 から의 경우, '~로부터'라는 의미로, 뒤에는 わたす(건네다), おくる(보내다) 등 이동과 관련된 동사가 온다. 다른 선택지 ~より(보다)와 ~について(~에 관해서)도 알아 두자.

어휘 祭り 축제 ǀ 長い間 오랫동안 ǀ 村 마을 ǀ 人たち 사람들 ǀ 続ける 계속하다

10 2 입학식 동안 아이들은 선생님의 이야기를 열심히 듣고 있었습니다.

해설 ✽ な형용사 + 동사! 접속 형태만 알고 있어도 간단하게 풀 수 있는 문제이다. 熱心だ는 な형용사로 뒤에 명사가 오면 熱心な(열심히 하는)로 바뀌고, 뒤에 동사가 오면 熱心に(열심

히)로 바뀐다. 이처럼 괄호 뒤에는 동사 聞く(듣다, 묻다)가 있기 때문에 정답은 2번이 된다.

어휘 入学式 입학식 ǀ 間 사이, 동안 ǀ 子どもたち 아이들 ǀ 先生 선생님 ǀ 聞く 듣다, 묻다

11 1 나는 친구와 후지산에 오를 예정입니다.

해설 ✽ 동사 사전형 + つもり(예정)! 우리말로 '~할 예정이다, ~할 생각이다'는 동사 사전형에 つもり다만 붙이면 된다. 정답은「のぼるつもりです(오를 예정입니다)」가 된다. 일상생활에서 자주 사용하는 표현으로 잘 체크해 두자.

어휘 友だち 친구 ǀ 富士山 후지산 ǀ つもり 예정

12 2 역 앞의 채소 가게에서는 여러 가지 종류의 채소를 살 수 있다.

해설 ✽ が + 동사 가능형! 1그룹 동사의 가능형은 동사 끝을 え단으로 바꾸고 る를 붙인다. 즉 かう(사다)→かえる(살 수 있다)가 된다. 체크해 두어야 할 점은 가능형 앞에는 '~을/를'로 해석되어도 무조건 조사 が를 붙인다. 조사를 넣는 문제도 자주 등장하기 때문에 잘 체크해 두자.

어휘 駅前 역 앞 ǀ やおや 채소 가게 ǀ いろいろだ 여러 가지다, 다양하다 ǀ しゅるい 종류 ǀ やさい 채소

13 3 다나카: 모리 씨, 짐이 많네. 나도 들까?
모리: 아, 무겁지 않아서 괜찮아요. 감사합니다.

해설 ✽ 의지·권유형 + か! 1그룹 동사의 의지형(해야지)·권유형(하자)은 동사 끝을 お단으로 바꾸고 う를 붙여준다. 즉 持つ(들다)는 持とう가 되며, '들어야지, 들자'라는 의미를 갖는다. 단, 의지·권유형에 か를 붙이면, 신청이나 제의를 하는 표현이 되며, 정답은 3번「持とうか(들까?)」가 된다. 헷갈리는 선택지 2번은 사역형으로 '들게 할까(持たせるか)'가 되므로 오답이다.

어휘 荷物 짐 ǀ 多い 많다 ǀ 重い 무겁다 ǀ ので ~때문에 ǀ だいじょうぶだ 괜찮다

14 1 그 그림은 매우 예쁘고 근사하네요. 부디 사진을 찍게 해 주세요.

해설 ✽ 동사 사역형 + てください(~하게 해 주세요)! 허가·요구의

표현을 묻는 문제로 동사 사역형에 てください(~하게 해 주세요)를 붙여주면 된다. 다른 선택지의 의미는 とってみる (찍어 보다), とってしまう(찍어 버리다)이며, 4번의 수동형 +てください는 잘못된 표현이므로 해석이 불가하다.

어휘 え 그림 | とても 매우 | きれいだ 예쁘다 | すばらしい 근사하다 | ぜひ 부디 | 写真(しゃしん) 사진

---

15 3 집 냉장고에는 **구입한 채 먹지 않은 채소**가 많이 있다.

해설 ※ **동사 た형 + まま(~한 채)!** 동사 た형+まま는 평상시 같으면 당연히 행해져야 할 일이 아직 실행되지 않았을 때 쓰이며, 우리말로 '~한 채'라고 한다. 정답은 「買(か)ったまま(구입한 채)」가 된다. 다른 선택지 買(か)いそうで(살 것 같아서), 買(か)っている(사고 있는), 買(か)う間(あいだ)(사는 동안)의 의미도 알아 두자.

어휘 家(いえ) 집 | れいぞうこ 냉장고 | 食(た)べる 먹다 | たくさん 많이

문제 2 _____★_____ 에 들어갈 것은 어느 것입니까? 1·2·3·4에서 가장 알맞은 것을 하나 고르세요.

---

16 4 2 場所に 3 できた 4★花屋の 1 店員は

해석 서점이 있던 장소에 생긴 꽃집의 점원은 매우 상냥하다.

해설 ※ **명사 + の + 명사!** '本屋(ほんや)があった(서점이 있던)' 뒤에 접속할 수 있는 것은 '장소에(場所(ばしょ)に)'가 되며, とてもやさしい(매우 상냥하다)의 주어는 花屋(はなや)の店員(てんいん)(꽃집의 점원)이므로 나열하면, 2-3-4-1이 된다. 선택지 3번에 등장한 できる는 '할 수 있다' 외에 '생기다'라는 의미도 있다는 것도 체크해 두자.

어휘 本屋(ほんや) 서점 | 場所(ばしょ) 장소 | できる 생기다 | 花屋(はなや) 꽃집 | 店員(てんいん) 점원 | とても 매우 | やさしい 상냥하다

---

17 1 2 タクシーに 1★乗れば 3 間に合う 4 かもしれないから

해석 스즈키: 수업(시간)에는 이미 늦겠네요.
미나미: 지금 바로 택시를 타면 시간에 맞출 수 있을지도 모르니까 택시로 가자.

해설 ※ **교통수단 + に乗(の)る(~을 타다)!** 빈칸 앞뒤를 보고 내용을 유추할 수 없을 때는 선택지에서 힌트를 찾자. '~을 타다'가 ~に乗(の)る가 되므로, 선택지 2번과 1번을 연결하여 タクシーに

乗(の)れば(택시를 타면)를 완성시킬 수 있고, 가능성을 나타내는 ~かもしれないから(~일지도 모르니까) 앞에 間(ま)に合(あ)う (시간에 맞게 당도하다)를 배치하면 2-1-3-4가 된다.

어휘 授業(じゅぎょう) 수업 | もう 이미, 벌써 | 間(ま)に合(あ)う 시간에 맞게 당도하다 | 今(いま) 지금 | すぐ 바로, 곧장 | タクシー 택시 | ~に乗(の)る ~을 타다 | ~かもしれない ~일지도 모른다 | 行(い)く 가다

---

18 1 2 国へ 1 ★遊びに 3 行く 4 ことに

해석 겨울방학에 친구의 나라에 놀러 가게 되었다.

해설 ※ **결정 표현 ことになる(~하게 되다)!** 첫 번째 빈칸을 보면 앞에 友(とも)だちの(친구의) 뒤에는 명사 国(くに)へ(고국에)가 적당하며, 동사 ます형 +に行(い)く(~하러 가다)와 동사 사전형+ことになる(~하게 되다) 구성으로 배열하면 2-1-3-4가 된다.

어휘 冬休(ふゆやす)み 겨울방학 | 友(とも)だち 친구 | 国(くに) 나라 | 遊(あそ)ぶ 놀다

---

19 3 2 いる 1 飲み物を 3★テーブルに出して 4 おいて

해석 A: 뭔가 도울게요.
B: 그럼, 냉장고에 들어 있는 음료를 테이블에 꺼내 놓아 줄래?

해설 ※ **수고받는 표현 ておいてくれる(~해 봐 줄래?)!** 우선 첫 번째 빈칸에 올 수 있는 단어를 생각해 보면, 앞에서 '냉장고에 들어'라고 했기 때문에 선택지 2번 いる(있는)를 배치하고 ~を~ておく(~을/를 ~해 두다) 표현을 고려하면서 세 가지 선택지를 배열하면 1-3-4이 된다.

어휘 てつだう 돕다 | 入(はい)る 들어가(오)다 | 자동사+ている ~해져 있다(상태) | 飲(の)み物(もの) 음료 | 出(だ)す 꺼내다 | テーブル 테이블 | おく 놓다, 두다 | ~てくれる (다른 사람이 나에게) ~해 주다

---

20 2 4 医者になる 1 という 2 ★ゆめがあった 3 私は

해석 어렸을 때 의사가 되겠다는 꿈이 있었던 나는 매일 밤 늦게까지 공부했습니다.

해설 ※ **인용 표현 ~という(~라고 하는) + 명사!** 우선 네 번째 빈칸에는 매일 밤 늦게까지 공부한다고 했기 때문에 주어는 私(わたし)는(나는)가 올 수 있다. 또한 인용 표현 '~という(~라고 하는)+명사'의 문장 구조를 파악했다면 남은 선택지도 4-1-2로 연결할 수 있다.

어휘 子どものころ 어렸을 때 | 医者 의사 | ~になる ~이/가 되다 | ゆめ 꿈 | 毎日 매일 | 夜 밤 | 遅く 늦게

문제 3 [21] 부터 [25] 에 무엇을 넣습니까? 글의 의미를 생각하여 1·2·3·4에서 가장 알맞은 것을 하나 고르세요.

아래의 글은 린다의 작문입니다.

등산

린다 헌트

　나의 부모님은 등산을 좋아합니다. 매주 토요일은 산에 갑니다. 그 때 항상 나를 [21] 데리고 갔지만, 나는 산에 오르는 것을 좋아하지 않았습니다. 운동을 그다지 하지 않았기 때문에 산에 오르는 것은 매우 힘들었습니다. 부모님은 건강을 [22] 위해서 등산을 시작했습니다. 처음에는 1시간이면 오를 수 있을 정도의 낮은 산에 올랐습니다. 부모님은 항상 '기분 좋다'고 말하면서 오르지만 나는 [23] 전혀 몰랐습니다.

　부모님과 함께 산에 오른 지 1년이 지났습니다. 처음에는 도중에 내려가고 싶어서 운 적도 있습니다. 그러나 지금은 산에 오르는 것을 [24] 즐기게 되었습니다. 이전에는 주변의 경치가 눈에 들어오지 않았었지만, 지금은 파란 하늘도 예쁜 꽃도 매우 좋아합니다. [25] 그리고 가장 좋아하는 것은 산을 내려간 다음에 먹는 밥입니다. 평소보다 훨씬 맛있게 느껴집니다. 그래서 지금은 매주 산에 갑니다. 지금은 부모님이 기분이 좋다고 말했던 마음을 알 수 있습니다.

어휘 両親 부모님 | 山のぼり 등산 | 好きだ 좋아하다 | 毎週 매주 | 土曜日 토요일 | 山 산 | 行く 가다 | その時 그 때 | いつも 항상 | 運動 운동 | あまり~ない 그다지 ~않다 | のぼる 오르다 | とても 매우 | たいへんだ 힘들다 | 健康 건강 | はじめる 시작하다 | 初め 처음 | 低い 낮다 | 気持ち 기분, 마음 | 言う 말하다 | 分かる 알다 | 一緒に 함께 | すぎる 지나다, 넘다 | とちゅうで 도중에 | おりる 내려가다 | 景色 경치 | 入る 들어오(가)다 | ご飯 밥 | いつもより 평소보다 | おいしい 맛있다 | かんじる 느끼다 | だから 그래서

---

[21]　1　**1** 데리고 갔지만　　2　데리고 가지 않았지만
　　　3　혼자서 가게 하지만　4　혼자서 가게 하지 않지만

해설 ※ 역접의 표현 체크! 접속 조사 ~が(~지만)는 역접 표현이다. 선택지는 전부 뒤에 가가 있으므로 공란 뒤에 오는 문장과 반대되는 문장이 와야 한다. 私は山にのぼるのが好きではありませんでした(나는 등산하는 것을 좋아하지 않았습니다)와 역접의 관계에 있는 표현을 고르면 1번과 3번으로 추릴 수 있다. 이 때 앞에서 부모님이 매주 산에 간다고 했기 때문에 같이 가는 것을 알 수 있으므로 1번이 정답이다.

---

[22]　3　1　덕분에　　　　　2　탓에
　　　3　위해서　　　　　4　하도록

해설 ※ 명사の + ために(~을 위해서)! 등산을 시작한 목적은 건강을 위해서이다. 즉 빈칸에는 '~을 위해서'라는 의미를 갖는 3번 「ために」가 된다. 명사에 접속하는 경우에는 명사+の+ために, 동사에 접속하는 경우에는 동사 사전형에 접속한다. 선택지 4번 ように(~하도록, ~하게)도 목적 표현이지만 앞에는 명사가 아니라 동사 なる(되다)나 가능동사처럼 상태를 나타내는 동사가 온다.

---

[23]　3　1　깜빡　　　　　　2　슬슬
　　　3　전혀　　　　　　4　특별히

해설 ※ 문맥 확인하며 부사 넣기! 빈칸의 문장은 산에 오르면 기분이 좋다는 부모님의 말을 이해하지 못했다는 내용이다. 선택지를 먼저 보지 말고 빈칸에 우리말로 넣어 보자. 「両親はいつも『気持ちいい』と言いながらのぼりましたが私は [전혀] 分かりませんでした (부모님은 항상 '기분 좋다'고 말하면서 올랐지만 나는 [전혀] 몰랐습니다)」처럼 빈칸에는 '전혀'라는 의미를 가지고 있는 선택지 3번 「ぜんぜん」이 정답이다.

---

[24]　2　1　Ｘ　　　　　　　**2　즐기게**
　　　3　즐길 뿐　　　　　4　즐길 정도

해설 ※ 역접 접속사 でも(그러나)! 앞 문장과의 연결을 보면 역접의 접속사 でも(그러나)로 연결되어 있다. 즉 앞 문장과 반대되는 내용이 와야 하므로, 初めは…泣いたこともあります (처음에는…운 적도 있습니다) 뒤에는 今は山にのぼるのを

PART 2　언어지식(문법)

즐기게 なりました(지금은 등산을 즐기게 되었습니다)가 된다. 정답은 2번 「楽しむように(즐기게)」이다. 또 한 가지 힌트로는 동사 사전형+ようになる는 '~하게 되다'라는 의미로 변화를 나타낸다.

1 1 그리고   2 만약

      3 또는   4 그런데

해설 ✱ 순접일까 역접일까 접속사 체크! 문장의 문법에서 접속사 문제는 반드시 출제된다. 앞 문장과 뒤 문장의 연결이 순접(비슷한 내용)인지, 역접(반대되는 내용)인지를 파악한다. 빈칸 앞에서 산이 좋은 이유를 이야기하고 있고, 빈칸 뒤에서 그 중 가장 좋아하는 것을 이야기하고 있기 때문에 순접의 접속사 그리고(그리고)가 정답이다.

제2회 실전문제 정답 및 해설

|정답|

1 4	2 2	3 2	4 1	5 3	6 2	7 3
8 4	9 1	10 1	11 2	12 2	13 4	14 4
15 2	16 1	17 1	18 3	19 3	20 3	21 1
22 3	23 2	24 1	25 3			

|해설|

문제 1 (   )에 무엇을 넣습니까? 1·2·3·4에서 가장 알맞은 것을 하나 고르세요.

1   4   버터는 우유로 만들어진다.

해설 ✱ 재료 + から(~부터/로)! 버터는 우유로부터 만들어졌다는 의미로 재료를 나타내는 조사 「から(~로부터/로)」가 정답이다.

어휘 バター 버터 | ぎゅうにゅう 우유 | 作る 만들다

2   2   어제 리포트에 대해서 친구와 이야기했습니다.

해설 ✱ 대상 + と(와/과)! 괄호에 선택지를 넣어서 해석해 보면 友だちで(친구로), 友だちと(친구와), 友だちを(친구를), 友だちの(친구의)가 되는데, 話す(이야기하다)와 어울리는

것은 「と(와/과)」이다. と(와/과)는 동작을 함께하는 상대에게 붙이는 조사이다.

어휘 昨日 어제 | レポート 리포트 | ~について ~에 대해서 | 友だち 친구 | 話す 이야기하다

3   2   하야시: 어제 백화점에 갔었어요.

       우에다: 뭔가 샀어요?

       하야시: 네, 빨간 스커트를 샀어요.

해설 ✱ 의문사 + か(인지·인가)! 선택지를 괄호에 넣어 보면, 何が(무엇이)·何か(뭔가)·何も(아무것도)·何の(무슨)가 되며, 자연스러운 표현은 「何か(뭔가)」이다. 의문사+か(부조사)는 불확실함을 말해 주며, 何が(무엇이)와 헷갈려서는 안 된다. 자주 나오는 표현 だれか(누군가), どこか(어딘가), いつか(언젠가)도 함께 알아 두자.

어휘 デパート 백화점 | 行く 가다 | 何 무엇 | 買う 사다 | 赤い 빨갛다 | スカート 치마

4   1   나는 레스토랑의 예약을 아빠에게 부탁받았습니다.

해설 ✱ 사람に + 수동형(れる·られる)! 수동문의 경우 당하는 사람과 동작을 하는 사람에 붙는 조사가 중요하다. 수동문의 구조는 私 は ~ に ~(ら)れる(나는 ~에게 ~받다/당하다)가 된다. 해당 문제도 같은 구조로 私 は 父 に たのまれました(나는 아버지에게 부탁받았습니다)가 된다. 수동·사역·사역 수동 표현은 앞의 조사만 잘 체크해도 간단하게 풀 수 있다.

어휘 レストラン 레스토랑 | 予約 예약 | 父 아빠 | たのむ 부탁하다

5   3   누구라도 실패하는 일은 있어.

해설 ✱ 의문사 + でも(라도)! 선택지를 살펴보면 だれも(아무도)·だれか(누군가)·だれでも(누구라도)·だれが(누가) 중 어울리는 표현은 「だれでも(누구라도)」가 된다. 의문사+でも는 '~라도, ~든'로 해석되어 전면적인 긍정을 나타낸다. 정답의 だれでも(누구라도)와 함께 いつでも(언제라도), どこでも(어디라도), なんでも(무엇이든)도 함께 알아 두자.

어휘 しっぱい 실패 | こと 일, 것

6 ② 学校가 휴일인 동안 영어 공부를 했습니다.

해설 * 명사の + 間(동안, 사이)! 문법의 접속 형태를 묻는 문제이다. 상태나 동작이 계속되는 기간을 나타내는 표현「間(あいだ)」는 '~동안, 사이'라는 의미이며, 명사와 함께 오는 경우 '명사の+間'로 접속한다. 동사의 경우 동사 사전형·진행형에 접속한다. 주의할 점은 '~동안, 사이'의 의미를 나타낼 때, 間で(X)는 잘못된 표현이라는 것이다.

어휘 学校 학교 | 休み 휴일, 휴식 | 英語 영어 | 勉強 공부

7 ③ 아들은 지난달 중학교를 졸업했습니다.
곧 고등학교 입학식입니다.

해설 * 부사 もうすぐ(곧)! 앞 문장의 卒業(졸업)와 뒷 문장의 入学式(입학식) 사이에 들어갈 수 있는 부사는 あまり(그다지)·だいたい(대개)·もうすぐ(이제 곧)·だんだん(점점) 중에서 시간적으로 머지않음의 의미를 지닌「もうすぐ (이제 곧)」가 된다.

어휘 息子 아들 | 先月 지난달 | 中学 중학교 | 卒業 졸업 | 高校 고등학교 | 入学式 입학식

8 ④ 회사에 가는 버스가 좀처럼 오지 않았기 때문에 택시를 타고 갔습니다.

해설 * なかなか~ない(좀처럼 ~않다)! 부사 なかなか(좀처럼)는 뒤에 부정 표현을 동반하여 なかなか~ない(좀처럼 ~하지 않다)로 사용된다. 문제에서 빈칸 앞뒤로 버스가 오지 않는다는 내용이 있기 때문에 선택지 중 어울리는 표현은「なかなか(좀처럼)」이다.

어휘 会社 회사 | バス 버스 | 来る 오다 | ので ~때문에 | タクシー 택시 | ~に乗る ~을 타다

9 ① 기무라: 내일 같이 영화를 보러 가지 않을래요?
야마다: 죄송합니다. 가고 싶지만, 내일은 약속이 있습니다.

해설 * 거절 표현에 주목! 괄호 뒤 ごめんなさい(죄송합니다)가 등장한 것으로 보아 영화를 보러 가자는 제안에 거절하는 표현이 와야 한다. 선택지에는 공통적으로 行く(가다)가 있는데 선택지 1번을 제외한 나머지 선택지는 순접의 표현으로 괄호 안에 넣었을 때 부자연스러우며, 가고 싶지만 갈 수 없다는「行きたいけれど(가고 싶지만)」가 정답이다.

어휘 明日 내일 | いっしょに 함께 | 映画 영화 | 見る 보다 | 約束 약속

10 ① 이 멜론은 너무 커서 상자에 들어가지 않는다.

해설 * い형용사い + すぎる(지나치게 ~하다)! 접속 형태를 묻는 문제로 い형용사의 어간에 동사 すぎる(지나치다)가 접속하여 정도의 지나침을 나타낸다. 따라서 大きすぎる는 '지나치게 크다, 너무 크다'로 해석할 수 있으며 정답은 1번이 된다.

어휘 メロン 멜론 | 大きい 크다 | はこ 상자 | 入る 들어가(오)다

11 ② 지난주에 도서관에서 책을 빌렸습니다. 전부 읽는 데 일주일 걸렸습니다.

해설 * のに의 여러가지 용법! のに는 ①'~인데, ~인데도 불구하고'라는 의미로 예상되는 것과 다른 결과를 나타낼 때 사용하는 표현과 ②'~하는 데'라는 의미로 용도나 목적 등을 말할 때 사용한다. 이때 뒤에는 '便利だ(편리하다), 必要だ(필요하다), かかる(걸리다), 使う(사용하다)' 등의 동사가 등장한다. 해당 문제는 1週間かかりました(일주일 걸렸습니다)로 보아 ②의 용법에 해당한다.

어휘 先週 지난주 | 図書館 도서관 | 本 책 | 借りる 빌리다 | ぜんぶ 전부 | 1週間 일주일 | かかる 걸리다, 소요되다

12 ② 벨소리가 들려서 일어났습니다.

해설 * 동사 의미 체크 聞く(듣다)·聞こえる(들리다)! 동사 聞く(듣다)는 조사 を를, 聞こえる(들리다)는 が를 필요로 한다. 정답은「聞こえた(들렸다)」가 된다. 聞かれる는 수동 표현으로 '듣게 되다'이므로 오답, 聞かせる는 사역 표현으로 '듣게 하다'가 되므로 오답이다.

어휘 ベル 벨 | 起きる 일어나다

13 ④ 나는 펜을 (집에) 두고 와서 옆 사람에게 빌려 받았습니다.

해설 * 주고 받는 표현 てもらう(~해 받다)! 내가 타인에게 펜을 빌려 받는 상황이므로「もらいました(받았습니다)」가 정답이다. てもらう의 문장 구조는 私 は ~ に ~てもらう(나는 ~에게 ~해 받다)이고, 주어가 타인일 경우, ~ が 私 に ~てくれる(~가 나에게 ~해 주다)가 되므로

혼동해서는 안 된다.

어휘 ペン 펜 | 忘れる 잊다, 잊고 오다 | となり 옆, 이웃 | ひと り 사람 | 貸す 빌려주다

---

14 **4** 毎朝 ジョギングを するために いつもより 早く 起きて います.

매일 아침 조깅을 하기 위해서 평소보다 빨리 일어나고 있습니다.

해설 ✱ 동사 사전형 + ために(~하기 위해서)! 평소보다 빨리 일어나는 이유는 조깅을 하기 위해서이므로 ために(~위해서)가 들어가야 적합하다. 이때 문법의 접속 형태는 동사 사전형이므로 するために(~하기 위해서)가 정답이다. 문법의 의미를 알고 있어도 접속 형태를 모르면 틀릴 수 있으니 접속 형태에 유의하자.

어휘 毎朝 매일 아침 | ジョギング 조깅 | 早く 빨리 | 起きる 일어나다 | ~ている ~하고 있다

---

15 **2** 모리: 다나카 씨의 생일에 무엇을 줄까요?
우에다: 케이크는 어때요?
모리: 좋네요. 다나카 씨는 단 것을 좋아하니까 분명 기뻐할 거예요.

해설 ✱ きっと~でしょう(분명~일 거야)! 부사 きっと(분명) 뒤에는 주로 추측 표현이 온다. 다나카 씨는 단 것을 좋아하니까 케이크를 주면 분명 기뻐할 것이라는 문맥이 자연스럽다. 정답은 「よろこぶでしょう(기뻐할 거예요)」이다. 추가로 でしょう(~일 거예요)의 반말체 ~だろう(~겠지)도 함께 알아두자.

어휘 たんじょうび 생일 | あげる (내가 다른 사람에게) 주다 | ケーキ 케이크 | あまい 달다 | もの 것 | 好きだ 좋아하다 | きっと 분명

문제 2 ___★___ 에 들어갈 것은 어느 것입니까? 1·2·3·4에서 가장 알맞은 것을 하나 고르세요.

---

16 **1** 2 駅 4 で 1★だれ 3 か

해석 미나미: 다나카 씨, 역에서 ABC회사까지 가는 법을 알아요?
다나카: 아니요, 모릅니다. 역에서 누군가에게 물어봅시다.

해설 ✱ 의문사 + か(인가, 인지)! 선택지를 보면 조사 で앞에 올 수 있는 것은 2번의 駅이다. 먼저 2-4을 묶어 두자. 이어서 자주 등장하는 의문사 だれ(누구)에 부조사 か를 붙여 だれか(누

군가)를 완성시켜서 배열하면 2-4-1-3이 된다.

어휘 会社 회사 | 行き方 가는 방법 | わかる 알다 | 駅 역 | だれ か 누군가 | 聞く 묻다, 듣다 | ~てみる ~해 보다

---

17 **1** 4 帰る 1★のが 2 遅く 3 なる

해석 오늘은 일이 끝난 후에 약속이 있어서 귀가하는 것이 늦어질 지도 모릅니다.

해설 ✱ い형용사い + くなる! 우선 선택지의 なる(되다)에 접속 할 수 있는 것은 2번 遅く(늦어) 밖에 없으므로 2-3으로 묶 는다. 나머지 선택지에서 のが(것이)를 帰る(돌아가다) 뒤에 배열하면 4-1-2-3이 된다.

어휘 仕事 일 | ~の後 ~후에 | 約束 약속 | 帰る 돌아가(오)다 | 遅い 늦다 | ~かもしれない ~일지도 모른다

---

18 **3** 1 まだ 読んで 3★いなかったら 4 ぜひ 読んで 2 もらいたい

해석 이 만화를 읽은 적이 있습니까? 만일 아직 읽지 않았다면 꼭 읽었으면 하니까 다음에 책을 빌려줄게요.

해설 ✱ 희망 요구 표현 てもらいたい(해 줬으면 좋겠다)! 2번 もらい たい 앞에 올 수 있는 것은 '명사+を' 혹은 '동사 て형'이다. 즉 1번 혹은 4번이 앞에 올 수 있고 ~てもらいたい는 다른 사람이 '~했으면 좋겠다'는 의미이므로 ぜひ読んでもらい たい(꼭 읽었으면 좋겠다) 4-2로 묶을 수 있다. 그리고 부사 まだ~ていない(아직 ~하지 않다) 1-3을 연결해서 배열하 면 1-3-4-2가 된다.

어휘 まんが 만화 | 読む 읽다 | もし 만일 | まだ 아직 | ぜひ 부 디, 꼭 | ~てもらう ~해 받다 | ~たい ~하고 싶다 | 今度 이번, 다음 | 本 책 | 貸す 빌려주다

---

19 **3** 4 して 3★から 2 買おうと 1 思って

해석 모리: 기무라 씨는 휴대전화를 가지고 있지 않습니까?
기무라: 네, 고등학교를 졸업하고 나서 사려고 생각하고 있습니다.

해설 ✱ 동사 의지형 + と思う(~하려고 생각하다)! 우선 첫 번째에 올 수 있는 것을 생각 해 보자. 卒業(졸업)에 붙을 수 있는 동사 する를 배치시킬 수 있다. 이어서 ~てから(~하고 나서)를 연결하면 3번, 예정 표현인 '의지형+と思う(~하려고 생각하다)' 2-1을 연결하면, 4-3-2-1이 된다.

어휘 ケータイ 휴대전화 | 高校_{こうこう} 고등학교 | 卒業_{そつぎょう} 졸업 | ~てから ~하고 나서 | 買う_か 사다 | 思う_{おも} 생각하다

20 3 _4 降り 1 そうだから 3★傘を 2 忘れないで_

해석 오늘은 비가 내릴 것 같기 때문에 우산을 잊지 마세요.

해설 ※ 금지 표현 ないでください(~하지 마세요)! 먼저 ください (주세요) 앞에 올 수 있는 표현을 선택지에서 고르면 금지 표현인 ~ないでください(~하지 말아 주세요)가 된다. 이어서 추측 표현인 '동사 ます형+そうだ(~일 것 같다)' 4-1을 연결하면 降りそうだから(내릴 것 같기 때문에)가 된다.

어휘 雨_{あめ} 비 | 降る_ふ 내리다 | 傘_{かさ} 우산 | 忘れる_{わす} 잊다 | ~ないでください ~하지 마세요

문제 3 [21] 부터 [25] 에 무엇을 넣습니까? 글의 의미를 생각하여 1·2·3·4에서 가장 알맞은 것을 하나 고르세요.

아래의 문장은 유학생의 작문입니다.

일본의 문화

리사 마리

저는 미국 [21] 에서 온 리사입니다. 5년 전에 혼자서 일본에 왔습니다. 일본에 오기 전에는 일본어를 전혀 말하지 못했기 때문에 오고 나서 몇 개월간은 힘들었습니다. 미국과는 문화도 제법 다르기 때문에 처음에는 미국에 돌아가고 싶다고 생각한 적도 있습니다. 그러나 학교에 다니고 나서부터 나의 생각은 [22] 바뀌었습니다. 그곳에서 친구가 된 사람이 일본어를 친절하게 가르쳐 주었습니다. 일본의 문화나 맛있는 음식도 소개해 주었습니다.

그 중에서도 제가 가장 놀란 것은 집에 [23] 들어갈 때 신발을 벗는 것입니다. 미국은 밖에서도 집 안에서도 신발을 신고 생활합니다. [24] 물론 샤워를 할 때에는 벗습니다. 그러나 그 이외에는 계속 신고 있습니다. 친구의 집에 처음 놀러 갔을 때 모두 신발을 벗고 있기 때문에 저는 왜일까 하고 생각했었습니다. 그러나 저도 일본에서 생활하면서 익숙해졌기 때문에 지금은 [25] 불편하지 않습니다. 집 안도 더러워지지 않아서 좋습니다.

어휘 アメリカ 미국 | 来る_く 오다 | 一人で_{ひとり} 혼자서 | 日本語_{にほんご} 일본어 | ぜんぜん 전혀 | 話す_{はな} 말하다, 대화하다 | 数ヵ月間_{すう}_{げつかん} 몇

개월간 | 大変だ_{たいへん} 힘들다 | 文化_{ぶんか} 문화 | けっこう 제법 | 違う_{ちが} 다르다 | 初め_{はじ} 처음 | 帰る_{かえ} 돌아가(오)다 | 通う_{かよ} 다니다 | 考え_{かんが} 생각 | やさしい 친절하다, 상냥하다 | 教える_{おし} 가르치다 | ~てくれる (다른 사람이 나에게) ~해 주다 | おいしい 맛있다 | 食べ物_た_{もの} 먹을 것 | 紹介_{しょうかい} 소개 | その中で_{なか} 그중에서도 | 一番_{いちばん} 가장 | びっくりする 놀라다 | くつ 신발, 구두 | 脱ぐ_ぬ 벗다 | 履く_は (하의, 신발을)신다 | シャワーをあびる 샤워를 하다 | 以外_{いがい} 이외 | ずっと 계속 | 遊ぶ_{あそ} 놀다 | ~に行く_い ~하러 가다 | みんな 모두 | 生活_{せいかつ} 생활 | 慣れる_な 익숙하다 | 汚れる_{よご} 더러워지다

21 1 1 ~에서(부터)   2 ~까지
      3 ~에서   4 (장소)에

해설 ※ 출신을 나타내는 표현 체크! から(~에서부터)는 장소·시간·사람으로부터의 출발 기점을 나타내므로 정답은 1번이 된다. 주의할 점은 우리말로 직역해서 で(에서)와 혼동해서는 안 된다. 장소+で(에서)는 출발점이라는 뉘앙스는 없고 행동을 하는 장소만을 말해 준다.

22 3 1 바뀝니다   2 바뀌지 않습니다
      3 바뀌었습니다   4 않았습니다

해설 ※ 역접의 접속사 で(에서)! 문장이 でも(그러나)로 시작하기 때문에 이전에 갖고 있던 생각과는 다른 생각을 한다는 것을 알 수 있다. 또한 나의 생각이 바뀐 것은 과거이므로 과거 시제인 「変わりました(바뀌었습니다)」가 정답이다.

23 2 1 들어가기에   2 들어갈 때
      3 들어갈 쯤   4 들어갈 정도

해설 ※ 동사 사전형 + 時(~일 때)! ~時(~일 때)는 뒤에 이어지는 동작 또는 상태가 언제 일어나는지를 말해주는 표현이다. 접속은 동사 사전형+時(~할 때), 동사 た형+時(~했을 때)가 된다. 해당 문제도 신발을 벗을 때는 家に入る時(집에 들어갈 때)가 된다. 주의할 점은 선택지 3번 ころ인데, ころ는 특정하지 않은 대략의 시간을 말하며 우리말로 '~쯤, 경'을 뜻하기 때문에 오답이다.

24 1 1 물론　　　　　2 과연

3 그리고　　　　4 그래서

해설 ※ 앞뒤 문맥 체크 당연함을 말해 주는 もちろん(물론) ! 빈칸 앞뒤
를 확인해 보면 미국은 밖에서도 집에서도 신발을 신고 생활
한다고 하면서 샤워를 할 때에는 벗는다는 문장이 등장했다.
두 문장 사이에는 '물론' 혹은 '말할 것도 없이' 등의 당연한
것을 말할 때 허용하는 もちろん(물론)을 넣어야 자연스럽
다. 다른 선택지 なるほど(과연), そして(그리고), それで
(그래서)도 알아두자.

25 3 1 불편했습니다　　　2 불편할지도 모릅니다

3 불편하지 않습니다　4 불편하지 않았었습니다

해설 ※ 역접의 접속사 でも(하지만)와 시제 체크 ! 앞 내용에서 예전
에는 신발을 벗고 있는 것이 이해가 안 되었다고 서술했다.
이어서 でも(하지만)가 등장하면서 반대되는 내용이 나올 것
을 유추할 수 있다. 반대되는 내용이 나오려면 「今は不便で
はありません(지금은 불편하지 않습니다)」이 자연스럽다.

제3회 실전문제 정답 및 해설

| 정답 |

1 3	2 1	3 2	4 2	5 4	6 3	7 2
8 3	9 2	10 1	11 3	12 3	13 4	14 1
15 2	16 4	17 3	18 4	19 3	20 3	21 2
22 1	23 3	24 2	25 4			

| 해설 |

문제 1 (　　)에 무엇을 넣습니까? 1 · 2 · 3 · 4 에서 가장
알맞은 것을 하나 고르세요.

1 3 오늘은 숙제가 적었기 때문에 1시간만에 끝났습니다.

해설 ※ 시간 + で(~이면/만에) ! 조사 で만 보고 '~으로, ~에서'로
해석하기 쉽지만, 「(시간)で(~이면/만에)」와 같이 시간과 함
께 오는 경우 '비교적 짧은 시간 안에' 라는 의미를 갖는다.

어휘 今日 오늘 | しゅくだい 숙제 | 少ない 적다 | 終わる 끝나
다

2 1 여동생은 병나서 부모님을 걱정시켰습니다.

해설 ※ を(을/를) + 사역형(させる) ! 사역형 (さ)せる는 강제로 시
킬 때도 사용하지만, 心配させました(걱정시켰습니다)처럼
다른 사람의 심리적인 변화나 감정적인 동작을 불러 일으킬
때에도 사용된다. 心配させました(걱정시켰습니다) 앞에는
조사 を(을/를)를 사용한다.

어휘 妹 여동생 | 病気になる 병나다, 병에 걸리다 | 両親 부모
님 | 心配 걱정

3 2 야마다 씨와 다르게 그녀는 매우 상냥하네요.

해설 ※ 조사 と(~와/과) ! 조사 と는 단어를 연결할 때(~와) 혹은
인용할 때(~라고) 사용된다. 빈칸 뒤의 동사 違う(다르다)와
함께 붙는 경우 ~と違う(~와 다르다)로 해석한다. と는 문
장에 따라 다양하게 사용되고, 시험에서 3회 이상 출제되었
으니 반드시 알아두자.

어휘 違う 다르다 | 彼女 그녀 | とても 매우 | やさしい 상냥하
다

4 2 남동생은 항상 시끄럽다. 조용할 때는 잘 때뿐이다.

해설 ※ 한정하는 표현 だけ(만/뿐) ! 남동생이 조용할 때는 잘 때뿐이라
고 한정하는 문장이므로 「だけ(만/뿐)」가 정답이다. 헷갈리는
선택지 しか(밖에)는 뒤에 부정 표현을 동반하니 주의하자.

어휘 弟 남동생 | いつも 항상 | うるさい 시끄럽다 | 静かだ 조
용하다 | 寝る 자다 | とき 때

5 4 모리: 합격 선물로 오빠(형)에게 무엇을 받았어요?

미나미: 오빠(형)으로부터는 손목시계를 받았습니다.

해설 ※ 강조할 때 사용하는 조사 は(은/는) ! もらう(받다)의 문장에서
주는 사람 뒤에는 조사 に(에게)나 から(으로부터)를 사용하
며, から를 더 강조해 주기 위해서 조사 は(은/는)를 붙인다.
정답은 「からは(~로부터는)」이다.

어휘 合格 합격 | プレゼント 선물 | お兄さん 남의 형(오빠) |
何 무엇 | もらう 받다 | 腕時計 손목시계

6 3 스즈키: 밖이 시끄럽네요. 무슨 소리일까요?

마에다: 아, 공사하는 소리예요.

해설 ※ 何の(무슨) + 명사 ! 불명확한 것을 말할 때 자주 사용하는

'무슨, 어떤'은 なんの라고 한다. 해당 문제도 밖에서 들리는 소리가 무슨 소리인지 불명확하므로 정답은 「なんの(무슨)」이다. 다른 선택지 どれ(어느 것), どうして(왜), なんで(어째서)는 音(소리)를 꾸며주기에 부자연스럽다.

外 밖 | 音 소리 | 工事 공사

[7] 2 모리: 여보세요, 기무라 씨. 지금 어디 있어요?

기무라: 역 앞 서점이요.

모리: 그럼 거기서 기다리고 계세요. 지금 갈게요.

해설 ✻ 지시어에 주목! ここ(여기)와 そこ(거기)의 차이는 ここ(여기)는 말하고 있는 사람이 있는 장소를 의미하고 そこ(거기)는 그 상대방이 있는 장소를 의미한다. 괄호 안에 들어갈 자연스러운 표현은 「そこで(거기에서)」가 된다.

어휘 もしもし 여보세요 | 今 지금 | どこ 어디 | 駅前 역 앞 | 本屋 서점 | 待つ 기다리다 | ~てください ~해 주세요 | 行く 가다

[8] 3 다음 시합은 몇 시에 시작할지 물어보겠습니다.

해설 ✻ 부조사 か(~인지)! 시험에 자주 출제되는 부조사 か(인지)는 정보가 불확실 할 때 자주 사용된다. 해당 문제도 다음 시합이 언제 시작하는 것인지 정보가 불확실하므로 괄호안에는 「始まるか(시작할지)」가 자연스럽다.

어휘 次 다음 | 試合 시합 | 何時 몇시 | 聞く 묻다, 듣다

[9] 2 청소를 한 후에 쇼핑하러 갑니다.

해설 ✻ 동작의 순서를 나타내는 たあとで(~한 후에)! 빈칸 앞에는 '청소', 뒤에는 '쇼핑하러 간다'는 문장이 왔으므로 시간의 순서를 나타내는 「したあとで(한 후에)」가 정답이다. 동작의 순서를 나타내는 표현 '동사 사전형+前に (~하기 전에), 동사 て형+から(~하고 나서)'도 함께 알아두자.

어휘 そうじ 청소 | 買い物 쇼핑

[10] 1 엄마에게 받은 반지이기 때문에 소중히 여기고 있습니다.

해설 ✻ な형용사의 부사화! な형용사인 大切だ(소중하다)는 뒤에 동사를 수식해 줄 때 大切に가 되며, する(하다)나 なる(되다)와 함께 大切にする(소중히 여기다), 大切になる(소중해지다)의 형태로 자주 사용된다. 문맥상 괄호 안에 들어갈

것으로 적당한 것은 「大切にしています(소중히 여기고 있습니다)」가 된다.

어휘 母 엄마 | ゆびわ 반지 | ので ~때문에 | 大切だ 소중하다

[11] 3 나는 벌레가 싫어서 보는 것도 싫습니다.

해설 ✻ 형식 명사 の(~것)! 먼저 선택지의 의미를 살펴보면 見たあと(본 후), 見る前(보기 전), 見るのも(보는 것도), 見るのを(보는 것을)가 된다. 시간적 전후를 물어보는 문장이 아니므로 1번과 2번은 오답이며 いやだ(싫다) 앞에는 조사 を(을/를)를 사용하지 않으므로 4번도 오답이다. 따라서 정답은 3번 「見るのも(보는 것도)」이다.

어휘 虫 벌레 | きらいだ 싫다 | いやだ 싫다

[12] 3 다나카: 지난주는 리포트를 도와줘서 너무 고마웠습니다.

모리: 아니에요, 천만에요.

해설 ✻ 주고 받는 표현 てくれる(~해 주다)! 공란 뒤에 ありがとうございます(감사합니다)는 감사 표시이므로 상대방이 나를 도와준 상황이다. 다른 사람이 나에게 어떠한 행동을 해 준 경우에는 てくれる(~해 주다)로 표현하며, 정답은 3번 「てつだってくれて(도와줘서)」이다. 헷갈리는 선택지 2번의 てつだってあげて(도와줘서)는 내가 남을 도와줬을 때 사용하므로 오답이다.

어휘 先週 지난주 | レポート 리포트

[13] 4 야마시타: 어제 집에 가는 길에 역 앞에서 기무라 씨와 하야시 씨가 데이트 하고 있는 것을 봤습니다.

미나미: 아, 그래서 기무라 씨가 서둘러서 귀가한 거군요.

해설 ✻ 납득 표현 だから~んだ(그래서~구나)! のだ/んだ는 강조하거나 이유를 설명할 때 등장한다. 앞에서 사실이나 사태를 말하고, だから~のだ/んだ(그래서~구나)의 형태로 말하는 사람이 이해한 것을 나타낼 때 사용한다. んだ는 のだ의 회화체이다.

어휘 帰り 돌아가는 길, 귀갓길 | デート 데이트 | ~ている ~하고 있다 | 見る 보다 | だから 그래서 | 急ぐ 서두르다

[14] 1 (레스토랑에서)

야마다: 자리가 없네요.

이: 앗, 저기 자리가 빌 것 같습니다.

야마다: 정말이네요. 빌 때까지 잠깐 기다릴까요?

해설 ＊ 동사 ます형 + そうだ (~일 것 같다)！ 추측 표현 そうだ는 어떤 상황을 보고 이제 곧 뭔가가 일어날 것 같다고 하는 생각을 나타낼 때 사용하는 표현으로 괄호에는 「空きそうです(빌 것 같아요)」가 적당하다. 마에다 씨가 마지막에 빌 때까지 기다리자고 했으므로 선택지 2번 空きました(비었습니다)나 空いています(비어 있습니다)는 오답이며, 4번의 空いたらしいです는 '빈다고 합니다'라는 표현이므로 오답이 된다.

어휘 席 자리 ㅣ あそこ 저기, 저곳 ㅣ 空く (자리 등이) 비다 ㅣ 本当 정말 ㅣ 少し 조금 ㅣ 待つ 기다리다

15 ② 스즈키: 야마다 씨, 회의 준비는 끝났습니까? 도울까요?

야마다: 감사합니다. 그럼 노트북을 옆 회의실에서 가져 와 줄 수 있어요?

스즈키: 네, 알겠습니다.

해설 ＊ 부탁 표현 ～てもらえますか (~해 줄 수 있어요?)！ 직역했을 때에는 정답을 찾기 어려울 수 있다. 「～てもらえますか」를 직역하면 '~해 받을 수 있을까요?' 의역하면 '~해 줄 수 있어요?'가 된다. 따라서 「持ってきてもらえますか(가져와 주실 수 있습니까?)」가 정답이다.

어휘 会議 회의 ㅣ じゅんび 준비 ㅣ 終わる 끝나다 ㅣ てつだう 돕다 ㅣ ノートパソコン 노트북 ㅣ となり 옆, 이웃 ㅣ 会議室 회의실 ㅣ わかる 알다

문제 2 ＿＿＿ ★ 에 들어갈 것은 어느 것입니까? 1·2·3·4에서 가장 알맞은 것을 하나 고르세요.

16 ④ ② 今 ① 食べた ④ ★ところ ③ なん

해석 하야시: 우에다 씨, 지금부터 식사라도 하는 거 어때요?
우에다: 죄송해요. 마침 지금 막 먹었어요.

해설 ＊ 동사 た형 + ところだ (막~한 참이다)！ 동사 た형+ところ だ는 행동 직후의 시점을 나타내는 표현으로 '막 ~했다'라는 의미이며, 앞에 今(지금)이라는 부사가 오면 더 자연스럽다. 그리고 なんです은 なのです의 회화체로 강조하는 표현인데, 특별히 해석은 하지 않아도 된다. 이대로 배열하면 2-1-

4-3이 된다. 참고로 동사 사전형+ところだ (~할 참이다), 동사 진행형+ところだ (한창 ~하고 있는 중이다)도 함께 알아 두자.

어휘 食事 식사 ㅣ ちょうど 마침, 딱 ㅣ 今 지금 ㅣ 食べる 먹다

17 ③ ② そんな ③ ★服 ① で ④ は

해석 내일은 중요한 회의가 있기 때문에 그런 옷으로는 안 됩니다.

해설 ＊ 지시어 위치 체크！ 선택지의 そんな(그런)는 명사를 수식하는 지시어로 2-3으로 묶을 수 있다. いけません(안 됩니다)이 명사와 붙을 때에는 명사+ではいけません(~로는 안 됩니다)로 접속 한다.

어휘 明日 내일 ㅣ 重要だ 중요하다 ㅣ 会議 회의 ㅣ ふく 옷 ㅣ いけません 안 됩니다

18 ④ ② 食べるのと ① 店に ④ ★食べに ③ 行くのと

해석 야마시타: 기무라 씨, 저녁은 집에서 만들어서 먹는 것과 가게에 먹으러 가는 것 중 어느 쪽을 좋아합니까?
기무라: 저는 요리를 하는 것을 좋아해요.

해설 ＊ 비교 표현 ～と～とどちらが (~와 ~중 어느 쪽이)！ ～と～とど ちら (~와 ~중 어느 쪽)는 두 개의 물건이나 상황을 비교하면서 질문할 때 사용하는 표현이다. と 앞에 동사가 접속될 경우에는 형식명사 の를 넣어서 食べるのと行くのとどちら의 형태로 만들어 주면 된다. 이어서 行く 앞에는 목적을 나타내는 店に食べに(가게에 먹으러)를 배열하면 2-1-4-3이 된다.

어휘 夕食 저녁 ㅣ 家 집 ㅣ 作る 만들다 ㅣ 店 가게 ㅣ 料理 요리 ㅣ 好きだ 좋아하다

19 ① ③ 形 ② の ① ★赤くて ④ 甘い

해석 외국인 친구의 집에서 둥근 모양의 빨갛고 단 과일을 먹었습니다.

해설 ＊ い형용사 + 명사！ 먼저 선택지 중 い형용사 丸い 뒤에 접속할 수 있는 것은 명사인 形(모양)이다. 形(모양) 뒤에는 조사 の(의)를 붙여서 3-2를 배열할 수 있고, 이어서 い형용사 두 개를 て형으로 연결해서 赤くて(빨갛고), 甘い(달다)를 배열하면 3-2-1-4를 완성시킬 수 있다.

어휘 外国人 외국인 ㅣ 友だち 친구 ㅣ 家 집 ㅣ 丸い 둥글다 ㅣ 形 모

양 | 赤い 빨갛다 | くだもの 과일

る 연락하다 | 終わる 끝나다 | お礼 답례 | スパゲッティ 스파게티 | ピザ 피자 | 近く 근처 | 一度 한 번 | おいしい 맛있다 | 紹介する 소개하다 | イタリアン 이탈리안 | 好きだ 좋아하다 | うどん 우동 | 店 가게 | では 그럼 | 返事 답장 | 待つ 기다리다

20   3   4 旅行に 3 ★行く 2 ために 1 ちょきん

해석 부모님과 함께 여행을 가기 위해 저금을 하고 있습니다.

해설 ＊ 목표 + ために(위해서)! 우선 맨 마지막 빈칸에 배치할 수 있는 것은 조사 を(을/를)가 있기 때문에 선택지 중 명사인 ちょきん(저금)이 된다. 이어서 목적을 설명하는 표현 동사 사전형+ために(~하기 위해서)를 고려하여 나열하면 旅行に行くために(여행을 가기 위해서) 4-3-2-1이 된다.

어휘 両親 부모님 | いっしょに 함께 | 旅行 여행 | 行く 가다 | ちょきん 저금

문제 3 **21** 부터 **25** 에 무엇을 넣습니까? 글의 의미를 생각하여 1·2·3·4에서 가장 알맞은 것을 하나 고르세요.

아래의 문장은 제니 씨가 나나 씨에게 쓴 편지입니다.

나나 씨에게

　나나 씨, 안녕하세요. 제니입니다.

지난주에 나나 씨가 **21** 빌려준 책 덕분에 리포트를 쓸 수 있었습니다. 역시 역사는 어려워서 나나 씨의 책이 없었다면 쓸 수 없었을 거예요. 나나 씨도 영어 시험 공부로 바쁠 텐데 도와줘서 정말로 고맙습니다. **22** 영어라면 도울 수 있다고 생각하니까 혹시 모르는 것이 있으면 연락해 주세요.

　23 그리고 시험이 끝나면 함께 맛있는 것을 먹으러 가지 않겠습니까? 나나 씨에게 답례를 하고 싶습니다. 스파게티나 피자 등을 **24** 팔고 있는 가게가 학교 근처에 있습니다. 한번 가 본 적이 있습니다만 너무 맛있어서 나나 씨에게도 소개하고 싶습니다. 혹시 이탈리안 요리를 좋아하지 않는다면 **25** 말해 주세요. 우동이 맛있는 가게도 있습니다.

　그럼 연락을 기다리고 있겠습니다.

어휘 先週 지난주 | おかげで 덕분에 | レポート 리포트 | 書く 쓰다 | やはり 역시 | 歴史 역사 | むずかしい 어렵다 | 英語 영어 | テスト 시험 | 勉強 공부 | いそがしい 바쁘다 | てつだう 돕다 | ~てくれる (다른 사람이 나에게) ~해 주다 | 本当に 정말로 | 思う 생각하다 | もし 혹시 | 連絡す

21   2   1 (내가) 빌려주었다   2 (다른 사람이) 빌려주었다
　　　　3 X   4 X

해설 ＊ 주고받는 표현 체크! 주어가 ななさんが(나나 씨가)이기 때문에 나나 씨가 나에게 빌려준 책이라는 것을 알 수 있다. 따라서 '다른 사람이 나에게 ~해 주다'에 해당하는 주고받는 표현은 てくれる의 문형이 들어간 「かしてくれた(빌려주었다)」가 정답이다. 헷갈리는 선택지 1번 かしてあげた(빌려주었다)는 내가 다른 사람에게 빌려줬을 때 사용하므로 정답과는 반대되는 상황이라 오답이다. 주의할 점은 이때 동사 かす(빌려주다)를 꼭 사용해야 하는 것이다. 3번과 4번 선택지처럼 かりる(빌리다)를 사용해서는 안 된다.

22   1   1 영어라면   2 영어만큼
　　　　3 영어만   4 영어밖에

해설 ＊ 조언·의견 표현 なら! 가정 표현 なら는 앞에서 등장한 화제나 상황에 대해 조언, 의지, 의견 등을 말할 때 사용한다. 본문에서 앞에 등장한 화제는 ナナさんも英語のテストの勉強でいそがしい(나나 씨도 영어 시험 공부로 바쁘다)이고, 이어서 조언이나 의견을 말하기 위해 가정법 なら를 활용해 英語ならてつだうことができる(영어라면 도와줄 수 있다)라고 말하고 있다. 정답은 「英語なら(영어라면)」가 된다.

23   3   1 그러나   2 또는
　　　　3 그리고 또   4 그러자

해설 ＊ 첨가의 접속사 また(또)! 접속사 문제는 빈칸 앞뒤의 내용을 반드시 확인해야 한다. 앞문장은 '영어라면 도와줄 수 있으니까 만약 모르는 것이 있으면 연락해 주세요'라는 내용이며, 뒷문장은 '시험이 끝나면 함께 맛있는 것을 먹으러 가지 않겠습니까'하는 내용이다. 앞문장에 이어 추가적으로 요청하는 것을 알 수 있으므로 빈칸에 들어갈 접속사는 「それから(그리

고)」가 된다. 반대되는 내용이 아니므로 しかし(그러나)는 오답이며, 선택의 접속사 または(또한)와 원인과 결과의 관계를 나타내는 すると(그러자)도 오답이다. 접속사 문제는 꼭 출제되니 역접인지 순접인지 병렬인지 꼭 체크해 두자.

[24] 2 1 X 2 팔고 있는 가게
3 팔 것 같은 가게 4 팔 것 같은 가게

해설 * 문장 끝의 시제와 맞추기! 빈칸이 있는 문장의 끝이 近くに あります(근처에 있습니다)로 현재 시제이다. 즉 현재에도 운영을 하는 가게라는 것을 알 수 있다. 따라서 「売っている 店(팔고 있는 가게)」가 정답이다.

[25] 4 1 말합니다 2 말하지 않아도 됩니다
3 말할까요 4 말해 주세요

해설 * 내용의 흐름 파악하기! 빈칸에 들어갈 적당한 말을 우리말로 적어보자. 「もしイタリアンが好きではないなら 말해 주세요 (만일 이탈리안 요리를 좋아하지 않는다면 말해 주세요)」처럼 빈칸에는 말해 주세요라는 의미의 문장이 오는 것이 적당하다.

제4회 실전문제 정답 및 해설

| 정답 |

1	3	**2**	4	**3**	4	**4**	4	**5**	1	**6**	2	**7**	4
8	3	**9**	1	**10**	2	**11**	4	**12**	2	**13**	3	**14**	4
15	4	**16**	4	**17**	3	**18**	4	**19**	2	**20**	4	**21**	4
22	3	**23**	2	**24**	4	**25**	4						

| 해설 |

문제 1 ( )에 무엇을 넣습니까? 1·2·3·4에서 가장 알맞은 것을 하나 고르세요.

[1] 3 야마다 씨는 영어도 프랑스어도 말할 수 있습니다.

해설 * 명사 + も(도)! 보통 명사를 열거할 때 조사 も(~도)를 사용하는데, 이 문제에서도 '영어'와 '프랑스어'를 열거하고 있으므로, 정답은 「も(~도)」이다.

어휘 英語 영어 | フランス語 프랑스어 | 話す 말하다

---

[2] 4 이것은 나무로 만든 장난감입니다.

해설 * 재료 + で(으로)! 나무가 장난감을 만드는 재료가 되므로 재료를 나타내는 조사 「で(~으로)」가 정답이다.

어휘 これ 이것 | 木 나무 | 作る 만들다 | おもちゃ 장난감

[3] 4 선생님의 이야기에 의하면 내일 시험은 어렵다고 한다.

해설 * 들은 것을 전하는 표현 ~によると~そうだ(~에 의하면 ~라고 한다)! 빈칸 뒤에 전문(들은 것을 전하는 표현)의 역할을 하는 そうだ(~라고 한다)가 있으므로 앞 문장에는 정보 혹은 근거가 등장한다. 따라서 정보의 출처를 나타내는 「によると (~에 의하면)」가 정답이다. 다른 선택지 について(~에 대해서), にとって(~에게 있어서), にくらべて(~에 비해서)도 중요한 문법 표현이니 반드시 알아 두자.

어휘 先生 선생님 | 話 이야기 | あした 내일 | 試験 시험 | むずかしい 어렵다

[4] 4 남동생은 지금 회사원이지만 작년까지는 대학에 다니고 있었습니다.

해설 * 시점 + までは(까지는)! まで(~까지)는 기간의 끝을 나타낸다. 앞에서 현재는 회사원이라고 했으므로 대학에 다녔던 것은 작년까지라는 것을 알 수 있다.

어휘 弟 남동생 | 今 지금 | 会社員 회사원 | 去年 작년 | 大学 대학 | 通う 다니다 | ~ている ~하고 있다

[5] 1 나는 자주 도서관에 가서 책을 읽습니다. 책이라면 무엇이든 좋아합니다.

해설 * 의문사 + でも(라도)! 의문사+でも(~라도)는 무한한 가능성을 나타낸다. 문제에서 특정하는 대상 없이 전부 좋다는 의미로 「何でも(무엇이든)」가 정답이다. なんでも(무엇이든), いつでも(언제라도), どこでも(어디라도), だれでも(누구라도)도 함께 알아 두자.

어휘 よく 자주, 잘 | 図書館 도서관 | 行く 가다 | 本 책 | 読む 읽다 | ~なら ~라면 | 好きだ 좋아하다

[6] 2 야마다: 이 마을 10년 전에는 사람이 적은 조용한 마을이었죠.
다카하시: 네, 하지만 완전히 바뀌었네요.

해설 ＊ 부사 すっかり(완전히)! 선택지에는 전부 부사로 문장을 해석한 후 적합한 표현을 고르면 된다. 빈칸 뒤에 変わる(바뀌다)와 어울리는 표현은 すっかり(완전히)이다. 다른 선택지 かならず(반드시), うっかり(깜빡), ちっとも(조금도)도 함께 알아 두자.

어휘 町 마을 | 前 전 | 人 사람 | 少ない 적다 | 静かだ 조용하다 | 変わる 바뀌다

---

7 4 (역에서)

하야시: 달콤한 것이 필요한데 서둘러 사 올게요.

우에다: 알겠습니다. 출발까지 시간은 있기 때문에 서두르지 않아도 됩니다.

해설 ＊ 동사 부정형 + なくてもいい(하지 않아도 된다)! '~할 필요는 없다, ~하지 않아도 된다'는 의미를 지니고 있는 문형은 ～なくてもいいです이다. 해당 문제도 출발까지 시간이 있으니까 서두르지 않아도 된다는 불필요함의 표현이다. 다른 선택지의 なければなりません(~하지 않으면 안 된다), たほうがいいです(~하는 편이 좋습니다), しかありません(~밖에 없습니다)도 자주 출제되는 표현으로 반드시 알아 두자.

어휘 甘い 달다 | もの 것, 물건 | ほしい 갖고 싶다 | 急ぐ 서두르다 | 買う 사다 | わかる 알다 | 出発 출발 | 時間 시간

---

8 3 스즈키: 야마다 씨, 어제 역 앞 백화점에 갔어요?

야마다: 아니요, 어제는 계속 집에 있었어요.

해설 ＊ 부사 + ずっと(계속)! ずっと가 동사를 수식하는 경우 '계속(쭉) ~하다'는 의미를 가지며, 비교하는 문장에서의 ずっと는 몹시 차이가 나는 '훨씬'이라는 뜻을 가진다. そろそろ(슬슬), いつも(항상), なかなか(좀처럼)도 함께 체크해 두자.

어휘 きのう 어제 | 駅前 역 앞 | デパート 백화점 | 行く 가다 | 家 집

---

9 1 이 도서관은 잡지를 2권까지 빌릴 수 있습니다.

해설 ＊ 가능표현 동사 사전형 + ことができる! 문법의 접속 형태를 묻는 문제이다. 빈칸 뒤의 문법 「～ことができる(~할 수 있다)」는 동사 사전형에 접속하기 때문에 「かりる(빌리다)」가 정답이다. 또한 동사 가능형 앞에는 '을/를'로 해석되더라도

조사 が를 사용하는 점도 체크하자.

어휘 図書館 도서관 | ざっし 잡지 | ～冊 ~권(수량사)

---

10 2 모리: 덥네요.

야마다: 그렇네요. 저는 아이스커피가 좋아요.

모리: 그럼, 저는 오렌지 주스로 하겠습니다.

해설 ＊ 선택 표현 명사 + にする(~로 하다)! 대화에서는 메뉴를 결정하고 있으므로 빈칸에는 선택을 하는 표현이 와야 적합하다. 명사+にする를 '~에 하다'가 아닌 '~로 하다'로 해석하는 점을 주의하자.

어휘 暑い 덥다 | アイスコーヒー 아이스커피 | いい 좋다 | オレンジジュース 오렌지 주스

---

11 4 친구가 그려준 지도가 알기 어려워서 곤란했습니다.

해설 ＊ 동사 ます형 + にくい(~하기 어렵다)! 빈칸 앞에는 「わかる(알다)」의 ます형인 「わかり」가 있으므로, 다른 선택지 동사 부정형+ないで(~하지 않고), できなくて(할 수 없어서)는 접속할 수 없다. 동사 ます형+にくい(~하기 어렵다)와 함께 동사 ます형+やすい(~하기 쉽다)도 알아 두자.

어휘 友だち 친구 | かく 쓰다, 그리다 | ～てもらう ~해 받다 | 地図 지도 | 困る 곤란하다

---

12 2 하야시 씨의 방은 항상 예쁜 꽃이 장식되어 있습니다.

해설 ＊ 타동사 + てある(~해져 있다)! 빈칸 앞의 かざる(장식하다, 꾸미다)는 타동사다. 문장에서는 꽃이 꾸며져 있는 상태를 나타내고 있다. 타동사의 상태 표현은 타동사+てある(~해져 있다)이며, 진행 표현 타동사+ている(~하고 있다)도 함께 알아 두자.

어휘 部屋 방 | いつも 항상 | きれいだ 예쁘다 | 花 꽃 | かざる 장식하다, 꾸미다

---

13 3 선생님, 이 문제를 잘 모르겠습니다만 한 번 더 가르쳐 주시지 않겠습니까?

해설 ＊ 적절한 부탁 표현 ていただけますか(~해 주시지 않겠습니까?)! 선생님에게 가르쳐 달라고 부탁하는 표현이다. 따라서 「教えていただけますか(가르쳐 주시지 않겠습니까?, 가르쳐 받을 수 있을까요?)」가 정답이다. 「～てもらえますか(~해 주

지 않겠습니까?, 해 받을 수 있습니까?)」도 함께 알아 두자. 통째로 외워 두면 유용하다.

어휘 問題 문제 | よく 자주, 잘 | もう一度 한번 더

---

14 **4** 나카무라: 선생님, 죄송한데요, 교과서를 두고 왔습니다.

선생님: 그럼 야마다 씨, 교과서를 나카무라 씨에게 보여 주세요.

야마다: 네, 알겠습니다.

해설 ✻ 見る(보다)와 見せる(보여주다)! 「見る(보다)」, 「見せる(보여주다)」는 각각 다른 의미다. 문장에서는 교과서를 보여주는 것이기 때문에 「見せる(보여주다)」가 사용되어야 한다. 또한 「あげる(주다)」는 내가 다른 사람에게 주거나 다른 사람이 다른 사람에게 주는 경우 사용하는 동사이다. 이때 선생님의 입장에서 나카무라 씨와 야마다 씨는 제3자에 해당하기 때문에 「見せて あげて(보여 줘)」가 정답이다.

어휘 先生 선생님 | テキスト 교과서 | 忘れる 잊다, 깜빡 두고 오다

---

15 **4** 기무라 씨는 1시간 전에 출발했는데 아직 오지 않았습니다.

해설 ✻ のに(~인데도 불구하고)! 문장 안에서 のに는 '~인데, ~인데도 불구하고'라는 의미로 예상되는 것과 다른 결과가 나타낼 때 쓰인다. 이번 문제는 기무라 씨는 1시간 전에 출발했고 아직 오지 않은 상황이므로 예상되는 것과 다른 결과라는 것을 알 수 있으므로 괄호 안에는 「出発するのに」가 적당하다. 다른 선택지 出発しても(출발해도), 出発したので(출발했기 때문에), 出発したら(출발하면)는 문맥상 적절하지 않다.

어휘 時間 시간 | 前 전 | 出発 출발 | まだ 아직 | 来る 오다

문제 2 ★ 에 들어갈 것은 어느 것입니까? 1·2·3·4에서 가장 알맞은 것을 하나 고르세요.

---

16 **4** 1 朝早く 4★起きなければ 2 ならない 3 ので

해석 내일은 아침 일찍 일어나지 않으면 안 되어 빨리 자겠습니다.

해설 ✻ 이유를 설명하는 문장! ので(때문에) 앞에는 이유, 원인이 오므로 빨리 자는 이유로, 앞에는 빨리 일어나야 한다는 내용이 오면 된다. 이어서 なければならない(~하지 않으면 안 된다)가 4번과 2번으로 쪼개져서 등장했다. 문법이 쪼개져서

등장하는 경우도 있으니 주의하자. 이것을 배열하면 1-4-2-3이 된다.

어휘 明日 내일 | 朝 아침 | 早く 빨리 | 起きる 일어나다 | ~なければならない ~하지 않으면 안 된다 | 寝る 자다

---

17 **3** 1 を 3★作った 2 人は 4 だれ

해석 이 케이크를 만든 사람은 누구인지 압니까?

해설 ✻ 명사 + を + 作る(명사를 만들다) 구문 체크! 동사 作る(만들다)는 「명사+を+作る(명사를 만들다)」로 쓰인다. 이어서 선택지 4번의 だれ는 공란 뒤의 か와 연결하여 だれか(누군인지)를 완성시킨다. 배열하면 1-3-2-4가 된다.

어휘 ケーキ 케이크 | 作る 만들다 | 人 사람 | だれ 누구

---

18 **4** 2 か 3 どうか 1 やって 4★みないと

해석 할 수 있을지 어떨지는 해 보지 않으면 모릅니다.

해설 ✻ ~かどうか(~인지 어떤지)! 조사 か가 단독으로 사용되는 것이 아닌 ~かどうか(~인지 어떤지)로 활용된 것을 잘 캐치하면 2-3로 묶을 수 있다. 또한 시험 삼아 무언가를 해 본다는 의미인 ~てみる(~해 보다)를 1-4로 묶을 수 있다. 내용의 흐름에 맞게 나열하면 2-3-1-4가 된다.

어휘 できる 할 수 있다 | ~てみる ~해 보다 | やる 하다

---

19 **2** 4 反対 3 されても 2★大阪で 1 勉強する

해석 모리: 야마다 씨, 오사카에 있는 대학에 가는 것을 부모님께 얘기했습니까?

야마다: 아니요, 아직입니다. 하지만 만일 부모님이 반대하더라도 오사카에서 공부할 예정입니다.

해설 ✻ 사람に + 수동형(れる·られる)! 수동형의 문장 구조는 조사를 정확히 확인하는 것이 핵심이다. 우선 선택지의 されても(당하더라도)와 연결할 수 있는 단어는 反対(반대)뿐이다. 이때, 반대를 하는 대상이 両親(부모님)이기 때문에 첫 번째 빈칸부터 차례로 4-3을 배치할 수 있다. 이어서 つもりだ(예정이다) 앞에는 동사 사전형이 오기 때문에 1번이 빈칸 네 번째에 온다.

어휘 大阪 오사카 | 大学 대학 | 行く 가다 | 両親 부모님 | 話す 말하다 | もし 만일 | つもり 예정

<table>
<tr><td>20</td><td colspan="2">4   1 できた 4 ★けれど 2 作る 3 のに</td></tr>
</table>

해석   맛있는 스파게티가 완성됐지만 만드는 데 2시간이나 걸렸다.

해설   ※ のに의 해석에 주목! 作る(만들다)의 경우 조사를 (을/를)를 필요로 하므로 スパゲッティが(스파게티가)에 접속할 수 있는 동사는 1번 できた(완성됐다)가 된다. 이어 作る 뒤에는 용도나 목적을 말하는 '~하는 데'의 의미를 가진 のに를 연결해 2時間もかかった(2시간이나 걸렸다) 앞에 배치시킨다. 마지막으로 역접의 접속사 けれど로 앞뒤를 연결해 주면 1-4-2-3이 된다.

어휘   おいしい 맛있다 | スパゲッティ 스파게티 | 時間 시간 | かかる 소요되다, 걸리다

문제 3   21 부터 25 에 무엇을 넣습니까? 글의 의미를 생각하여 1·2·3·4에서 가장 알맞은 것을 하나 고르세요.

아래의 글은 야마다 씨가 '요리'에 관해 쓴 작문입니다.

요리

야마다 미오

나는 요리가 21 별로 능숙하지 않습니다. 요리를 하는 것이 싫은 것은 아니지만 여러 가지 이유로 하지 않게 되었습니다.

어렸을 적 집에서 혼자 있었을 때 라면을 22 만들려고 생각해 물을 끓였는데, 그 뜨거운 물에 상처를 입고 나서 요리를 하는 것이 무서워졌습니다. 물론 간단하게 할 수 있는 요리는 하고 있지만 불을 사용하는 요리는 하지 않습니다.

그리고 남동생에게 요리를 만들어 준 23 적이 있었지만, 남동생은 '맛있지 않아'라고 말하며 먹지 않았습니다. 그래서 그때 요리가 24 싫어져 버렸습니다.

지금은 편의점이나 슈퍼에서 맛있는 음식을 간단하게 살 수 있기 때문에 요리를 하는 것이 필요하다고 생각하지 않았습니다만, 결혼을 하고 나서 요리를 배우고 싶다고 생각했습니다. 스스로 만들 수 있는 요리가 없기 때문에 항상 사서 먹을 수밖에 없기 때문입니다. 항상 같은 것만 먹고 있는 가족을 보고 요리를 만들어 주고 싶다고 생각 25 하게 되었습니다.

어휘   料理 요리 | きらいだ 싫어하다 | いろいろだ 여러 가지다 | 理由 이유 | 子どものころ 어렸을 적 | 一人で 혼자서 |

ラーメン 라멘 | お湯 (뜨거운) 물 | わかす 끓이다 | あつい 뜨겁다 | けがをする 다치다 | 怖い 무섭다 | もちろん 물론 | 簡単だ 간단하다 | できる 할 수 있다 | 火 불 | 使う 사용하다 | また 또 | 弟 남동생 | 作る 만들다 | ~てあげる (다른 사람에게) ~해 주다 | コンビニ 편의점 | スーパー 슈퍼 | 買う 사다 | 必要だ 필요하다 | 結婚する 결혼하다 | 習う 배우다 | 自分で 스스로 | 家族 가족

<table>
<tr><td>21</td><td>4   1 X</td><td>2 X</td></tr>
<tr><td></td><td>3 너무 능숙합니다</td><td>4 별로 능숙하지 않습니다</td></tr>
</table>

해설   ※ ナ형용사의 활용 체크! 부사 あまり는 '너무'라고 해석될 때는 뒤에 긍정형이, '그다지, 별로'라고 해석될 때는 뒤에 부정형 ない를 동반한다. 빈칸 뒤 문장은 요리하는 것이 싫지는 않은데 별로 하지 않게 되었다고 했으므로, 빈칸에는 あまり~ ない(별로 ~하지 않다) 형태로 제시되어야 한다. 정답은 「あまり上手ではありません(별로 능숙하지 않습니다)」가 된다.

<table>
<tr><td>22</td><td>3   1 만들다</td><td>2 만들었다</td></tr>
<tr><td></td><td>3 만들려고</td><td>4 만들게 하다</td></tr>
</table>

해설   ※ 의지표현 의지형 + と思う(~하려고 하다)! 집에 혼자 있을 때 라면을 혼자 만들려고 하는 상태이며, 빈칸 뒤에 ~と思う(~라고 생각하다)로 보아 '동사 의지형+と思う(~하려고 생각하다)'의 문형인 것을 알 수 있다. 따라서 「作ろう(만들려고)」가 정답이다.

<table>
<tr><td>23</td><td>2   1 X</td><td>2 적이 있었지만</td></tr>
<tr><td></td><td>3 X</td><td>4 물건이 있었지만</td></tr>
</table>

해설   ※ 경험 표현 たことがある(~한 적이 있다)! 문장에서 동생에게 요리를 만들어 준 경험에 대해 말하고 있으므로 「동사 た형+ことがありましたが(~적이 있었습니다만)」가 정답이다. 경험 표현에서 こと 대신 もの를 사용해서는 안 된다.

<table>
<tr><td>24</td><td>4   1 X</td><td>2 X</td></tr>
<tr><td></td><td>3 X</td><td>4 싫어져</td></tr>
</table>

해설   ※ 순접 접속사 それで(그래서)! 공란 앞에는 내가 만들어 준 요리를 동생이 맛없다고 했다는 내용이다. それで(그래서)는 순접 접속사이므로, 그 결과 요리가 싫어졌다는 표현이 와야

적당하다. '싫어지다'는 일본어로 「きらいになる」라고 표현
한다.

25　4　1　하기로 했습니다　　2　하게 되었습니다
　　　　3　하도록 했습니다　　4　하게 되었습니다

해설　＊ 변화 표현 ようになる(~하게 되다)! '요리를 하고 싶은 마음
은 없지만 항상 똑같은 것만 먹는 가족을 보고 요리를 만들
어 주고 싶다고 생각하게 된 것이다'에서 마음에 변화가 생긴
것을 알 수 있으므로 정답은 변화 표현인 「思うようになる
(생각하게 되다)」가 된다. 헷갈리는 선택지로는 2번 ~こと
になる(~하게 되다)인데 우리말 해석은 동일하더라도 ~こ
とになる(~하게 되다)는 자신의 의지와는 상관없이 결정되
는 것을 나타낼 때 사용하므로 오답이다.

제5회 실전문제 정답 및 해설

| 정답 |

1 1	2 3	3 2	4 1	5 3	6 1	7 2
8 3	9 2	10 4	11 1	12 2	13 3	14 2
15 1	16 2	17 1	18 4	19 4	20 4	21 2
22 1	23 4	24 4	25 1			

| 해설 |

문제 1 　(　　)에 무엇을 넣습니까? 1·2·3·4에서 가장
알맞은 것을 하나 고르세요.

1　1　엄마는 요리에 사용할 채소를 정원에서 기르고 있습니다.

해설　＊ 조사 に(~에)! 조사 に는 장소나 대상 등의 단어에 붙어
'~에'라고 해석한다. 동사 使う(사용하다)만 보고 を(을/를)
를 사용하지 않도록 하자.

어휘　母 엄마 | 料理 요리 | 使う 사용하다 | 野菜 채소 | 庭 정원
| 育てる 기르다

2　3　A: 실례합니다. 감자와 당근을 하나씩 주세요.
　　　B: 예, 알겠습니다.

해설　＊ 수량사 + ずつ(씩)! ずつ(씩)는 수량사 뒤에 붙어 '~씩'이
라고 해석한다. 주로 뒤에는 ~ずつ買いました(~씩 샀습니
다), ~ずつください(~씩 주세요)와 같은 표현이 온다. 일상
생활에 많이 쓰이는 표현이니 꼭 외워 두자.

어휘　じゃがいも 감자 | にんじん 당근 | ください 주세요

3　2　엄마가 만든 빵은 매우 맛있어서 6개나 먹었습니다.

해설　＊ 수량사 + も(씩이나)! 우리가 알고 있는 조사 も는 '~도'라
는 의미를 가지고 있지만, 조사 も 앞에 수량사가 오게 되면
'~(씩)이나'로 해석하며 양이 많음을 나타낸다.

어휘　作る 만들다 | パン 빵 | とても 매우, 너무 | おいしい 맛있
다 | 六つ 6개 | 食べる 먹다

4　1　하야시: 이 라면 너무 맵네요.
　　　이: 아 그런가요? 저는 맵지 않아요.

해설　＊ 私 + には(는)! には는 사람을 나타내는 명사 뒤에 붙어
'그 사람에게는, 그 사람으로서는'이라는 의미를 가진다. 해당
문제의 私にはからくないです은 '저로서는(저는) 맵지 않
습니다'이며, 私はからくないです(저는 맵지 않습니다)를
강조한 표현이라 할 수 있다. 통째로 외워 두면 유용하다.

어휘　ラーメン 라면 | からい 맵다

5　3　A: 맛있는 냄새가 나네요.
　　　B: 여동생이 부엌에서 쿠키를 굽고 있어요.

해설　＊ 감각 명사 + がする(~가 나다)! 감각 명사로는 におい(냄
새)·おと(소리)·あじ(맛)·かんじ(느낌) 등이 있다. 감
각 명사에 ~がする가 붙어 '~가 나다'로 해석된다. 우리말로
직역해 する대신 でる(나오다), なる(되다) 등으로 사용하
지 않도록 하자.

어휘　におい 냄새 | いもうと 여동생 | 台所 부엌 | クッキー 쿠
키

6　1　A: 저, 이 반지가 떨어져 있었습니다.
　　　B: 감사합니다. 어디에 있었습니까?
　　　A: 개찰구 앞이요.

해설　＊ 자동사 + ている(~해져 있다)! 빈칸 앞의 落ちる(떨어지
다)는 자동사다. 대화문을 보면 반지가 떨어져 있었다는 상태

를 이야기하고자 한다. 자동사는 ている와 접속하여 상태로 나타낼 수 있다. 타동사+ている는 진행을 의미를 가지므로 헷갈리지 않도록 하자.

어휘 ゆびわ 반지 | 落ちる 떨어지다 | どこ 어디 | 改札口 개찰구 | 前 앞

7 2 나는 과일 중에서 사과밖에 먹지 않습니다.

해설 ✻ しか(밖에) + 부정 표현! 빈칸 앞에는 しか(~밖에)가 있기 때문에 빈칸에는 부정 표현(~ない)이 와야 한다. 따라서 「食べません(먹지 않습니다)」이 정답이다. 다른 선택지의 たことがあります(~한 적이 있습니다), 동사 사전형+ことがあります(~할 때가 있습니다)도 함께 알아 두자.

어휘 くだもの 과일 | りんご 사과 | しか 밖에

8 3 모리: 하루 2시간은 걸으세요.

다나카: 2시간은 무리예요.

모리: 그럼, 30분이라도 걸읍시다.

해설 ✻ 권유 표현 ～ましょう(~합시다)! 모리 씨가 다나카 씨에게 30분이라도 걷자고 제안하는 문장이므로 歩きましょう(걸읍시다)가 정답이다. 보통체(반말체)의 경우 의지형을 사용하여 歩こう(걷자)로 권유 표현을 만들 수 있으므로 함께 알아 두자.

어휘 歩く 걷다 | ～てください ~해 주세요 | 時間 시간 | 無理 무리 | ～でも ~라도

9 2 이번 주는 일이 바빴기 때문에 주말에는 집에서 느긋하게 쉴 예정입니다.

해설 ✻ 동사 사전형 + つもり(예정)! 문법의 접속 형태를 묻는 문제이다. 빈칸 뒤의 つもりだ(예정이다)는 동사 사전형에 접속하여 '~할 예정이다, ~할 생각이다'로 해석된다.

어휘 今週 이번 주 | 仕事 일 | 忙しい 바쁘다 | ので ~때문에 | 週末 주말 | 家 집 | ゆっくり 천천히, 느긋하게 | つもり 예정

10 4 어제 야마다 씨가 서둘러 달리고 있는 것을 봤습니다.

해설 ✻ 동사 + の(~하는 것)! '~것, ~일'로 해석되는 형식명사 もの・こと・の는 의미가 비슷해 선택지로 함께 자주 등장하는데 もの는 구체적인 물건이나 눈에 보이는 것을 가리킬 때

사용하며, こと는 추상적인 '일'을 가리킨다. の는 もの나 こと를 대신해서 사용할 수 있는데, 뒤에 오는 동사가 見る(보다)・見える(보이다)・聞く(듣다)・聞こえる(들리다)처럼 감각를 나타내는 동사일 경우 の만 사용할 수있다. 즉 정답은 「走っているのを見ました(달리고 있는 것을 봤습니다)」가 된다.

어휘 昨日 어제 | 急ぐ 서두르다 | 見る 보다

11 1 나는 아기가 자고 있는 동안에 요리를 합니다.

해설 ✻ 동사 진행형 + あいだに(~하는 사이, 동안에)! 문법의 접속 형태를 묻는 문제이다. 빈칸 뒤의 あいだに는 동사 진행형(ている)에 접속하여 '~하는 사이, 동안에'로 해석된다.

어휘 あかちゃん 아기 | あいだに 사이에, 동안에 | 料理 요리

12 2 김: 야마다 씨, 이 단어는 어떤 의미입니까?

야마다: 모르겠습니다. 선생님께 물어봅시다.

해설 ✻ 빈칸 뒤 품사에 주목! 빈칸 뒤의 품사는 명사다. 선택지 중 명사를 수식할 수 있는 것은 「どういう(어떠한)」뿐이다. 다른 선택지 どう(어떻게), どのぐらい(어느 정도), どうやって(어떻게)도 함께 알아두자.

어휘 単語 단어 | 意味 의미 | 聞く 묻다, 듣다 | ～てみる ~해 보다

13 3 모리: 죄송한데요, 다나카 씨는 어디에 있습니까?

스즈키: 다나카 씨는 지금 회의 중이지만 4시까지는 끝날 것이라고 생각합니다.

해설 ✻ 시점 + までには(까지는)! 선택지 의미를 먼저 살펴보면 までも(까지도), までかどうか(까지인지 어떤지), までには(까지는), までにも(까지도)이다. 괄호 안에 우리말 해석을 넣어서 자연스럽게 이어지는 것은 「までには(까지는)」가 되며, 회의가 늦어도 4시까지는 끝난다는 의미로 해석할 수 있다.

어휘 どこ 어디 | 今 지금 | 会議中 회의 중 | 終わる 끝나다 | 思う 생각하다

14 2 방의 불을 켠 채 외출해 버려서 엄마에게 혼났습니다.

해설 ✻ 동사 た형 + まま(~한 채)! 동사 た형+ままは 평상시 같으면 당연히 행해져야 할 일이 실행되지 않은 채로 방치되었을 때 쓰이며, 우리말로 '~한 채'라고 한다. 즉 빈칸에 들어가

기에 적합한 표현은 'つけたまま(켠 채)'가 된다.

어휘 部屋 방 | 電気 불, 전기 | 出かける 외출하다 | ~てしまう ~해 버리다 | 母 엄마 | 怒る 화내다

15 1 기무라: 어둡네요.

야마다: 일기예보에 의하면 오후부터 비가 내린다고 합니다.

해설 ＊ ~によると~そうです (~에 의하면~라고 한다)! 빈칸 앞에 정보의 출처를 나타내는 によると(~에 의하면)가 있으므로 뒤에는 전문(~라고 한다)의 표현이 오는 것이 적합하다. 명사 보통체(반말체)+そうだ는 전문의 역할을 한다. 명사의 경우 반드시 「だ」를 붙여야 하므로 주의하자.

어휘 暗い 어둡다 | 天気予報 일기예보 | 午後 오후

문제 2 ____★____ 에 들어갈 것은 어느 것입니까? 1·2·3·4에서 가장 알맞은 것을 하나 고르세요.

16 2 1 ピアノも 4 ひけるし 2 ★歌も 3 上手

해석 아드님은 피아노도 칠 수 있고 노래도 잘하네요.

해설 ＊ 열거 표현 ~も~し~も (~도 ~하고 ~도)! 먼저 문장 끝 です(입니다)에 접속할 수 있는 선택지는 3번 上手이므로 上手です(잘 합니다)를 완성시킨다. 나머지 선택지는 ピアノ(피아노)와 ひく(치다)처럼 단어의 의미를 생각하면서 열거 표현 ~も~し~も(~도 ~하고 ~도)의 형태로 배열하면 ピアノもひけるし歌も上手です(피아노도 칠 수 있고 노래도 잘 합니다)가 된다.

어휘 息子 아들 | ピアノ 피아노 | ひく 치다 | 歌 노래 | 上手だ 능숙하다

17 1 3 明日 1 ★だしに 4 行く 2 つもり

해석 하야시: 기무라 씨. 답례 편지는 이미 보냈습니까?

기무라: 아니요, 내일 부치러 갈 예정입니다.

해설 ＊ 동사 사전형 + つもりだ (~할 예정이다)! 문법의 접속 형태를 알고 있으면 빠르게 풀 수 있는 문제이다. つもりだ(예정이다) 앞에는 동사 사전형이 오기 때문에 4-2로 묶을 수 있다. 또한 「동사 ます형+に行く(~하러 가다)」에서 1-4로 묶으면 1-4-2가 된다.

어휘 おれい 답례 | てがみ 편지 | だす 보내다, 부치다, 내다 | 行く 가다 | つもり 예정

18 4 2 だれ 4 ★も 3 いない 1 ん

해석 선생님: 교실에는 이제 아무도 없지요?

미나미: 아니요, 마에다 씨가 공부하고 있습니다.

해설 ＊ もう~ない (이제 ~지 않다)! 선택지 3번 いない는 사람이나 동물이 없다는 의미로 2-4-3을 연결하면 だれもいない(아무도 없다)가 되며, んだ은 のだ의 회화체로 강조나 이유를 설명하는 표현으로 네 번째 빈칸에 배열한다.

어휘 教室 교실 | もう 이제 | だれ 누구 | 勉強 공부 | ~ている ~하고 있다

19 4 3 開いて 4 ★いるか 2 教えて 1 くださいませんか

해석 (가게에서)

A: 실례합니다. 주말에는 몇 시까지 열려 있는지 가르쳐 주시지 않겠습니까?

B: 오후 3시까지입니다.

해설 ＊ 요청 표현 ~てくださいませんか (~해 주시지 않겠습니까?)! 정중한 요청 표현인 ~てくださいませんか는 '~해 주시지 않겠습니까?'라는 의미로 2-1를 묶어 마지막에 배치할 수 있다. 나머지 선택지의 배열을 생각해 보면 「자동사+ている(~해져 있다)」에서 3-4를 묶어 앞에 배치하면 3-4-2-1이 된다.

어휘 週末 주말 | 開く 열리다 | 教える 가르치다 | ~てくださいませんか ~해주시지 않겠습니까? | 午後 오후

20 4 2 チケット 3 を 4 ★買った人 1 しか

해석 이곳은 티켓을 산 사람밖에 들어갈 수 없습니다.

해설 ＊ ~を買う (~을 사다)! 타동사 買う(사다)는 목적어 ~を(을/를)를 필요로 하는 동사로 2-3-4를 순서대로 배치하면 チケットを買った人(티켓을 구매한 사람)가 되며, 이어서 부사 しか(밖에)를 연결시키면 문장 끝의 부정형과 함께 자연스러운 문장을 완성시킬 수 있다.

어휘 ここ 여기 | チケット 티켓 | 買う 사다 | 入る 들어가(오)다

문제 3 [21] 부터 [25] 에 무엇을 넣습니까? 문장의 의미를 생각하여 1·2·3·4에서 가장 적당한 것을 하나 고르세요.

아래의 문장은 마에다 씨가 '친구의 상담'에 관해 쓴 작문입니다.

친구의 상담

마에다 이쓰키

나는 고등학교 3학년입니다. 우리 집은 빵집을 하고 있기 때문에 [21] 옛날부터 어른이 되면 빵집 주인이 되려고 생각했습니다. 물론 빵을 매우 좋아하고 손님이 빵을 맛있게 먹고 행복해하는 것을 보면 [22] 기뻤습니다. 그래서 옛날부터 나의 꿈은 정해져 있었습니다.

그러나 친구인 하나코는 아직 자신에게는 꿈이 없다고 걱정하고 있습니다. 좋아하는 것도 없고, 다른 사람보다 잘하는 것도 없다고 나에게 상담했습니다. 하나코는 어렸을 적 그림을 그리는 것을 잘했기 때문에 화가가 되겠지 생각했었습니다. 그러나 고등학교에 들어가서 갑자기 그림을 그리는 것을 그만두었습니다. 이제 [23] 5개월 후에는 졸업하기 때문에 무엇이 될지 생각하지 않으면 안 된다고 생각하고 있는 것 같습니다.

친구의 장래를 결정할 수는 없기 때문에 나는 뭐라고 말해 주면 좋을 [24] 것인지 망설이고 있습니다. 그러나 내가 생각하는 하나코는 무언가를 시작하면 열심히 하는 사람이기 때문에 그렇게 걱정하고 있지 않습니다. 하나코에게 좋은 이야기를 [25] 해 주고 싶습니다.

어휘 高校(こうこう) 고등학교 | ~年生(ねんせい) ~학년 | パンや 빵집 | 大人(おとな) 어른 | パンやさん 빵집, 빵집 주인 | もちろん 물론 | 大好(だいす)きだ 매우 좋아하다 | おいしい 맛있다 | 喜(よろこ)ぶ 기쁘다 | だから 그래서 | 昔(むかし) 옛날 | ゆめ 꿈 | 決(き)まる 정해지다 | でも 그러나 | 友(とも)だち 친구 | 自分(じぶん) 자기, 자신 | 心配(しんぱい)する 걱정하다 | ~より ~보다 | うまい 잘하다 | 相談(そうだん)する 상담하다 | 絵(え) 그림 | かく (그림을) 그리다 | やめる 그만두다 | 卒業(そつぎょう)する 졸업하다 | 考(かんが)える 생각하다 | 将来(しょうらい) 장래 | 決(き)める 결정하다 | 迷(まよ)う 망설이다 | 一生懸命(いっしょうけんめい) 열심히 | 話(はなし) 이야기

[21] **2** 1 X   **2 옛날부터**
　　　3 옛날 동안   4 옛날 그대로

해설 ✳ *이유를 나타내는 ので(때문에)!* 빈칸 앞에 「私の家はパンや

をしているので(우리 집은 빵집을 하고 있기 때문에)」라고 했기 때문에 이어서 올 문장으로는 '옛날부터 어른이 되면 빵집 주인이 되려고 생각했습니다'가 적당하다. 따라서 「昔から(옛날부터)」가 정답이다.

[22] **1** **1 기뻤습니다**   2 기쁜 것 같습니다
　　　3 기쁘다고 합니다   4 기쁠 지도 모릅니다

해설 ✳ *생략된 주어 확인!* 빈칸이 있는 문장에서는 주어가 생략되었지만, 앞 문장의 내용으로 보아 생략된 주어는 '나'라는 것을 알 수 있다. 선택지는 전부 うれしい(기쁘다)의 활용이다. 이때, 주어 '나'가 느낀 감정에 해당하는 「うれしかったです(기뻤습니다)」가 정답이다.

[23] **4** 1 5월 전   2 5개월 전
　　　3 5월 후   **4 5개월 후**

해설 ✳ *시간을 나타내는 표현!* 우선 현재 졸업하기 전이기 때문에 과거를 나타내는 1번, 2번은 될 수 없다. 3번은 5월이라는 달을 의미하는 것이라 오답이며, 4번은 5개월 후에 졸업이라는 기간을 나타내므로 「5カ月後(5개월 후)」가 정답이다.

[24] **4** 1 것은   2 것이
　　　3 것과   **4 것인지**

해설 ✳ *~か(~인지, 인가)!* 빈칸 앞뒤의 何と(뭐라고)와 迷っている(망설이고 있다)에서 불확실함을 알 수 있고, 선택지 のは(것은), のが(것이), のと(것과), のか(것인지) 중 불확실함을 나타내는 부조사 か(인지, 인가)가 들어가 있는 「のか(것인지)」가 정답이 된다. のか를 넣어서 해석해 보면 私は何と言ってあげればいい のか 迷っている(나는 뭐라고 말해 주면 좋은 것인지 망설이고 있다)가 된다.

[25] **1** **1 (다른 사람에게) 해 주고 싶다**   2 X
　　　3 ~해 버리고 싶다   4 X

해설 ✳ *수고받는 표현 체크!* 행동의 방향이 내가 하나코에게 해 주는 것이기 때문에 동사 て형+あげる를 활용한다. ~してくれる는 다른 사람이 나에게 해 주는 상황이므로 오답이고, ~してしまう(~해 버리다)는 부주의의 의미라서 오답, ~してなる는 문법상 틀린 표현이므로 오답이 된다. 정답은 「してあげたい(해 주고 싶다)」가 된다.

PART 3

N4 독해

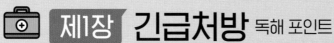 **제1장** **긴급처방** 독해 포인트

 제2장 **맞춤처방** 실전문제

 제3장 **만점처방** 정답 및 해설

진짜 한 권으로 끝내는 JLPT **N4**

★ 시작하기 전 공략 TIP

독해 파트는 정답 찾는 스킬이 중요!!

2023년
대비
최신 출제
경향 반영

스킬 전수
꼼꼼한
설명

고득점
합격

★ 미리 확인하는 시험 영역

N4 독해 파트는 총 3개입니다.

⊘ **문제1** 내용이해(단문)

⊘ **문제2** 내용이해(중문)

⊘ **문제3** 정보검색

제1장 긴급처방

독해 포인트

긴급처방 독해 포인트

 긴급처방 공부법

독해 문제를 풀 때, 접속어와 문말 표현에 정답이 숨어 있다. N4레벨에서 꼭 외워 두어야 하는 접속어와 문말 표현을 체크하고, 독해 문제에 자주 등장하는 키워드를 확인한 후 실전문제를 풀자.

1 접속어

순접 이유 혹은 원인과 결과를 나타낼 때	それで	의미	그래서
		예문	昨日から熱がありました。それで病院へ行きました。 어제부터 열이 있었습니다. 그래서 병원에 갔습니다.
	だから ですから	의미	그래서, 그러니까
		예문	朝ご飯を食べていないです。だから、お腹がすきました。 아침을 먹지 않았습니다. 그래서 배가 고픕니다.
	そのため	의미	그 때문에, 그래서
		예문	雪がたくさん降りました。そのため遅刻してしまいました。 눈이 많이 내렸습니다. 그 때문에 지각해 버렸습니다.
	すると	의미	그러자, 그랬더니
		예문	暑くて窓を開けました。すると虫が入ってきました。 더워서 창문을 열었습니다. 그러자 벌레가 들어왔습니다.
첨가 특징등을 나열할 때	そして	의미	그리고
		예문	誕生日に兄から腕時計をもらいました。そして姉からさいふももらいました。 생일에 형으로부터 손목시계를 받았습니다. 그리고 누나에게 지갑도 받았습니다.
	それから	의미	그러고 나서, 그리고
		예문	午前は英語の授業があります。それから、午後は友達に会うつもりです。 오전에는 영어 수업이 있습니다. 그러고 나서 오후에는 친구를 만날 생각입니다.
	それに	의미	게다가
		예문	このスマホはデザインがいいです。それに値段も安いです。 이 스마트폰은 디자인이 좋습니다. 게다가 가격도 저렴합니다.

역접 앞뒤가 반대되는 내용이 올 때	~が	의미 ~지만	
		예문 雨が降っていますが、そんなに寒くないです。 비가 내리고 있지만 그다지 춥지 않습니다.	
	でも	의미 그러나, 하지만	
		예문 テストのために頑張って勉強しました。でも落ちてしまいました。 시험을 위해 열심히 공부했습니다. 하지만 떨어져 버렸습니다.	
	しかし	의미 그러나	
		예문 私は辛いものが好きです。しかし弟は甘いものが好きです。 나는 매운 것을 좋아합니다. 그러나 남동생은 단 것을 좋아합니다.	
	~けど けれども	의미 ~지만/하지만	
		예문 先生に教えてもらったけど、よく分かりません。 선생님이 가르쳐 줬지만, 잘 모르겠습니다.	
	それなら	의미 그러면, 그렇다면	
		예문 A: 会議に遅れそうです。 회의에 늦을 것 같아요. B: それなら、タクシーに乗りましょう。 그렇다면 택시를 탑시다.	
설명 예외 조건을 설명할 때	ただし	의미 단	
		예문 レポートは日本語で書かなくてもいいです。ただし、条件があります。 리포트는 일본어로 쓰지 않아도 괜찮습니다. 단, 조건이 있습니다.	

2 문말표현

☐ **~たいです**

> 의미 ~하고 싶습니다
>
> 예문 私は将来アメリカのホテルで働きたいです。
> 나는 장래 미국의 호텔에서 일하고 싶습니다.

☐ **~なければなりません**

> 의미 ~하지 않으면 안 되다, ~해야 한다
>
> 예문 もっと頑張らなければなりません。
> 더 분발하지 않으면 안 됩니다.

☐ **~(よ)うと思っています**

> 의미 ~하려고 생각하고 있습니다
>
> 예문 友達と一緒に帰ろうと思っています。
> 친구와 함께 (집에) 돌아가려고 생각하고 있습니다.

☐ **~と話してくれました**

> 의미 (다른 사람이)~라고 말해 주었습니다
>
> 예문 「このビルは日本で一番高いですよ。」と話してくれました。
> '이 빌딩은 일본에서 가장 높아요'라고 말해 주었습니다.

☐ **~たほうがいいです**

> 의미 ~하는 편이 좋습니다
>
> 예문 薬を飲んで、寝たほうがいいです。
> 약을 먹고 자는 편이 좋습니다.

☐ **~がほしいと言っていました**

> 의미 ~을 원한다고 했습니다
>
> 예문 時間が決まったら、電話がほしいと言っていました。
> 시간이 정해지면 전화달라고 했습니다.

☐ **~だろう / ~でしょう**

> 의미 ~이겠지/~이겠지요
>
> 예문 彼はいつも遅刻しているから、今日も遅刻するでしょう。
> 그는 항상 지각하기 때문에 오늘도 지각하겠지요.

☐ **~ことにしました**

> 의미 ~하기로 했습니다
>
> 예문 木村さんと一緒にお見舞いに行くことにしました。
> 기무라 씨와 함께 병문안을 가기로 했습니다.

☐ **~かもしれない**

> 의미 ~일지도 모른다
>
> 예문 上田さんなら、知っているかもしれません。
> 우에다 씨라면 알고 있을지도 모릅니다.

☐ **~そうです**

> 의미 ~라고 한다
>
> 예문 明日からはまた寒くなるそうです。
> 내일부터는 다시 추워진다고 합니다.

3 독해 문제에 자주 나오는 키워드

☐	安全(な)	안전(한)	☐	趣味	흥미
☐	集まる	모이다	☐	商品	상품
☐	選ぶ	선택하다	☐	将来	장래
☐	落とす	떨어뜨리다	☐	調べる	조사하다
☐	降りる	(탈 것에서) 내리다	☐	生活する	생활하다
☐	お礼	사례, 사례 선물	☐	生産する	생산하다
☐	変わる	바뀌다	☐	世界	세계, 세상
☐	機会	기회	☐	育てる	키우다, 기르다
☐	危険(な)	위험(한)	☐	台風	태풍
☐	技術	기술	☐	訪ねる	방문하다
☐	規則	규칙	☐	楽しむ	즐기다
☐	急に	갑자기	☐	疲れる	지치다, 피곤하다
☐	興味	흥미	☐	特急	특급
☐	比べる	비교하다	☐	匂い	냄새
☐	経験する	경험하다	☐	値段	가격
☐	結果	결과	☐	乗り換える	환승하다
☐	原因	원인	☐	場合	경우
☐	見物する	구경하다	☐	拾う	줍다
☐	工場見学	공장견학	☐	普通の	보통의, 일반적인
☐	交通	교통	☐	間違える	잘못되다, 틀리다
☐	壊れる	부서지다, 망가지다	☐	申し込む	신청하다
☐	叱られる	혼나다	☐	寄る	들르다
☐	試験	시험	☐	連絡する	연락하다
☐	自由(な)	자유(로운)	☐	役に立つ	도움이 되다
☐	習慣	습관	☐	忘れ物	분실물

제2장 맞춤처방

- 문제 유형 살펴보기
- 제1회 실전문제
- 제2회 실전문제

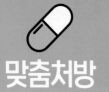

맞춤처방 문제 유형 **살펴보기**

문제 4 내용이해 (단문)
もんだい 4 内容理解 (短文)

 문제유형

내용이해(단문) (4문항) ➡ 100~200자 정도의 글을 읽고 내용을 이해할 수 있는지를 묻는다.

➡ 예상 소요 시간 12분

★ 2020년도 제2회 시험부터 4문항에서 3문항으로 변경

 포인트

STEP1	질문의 유형

질문의 유형 파악

▶**실행 과제를 묻는 문제**

☑ ～を読んで、～さんがすることは何ですか。

~을/를 읽고, ~씨가 할 일은 무엇입니까?

☑ ～さんは～に何をすると言っていますか。

~씨는 ~에게 무엇을 한다고 말하고 있습니까?

☑ ～たい人はどうしなければなりませんか。

~하고 싶은 사람은 어떻게 해야 합니까?

> 문제를 먼저 읽고 실행 과제(키워드) 체크 ⇒ 글을 읽으며 키워드가 포함된 문단을 중심으로 내용 확인 ⇒ 소거법 이용하여 선택지 비교

▶**글쓴이의 주장을 묻는 문제**

☑ 言いたいことはどれですか。

말하고자 하는 것은 어느 것입니까?

☑ なぜ「私」は～がしたいですか。

왜 '나'는 ~이/가 하고 싶습니까?

☑ 何が言いたいですか。

무엇을 말하고자 합니까?

> 글의 테마 파악 ⇒ 접속사에 주의하면서 글의 흐름 파악 ⇒ 글의 마지막 부분 신중하게 읽기 ⇒ 소거법 이용하여 선택지 비교 (부정문에 주의)

▶밑줄 부분이 지시하는 것을 찾는 문제

⊘ どうして~ですか。

　왜 ~입니까?

⊘ ~ものはどれですか。

　~것은 무엇입니까?

⊘ ~とは何^{なん}ですか。

　~라는 것은 무엇입니까?

글에서 밑줄 위치 체크 ⇒ 밑줄 앞뒤로 내용 파악 ⇒ 앞 부분에서 제시된 구체적인
예에 주목 ⇒ 소거법 이용하여 선택지 비교(유의어에 주의)

STEP2

글 속에서 키워드 찾기

글 속에서의 정답의 단서

▶편지글의 경우, 중간 단락에 핵심 내용이 있다.
⇒인사말 – 하고자 하는 말 – 끝인사

▶밑줄의 내용을 묻는 경우, 앞뒤 문장에 주의한다.
⇒밑줄이 있는 문장의 시작이 지시어(この・これ 등)인 경우, 정답은 앞 문장에 있다.

▶이유(どうして)를 묻는 문제에서는 から・ので에 주의한다.
⇒이유를 나타내는 표현으로 해당 문장에 집중한다.

STEP3

선택지 오답 소거

선택지 확인할 때 주의 사항

▶본문과 다른 말로 표현하고 있는 선택지 주의
⇒働^{はたら}く：仕事^{しごと}をする

▶시제 체크
⇒昨日^{きのう} – 食^たべました
　明日^{あした} – 食^たべます

▶부정문 조심
⇒~ません・~ませんでした・~なかった・~なかったです

문제 5 내용이해 (중문)
もんだい 5 内容理解 (中文)

문제유형

내용이해(중문) (4문항) ➡ 450자 정도의 글을 읽고 쓰인 내용의 포인트를 이해할 수 있는지를 묻는다.

➡ 예상 소요 시간 12분

★ 2020년도 제2회 시험부터 4문항에서 3문항으로 변경

포인트

STEP1	글을 읽기 전 문제의 의도를 파악
질문의 유형 파악	▶**본문의 전반적인 내용을 묻는 문제**

⊘ ~についてあっていることはどれですか。

~에 대해서 맞는 것은 무엇입니까?

⊘ ~の説明であっているものはどれですか。

~의 설명으로 맞는 것은 무엇입니까?

⊘ この文の内容にあっているものはどれですか。

이 글의 내용으로 맞는 것은 무엇입니까?

> 문제를 먼저 읽고 선택지의 핵심 단어 체크 ⇒ 글을 읽으며 문단 요약 ⇒ 선택지의 키워드가 포함된 문단에서 내용 찾기 ⇒ 소거법 이용하여 선택지 비교

▶**글쓴이의 주장을 묻는 문제**

⊘ 何が言いたいですか。

무엇을 말하고자 합니까?

⊘ いちばん言いたいことは何ですか。

가장 하고 싶은 말은 무엇입니까?

⊘ この人はなぜ~ですか。

이 사람은 왜 ~입니까?

> 글의 테마 파악 ⇒ 접속사에 주의하면서 글의 흐름 파악 ⇒ 글의 마지막 부분 신중하게 읽기 ⇒ 소거법 이용하여 선택지 비교 (부정문에 주의)

▶밑줄 부분이 지시하는 것을 찾는 문제

☑ ~に入れるのに、いちばんいい文はどれですか。

　~에 들어가기에 가장 좋은 문장은 무엇입니까?

☑ ~のはどうしてですか。

　~것은 왜 입니까?

☑ ~と考えた理由じゃないものはどれですか。

　~라고 생각한 이유가 아닌 것은 무엇입니까?

> 글에서 밑줄 위치 체크 ⇒ 밑줄 앞뒤로 내용 파악 ⇒ 앞 부분에서 제시된 구체적인
> 예에 주목 ⇒ 소거법 이용하여 선택지 비교(유의어에 주의)

STEP2

글 속에서 키워드 찾기

정답의 단서

▶「これから(앞으로)」어떻게 할 것인지를 묻는 문제의 경우 마지막에 주의한다.

⇒주로 본문의 마지막에서 찾을 수 있으며,「~ましょう(~합시다)」처럼 무언가를
　권유하거나 제시하는 표현에 주의한다.

▶역접의 접속사 뒤에 중요한 의견이 서술되어 있다.

⇒~が ~지만 | しかし 그러나 | けれども 하지만 | ところが 하지만

▶글의 마지막 부분은 특히 주의한다.

⇒필자의 의견이 숨어 있다.

STEP3

선택지 오답 소거

선택지 확인할 때 주의 사항

▶일의 순서를 나타내는 표현 조심

⇒~てから(~하고 나서) · ~た後で(~한 후에)

▶질문에 등장한 단어와 비슷한 선택지는 함정일 확률이 높음

⇒休みたい→何もしたくない(아무것도 하고 싶지 않다)

　　　　休みました(쉬었습니다)

▶부정으로 질문하는 문제 주의

⇒あっているもの(맞는 것)·あっていないもの(맞지 않는 것) 정확히 확인할 것

문제 6 정보검색

もんだい6 情報検索

🔖 문제유형

정보검색 (2문항) ➡️ 400자 정도의 정보 속에서 필요한 정보를 찾아낼 수 있는지를 묻는다.

➡️ 예상 소요 시간 6분

★ 2020년도 제2회 시험부터 시험 시간 변경에 따라 예상 소요 시간 배분

🔖 포인트

STEP1

글을 읽기 전 문제의 의도를 파악

질문의 유형 파악

▶조건에 부합하는 내용 찾는 문제

✅ ~選べるのは、どれですか。

~고를 수 있는 것은 무엇입니까?

✅ ~に参加できる人はどんな人ですか。

~에 참가할 수 있는 사람은 어떤 사람입니까?

✅ 何を注意しなければなりません。

무엇을 주의하지 않으면 안 됩니까? (=주의해야 합니까?)

> 문제를 먼저 읽고 내용 요약 ⇒ 문제의 조건이 있는 부분에 집중하며 읽기 ⇒ 소거법 이용하여 선택지 비교

▶실행 과제를 묻는 문제

✅ ~さんはどうすればいいですか。

~씨는 어떻게 하면 됩니까?

✅ 何をして おかなければなりませんか。

무엇을 해 둬야 합니까?

✅ どんな~から始まりますか。

어떤 ~부터 시작합니까?

> 문제를 먼저 읽고 내용 요약 ⇒ 문제의 조건이 있는 부분과 예외 조건을 꼼꼼하게 확인 ⇒ 소거법 이용하여 선택지 비교

▶주어진 조건으로 계산하는 문제

⊘ ~さんはお金<ruby>金<rt>かね</rt></ruby>をいくら払<ruby>払<rt>はら</rt></ruby>わなければなりませんか。

~씨는 돈을 얼마 지불하지 않으면 안 됩니까? (지불해야 합니까?)

⊘ ~たい時<ruby>時<rt>とき</rt></ruby>は、どうしますか。

~하고 싶을 때에는 어떻게 합니까?

⊘ 全部<ruby>全部<rt>ぜんぶ</rt></ruby>でいくら払<ruby>払<rt>はら</rt></ruby>いますか。

전부해서 얼마 지불합니까?

> 문제를 먼저 읽고 조건 요약 ⇒ 문제의 조건이 있는 부분 체크 ⇒ 예외 조건 꼼꼼하게 확인 후 계산 ⇒ 계산 후 재검토

STEP2

글 속에서 키워드 찾기

글 속에서의 정답의 단서

▶예외 조건에 주의한다.

⇒주어진 정보만 봐서는 안 되고, 하단에 있는 조건도 반드시 확인해야 한다.
표 등이 제시된 경우에는 예외 조건이 있으니 하단에 '※'를 꼭 확인하자.

▶시간이나 장소, 방법 등 자주 사용되는 표현에 주의한다.

⇒朝<ruby>朝<rt>あさ</rt></ruby>・昼<ruby>昼<rt>ひる</rt></ruby>・夜<ruby>夜<rt>よる</rt></ruby>・午前<ruby>午前<rt>ごぜん</rt></ruby>・午後<ruby>午後<rt>ごご</rt></ruby>・メール・電話<ruby>電話<rt>でんわ</rt></ruby>

▶문제에서 등장한 조건은 본문에 표시한다.

⇒필요한 내용과 필요하지 않은 내용을 분리하여 시간을 단축시킨다.

STEP3

선택지 오답 소거

선택지 확인할 때 주의 사항

▶계산 문제 조심

▶조건이 여러 개일 경우 한 번 더 꼼꼼하게 체크

もんだい4 内용이해·단문

　つぎの(1)から(4)の文章を読んで、質問に答えてください。答えは、１・２・３・４から、いちばんいいものを一つえらんでください。

(1)

デパートの入り口に、このお知らせがあります。

ABCデパートが新しくなります！

　いつもありがとうございます。ABCデパートは、1月20日(月)から工事をします。期間は、下を見てください。

　　工事期間：1月20日(月) 〜 3月15日(日)

　　　　・1階にあるレストランは、この工事の間も営業しています。
　　　　・工事の前の最後の営業する日は、1月18日(土)です。

3月16日(月)からは、セールをします！
新しいデパートで皆さんにまた会えるのを待っています！

　　　　　　　　　　　　　　　　　　　　　　　ABCデパート

1️⃣ このお知らせから分かることは何ですか。

　1　ABCデパートは1月20日に工事が終わります。

　2　レストランは3月15日にも営業しています。

　3　1月18日にはデパートで買い物ができません。

　4　工事が始まる前にセールがあります。

(2)

> 　僕は将来日本のホテルで働きたいです。ホテルには毎日たくさんのお客さんが来るし、ずっと立っていることが多いので、それができる体じゃなければなりません。上手な日本語ももちろん必要ですが、お客さんは日本人だけじゃないので、色々な外国語をたくさん話せることも必要です。そして暗い顔や小さい声で話さないように気をつけなければなりません。　だからその前に、日本でアルバイトをしたり勉強を一生懸命したりしようと思っています。

2　ホテルで働くときに<u>必要でない</u>ことは何ですか。

1　体が元気なこと

2　日本語を上手に話すこと

3　色々な外国語をたくさん話せること

4　暗い顔や小さい声で話すこと

(3)

みきさんからメッセージが来ました。

こんにちは。今週の土曜日に一緒に行くアイドルのコンサート、午後5時から始まるんですが、その前にまず一緒にご飯を食べましょう。1時くらいに会うのはどうですか。それから、外にあるショップでコンサートのグッズが色々買えるそうなんです。ご飯を食べて、買い物をしてから会場の中に入りませんか。

みきさん、こんにちは。いいですよ。じゃあ、その日、会場の前にある大きい時計の前で会いましょう。

[3] 二人の今週の土曜日のスケジュールにあわないことはどれですか。

1　アイドルのコンサートを一緒に見ます。

2　はじめに、ご飯を一緒に食べます。

3　会場の中に入る前に、ショップで買い物をします。

4　午後5時に会場の前にある大きい時計の前で会います。

(4)

> 　学校に行く前、家の近くにある湖の周りを父と一緒にジョギングすることが、私の毎朝の習慣です。私は運動があまり好きではありません。でもある日、父が「朝に運動をすると、気持ちがよくなるぞ。」と言ったのを聞いて、始めました。私は毎日学校に行きたくなくて気分がいつもよくありませんでした。でも、ジョギングを始めてから体が軽くなって、気分も明るくなりました。運動の後に食べる朝ご飯もとてもおいしいです。最近は父のおかげで、毎日が楽しいです。

4 「私」はどうして朝にジョギングを始めましたか。

1 運動をすることがあまり好きではないから

2 父が朝の運動は気持ちがよくなると言ったから

3 毎日学校に行きたくなかったから

4 運動の後に食べる朝ご飯はおいしいから

つぎの文章を読んで、質問に答えてください。答えは、１・２・３・４から、いちばんいいものを一つえらんでください。

これはゆいさんが書いた作文です。

私の父

鈴木ゆい

　私の父は、中学校の先生です。休みの日はいつも家で新聞や本を静かに読んでいて、私たちと遊んでくれたことはありません。テレビもほとんど見ません。家族でどこかレストランに行ってご飯を食べるのも、年に２、３回だけでした。　私と弟は小さい頃によく「勉強をしろ」と怖い顔で父に叱られていました。それで私たちは、①「父は私たちのことがきっと嫌いなのだろう」といつも考えていました。

　ある日、父が病気になり、入院しました。大人になって、私も弟も一人暮らしをはじめてからあまり父と話すことはなくなっていましたが、母から②そのことを電話で聞いて、少し怖かったですが、弟と一緒にお見舞いに行くことにしました。

　久しぶりに会った父は、やせて小さくなっていました。父は私たちを見て「心配しなくてもいい。」と言いましたが、父の顔が少し笑っているように見えました。それから何度も父の病院に行くようになりましたが、昔とは違ってたくさん話してくれるようになりました。私たちは父のことをまだよく知らなかっただけなのかもしれないと思い、嬉しくなりました。

---

⑤ 父の説明とあっているものはどれですか。

1 真面目で、厳しい人

2 静かで、おもしろい人

3 元気で、頭がいい人

4 背が高くて、やせている人

⑥ ①「父は私たちのことがきっと嫌いなのだろう」と考えた理由じゃないもの

はどれですか。

1 父は休みの日にいつも家にいて、遊んでくれなかったから

2 父はレストランにあまり連れて行ってくれなかったから

3 勉強をしろといつも父に叱られていたから

4 電話をしても父があまり話してくれないから

⑦ ②そのこととは何ですか。

1 父は私たちのことが嫌いだということ

2 父が入院したこと

3 父が前より怖くなっていること

4 父が最近笑っていること

⑧ この人はなぜ嬉しくなりましたか。

1 父が前よりやせて小さくなっていたから

2 父が私たちに「心配しなくてもいい。」と言ったから

3 父が私たちのことが好きだと分かったから

4 父は私たちを知らない人だと思ったから

右のページのお知らせを見て、下の質問に答えてください。答えは、１・２・３・
４から、いちばんいいものを一つえらんでください。

9 マイケルさんは、「日本文化祭り」に行きたいと思っています。日本の食べ
物を作ってみたいですが、毎週日曜日は午後12時から6時までアルバイトがあ
ります。マイケルさんが選べるのは、どれですか。

　1　①か③

　2　②

　3　④か⑥

　4　⑤

10 キャサリンさんとアンさんは、「日本文化祭り」に行きたいと思っていま
す。そしてそこで大好きな歌手「SHO」の歌が聞きたいです。二人はどうす
ればいいですか。
　1　申し込みをしないで、500円を払います。
　2　申し込みをしないで、1,000円を払います。
　3　申し込みをして、500円を払います。
　4　申し込みをして、1,000円を払います。

日本文化祭り in TOKYO

日本文化祭りに参加して、日本のことをもっと知ろう！

7/21 (土)

	時間	イベント
①	10:00〜12:00	クイズ大会(プレゼントあります!)
②	13:00〜15:00	日本のお菓子作り
③	17:00〜19:00	歌手「SHO」さんのミュージックコンサート (16:30 入場)

7/22 (日)

	時間	イベント
④	10:00〜12:00	テレビゲーム大会(プレゼントあります！)
⑤	13:00〜15:00	日本の料理作り
⑥	17:00〜19:00	芸能人さんのトークショー (16:30 入場)

※イベントは全部、7/8(日)までにホームページで申し込んでください。

※参加料金は、料理/お菓子作りは500円、トークショーとコンサートは 1,000円です。

もんだい4 내용이해·단문

つぎの(1)から(4)の文章を読んで、質問に答えてください。答えは、１・２・３・４から、いちばんいいものを一つえらんでください。

(１) 日本語学校に、このお知らせがあります。

アルバイトができる人をさがしています！

皆さんこんにちは。アルバイトの情報が来ています。

日にち : 5月13日(月)から

曜日　 : 月曜日、水曜日、金曜日

時間　 : 午後4時から午後8時

内容　 : お弁当を作ります。

時給　 : 950円

アルバイトをしたい人は、今週の金曜日までにクラスの先生に申し込んでください。

注意!　中級クラス以上の人だけできます。

大山日本語学校　事務室

1　このお知らせの内容にあっているものはどれですか。

1　アルバイトは、5月13日にだけします。

2　このアルバイトは、工場でお弁当を売ることです。

3　アルバイトがしたい人は、先生に言えばいいです。

4　日本語が話せない人もこのアルバイトができます。

(2)

先週、私は初めて沖縄に行って来ました。今はまだ春ですが、とても暑かったです。沖縄の海は人がちょっと多くて風が強かったですが、とても青くて、きれいでした。ガイドの人が、「沖縄のビーチは普通より白いし海も浅いので、このように見えるんですよ。」と話してくれました。東京の海より沖縄の海がきれいなのは、きっと暑いからだと思っていたので、私はその話を聞いてとても勉強になりました。

2 沖縄の海はどうしてきれいですか。

1 沖縄の海は、人が多くて風が強いから

2 沖縄は、空が青いから

3 沖縄のビーチは白くて、海が浅いから

4 沖縄は、東京より暑いから

(3)

りょうこさんの机_{（つくえ）}の上に、メモがありました。

> りょうこへ
>
> 　お母さん、ちょっとスーパーに買い物に行って、そのあと田中_{（たなか）}さんの家に行って来ます。
>
> 　2時くらいには帰ると思うんだけど…。お腹がすいたら冷蔵庫_{（れいぞうこ）}にカレーがあるわよ。それからさっき電話があって、1時くらいに郵便局_{（ゆうびんきょく）}の人が荷物_{（にもつ）}を持って来るって言ってたから、お願_{（ねが）}いね。
>
> 　　　　　　　　　　　　　　　　　　　　　　　　　　母より

3 このメモを読んで、りょうこがすることはどれですか。

1　スーパーに買い物に行きます。

2　田中_{（たなか）}さんの家に行きます。

3　カレーを作ります。

4　荷物_{（にもつ）}をもらいます。

(4)

朝ご飯を毎日しっかり食べていますか。朝はお腹が空いていない、ダイエットをしている、食べる時間がないなど、色々な理由で食べない人が多くいるでしょう。でも朝ご飯を食べることはとても重要です。朝ご飯を食べないと、学校や会社で勉強や仕事がうまくできなくなります。それに、実は太りやすくなってしまいます。朝ご飯は米やパンじゃなくても、果物や野菜ジュースだけでもいいですから、健康のためにも必ず食べた方がいいですね。

4 朝ご飯についてこの人が言いたいことはどれですか。

1 お腹がすいていない時は朝ご飯を食べない方がいい。

2 ダイエットのために朝ご飯を食べない方がいい。

3 勉強や仕事をうまくするために、朝ご飯を食べた方がいい。

4 朝ご飯は米やパンだけ食べた方がいい。

つぎの文章を読んで、質問に答えてください。答えは、１・２・３・４から、いちばんいいものを一つえらんでください。

これは、マイク・アレンさんが書いた作文です。

面白い日本文化

マイク・アレン

　私が初めて日本に来た時、びっくりしたことがたくさんありました。例えば私の国では、家の中でも靴をはいて生活をしますが、①日本では家の中では靴をぬぎます。日本には昔、ベッドやソファーがなかったからだそうです。靴をはいたままの方が楽ですが、靴をぬぐと家も汚くなりませんから、いいです。私も日本に住んでいますから、靴をぬいで生活しています。

　また、日本の人は②「すみません。」という言葉をたくさん使います。私は「すみません。」という言葉は、何か悪いことをしてあやまる時に使うものだと学校で習いました。しかし日本の人はあやまる時にももちろん使いますが、「ありがとうございます。」と言いたい時、人の前を通りたい時、お店の人を呼ぶ時など、いろいろなところで使います。私はそれを知って、とても（　　　　　）だと思いました。

　私は国にはまだ帰らないつもりですから、友達に聞いたりインターネットでしらべたりして、役に立ちそうないろいろな文化や言葉をさがしてみたいと思っています。

---

5 なぜ①「日本では家の中では靴をぬぎます。」か。

1　家の中では、靴をはいたままの方が楽だから

2　靴をぬぐと家の中が汚くなるから

3　昔は、ベッドやソファーを使わなかったから

4　日本では、どこでも靴をぬいで生活するから

6 「私」は学校で、②「すみません。」という言葉はどんな時に使う言葉だと習いましたか。

1　あやまりたい時

2　「ありがとうございます。」と言いたい時

3　人の前を通りたい時

4　お店の人を呼びたい時

7 （　　　　）に入れるのに、いちばんいい言葉はどれですか。

1　便利な言葉

2　やさしい言葉

3　多い言葉

4　にぎやかな言葉

8 なぜ「私」はいろいろな文化や言葉をさがしたいですか。

1　友だちに聞いたり、インターネットで調べたりしたいから

2　初めて日本に来た時、びっくりしたから

3　早く国に帰りたいから

4　これからも日本で生活するつもりだから

もんだい6 정보검색

　右のページのお知らせを見て、下の質問に答えてください。答えは、１・２・３・４から、いちばんいいものを一つえらんでください。

9　地震が起きる前に、何をしておかなければなりませんか。

　　1　食べ物や水をたくさん準備しておきます。

　　2　毎日ラジオを聞いておきます。

　　3　電話をする練習をしておきます。

　　4　玄関のドアを開けたままにしておきます。

10　地震が起きました。何に注意しなければなりませんか。

　　1　高いビルの近くに行かなければなりません。

　　2　机を下の階に持って行かなければなりません。

　　3　エレベーターに乗って早く逃げなければなりません。

　　4　周りに何もないところを探さなければなりません。

地震が起きた時には

地震はいつ起きるか分からないし、起きても逃げられません。地震が起きる前や起きた時にどうすればいいのか、よく知っておきましょう。

＜いつもしておくこと＞

①準備をしましょう
ガスや水道が使えなくなった時のために、食べものや水を30日分くらい準備しておきましょう。それから、ラジオやライターもあると、便利です。

②練習をしましょう
一年に二回くらいは、逃げる練習をしておきましょう。電話が使えなくなった時のために、家族とどこで会うかも決めておいた方がいいです。

＜地震が起きたら＞

①周りを見ましょう
ビルの近くはガラスが落ちるかもしれませんから、近くに行かないようにしましょう。机がある時は、その下に入るといいです。

②逃げましょう
エレベーターは絶対に使ってはいけません。ガスを閉めて、家を出る前に、玄関のドアは開けたままにしましょう。周りに何もない広いところや決まっている場所へ行きましょう。

맞힌 개수 확인 _____ / 10

제3장 만점처방

실전문제 정답 및 해설

언어지식(독해) 실전문제 정답 및 해설

제1회 실전문제 정답 및 해설

| 정답 |

1 2	2 4	3 4	4 2	5 1
6 4	7 2	8 3	9 2	10 4

| 해설 |

문제 4   다음 (1)부터 (4)의 문장을 읽고 질문에 답하세요.
답은 1·2·3·4에서 가장 적당한 것을 하나 고르세요.

(1)

백화점 입구에 안내문이 있습니다.

ABC백화점이 새로워집니다!

항상 감사합니다. ABC백화점은 1월 20일(월)부터 공사를 합니다. 기간은 아래를 봐 주세요.

공사 기간 : 1월 20일(월) ~ 3월 15일(일)

· 1층에 있는 레스토랑은 이 공사하는 동안에도 영업하고 있습니다.
· 공사 전의 마지막 영업일은 1월 18일(토)입니다.

3월 16일(월)부터는 세일을 합니다!
새로운 백화점에서 여러분을 다시 만날 수 있기를 기다리고 있겠습니다!

ABC백화점

---

1   이 안내문으로 알 수 있는 것은 무엇입니까?
1   ABC백화점은 1월 20일에 공사가 끝납니다.
2   레스토랑은 3월 15일에도 영업하고 있습니다.
3   1월 18일에는 백화점에서 쇼핑할 수 없습니다.
4   공사가 시작되기 전에 세일을 합니다.

해설   ✽ 예외 사항에 주의!   정보 전달 목적의 광고문이나 안내문에서 주의해야 할 부분은 바로 예외 사항이다. 1번의 1월 20일은 공사가 끝나는 날짜가 아닌 시작하는 날짜이므로 오답, 3

번의 1월 18일은 공사하기 전에 마지막으로 쇼핑할 수 있는 날이라고 했으므로 오답, 4번의 세일은 공사가 끝나는 다음 날인 3월 16일이므로 오답이 된다. 정답은 공사 중에도 1층 레스토랑은 영업을 한다고 했으므로 2번이 된다.

어휘   いつも 항상 | デパート 백화점 | 工事 공사 | 期間 기간 | 下 아래 | ～階 ～층 | レストラン 레스토랑 | ～間 ～동안 | 営業 영업 | 最後 마지막 | セール 세일 | 新しい 새롭다 | 皆さん 여러분 | ～に会う ~를 만나다 | 待つ 기다리다

(2)

저는 장래에 일본의 호텔에서 일하고 싶습니다. 호텔에는 매일 많은 손님이 오고 계속 서 있을 때가 많아서 그것이 가능한 몸이 아니면 안 됩니다. 능숙한 일본어도 물론 필요하지만, 손님은 일본인뿐만 아니기 때문에 다양한 외국어를 많이 할 수 있는 것도 필요합니다. 그리고 어두운 얼굴이나 작은 목소리로 말하지 않도록 주의하지 않으면 안 됩니다. 그래서 그 전에 일본에서 아르바이트를 하거나 공부를 열심히 하려고 생각하고 있습니다.

---

2   호텔에서 일할 때 필요하지 않은 것은 무엇입니까?
1   몸이 건강할 것
2   일본어가 능숙할 것
3   다양한 외국어를 많이 말할 수 있을 것
4   어두운 얼굴이나 작은 목소리로 이야기할 것

해설   ✽ 이중 부정문에 주의!   호텔에서 일할 때 필요하지 않은 것은 무엇인지 물어보는 문제이다. 선택지의 단어들은 본문에서 전부 언급되었으나, '~하지 않으면 안 된다' 등 이중 부정문이 등장했을 경우 함정이 있을 수 있으니 정확한 해석이 필요하다. 선택지 4번의 경우, 「暗い顔や小さい声で話さないように気をつけなければなりません(어두운 얼굴이나 작은 목소리로 이야기하지 않도록 주의하지 않으면 안 됩니다)」에서 알 수 있듯이 어두운 얼굴이나 작은 목소리는 필요하지 않다는 것을 알 수 있다. 정답은 4번이다.

어휘 僕^{ぼく} 나, 저 (남성어) | 将来^{しょうらい} 장래 | ホテル 호텔 | 毎日^{まいにち} 매일 | お客^{きゃく}さん 손님 | ずっと 계속 | 立^たつ 서다 | 多^{おお}い 많다 | できる 가능하다 | 体^{からだ} 몸, 신체 | 上手^{じょうず}だ 능숙하다 | 日本語^{にほんご} 일본어 | もちろん 물론 | 必要^{ひつよう}だ 필요하다 | 色々^{いろいろ}な 다양한, 여러 가지 | 外国語^{がいこくご} 외국어 | 暗^{くら}い 어둡다 | 顔^{かお} 얼굴 | 小^{ちい}さい 작다 | 声^{こえ} 목소리 | 気^きを付^つける 주의하다, 조심하다 | だから 그래서 | アルバイト 아르바이트 | 勉強^{べんきょう} 공부 | 一生懸命^{いっしょうけんめい} 열심히 | ~と思^{おも}う ~라고 생각하다

(3)

미키 씨로부터 메시지가 왔습니다.

> 안녕하세요. 이번 주 토요일에 같이 갈 아이돌 콘서트, 오후 5시부터 시작 시작하는데 그 전에 우선 같이 밥을 먹읍시다. 1시 정도에 만나는 것은 어떨까요? 그리고 밖에 있는 가게에서 콘서트의 구즈(물품)를 여러 가지 살 수 있다고 합니다. 밥을 먹고 쇼핑을 하고 나서 콘서트장 안에 들어가지 않겠습니까?
>
> 미키 씨, 안녕하세요. 좋아요. 그럼 그날 콘서트장 앞에 있는 큰 시계 앞에서 만납시다.

③ 두 사람의 이번 주 토요일 스케줄에 맞지 않는 것은 무엇입니까?
   1 아이돌 콘서트를 함께 봅니다.
   2 처음에 밥을 함께 먹습니다.
   3 콘서트장 안에 들어가기 전에 가게에서 쇼핑을 합니다.
   4 오후 5시에 콘서트장 앞에 있는 큰 시계 앞에서 만납니다.

해설 ✱ 의견을 묻는 표현 どうですか(어떻습니까)가 포인트! 토요일 스케줄과 맞지 않는 것을 고르는 문제로 처음에 '이번 주 토요일에 같이 갈 콘서트'라고 했으므로 1번은 토요일 스케줄이 맞고, 밥을 먹고 쇼핑을 하고 나서 콘서트 장으로 들어가자고 했으므로 2번과 3번도 토요일 스케줄이므로 소거할 수 있다. 메일이나 메시지 문제에서는 메시지를 보낸 의도를 나타내는 표현에 항상 정답이 숨어 있다. 「1時^じくらいに会^あうのは どうですか 。(1시 정도에 만나는 것은 어떨까요?)」라고 했고 좋다고 했으므로 시계탑에서 만나는 시간은 오후 1시이며 4번이 정답이다.

어휘 今週^{こんしゅう} 이번 주 | 土曜日^{どようび} 토요일 | 一緒^{いっしょ}に 함께 | アイドル 아이돌 | コンサート 콘서트 | 午後^{ごご} 오후 | まず 우선 | ご飯^{はん} 밥 | くらい 정도 | 会^あう 만나다 | それから 그러고 나서 | 外^{そと} 밖 | ショップ 가게 | グッズ 구즈, 물품 | 買^かい物^{もの} 쇼핑 | 会場^{かいじょう} 회장, 콘서트장 | 中^{なか} 안, 속 | 入^{はい}る 들어가(오)다 | 時計^{とけい} 시계 | 前^{まえ} 앞

(4)

> 학교에 가기 전에 집 근처에 있는 호수 주변을 아빠와 함께 조깅하는 것이 나의 매일 아침의 습관입니다. 나는 운동을 그다지 좋아하지 않습니다. 그러나 어느 날 아빠가 "아침에 운동을 하면 기분이 좋아질 거란다" 라고 말하는 것을 듣고 시작했습니다. 나는 매일 학교에 가고 싶지 않아서 기분이 항상 좋지 않았습니다. 그러나 조깅을 시작하고 나서 몸이 가벼워지고 기분도 밝아졌습니다. 운동 후에 먹는 아침 밥도 매우 맛있습니다. 최근에는 아빠 덕분에 매일이 즐겁습니다.

④ '나'는 왜 아침에 조깅을 시작했습니까?
   1 운동을 하는 것을 그다지 좋아하지 않기 때문에
   2 아빠가 아침 운동은 기분이 좋아질 것이라고 말했기 때문에
   3 매일 학교에 가고 싶지 않기 때문에
   4 운동 후에 먹는 아침 밥은 맛있기 때문에

해설 ✱ 인용 표현 ~という(~라고 한다) 체크! 본문에서 아빠가 말한 것을 듣고 시작했다고 했고, 그 내용은 인용 표현인 「~と言^いった(~라고 말했다)」 앞에 있다. 「父^{ちち}が、"朝^{あさ}に運動^{うんどう}をすると、気持^{きも}ちがよくなるぞ。" と言^いった のを聞^きいて、始^{はじ}めました(아빠가 '아침에 운동을 하면 기분이 좋아질 거란다 라고 말하는 것을 듣고 시작했습니다)에서 알 수 있듯이 2번이 정답이다.

어휘 学校^{がっこう} 학교 | 近^{ちか}く 근처 | 湖^{みずうみ} 호수 | 周^{まわ}り 주변 | ジョギングする 조깅하다 | 毎朝^{まいあさ} 매일 아침 | 習慣^{しゅうかん} 습관 | 運動^{うんどう} 운동 | あまり~ない 그다지 ~않다 | ある日^ひ 어느 날 | 朝^{あさ} 아침 | 気持^{きも}ち 기분 | よくなる 좋아지다 | 聞^きく 듣다, 묻다 | 始^{はじ}める 시작하다 | 毎日^{まいにち} 매일 | 気分^{きぶん} 기분 | いつも 항상 | でも 그러나 | 体^{からだ} 몸, 신체 | 軽^{かる}い 가볍다 | 明^{あか}るい 밝다 | 朝^{あさ}ご飯^{はん} 아침 밥 | おいしい 맛있다 | 最近^{さいきん} 최근 | おけげで 덕분에 | 楽^{たの}しい 즐겁다

문제 5 다음 문장을 읽고 질문에 답하세요. 답은 1·2·3·4에서 가장 적당한 것을 하나 고르세요.

이것은 유이 씨가 쓴 작문입니다.

나의 아빠

스즈키 유이

우리 아빠는 중학교 선생님입니다. 쉬는 날에는 항상 집에서 신문이나 책을 조용히 읽고 있으며, 우리들과 놀아 준 적은 없습니다. TV도 거의 보지 않습니다. 가족끼리 어딘가 레스토랑에 가서 밥을 먹는 것도 1년에 2, 3번뿐이었습니다. 나와 남동생은 어렸을 때에 자주 "공부 해"라고 무서운 얼굴로 아빠에게 혼났었습니다. 그래서 우리들은 ①아빠는 우리를 분명 싫어하는 거야'라고 항상 생각하고 있었습니다.

어느 날 아빠가 병이 나서 입원했습니다. 어른이 되고 나도 남동생도 혼자 살기 시작 하고 나서부터 그다지 아빠와 이야기하는 일은 없어졌는데, 엄마로부터 '②그 일'을 전화로 듣고 조금 무서웠지만 남동생과 함께 병문안을 가기로 했습니다.

오랜만에 만난 아빠는 마르고 왜소해져 있었습니다. 아빠는 우리들을 보고 '걱정하지 않아도 된다'고 말했지만, 아빠의 얼굴이 조금 웃고 있는 듯이 보였습니다. 그러고 나서 몇 번이나 아빠가 있는 병원에 가게 되었는데 옛날과 다르게 많이 이야기해 주시게 되었습니다. 우리들은 아빠를 아직 잘 몰랐을 뿐일지도 모른다고 생각하고 기뻐졌습니다.

---

5 아빠의 설명으로 맞는 것은 어느 것입니까?

1 성실하고 엄격한 사람
2 조용하고 재미있는 사람
3 활기차고 머리가 좋은 사람
4 키가 크고 마른 사람

해설 ※ 주격 조사 は(은/는) 체크! 주격 조사 「は(은/는)」는 주어에 대한 설명을 하는 역할을 한다. 즉 아빠에 대한 설명은 「父は ~(아빠는~)」로 시작하는 첫 번째 문단에서 확인할 수 있다. 본문에서는 「静かに(조용하게)」와 「怖い顔で~叱る(무서운 얼굴로 혼내다)」고 표현하였고, 보기에서는 「真面目で、厳しい(성실하고 엄격하다)」로 표현했다. 정답은 1번이 된

다. 재미있고 활기차다는 내용이 들어간 2번과 3번은 오답이고, 4번은 아픈 후 평소보다 마르고 왜소해진 것이지 키가 크고 마른 사람이라고 단정할 수 없으므로 오답이다.

6 '①아빠는 우리를 분명 싫어하는 거야'라고 생각한 이유가 아닌 것은 어느 것입니까?

1 아빠는 쉬는 날에 항상 집에 있으면서 놀아주지 않았기 때문에
2 아빠는 레스토랑에 그다지 데려가 주지 않았기 때문에
3 공부를 하라고 항상 아빠에게 혼났기 때문에
4 전화를 해도 아빠가 그다지 이야기해 주지 않았기 때문에

해설 ※ 부정문으로 묻는 질문 체크! 아빠는 우리를 싫어할 거라고 생각한 이유가 아닌 것을 고르는 문제. 부정 질문에 유의하자. 밑줄 ①이 있는 문장은 「それで(그래서)」로 시작한다. 즉 앞에 원인이 되는 내용들이 있다. 아빠는 놀아주지 않고, 레스토랑에서 밥을 잘 먹지도 않고, 공부하라고 혼내기도 했다. 선택지 1번, 2번, 3번은 아빠가 우리를 싫어할 거라고 생각한 이유가 되므로 소거하면 정답은 4번이 된다. 4번의 경우 「あまり話してくれない(그다지 말해 주지 않는다)」는 본문에 있지만 앞의 「電話しても (전화해도)」는 언급되지 않았으므로 오답이 된다.

7 '②그 일'은 무엇입니까?

1 아빠는 우리를 싫어한다는 것
2 아빠가 입원했다는 것
3 아빠가 전보다 무서워졌다는 것
4 아빠가 최근에 웃고 잇다는 것

해설 ※ 지시어 その(그)의 정답은 앞 문장! 밑줄이 있는 문장에 지시어가 있다. 지시어가 있는 경우 정답은 앞에 있다. 「ある日父が病気になり、入院しました(어느 날 아빠가 병이 나서 입원했습니다)」에서 알 수 있듯이 2번이 정답이다.

8 이 사람은 왜 기뻐졌습니까?

1 아빠가 전보다 마르고 왜소해져 있었기 때문에
2 아빠가 우리들에게 '걱정하지 않아도 된다'고 말했기 때문에
3 아빠가 우리들을 좋아한다는 것을 알았기 때문에

4 아빠는 우리들을 모르는 사람이라고 생각하고 있었기 때문에

해설 ✽ 본인의 생각을 나타내는 표현 ～と思い(~라고 생각하여)!

「～と思う(~라고 생각하다)」는 생각을 나타내는 표현이므로 마지막 문장「よく知らなかっただけなのかもしれないと思い…(잘 몰랐을 뿐일지도 모른다고 생각하고)」가「嬉しい(기쁘다)」의 원인이 된다. 첫 번째 단락에서「父は私たちのことがきっと嫌いなのだろう(아빠는 우리들을 분명 싫어하는 거야)」에서 알 수 있듯이 필자는 그 동안 아빠가 본인을 싫어한다고 생각했는데 그건 아빠를 잘 몰랐을 뿐이라고 한 것이므로 3번이 정답이다.

어휘 中学校 중학교 | 先生 선생님 | 休みの日 쉬는 날 | 新聞 신문 | 静かだ 조용하다 | 私たち 우리들 | 遊ぶ 놀다 | ほとんど 거의 | どこか 어딘가 | レストラン 레스토랑 | ご飯 밥 | 年に一回 1년에 ~회 | 小さい頃 어렸을 적 | しろ ~해(명령형) | 怖い 무섭다 | 顔 얼굴 | 叱る 혼내다 | それで 그래서 | 嫌いだ 싫어하다 | 考える 생각하다 | 病気になる 병이 나다 | 入院 입원 | 大人 어른 | 一人暮らし 자취 | 話す 말하다 | 電話 전화 | 聞く 듣다 | 少し 조금 | い형용사 어간+くなる ~해지다 | 心配する 걱정하다 | 笑う 웃다 | 見える 보이다 | 何度も 몇 번이나 | 病院 병원 | 昔 옛날 | まだ 아직 | 知る 알다 | 嬉しい 기쁘다

문제 6 오른쪽 페이지의 안내문을 읽고 아래 질문에 답하세요. 답은 1·2·3·4에서 가장 적당한 것을 하나 고르세요.

일본 문화 축제 in TOKYO

일본 문화 축제에 참가해서 일본을 더 알자!

7/21 (토)

	시간	이벤트
①	10:00~12:00	퀴즈 대회 (선물도 있습니다!)
②	13:00~15:00	일본 과자 만들기
③	17:00~19:00	가수 'SHO'의 음악 콘서트 (16:30 입장)

7/22 (일)

	시간	이벤트
④	10:00~12:00	TV 게임 대회 (선물도 있습니다!)
⑤	13:00~15:00	일본 요리 만들기
⑥	17:00~19:00	연예인의 토크쇼 (16:30 입장)

※이벤트는 전부 7/8(일)까지 홈페이지에서 신청해 주세요.

※참가요금은 요리/과자 만들기는 500엔, 토크쇼와 콘서트는 1,000엔입니다.

9 마이클 씨는 '일본 문화 축제'에 가고 싶다고 생각하고 있습니다. 일본 음식을 만들어 보고 싶은데, 매주 일요일은 오후 12시부터 6시까지 아르바이트가 있습니다. 마이클 씨가 선택하는 것은 어느 것입니까?

1 ①이나 ③

2 ②

3 ④이나 ⑥

4 ⑤

해설 ✽ 조건 체크하기! 마이클 씨가 '일본 문화 축제'에 참가하고 싶은데 첫 번째 조건은 일본 음식을 만들어 보고 싶은 것이므로 ②와 ⑤를 고를 수 있다. 그리고 두 번째 조건은 일요일은 아르바이트가 있다고 했으므로 ⑤를 제외시킬 수 있다. 따라서 2번이 정답이다.

10 캐서린 씨와 앤 씨는 '일본 문화 축제'에 가고 싶다고 생각하고 있습니다. 그리고 그곳에서 매우 좋아하는 가수 'SHO'의 노래를 듣고 싶습니다. 둘은 어떻게 하면 됩니까?

1 신청하지 않고 500엔을 지불합니다.

2 신청하지 않고 1,000엔을 지불합니다.

3 신청하고 500엔을 지불합니다.

4 신청하고 1,000엔을 지불합니다.

해설 ※ *아래 '※'의 중요 사항 체크하기!* 일본 문화 축제에서 가수 'SHO'의 노래를 들을 경우 어떻게 해야 하는지가 문제이다. 우선 정보 검색 문제에서 하단에 있는 '※'는 중요한 부분이므로 꼭 확인해야 한다. 모든 이벤트는 전부 홈페이지에서 신청해야 하며, 가수 'SHO'의 콘서트를 듣기 위해서는 1,000엔을 지불해야 한다고 쓰여 있다. 따라서 4번이 정답이다.

어휘 文化 문화 | 祭り 축제 | 参加する 참가하다 | もっと 더, 더욱 | 食べ物 음식, 먹을 것 | 飲み物 음료, 마실 것 | クイズ 퀴즈 | 大会 대회 | プレゼント 선물 | お菓子 과자 | 作り 만들기 | 歌手 가수 | ミュージック 음악 | コンサート 콘서트 | 入場 입장 | 時間 시간 | イベント 이벤트 | 内容 내용 | テレビ 텔레비전 | ゲーム 게임 | 料理 요리 | 芸能人 연예인 | トークショー 토크쇼 | 全部 전부 | ホームページ 홈페이지 | 申し込む 신청하다

제2회 실전문제 정답 및 해설

| 정답 |

1	3	2	3	3	4	4	3	5	3
6	1	7	1	8	4	9	1	10	4

| 해설 |

문제 4 다음 (1)부터 (4)의 문장을 읽고 질문에 답하세요. 답은 1·2·3·4에서 가장 적당한 것을 하나 고르세요.

(1)

일본어학교에 이 안내문이 있습니다.

┌─────────────────────────────────┐
│ 아르바이트를 할 수 있는 사람을 찾고 있습니다! │

여러분 안녕하세요. 아르바이트 정보가 와 있습니다.

날짜 : 5월 13일(월) 부터

요일 : 월요일, 수요일, 금요일

시간 : 오후 4시부터 오후 8시

내용 : 도시락을 만듭니다.

시급 : 950엔

아르바이트를 하고 싶은 사람은 이번 주 금요일까지 반 선생님에게 신청해 주세요.

주의! 중급반 이상의 사람만 가능합니다.

오야마 일본어학교 사무실
└─────────────────────────────────┘

1 이 안내문의 내용에 맞는 것은 어느 것입니까?

1 아르바이트는 5월 13일뿐입니다.

2 이 아르바이트는 공장에서 도시락을 만드는 것입니다.

3 아르바이트를 하고 싶은 사람은 선생님에게 말하면 됩니다.

4 일본어를 하지 못하는 사람도 이 아르바이트를 할 수 있습니다.

해설 ※ *키워드 확인하며 오답 소거하기* 내용과 맞는 것을 찾는 문제는 단서를 찾기 보다는 본문과 선택지를 잘 비교하여 오답을 소거하면서 정답을 찾는 것이 좋다. 우선 5월 13일 부터 아르바이트를 할 수 있는 사람을 구하는 것으로 1번은 오답, 도시락을 만드는 것은 맞지만 장소는 나와 있지 않으므로 2번도 오답, 마지막 주의 사항에 중급반 이상의 사람만 가능하다고 했으므로 4번도 소거할 수 있다. 아르바이트를 하고 싶은 사람은 「今週の金曜日までにクラスの先生に申し込んでください(이번 주 금요일까지 반 선생님께 신청해 주세요)」라고 했으므로 3번이 정답이 된다.

어휘 アルバイト 아르바이트 | できる 할 수 있다 | 皆さん 여러분 | 情報 정보 | 日にち 날짜 | 曜日 요일 | 月曜日 월요일 | 水曜日 수요일 | 金曜日 금요일 | 時間 시간 | 午後 오후 | 内容 내용 | 弁当 도시락 | 作る 만들다 | 時給 시급 | 今週 이번 주 | クラス 반 | 申し込む 신청하다 | 注意 주의 | 中級 중급 | 事務室 사무실

(2)

지난주에 나는 처음으로 오키나와에 갔다 왔습니다. 지금은 아직 봄이지만, 매우 더웠습니다. 오키나와의 바다는 사람이 조금 많고 바람이 강했지만, 매우 파랗고 예뻤습니다. 가이드가 '오키나와의 해변은 일반적인 해변보다 하얗고, 바다도 얕기 때문에 이렇게 보여요.'라고 말해 주었습니다. 도쿄의 바다보다 오키나와의 바다가 예쁜 것은 분명 덥기 때문일 것이라고 생각하고 있었기 때문에 나는 그 이야기를 듣고 매우 공부가 되었습니다.

[2] 오키나와의 바다는 왜 예뻤습니까?

　1　오키나와의 바다는 사람이 많고 바람이 강했기 때문에

　2　오키나와는 하늘이 파랗기 때문에

　3　오키나와의 해변은 하얗고, 바다가 얕기 때문에

　4　오키나와는 도쿄보다 덥기 때문에

해설 ※ 이유를 말하는 표현 찾아내기 ので(때문에)! 질문에서 どうして(왜)가 등장한 경우, 이유와 원인을 나타내는 표현인 ~て(~해서)・~から(~때문에)・~ので(~때문에)가 등장하는 부분에 정답이 숨어 있을 확률이 높다. 「沖縄のビーチは普通より白いし海も浅いので、このように見えるんですよ。(오키나와 해변은 일반적인 해변보다 하얗고 바다도 얕기 때문에 이렇게 보여요.)」에서 このように(이처럼)은 바로 앞 문장의 예쁜 바다를 가리킨다. 정답은 3번이다.

어휘 先週 지난주 ▎初めて 처음으로 ▎沖縄 오키나와 ▎春 봄 ▎とても 매우 ▎暑い 덥다 ▎海 바다 ▎ちょっと 조금 ▎多い 많다 ▎風 바람 ▎強い 강하다 ▎青い 파랗다 ▎きれいだ 예쁘다 ▎ガイドの人 가이드 ▎ビーチ 비치, 해변 ▎普通 보통 ▎~より ~보다 ▎白い 하얗다 ▎浅い 얕다 ▎このように 이렇게 ▎見える 보이다 ▎話す 말하다, 이야기하다 ▎東京 도쿄 ▎思う 생각하다 ▎話 이야기 ▎聞く 듣다 ▎勉強 공부

(3)

료코에게

엄마 잠깐 슈퍼 에 쇼핑을 갔다가 그 후에 다나카 씨 집에 다녀올게요.

　2시 정도에는 돌아올 것이라고 생각하는데…. 배가 고프면 냉장고에 카레가 있어. 그리고 방금 전화가 왔는데 1시 정도에 우체국 사람이 짐을 가지고 온다고 했으니 부탁할게.

엄마가

[3] 이 메모를 읽고 료코가 할 일은 무엇입니까?

　1　슈퍼에 쇼핑하러 갑니다.

　2　다나카 씨의 집에 갑니다.

　3　카레를 만듭니다.

　4　짐을 받습니다.

해설 ※ 부탁 표현 お願いね(부탁해)가 단서! 료코가 할 일을 찾는 문제로 슈퍼에 갔다가 다나카 씨 집에 다녀오는 건 엄마이므로 1번과 2번은 오답이라는 것을 알 수 있고, 배가 고프면 냉장고에 카레가 있다고 했으므로 3번도 오답이다. 이 메모를 남겨둔 의도는 부탁 표현이 들어간 「1時くらいに郵便局の人が荷物を持って来るって言ってたから、お願いね。(1시 정도에 우체국 직원이 짐을 가지고 온다고 했으니까 부탁할게.)」 문장에서 료코가 할 일은 짐을 받아야 하는 것임을 알 수 있다.

어휘 スーパー 슈퍼 ▎買い物 쇼핑 ▎そのあと 그 후에 ▎くらい 정도 ▎帰る 돌아가(오)다 ▎お腹が空く 배가 고프다 ▎冷蔵庫 냉장고 ▎カレー 카레 ▎さっき 방금 ▎電話 전화 ▎郵便局 우체국 ▎荷物 짐 ▎持つ 가지다, 들다 ▎お願い 부탁

(4)

> 아침 밥을 매일 제대로 먹고 있습니까? 아침은 배가 고프지 않다, 다이어트를 하고 있다, 먹을 시간이 없다 등 다양한 이유로 먹지 않는 사람이 많이 있겠지요. 하지만 아침 밥을 먹는 것은 매우 중요합니다. 아침 밥을 먹지 않으면 학교나 회사에서 공부나 일을 잘할 수 없게 됩니다. 게다가 사실은 살찌기 쉬워지게 되고 맙니다. 아침 밥은 쌀이나 빵이 아니더라도 과일이나 채소 주스만이라도 괜찮기 때문에 건강을 위해서라도 반드시 먹는 편이 좋아요.

4 아침 밥에 대해서 이 사람이 말하고 싶은 것은 무엇입니까?

1 배가 고프지 않을 때에는 아침밥을 먹지 않는 편이 좋다.
2 다이어트를 위해서 아침밥을 먹지 않는 편이 좋다.
3 공부나 일을 잘 하기 위해서 아침 밥을 먹는 편이 좋다.
4 아침밥은 쌀이나 빵만 먹는 편이 좋다.

해설 ※ 역접의 접속사 でも(하지만)가 포인트! 필자의 의견은 보통 역접의 접속사 でも(하지만) 뒤에 등장한다. 「でも朝ご飯を食べることはとても重要です(하지만 아침밥을 먹는 것은 매우 중요합니다)」라고 말하면서, 아침을 먹지 않으면 「学校や会社で勉強や仕事がうまくできなくなります(학교나 회사에서 공부나 일을 잘할 수 없게 됩니다)」라고 했으므로 3번이 정답이다. 오답 보기에 있는 단어들이 본문에도 있어 헷갈리지만, 역접의 접속사 부분을 꼼꼼히 체크하면서 함정에 빠지지 않는 것이 중요하다.

어휘 朝ご飯 아침 밥 ┃ 毎日 매일 ┃ しっかり 제대로 ┃ 朝 아침 ┃ お腹が空く 배가 고프다 ┃ ダイエット 다이어트 ┃ 時間 시간 ┃ 色々だ 여러 가지다, 다양하다 ┃ 理由 이유 ┃ でも 그러나 ┃ 重要だ 중요하다 ┃ 学校 학교 ┃ 会社 회사 ┃ 勉強 공부 ┃ 仕事 일 ┃ うまい 잘하다 ┃ それに 게다가 ┃ 実は 실은, 사실은 ┃ 太る 살찌다 ┃ 동사 ます형+やすい ~하기 쉽다 ┃ 米 쌀 ┃ パン 빵 ┃ 果物 과일 ┃ 野菜ジュース 채소 주스 ┃ 健康 건강 ┃ 必ず 반드시

문제 5 다음 문장을 읽고 질문에 답하세요. 답은 1·2·3·4에서 가장 적당한 것을 하나 고르세요.

이것은 마이크 알렌 씨가 쓴 작문입니다.

> 재미있는 일본문화
>
> 마이크 알렌
>
> 제가 처음 일본에 왔을 때, 놀랐던 것이 많이 있었습니다. 예를 들면 우리나라에서는 집 안에서도 신발을 신고 생활을 합니다만, ①일본에서는 집 안에서는 신발을 벗습니다. 일본에는 옛날에 침대나 소파가 없었기 때문이라고 합니다. 신발을 신은 채 있는 편이 편하지만 신발을 벗으면 집도 더러워지지 않기 때문에 좋습니다. 저도 일본에 살고 있기 때문에 신발을 벗고 생활하고 있습니다.
>
> 또한 일본인은 '죄송합니다'라는 말을 많이 사용합니다. 저는 '죄송합니다'라는 말은 무언가 나쁜 짓을 해서 사과할 때에 사용하는 것이라고 학교에서 배웠습니다. 그러나 일본인은 사과할 때도 물론 사용하지만, '고맙습니다'라고 말하고 싶을 때, 사람 앞을 지나가고 싶을 때, 가게에서 사람을 부를 때 등 여러가지 상황에서 사용합니다. 저는 그것을 알고 매우 (편리한 말)이라고 생각했습니다.
>
> 저는 고국에는 아직 돌아가지 않을 예정이기 때문에 친구에게 듣거나 인터넷에서 알아보거나 하면서 도움이 될만한 여러가지 문화나 말을 찾아보고 싶다고 생각하고 있습니다.

5 왜 ①'일본에서는 집 안에서는 신발을 벗습니까?'

1 집 안에서는 신발을 신은 채 있는 편이 편하기 때문에
2 신발을 벗으면 집안이 더러워지기 때문에
3 옛날에는 침대나 소파를 사용하지 않았기 때문에
4 일본에서는 어디에서든 신발을 벗고 생활하기 때문에

해설 ※ 역접의 が를 주의! 밑줄의 내용을 묻는 문제에서 지시어가 없는 경우에는 밑줄 앞뒤를 살펴보는 것이 중요하다. 이때, 밑줄 앞에 「~が(~지만)」이 있기 때문에 앞에 오는 내용과 밑줄의 내용은 역접의 관계라는 것을 알 수 있다. 「日本には昔、ベッドやソファーがなかったからだそうです(일본에는 옛날에 침대나 소파가 없었기 때문이라고 합니다)」라고 했기 때문에 정답은 3번이다.

6 '나'는 학교에서, ②'죄송합니다'라는 말은 어떤 때에 사용하는 단어라고 배웠습니까?

1 사과하고 싶을 때

2 '고맙습니다'라고 말하고 싶을 때

3 사람 앞을 지나가고 싶을 때

4 가게 사람을 부르고 싶을 때

해설 ※ 특정 장소 및 시간이 등장한 문장 체크! 문제에서 '학교에서 배울 때'라는 특정 장소 및 시간이 왔기 때문에 본문에서도 해당 단어가 들어간 문장에 집중한다. 두 번째 단락에서 「あやまる時に使うものだと学校で習いました(사과할 때 사용하는 것이라고 학교에서 배웠습니다)」에서 알 수 있듯 1번이 정답이다.

7 (   )에 들어가기에 가장 올바른 말은 무엇입니까?

1 편리한 말

2 쉬운 말

3 많은 말

4 떠들썩한 말

해설 ※ 지시어 それ(그것)는 앞 문장 집중! 밑줄이 있는 문장에 지시어가 있다. 지시어가 있는 경우 정답은 앞에 있다. 바로 앞 문장에서 「いろいろなところで使う(여러 가지 상황에서 사용한다)」라고 했고, 보기에서 이와 비슷한 표현은 「便利だ(편리하다)」이다. 따라서 2번이 정답이다

8 왜 '나'는 여러가지 문화나 말을 찾고 싶습니까?

1 친구에게 묻거나 인터넷에서 찾거나 하고 싶기 때문에

2 처음 일본에 왔을 때 놀랐기 때문에

3 빨리 고국으로 돌아가고 싶기 때문에

4 앞으로도 일본에서 생활할 예정이기 때문에

해설 ※ 이유를 나타내는 표현 から(때문에)! 문제에서 「なぜ(왜)」를 묻는 경우에는 이유를 나타내는 표현에 집중해야 한다. 문제의 「いろいろな~さがしたい(여러가지~찾아보고 싶다)」가 있는 문장에서 「私は国にはまだ帰らないつもりですから(나는 고국에는 아직 돌아가지 않을 예정이기 때문에)」라고 했기 때문에 4번이 정답이다.

어휘 面白い 재미있다 | 文化 문화 | 初めて 처음으로 | びっくりする 놀라다 | たくさん 많이 | 例えば 예를 들면 | 靴 신발, 구두 | 生活 생활 | ぬぐ (신발을) 벗다 | 昔 옛날 | ベッド 침대 | ソファ 소파 | ~たまま ~한 채 | 楽だ 편하다 | 汚い 더럽다 | い형용사 어간+くなる ~해지다 | 住む 살다 | 言葉 말, 단어 | 悪い 나쁘다 | 習う 배우다 | しかし 그러나 | あやまる 사과하다 | もちろん 물론 | 通る 지나가다 | 呼ぶ 부르다 | 帰る 돌아가(오)다 | インターネット 인터넷 | しらべる 알아보다, 조사하다 | 役に立つ 도움이 되다

문제 6 오른쪽 페이지의 안내문을 읽고 아래 질문에 답하세요. 답은 1·2·3·4에서 가장 적당한 것을 하나 고르세요.

지진이 일어났을 때에는

지진은 언제 일어날지 모르고 일어나도 도망갈 수 없습니다. 지진이 일어나기 전이나 일어났을 때에 어떻게 하면 좋을지 잘 알아 둡시다.

<항상 해 둘 것>

①준비를 합시다
가스나 수도를 사용할 수 없게 되었을 때를 위해 음식이나 물을 30분 정도 준비해 둡시다. 그리고 라디오나 라이터도 있으면 편리합니다.

②연습을 합시다
1년에 2회 정도는 도망가는 연습을 해 둡시다. 전화를 사용할 수 없게 되었을 때를 위해서 가족과 어디서 만날지도 정해 두는 편이 좋습니다.

<지진이 일어나면>

①주변을 봅시다
빌딩 근처는 유리가 떨어질지도 모르기 때문에 근처에 가지 않도록 합시다. 책상이 있을 때에는 그 아래에 들어가면 좋습니다.

②도망갑시다
엘리베이터는 절대로 사용해서는 안 됩니다. 가스를 잠그고 집을 나오기 전에 현관 문은 열어 둡시다. 주변에 아무것도 없는 넓은 곳이나 정해진 장소로 갑시다.

---

9 지진이 일어나기 전에 무엇을 해 두지 않으면 안 됩니까?

1 음식이나 물을 많이 준비해 둡니다.

2 매일 라디오를 들어 둡니다.

3 전화를 하는 연습을 해 둡니다.

4 현관 문을 열어 둡니다.

✷ 키워드 체크하기! 본문에서 등장했던 단어가 등장하면 정답이라고 착각하기 쉽다. 때문에 보기를 꼼꼼하게 읽으며, 키워드에 체크해 놓자. 본문에서 「食べものや水を30日分くらい準備しておきましょう(음식이나 물을 30일분 정도 준비해 둡시다)」라고 했기 때문에 1번이 정답이다. 선택지 2번은 라디오를 들어 두라고 했으므로 오답, 3번은 전화가 아니라 도망가는 연습을 하라고 했으므로 오답, 4번은 지진이 일어났을 때 문을 열어 두라고 했으므로 적당하지 않다.

10 지진이 일어났습니다. 무엇에 주의하지 않으면 안 됩니까?
1 높은 빌딩 근처에 가지 않으면 안 됩니다.
2 책상을 아래 층에 가져가지 않으면 안 됩니다.
3 엘리베이터를 타고 빨리 도망치지 않으면 안 됩니다.
4 주변에 아무것도 없는 곳을 찾지 않으면 안 됩니다.

✷ 허가와 금지 표현 헷갈리지 말기! 본문은 표 두 개가 등장하는데 첫 번째는 '항상 해 둘 것'이고 두 번째 표는 '지진이 일어나면' 해야 할 것에 관한 표이다. 이번 문제는 두 번째 표를 중심으로 보자. 본문에서 빌딩 근처는 行かないようにしましょう (가지 않도록 합시다)라고 했으므로 오답, 2번 책상이 있을 경우 下に入るといいです (아래에 들어가면 좋습니다)이므로 오답, 3번 엘리베이터는 使ってはいけません (사용해서는 안 됩니다)라서 오답이다. 「周りに何もない広いところや決まっている場所へ行きましょう(주변에 아무것도 없는 넓은 곳이나 정해진 장소로 갑시다)」라고 했기 때문에 4번이 정답이다.

地震 지진 Ⅰ 起きる 일어나다 Ⅰ いつ 언제 Ⅰ 分かる 알다 Ⅰ 逃げる 도망가다 Ⅰ どう 어떻게 Ⅰ いつも 항상 Ⅰ ～ておく ～해 두다 Ⅰ ガス 가스 Ⅰ 水道 수도 Ⅰ 準備 준비 Ⅰ ラジオ 라디오 Ⅰ ライター 라이터 Ⅰ 便利だ 편리하다 Ⅰ 練習 연습 Ⅰ 電話 전화 Ⅰ 家族 가족 Ⅰ 決める 정하다 Ⅰ ～た方がいい ～하는 편이 좋다 Ⅰ 周り 주변 Ⅰ ビル 빌딩 Ⅰ 近く 근처 Ⅰ ガラス 유리 Ⅰ 落ちる 떨어지다 Ⅰ ～かもしれない ～일지도 모른다 Ⅰ エレベーター 엘리베이터 Ⅰ 絶対に 절대로 Ⅰ 閉める 잠그다 Ⅰ 玄関 현관 Ⅰ ドア 문 Ⅰ 開ける 열다 Ⅰ ～たまま ～한 채 Ⅰ 広い 넓다 Ⅰ 場所 장소

PART 4

N4 청해

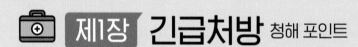
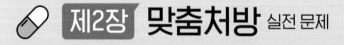
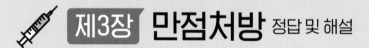

★ 시작하기 전 공략 TIP

청해 파트는 정답 찾는 스킬이 중요!

2023년
대비
최신 출제
경향 반영

스킬 전수
꼼꼼한
설명

고득점
합격

★ 미리 확인하는 시험 영역

N4 청해 파트는 총 4개입니다.

⊘ **문제1** 과제이해

⊘ **문제2** 포인트이해

⊘ **문제3** 발화표현

⊘ **문제4** 즉시응답

제1장 긴급처방

청해 포인트

긴급처방   청해 포인트

1 틀리기 쉬운 회화 표현

A: あ、鈴木さんどこかへ行くんですか。 어, 스즈키 씨 어디 가십니까?

B: ちょっと買い物に行ってきます。 잠깐 쇼핑하러 다녀오려구요.

오답 駅前のスーパーにいます。 역 앞 슈퍼에 있습니다.

해설 문장 끝 동사에 주의! どこか(어딘가)만 듣고 장소를 선택하는 함정에 빠지면 안 된다.

A: いまから帰るなら車で送りますよ。 지금 돌아갈 거면 차로 배웅해 줄게요.

B: ありがとう、いいんですか。 고마워요. 그래도 되나요?

오답 もう送ってありますよ。 이미 보냈어요.

해설 여러 의미에 주의! 送る는 '보내다' 외에 '배웅해 주다'라는 의미도 있다.

A: テレビの音がちょっと大きすぎませんか。 TV소리가 조금 크지 않습니까?

B: もう少し小さくしましょうか。 조금 작게 할까요?

오답 ちょっと大きくしましょうか。 조금 크게 할까요?

해설 부정 의문문에 주의! 부정 의문문을 부정문으로 해석하지 않도록 주의하자.

A: この資料をコピーしておいてくれない？ 이 자료를 복사해 둬 주지 않을래?

B: 何枚必要ですか。 몇 장 필요합니까?

오답 まだ、コピーしていません。 아직 복사하지 않았습니다.

해설 수량사에 주의! 동일한 단어 함정에 빠지지 않도록 주의하며, 수량사에 주의하자.

A: よかったら、もう一杯いかがですか。 　괜찮으면 한 잔 더 어떻습니까?

B: すみません。いただきます。 　네. 잘 먹겠습니다.

오답 もう一杯どうぞ。 　한 잔 더 드세요.

해설 すみません에 주의! すみません은 사과의 의미 외에도 정중한 대답표현으로도 쓸 수 있다.

A: けがはもうよくなりましたか。 　다친 곳은 이제 괜찮아졌습니까?

B: すっかり治りました。 　완전히 나았습니다.

오답 それはよかったです。 　그것 참 잘됐네요.

해설 けが에 주의! よくなりました(좋아졌습니다)만 들어서는 안 되고, 앞에 나오는 けが(상처, 다친 곳)를 들어야 한다.

A: ねえ、京都、行ったことある？ 　있잖아, 교토 간 적 있어?

B: うん、1回ある。 　응. 한 번 있어.

오답 行かなかったよ。 　안 갔어.

해설 경험을 묻는 표현에 주의! ~たことがある(~한 적 있다)는 경험을 묻는 표현으로 횟수로도 답할 수 있다.

A: その本を取ってくれませんか。 　그 책 집어 주지 않겠습니까?

B: え、どれですか。 　어느 것 말입니까?

오답 ありがとう。 　고마워.

해설 질문에 주의! 질문에 질문으로 대답할 수도 있으니 주의하자.

A: ねえ、ここにあった資料を知らない？ 　있잖아! 여기에 있던 자료 몰라?

B: え、ないんですか。 　어? 없어요?

오답 分かりませんでした。 　몰랐습니다.

해설 비슷한 뜻에 주의! 知らない？(몰라?)라고 질문했을 때, 知りません(모르겠습니다)라는 선택지가 있으면 간단하겠지만, 分かりません(모르겠습니다)처럼 헷갈리는 표현으로 함정을 만들어 놓는다. 分かる는 '이해하다'의 의미이며, 知る는 객관적 정보를 '알고 있다'는 의미이므로 혼동해서는 안 된다.

2 인사말

☐	いかがですか	어떻습니까?
☐	おかげさまで	덕분에요
☐	お元気で	건강하세요
☐	おじゃまします	실례하겠습니다(방문 시, 집에 들어갈 때)
☐	おめでとうございます	축하합니다
☐	お待たせしました	오래 기다리셨습니다
☐	おだいじに	몸조리 잘하세요, 몸조심 하세요
☐	お先に 失礼します	먼저 실례하겠습니다, 먼저 들어가겠습니다
☐	お疲れさまでした	수고하셨습니다
☐	かしこまりました	알겠습니다
☐	かまいません	상관없습니다
☐	こちらこそ	저야말로
☐	失礼します	실례합니다
☐	ごめんください	실례합니다, 누구 계세요?(방문 시, 문 앞에서)
☐	どういたしまして	천만에요
☐	よく いらっしゃいました	잘 오셨습니다
☐	気を つけて	조심하세요
☐	ただいま	다녀왔습니다
☐	お帰りなさい	잘 다녀왔어요?, 어서 오세요
☐	行って きます	다녀오겠습니다
☐	行って まいります	다녀오겠습니다(정중한 표현)
☐	行って らっしゃい	다녀오세요

3 자주 출제되는 구문

☐	バスに のりかえる	버스로 갈아타다
☐	くうこうへ むかえに いく	공항에 마중나가다
☐	花を かざる	꽃을 장식하다
☐	雨が やむ	비가 그치다
☐	さいふを おとす	지갑을 떨어뜨리다(분실하다)
☐	スイッチを 押す	스위치를 누르다
☐	なくした かぎを みつける	분실한 열쇠를 발견하다
☐	タバコを やめる	담배를 끊다
☐	えんりょしないで 食べてください	사양하지 말고 드세요
☐	犬の せわを して いる	강아지를 돌보고 있다
☐	病院によって 会社に行く	병원에 들르고 회사에 간다
☐	プレゼントを つつんで もらいました	선물을 포장해 주었습니다
☐	足を けがして しまいました	다리를 다치고 말았습니다
☐	かいぎの じかんに 間に 合いました	회의 시간에 늦지 않게 갔습니다
☐	かさを さす	우산을 쓰다
☐	川を わたる	강을 건너다
☐	くるまが こしょうした	차가 고장났다
☐	子どもが ねつを だした	아이가 열이 났다
☐	しょくじだいを はらう	밥값을 지불하다
☐	さわらないで ください	만지지 마세요
☐	ふくが まだ かわいて いない	옷이 아직 마르지 않았다
☐	くるまを とめる	차를 세우다

제2장 맞춤처방

- 📍 문제 유형 살펴보기
- 📍 제1회 실전문제
- 📍 제2회 실전문제

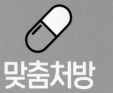

맞춤처방 문제 유형 **살펴보기**

문제1 과제이해
もんだい1 課題理解

🔖 문제유형

과제이해(8문항): 과제 해결에 필요한 정보를 듣고, 앞으로 무엇을 해야 하는지 찾는 문제이다.

①상황과 질문을 듣는다 ➡ ②본문 회화를 듣는다 ➡ ③다시 한 번 질문을 듣고 정답을 고른다
➡ ④해답용지에 마킹한다

もんだい1

もんだい1では、まず　しつもんを　聞^きいて　ください。それから　話^{はなし}を
聞^きいて、もんだいようしの　1から4の　中^{なか}から、いちばん　いい　もの
を　一^{ひと}つ　えらんで　ください。

> 문제1에서는 먼저 질문을 들으세요. 그리고 이야기를 듣고, 문제용지의 1에서 4 중에서 가장 알맞은 것을
> 하나 고르세요.

1ばん

　1　げつようび

　2　かようび

　3　すいようび

　4　もくようび

| 1 | ① ● ③ ④ |

🔖 포인트

STEP1 문제 체크

문제가 시작되기 전 선택지의 키워드에 밑줄 그어놓기

과제이해 파트는 다음에 무슨 행동을 할지를 묻는 질문이 대부분이다.

STEP2 선택지 체크

▶해야 하는 일의 순서 はじめに (처음에)・まず(우선)・これから(이제부터)에 주의

▶날짜와 시간 표현 조심

▶질문에서 묻는 대상이 남자인지 여자인지 정확히 확인

▶대화에 등장하는 지시어 조심

STEP3 정답 찾기

선택지 순서와 대화의 흐름은 대부분 동일하므로 들으면서 오답이라고 판단되는 것은 과감하게 소거하자. 정답을 찾고 바로 해답용지에 마킹한다.

문제2 포인트이해
もんだい 2 ポイント理解

📌 문제유형

포인트이해(7문항): 두 사람의 대화를 바탕으로 질문에 해당하는 올바른 답을 찾는 문제이다.

①상황과 질문을 듣는다 ➡ ②선택지를 본다(20초 가량 시간이 주어진다) ➡ ③본문 회화를 듣는다 ➡
④다시 한번 질문을 듣고 정답을 고른다 ➡ ⑤해답용지에 마킹한다

もんだい 2

もんだい 2では、まず　しつもんを　聞いて　ください。そのあと、もんだいようしを　見て　ください。読む　時間が　あります。それから　話を聞いて、もんだいようしの　1から4の　中から、いちばん　いい　ものを一つ　えらんで　ください。

> 문제2에서는 먼저 질문을 들으세요. 그 후 문제용지를 보세요. 읽을 시간이 있습니다. 그리고 이야기를 듣고, 문제용지의 1에서 4 중에서 가장 알맞은 것을 하나 고르세요.

1ばん

1　ひとり
2　ふたり
3　さんにん
4　よにん

1	① ● ③ ④

📌 포인트

STEP1 문제 체크

본문 회화를 듣기 전 20초 정도 보기를 확인할 수 있는 시간이 주어 진다.

질문의 형태는 육하원칙이 모두 나올 가능성이 있지만, 절반 정도가 이유나 원인을 묻는 문제이다.

STEP2 선택지 체크

▶질문의 지시가 どうして(왜) 이면 どうして(왜)에만 집중해서 듣는다.

▶늘 반전은 숨어있다. 지시어 それ(그것), その(그)는 앞에 나오는 것이 정답일 확률이 높다.

STEP3 정답 찾기

틀렸다고 생각하는 선택지를 소거한다.
정답을 찾고 바로 해답용지에 마킹한다.

문제3 발화표현
もんだい3 発話表現

🔖 문제유형

발화표현(5문항): 화살표로 표시되어 있는 사람이 할 수 있는 표현으로 적절한 것을 고르는 문제이다.

①그림을 확인한다 ➡ ②질문을 듣는다 ➡ ③선택지를 듣고 정답을 고른다 ➡ ④해답용지에 마킹한다

もんだい3

もんだい3では、えを　見ながら　しつもんを　聞いて　ください。
➡(やじるし)の　人は　何と　言いますか。１から３の　中から、いちばん　いい　ものを　一つ　えらんで　ください。

> 문제3에서는 그림을 보면서 질문을 들으세요. ➡(화살표)가 가리킨 사람은 뭐라고 말합니까? 1에서 3 중에서 가장 알맞은 것을 하나 고르세요.

1ばん

| 1 | ① ● ③ |

🔖 포인트

STEP1 문제 체크

문제를 듣기 전, 그림 속 상황과 화살표가 가리키는 사람을 정확히 확인

보통 부탁하기, 권유하기, 허가 구하기, 주고받는 표현, 인사말 등이 있는데, 이 중에서 부탁할 때 쓰는 말과 인사말 등이 주로 등장한다.

STEP2 선택지 체크

▶인사 표현 주의
▶대화에서 등장한 단어가 선택지에 등장했다고 해서 다 정답은 아니다.
▶주고받는 표현 등 시험에 자주 등장하는 표현 잘 숙지해 둘 것.

STEP3 정답 찾기

틀렸다고 생각하는 선택지를 바로 소거하면서 정답을 찾는다. 정답을 찾고 바로 해답용지에 마킹한다.

문제4 즉시응답
もんだい4 即時応答

 문제유형

즉시응답 (8문항): 상대방의 말에 대한 대답으로 적절한 것을 고르는 문제이다.

①질문을 듣는다 ➡ ②선택지를 듣는다 ➡ ③해답용지에 마킹한다

もんだい4

もんだい4では、えなどが　ありません。まず　ぶんを　聞^きいて　ください。
それから、そのへんじを　聞^きいて、1から3の　中^{なか}から、いちばん　いい
ものを　一^{ひと}つ　えらんで　ください。

문제4는 그림 등이 없습니다. 우선 문장을 들으세요. 그리고 그 대답을 듣고 1에서 3 중에서 가장 알맞은 것을 하나 고르세요.

―メモ―

1	① ● ③

📎 포인트

STEP1 문제 체크

질문과 보기 모두 제시되지 않으므로 메모하며 듣기

의뢰, 허가 요청, 의향 묻기, 동의 구하기, 확인하기, 주의 주기, 알리기, 감사, 사과 표현 등이 등장한다.

STEP2 선택지 체크

▶ 의문사 いつ(언제)・なに(무엇)・どれ(어느 것) 등에 주의

▶ すっかり(완전히)・あまり(그다지) 등의 힌트가 되는 부사를 잘 캐치하자.

▶ 대화에서 등장한 단어가 선택지에 등장했다고 해서 다 정답은 아니다.

STEP3 정답 찾기

정답에 확신이 안 섰을 경우, 과감하게 잊고 다음 문제에 집중하자.

제1회 실전문제 -청해-

もんだい1 과제이해 01

もんだい1では、まず しつもんを 聞いて ください。それから 話を 聞いて、もんだい ようしの 1から4の 中から、いちばん いい ものを 一つ えらんで ください。

1ばん

1 ア イ
2 ア ウ
3 イ エ
4 ウ エ

2ばん

1

2

3

4

3ばん

1

2

3

4

4ばん

1

2

3

4

5ばん

5月

	日	月	火	水	木	金	土
		1	2	3	4	5	6
	7	8	9	10	11	12	13
	14	15	16	⑰	18	19	20
	21	22	㉓	㉔	㉕	26	27
	28	29	30				

1 　　　　　　2

3 　　　　　　4

6ばん

1

2

3

4

7ばん

1 今日（きょう）の　午前（ごぜん）　10時（じ）

2 今日（きょう）の　午後（ごご）　7時（じ）

3 明日（あした）の　午前（ごぜん）　10時（じ）

4 明日（あした）の　午後（ごご）　7時（じ）

8ばん

1

2

3

4

もんだい2 포인트이해 🎧02

もんだい２では、まず　しつもんを　聞いて　ください。そのあと、もんだいようしを
見て　ください。読む　時間が　あります。それから　話を　聞いて、もんだいようしの　１か
ら４の　中から、いちばん　いい　ものを　一つ　えらんで　ください。

1ばん

1　歌手

2　大学の　先生

3　プログラマー

4　アナウンサー

2ばん

1　デパートに　行く。

2　映画を　見に　行く。

3　カラオケに　行く。

4　図書館に　行く。

3ばん

1　ぶちょうに　メールを　おくること

2　しりょうを　作ること

3　むすこに　連絡すること

4　しりょうを　コピーすること

4ばん

1　マグカップ

2　ガラスのコップ

3　パジャマ

4　紅茶

5ばん

1 10時から　1時半まで

2 10時から　2時まで

3 11時から　1時半まで

4 11時から　2時まで

6ばん

1 予約のため

2 予約の　キャンセルのため

3 ドライヤーのため

4 公園の　場所のため

7ばん

1 どうぶつえん

2 ワイン　こうじょう

3 スキーじょう

4 びじゅつかん

もんだい3 발화표현 🎧03

もんだい3では、えを　見ながら　しつもんを　聞いて　ください。

➡(やじるし)の　人は　何と　言いますか。1から3の　中から、いちばん　いい
ものを　一つ　えらんで　ください。

1ばん

2ばん

3ばん

4ばん

5ばん

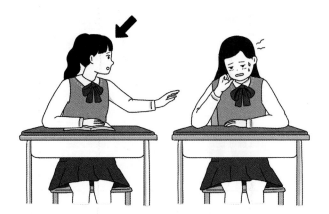

もんだい4　즉시응답　🎧04

もんだい4では、えなどが　ありません。まず　ぶんを　聞いて　ください。それから、そのへんじを　聞いて、1から3の　中から、いちばん　いい　ものを　一つ　えらんで　ください。

―メモ―

1ばん	1	2	3
2ばん	1	2	3
3ばん	1	2	3
4ばん	1	2	3
5ばん	1	2	3
6ばん	1	2	3
7ばん	1	2	3
8ばん	1	2	3

✐ 맞힌 개수 확인 _____ / 28

제2회 실전문제 -청해-

もんだい1 　과제이해 🎧 05

もんだい1では、まず　しつもんを　聞いて　ください。それから　話を　聞いて、もんだい
ようしの　1から4の　中から、いちばん　いい　ものを　一つ　えらんで　ください。

1ばん

1

2

3

4

2ばん

1

2

3

4

3ばん

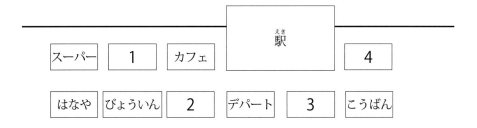

4ばん

1

2

3

4

5ばん

1

2

3

4

6ばん

1 駅の　入り口

2 交番の　前

3 カフェの　中

4 デパートの　前

7ばん

1

2

3

4

8ばん

1　2時

2　2時　55分

3　3時

4　3時　5分

もんだい2 포인트이해 🎧06

もんだい 2 では、まず　しつもんを　聞いて　ください。そのあと、もんだいようしを　見て　ください。読む　時間が　あります。それから　話を　聞いて、もんだいようしの　1から4の　中から、いちばん　いい　ものを　一つ　えらんで　ください。

1ばん

1　レストランで　ご飯を　食べた。

2　ハイキングに　行った。

3　映画を　見た。

4　アルバイトを　した。

2ばん

1　サッカー

2　勉強

3　ゲーム

4　山登り

3ばん

1 料金が 安く なる。

2 小学生 いかは ただに なる。

3 あく 時間が はやく なる。

4 しまる 時間が おそく なる。

4ばん

1 海が きれいだから

2 スポーツが できるから

3 すずしくて 食べものが おいしいから

4 飛行機で 行けるから

5ばん

1　本屋に　行くから

2　バスが　なかなか　来ないから

3　天気が　いいから

4　運動を　しに　行くから

6ばん

1　雪

2　雨

3　曇り

4　晴れ

7ばん

1 ジム

2 プール

3 サウナ

4 テニスコート

もんだい3 발화표현 🎧07

もんだい3では、えを 見ながら しつもんを 聞いて ください。
➡(やじるし)の 人は 何と 言いますか。1から3の 中から、いちばん いい
ものを 一つ えらんで ください。

1ばん

2ばん

3ばん

4ばん

5ばん

もんだい4 🎧08

もんだい4では、えなどが ありません。まず ぶんを 聞いて ください。それから、そのへんじを 聞いて、1から3の 中から、いちばん いい ものを 一つ えらんで ください。

―メモ―

1ばん	1	2	3
2ばん	1	2	3
3ばん	1	2	3
4ばん	1	2	3
5ばん	1	2	3
6ばん	1	2	3
7ばん	1	2	3
8ばん	1	2	3

🖉 맞힌 개수 확인 _____ / 28

제3장 만점처방

실전문제 정답 및 해설

청해 실전문제 정답 및 해설

제1회 실전문제 정답 및 해설

|정답|

문제1	1	1	2	2	3	4	4	2	5	3	6	3	7	3	8	3
문제2	1	2	2	2	3	4	4	3	5	4	6	3	7	4		
문제3	1	1	2	2	3	1	4	1	5	2						
문제4	1	2	2	2	3	2	4	2	5	1	6	3	7	1	8	2

|해설|

もんだい1　[과제이해]　🎧01

もんだい1では、まず　しつもんを　聞いて　ください。それから　話を　聞いて、もんだいようしの　1から4の中から、いちばん　いい　ものを　一つ　えらんで　ください。

1ばん

女の人が男の人に電話をしています。男の人は明日のパーティーに、何を持ってきますか。男の人です。

女: もしもし、佐々木君？明日の木村さんの誕生日パーティー、来られるよね？

男: もちろんだよ。あ、でもまだプレゼントを買っていないんだ。どんなものをあげればいいかな。

女: そうね、木村さんは一人で住んでるし、部屋に飾れるもの…たとえば時計とか花とかがいいんじゃない？

男: うーん、この周りには花屋がないから、時計がいいね。

女: ケーキは駅前の店で予約したし、ワインも昨日買ったから持って行くわね。

男: ああ、あの有名な店ね。じゃあそれは明日パーティーに行く前に、僕が店でもらって持って行くよ。

女: 本当？ありがとう。あ、この間借りた本も持って行くね。じゃあ、また明日ね。

男の人は明日のパーティーに、何を持ってきますか。

문제1

문제1에서는 먼저 질문을 들으세요. 그리고 이야기를 듣고, 문제용지의 1에서 4 중에서 가장 알맞은 것을 하나 고르세요.

1번

여자가 남자에게 전화를 하고 있습니다. 남자는 내일 생일 파티에 무엇을 들고 옵니까? 남자입니다.

여: 여보세요. 사사키 군? 내일 기무라 씨 생일 파티 올 수 있지?

남: 물론이지. 아, 그런데 아직 생일 선물을 안 샀는데. 뭘 주면 좋을까?

여: 글쎄, 기무라 씨는 혼자서 살고 있고 방을 꾸밀 수 있는 것…예를 들면 시계나 꽃 같은 거 괜찮지 않아?

남: 음, 이 근처에는 꽃집이 없으니 시계가 좋겠어.

여: 케이크는 역 앞 가게에 예약했고 와인도 어제 샀으니까 가져 갈게.

남: 아, 그 유명한 가게 말이지. 그럼 그건 내일 파티에 가기 전에 내가 가게에서 받아서 가져갈게.

여: 진짜? 고마워. 아, 얼마 전에 빌린 책도 가져갈게. 그럼 내일 봐.

남자는 내일 생일 파티에 무엇을 들고 옵니까?

1 アイ
2 アウ
3 イエ
4 ウエ

해설 ＊지시어 それ(그것)가 가리키는 것을 정확히 체크! 문제에서 남자가 들고 올 것을 물었기 때문에 남자의 이야기에 집중한다. 처음에 생일 선물로 꽃과 시계가 등장하였으나 남자가 「時計がいいね(시계가 좋네)」라고 했기 때문에 시계를 사는 것을 알 수 있다. 이어서 「それは~僕が店でもらって持って行くよ(그건~내가 가게에서 받아서 가져갈게)」라고 말하는 문장에서 케이크라는 표현이 등장하지는 않았지만, 앞에서 「ケーキは駅前の店で予約したし(케이크는 역 앞 가게에서 예약했고)」라고 했기 때문에 지시어 それ(그것)가 가리키는 것은 케이크라는 것을 알 수 있다. 따라서 ア와 イ가 있는 1번이 정답이다.

어휘 明日 내일 ┃ 誕生日 생일 ┃ パーティー 파티 ┃ もちろん 물론 ┃ でも 그런데 ┃ まだ 아직 ┃ プレゼント 선물 ┃ どんな 어떤 ┃ あげる (내가 다른 사람에게) 주다 ┃ 一人で 혼자서 ┃ 部屋 방 ┃ 飾る 꾸미다, 장식하다 ┃ 例えば 예를 들면 ┃ 時計 시계 ┃ 花 꽃 ┃ ケーキ 케이크 ┃ 駅前 역 앞 ┃ 店 가게 ┃ 予約 예약 ┃ ワイン 와인 ┃ 持つ 가지다, 들다 ┃ 有名だ 유명하다 ┃ じゃあ 그럼 ┃ この間 일전, 요전 ┃ 借りる 빌리다 ┃ 本 책

お母さんと息子が話しています。息子は何をどの順番でしなければなりませんか。

女:けんた、悪いんだけどテーブルの上、片付けてくれる？そろそろご飯食べるから。

男:はーい。ええ、何これ。本がいっぱい置いてあるね。

女:全部お父さんのなのよ。テーブルがきれいになったらそのたくさんの本をお父さんのところに持って行って、そろそろご飯ができるから来るように言ってくれる？

男:いいよ。今お父さん、部屋で仕事してるんだよね。

女:そうだと思うんだけど。…ああそうだ、その前にそこのスーパーでとうふを買ってきてくれる？冷蔵庫の中にないの、忘れてたわ。

男:分かった。先に買ってくるね。

女:ごめんね、ありがとう。

息子は何をどの順番でしなければなりませんか。

엄마와 아들이 이야기하고 있습니다. 아들은 무엇을 어느 순서로 해야 합니까?

여: 겐타, 미안한데 테이블 위 정리해 줄래? 슬슬 밥 먹을 거니까.

남: 네. 어, 이거 뭐야? 책이 가득 놓여 있네.

여: 전부 아빠 거야. 테이블이 깨끗해지면 그 많은 책을 아빠한테 가져가서 슬슬 밥이 다 되었으니 오라고 말해 줄래?

남: 응. 지금 아빠 방에서 일하고 있지?

여: 그럴 거라고 생각하는데. …아 맞다! 그 전에 저기 슈퍼에서 두부를 사 와 줄래? 냉장고 안에 없네, 잊고 있었어.

남: 알겠어. 먼저 사 올게.

여: 미안해. 고마워.

아들은 무엇을 어떤 순서로 해야 합니까?

해설 ✱ ★일의 순서를 바꾸는 その前に(그 전에)에 주의! 문제에서 아들이 해야 하는 일들의 순서를 묻고 있다. 즉 대화에서 해야 할 일들이 여러 가지 등장한다. 이 때 주의해야 할 표현은 「その前に(그 전에)」이다. 해야 할 일들이 순차적으로 등장하면 좋겠지만, 혼란을 주기 위해 이러한 표현이 등장한다. 즉 앞에 언급한 내용보다 먼저 해야 할 일이다. 앞에서 ①책을 정리하고 ②아빠에게 책을 가져다 주라고 했지만 마지막에 ③「その前に そこのスーパーでとうふを買ってきてくれる？(그 전에 저기 슈퍼에서 두부를 사 와 줄래?)」라고 했으므로 일의 순서는 ③ - ① - ②가 된다. 따라서 2번이 정답이다.

어휘 悪い 나쁘다, 미안하다 | テーブル 테이블 | 上 위 | 片付ける 정리하다 | ~てくれる (다른 사람이 나에게) ~해 주다 | そろそろ 슬슬 | いっぱい 가득 | 置く 두다 | 全部 전부 | きれいだ 깨끗하다 | たくさん 많음 | ところ 곳, 장소 | 持つ 가지다, 들다 | できる 다 되다 | ~ように ~하도록 | 部屋 방 | 仕事 일 | スーパー 슈퍼 | とうふ 두부 | 冷蔵庫 냉장고 | 忘れる 잊다 | 分かる 알다 | 先に 먼저

3ばん

男の人と女の人が話しています。男の人はこれからまずどこへ行きますか。

男:具合はどう？まだあまりよくない？よくないなら病院に行って来たら？

女:まだちょっと熱があるんだけど、昨日よりはよくなったかな。

男:そっか。僕ちょっと外に出てくるけど。薬屋で何か買ってこようか。

女:ううん、薬はまだあるから大丈夫。

男:そう。じゃあ僕は先週カメラが壊れちゃったから修理センターに行ってくるよ。

女:そう。あ、修理センターに行く時、図書館の前を通るでしょ？借りてた本を今日までに返さなきゃいけなくて…。お願いできるかな？

男:ああ、ちょうど僕も借りたい本があったんだ。先に寄っていくよ。

男の人はこれからまずどこへ行きますか。

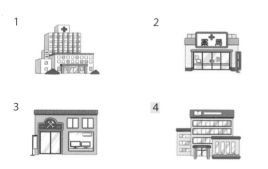

| 1 | 2 |
| 3 | 4 |

3번

남자와 여자가 이야기하고 있습니다. 남자는 앞으로 먼저 어디에 갑니까?

남: 몸 상태는 어때? 아직 별로 좋지 않아? 안 좋으면 병원에 다녀오는 게 어때?

여: 아직 열이 조금 있는데, 어제보다는 좋아진 건가?

남: 그렇구나. 나 잠깐 밖에 나갔다 오려고 하는데. 약국에서 뭔가 사올까?

여: 아니, 약은 아직 있으니까 괜찮아.

남: 그래. 그럼 나는 지난주에 카메라가 망가졌으니까 수리 센터에 다녀 올게.

여: 그래. 아, 수리센터에 갈 때, 도서관 앞을 지나가지? 빌렸던 책을 오늘까지 돌려주지 않으면 안 되거든…. 부탁할 수 있을까?

남: 아, 마침 나도 빌리고 싶은 책이 있었어. 먼저 들렀다 갈게.

남자는 앞으로 먼저 어디에 갑니까?

해설 ✱ 일의 순서를 나타내는 표현 先に(먼저)에 주의! 문제에서 남자가 앞으로 어디를 갈 것인지 묻고 있다. 대화에서 보기에 있는 병원, 약국, 카메라 수리 센터 그리고 도서관이 등장할 때 순서를 매기는 것이 중요하다. 우선 남자가 아픈 것이 아니므로 병원은 정답이 아니다. 약국도 여자가 아직 약이 남았다고 했기 때문에 오답이다. 카메라 수리 센터와 도서관 중 먼저 가야할 곳은 남자가 마지막에 「僕も借りたい本があったんだ。先に寄っていくよ(나도 빌리고 싶은 책이 있었어. 먼저 들렀다 갈게)」라고 말하는 문장에서 알 수 있다. 「先に(먼저)」는 가장 우선시하는 표현으로 4번이 정답이다.

어휘 具合 몸 상태, 컨디션 ┃ まだ 아직 ┃ あまり〜ない 그다지 〜않다 ┃ 病院 병원 ┃ ちょっと 조금, 잠시 ┃ 熱 열 ┃ 昨日 어제 ┃ 〜より 〜보다 ┃ 外 밖 ┃ 薬屋 약국 ┃ 大丈夫だ 괜찮다 ┃ 先週 지난주 ┃ カメラ 카메라 ┃ 壊れる 고장나다, 부서지다 ┃ 修理センター 수리센터 ┃ 図書館 도서관 ┃ 前 앞 ┃ 通る 지나다 ┃ 借りる 빌리다 ┃ 返す 돌려주다 ┃ ちょうど 마침

4ばん

会社で、男の人が女の人に話しています。女の人はこの後何をしますか。

男:明日の会議のこと、他の人にも伝えてくれましたか。

女:はい、うちのチームの10人には、もう伝えました。

男:ありがとうございます。書類の準備はどうですか。

女:パソコンのデータはもう作ってあるんですが、まだコピーをしていません。全部で40人の書類を準備したらいいですよね。

男:あ、あと5人来るそうです。

女:分かりました。

男:それからマイクの準備も忘れないでね。

女:それはもう準備してあります。

男:あ、お茶は山田さんに頼んでおきました。じゃ、よろしくね。

女の人はこの後何をしますか。

4번

회사에서 남자가 여자에게 이야기하고 있습니다. 여자는 이후에 무엇을 합니까?

남: 내일 회의에 관해 다른 사람에게도 전해주었습니까?

여: 네, 우리 팀 10명에게는 이미 전달했습니다.

남: 고맙습니다. 서류 준비는 어떻게 되었습니까?

여: 컴퓨터 데이터는 이미 만들어져 있습니다만, 아직 복사를 안 했습니다. 전부해서 40명 서류를 준비하면 되지요?

남: 아, 5명 더 온다고 합니다.

여: 알겠습니다.

남: 그리고 마이크 준비도 잊지 말아요.

여: 그건 이미 준비되어 있습니다.

남: 아, 차는 야마다 씨에게 부탁해 두었습니다. 그럼 잘 부탁해요.

여자는 이후에 무엇을 합니까?

1
2
3
4

해설 ✦ 부사 もう(이미)와 まだ(아직)가 힌트! 여자가 이후에 해야 할 것을 찾는 문제로 여자의 대사에 집중한다. 네가지 과제는 ①회의에 관해 다른 사람에게 전달하기 ②복사하기 ③마이크 준비 ④차 준비인데 ①과 ③은 이미(もう) 해 놓아서 오답이고, 데이터는 만들어 놓았는데 「まだコピーをしていません(아직 복사를 안 했습니다)」에서 복사는 아직 못 한 것을 알 수 있다. 이때 대화에서 주의해야 할 표현이 「まだ(아직)」이며, 앞으로 해야 할 일은 복사가 된다. 마지막 과제 차 준비는 남자가 「お茶は山田さんに頼んでおきました(차는 야마다 씨에게 부탁해 두었습니다)」라고 했기 때문에 여자가 해야 할 일은 아니다.

어휘 明日 내일 | 会議 회의 | 他の 다른 | 伝える 전하다 | ~てくれる (다른 사람이 나에게)~해 주다 | うち 우리 | チーム 팀 | もう 이미, 벌써 | 書類 서류 | 準備 준비 | パソコン 컴퓨터 | データ 데이터 | 作る 만들다 | まだ 아직 | コピー 복사 | 全部で 전부해서 | マイク 마이크 | 忘れる 잊다 | お茶 차 | 頼む 부탁하다

5ばん

学校で男の学生と女の先生が話しています。男の学生はいつまでにレポートを出さなければなりませんか。

女: 皆さん、今日の授業はこれで終わりです。さっき言ったレポートをできるだけ早く書いて出してくださいね。

男: 先生、いつまでに出さなければなりませんか。

女: そうですね、今日は 10日 ですから…遅くても 再来週の水曜日 までには出してください。

男: 先生、再来週の水曜日は学校の記念日で休みじゃないですか。

女: あ、そうでしたね。じゃあ その次の日 までに出してください。

男: はい、分かりました。

女: あ、やっぱり記念日にチェックをしたいですから、その前の日 までにしましょう。

男: ええ…はーい。

男の学生はいつまでにレポートを出さなければなりませんか。

5月

	日	月	火	水	木	金	土
1		1	2	3	4	5	6
	7	8	9	10	11	12	13
3	14	15	16	⑰	18	19	20
	21	22	㉓	㉔	㉕	26	27
	28	29	30				

(1 → 17, 2 → 25, 3 → 23, 4 → 24)

5번

학교에서 남학생과 여선생님이 이야기하고 있습니다. 남학생은 언제까지 리포트를 제출하지 않으면 안 됩니까?

여: 여러분 오늘 수업은 이것으로 끝입니다. 방금 말한 리포트를 가능한 한 빨리 써서 제출해 주세요.

남: 선생님, 언제까지 제출하지 않으면 안 됩니까?

여: 글쎄요. 오늘은 10일 이니까… 늦어도 다음다음 주 수요일 까지는 제출해 주세요.

남: 선생님, 다음다음 주 수요일은 학교 기념일이어서 쉬는 날 아닌가요?

여: 아, 그랬지요. 그럼 그 다음 날 까지 제출해 주세요.

남: 네, 알겠습니다.

여: 아, 역시 기념일에 확인하고 싶으니 그 전날 까지로 합시다.

남: 아, 네.

남학생은 언제까지 리포트를 제출하지 않으면 안 됩니까?

해설 ※ 기준이 되는 날짜 꼭 체크! 남학생이 리포트를 제출해야 하는 날을 묻고 있다. 즉 선생님이 정해주는 날까지 제출해야 하므로 선생님의 말에 집중한다. 대화에서 두 번의 스케줄 변경이 있다. 처음에는 다음다음 주 수요일(24일), 그 다음에는 다음다음 주 수요일의 다음 날(25일), 마지막엔 다음다음 주 수요일의 전날(23일)로 변경한다. 정확한 일자를 물어보는 문제에서 자주 등장하는 유형이니 이야기를 끝까지 들어야 한다. 마지막에 「記念日にチェックをしたいですから、その前の日までにしましょう(기념일에 확인하고 싶으니 그 전날까지로 합시다)」라고 했기 때문에 3번이 정답이다.

어휘 皆さん 여러분 | 授業 수업 | 終わる 끝나다 | さっき 방금 | レポート 리포트 | できるだけ 가능한 한 | 早く 빨리 | 書く 쓰다 | レポートを出す 리포트를 제출하다 | いつ 언제 | ~なければならない ~하지 않으면 안 되다 | 遅い 늦다 | 再来週 다음다음 주 | 水曜日 수요일 | ~てください ~해 주세요 | 次の日 다음 날 | やっぱり 역시 | 記念日 기념일 | その前 그전

キャンプ場で女の人と男の人が話しています。男の人はこれからまず何をしますか。

男: やっとキャンプ場に着いたね。準備を始めよう。

女: 私、ご飯作るね。まずは野菜を洗ってこなきゃ。あれ、飲み物は買ってきた？

男: うん、川下さんが買ってきたって言ってたよ。えっとそれからテントは…。

女: もう鈴木君が準備してくれているよ。でも一人じゃ大変だよね。

男: そうだよね。じゃあ手伝ってこようかな。

女: うん。あ…ご飯を作ろうと思ったけど、火の準備がまだできてないね…。

男: ああ、火はすぐつけられるから、料理の準備ができたら僕がやるよ。急いで行ってくるよ。

男の人はこれからまず何をしますか。

1

2

3

4

캠프장에서 여자와 남자가 이야기하고 있습니다. 남자는 앞으로 먼저 무엇을 합니까?

남: 드디어 캠프장에 도착했네. 준비 시작하자.

여: 내가 밥 할게. 우선은 채소 씻어 와야지. 어라? 음료는 사 왔어?

남: 응. 가와시타 씨가 사 왔다고 말했어. 음, 그리고 텐트는….

여: 이미 스즈키 군이 준비해 주고 있어. 근데 혼자서는 힘들지.

남: 그렇지. 그럼 도와주고 올까?

여: 응. 아, 밥 하려고 했는데 불이 아직 준비 안 되어있네.

남: 아, 불은 금방 붙일 수 있으니까, 요리 준비가 되면 내가 할게. 서둘러 다녀 올게.

남자는 앞으로 먼저 무엇을 합니까?

해설 ＊ 급한 일을 나타내는 急いで(서둘러)~てくる(~하고 오다)! 남자가 우선 무엇을 하는지를 묻고 있다. 대화에서 해야 할 것으로 언급되는 것은 ①불을 붙이는 것과 ②텐트 치는 것이다. 이때, 채소를 씻는 것도 등장하지만 이건 여자가 해야 할 일이므로 헷갈리지 않도록 주의한다. 또한 음료를 사오는 것도 다른 사람이 해야 할 일이다. 대화 마지막에 「火はすぐつけられるから~ 急いで 行って くるよ (불은 금방 붙일 수 있으니~ 서둘러 다녀 올게)」라고 한다. 이때 「急いで(서둘러)~てくる(~하고 오다)」는 대화 상에서 시급한 일로 가장 먼저 해야 하는 일이다. 대화의 내용으로 보아 남자가 다녀올 곳은 텐트를 치는 곳이므로 3번이 정답이다.

어휘 キャンプ場 캠프장 | ~に着く ~에 도착하다 | 準備 준비 | 始める 시작하다 | ご飯 밥 | 作る 만들다 | まず 우선 | 野菜 채소 | 洗う 씻다 | 飲み物 음료 | テント 텐트 | 一人 혼자 | 大変だ 힘들다 | 手伝う 돕다 | 동사 의지형+と思う ~하려고 생각하다 | 火 불 | すぐ 바로 | 料理 요리 | 急いで 서둘러

本屋で男の人と女の人が話しています。女の人はいつ本を買いに来ますか。

女: すみません。この本を買いたいんですけど、見つけられなくて。どこにありますか。

男: その本、人気がとてもあって、今日の午後7時くらいに新しく入ってくるんですよ。

女: あ、そうなんですか。7時はちょっと遅いですね。明日は何時から開いていますか。

男: 午前10時からです。

女: じゃ、明日また来ます。

男: またなくなってしまうかもしれないので、早く来てくださいね。

女: はい、店が開く時に来ます。

女の人はいつ本を買いに来ますか。

1　今日の　午前　10時
2　今日の　午後　7時
3　明日の　午前　10時
4　明日の　午後　7時

서점에서 남자와 여자가 이야기하고 있습니다. 여자는 언제 책을 사러 옵니까?

여: 실례합니다. 이 책을 사고 싶은데, 찾을 수가 없어서요. 어디에 있습니까?

남: 그 책 인기가 매우 많아서 오늘 오후 7시 정도에 새로 들어와요.

여: 아, 그렇습니까? 7시는 조금 늦네요. 내일은 몇 시부터 열려 있나요?

남: 오전 10시부터입니다.

여: 그럼 내일 다시 오겠습니다.

남: 또 없어질 지도 모르기 때문에 빨리 와 주세요.

여: 네, 가게가 열릴 때 오겠습니다.

여자는 언제 책을 사러 옵니까?

1　오늘 오전 10시
2　오늘 오후 7시
3　내일 오전 10시
4　내일 오후 7시

해설 ✻ 정답는 정확히 체크해 둘 것! 문제에서 여자가 언제 책을 사러 오는지 묻고 있다. 즉 정확한 시점을 알아야 하므로 시간과 관련된 내용이 나오면 주의하도록 한다. 대화 마지막에서 가게가 열릴 때 오겠다고 했으나 이때, 가게가 열리는 시간을 모른다면 문제를 풀 수 없다. 점원이 가게는 「午前10時 からです(오전 10시부터입니다)」라고 한 말에 여자가 「明日また来ます(내일 다시 오겠습니다)」라고 했다. 이어서 「店が開くときに来ます(가게가 열릴 때 오겠습니다)」라고 했으므로 3번이 정답이다.

어휘 本屋 서점ㅣ見つける 발견하다ㅣ人気がある 인기가 있다ㅣ午後 오후ㅣ新しい 새롭다ㅣ入る 들어오다ㅣちょっと 조금, 잠시ㅣ遅い 늦다ㅣ開く 열리다ㅣ자동사+ている ~해져 있다(상태)ㅣ明日 내일ㅣなくなる 없어지다ㅣ早く 빨리ㅣ時 ~때

PART 4

청해

8ばん

会社で女の人が話しています。明日はどこでパーティーをしますか。

女：明日は、来月結婚する川島さんのパーティーをします。川島さんが好きなさしみの店を予約しようとしましたが、お客さんが多くて予約できませんでした。焼肉の店は予約できるのですが、あまり川島さんが好きじゃないようです。みんなが入ることができる大きい部屋がある店を探したら、中華料理の店があったので そこにしました 。中央公園の隣にあります。

皆さん、遅れないように来てくださいね。

明日はどこでパーティーをしますか。

1

2

3

4

8번

회사에서 여자가 이야기하고 있습니다. 내일은 어디서 파티를 합니까?

여: 내일은 다음 달 결혼하는 가와시마 씨의 파티를 합니다. 가와시마 씨가 좋아하는 횟집을 예약하려고 했는데, 손님이 많아서 예약할 수 없었습니다. 고깃집은 예약 가능하지만, 그다지 가와시마 씨가 좋아하지 않는 것 같습니다. 모두가 들어갈 수 있는 큰 방이 있는 가게를 찾았더니 중화요리집이 있어서 그곳으로 했습니다 . 중앙 공원 옆에 있습니다.

여러분, 늦지 않도록 와 주세요.

내일은 어디서 파티를 합니까?

해설 ※ 결정을 나타내는 표현 ~にする(~으로 하다) 체크!! 내일 파티 장소를 묻고 있다. 처음에 횟집을 예약하려 했으나 사람이 많아 예약할 수 없었고, 고깃집은 가와시마 씨가 좋아하지 않아 1번, 2번 모두 오답이다. 「中華料理の店があったので そこにしました (중화요리집이 있어서 거기로 했습니다)」라는 문장에서 ~にする(~로 하다)는 결정을 나타내는 표현이므로 중국요리집을 가기로 한 것을 알 수 있다. 공원은 가게의 위치를 설명하면서 등장한 단어로 4번도 오답이다. 따라서 3번이 정답이다.

어휘 来月 다음 달ㅣ結婚 결혼ㅣパーティー 파티ㅣ好きだ 좋아하다ㅣさしみ 회ㅣ予約 예약ㅣ동사 의지형+とする ~하려고 하다ㅣお客 さん 손님ㅣ多い 많다ㅣ焼肉 불고기ㅣあまり~ない 그다지 ~않다ㅣ入る 들어가(오)다ㅣ探す 찾다ㅣ中華料理 중화요리ㅣ公園 공원ㅣ遅れる 늦다ㅣ~ないでください ~하지 마세요

もんだい2では、まず しつもんを 聞いて ください。そのあと、もんだいようしを 見て ください。読む 時間が あります。それから 話を 聞いて、もんだいようしの 1から4の 中から、いちばん いい ものを 一つ えらんで ください。

1ばん

大学で男の学生と女の学生が話しています。女の学生は将来何になりたいと言っていますか。女の学生です。

男：鈴木さんは大学を卒業した後、どうしますか。

女：音楽が専門で歌手になるのが夢でしたが、今は大学院でもっと勉強して、大学で教えたいと思っています。

男：そうですか。

女：田中さんはどんな仕事がしたいですか。コンピューターが専門だからプログラマーですか。

男：いいえ、専門と違ってアナウンサーになって放送局で働きたいと思っています。

女の学生は将来何になりたいと言っていますか。

1 歌手
2 大学の 先生
3 プログラマー
4 アナウンサー

문제2

문제2에서는 먼저 질문을 들으세요. 그 후 문제용지를 보세요. 읽을 시간이 있습니다. 그리고 이야기를 듣고, 문제용지의 1에서 4 중에서 가장 알맞은 것을 하나 고르세요.

1번

대학교에서 남학생과 여학생이 이야기하고 있습니다. 여학생은 장래에 무엇이 되고 싶다고 말하고 있습니까? 여학생입니다.

남: 스즈키 씨는 대학을 졸업한 후에 어떻게 할 거예요?

여: 음악이 전공이라 가수가 되는 것이 꿈이었는데, 지금은 대학원에서 더 공부해서 대학교에서 가르치고 싶다고 생각하고 있습니다.

남: 그렇습니까?

여: 다나카 씨는 어떤 일을 하고 싶습니까? 컴퓨터가 전공이니까 프로그래머인가요?

남: 아니요, 전공과 다르게 아나운서가 돼서 방송국에서 일하고 싶다고 생각하고 있습니다.

여학생은 장래에 무엇이 되고 싶다고 말하고 있습니까?

1 가수
2 대학교 선생님
3 프로그래머
4 아나운서

해설 ＊ 역접을 나타내는 조사 が(~지만) 뒷부분에 정답이 숨어있다!! 여학생이 장래에 무엇이 되고 싶은지를 묻는 문제이다. 본문에서는 남학생이 「大学を卒業した後、どうしますか(대학교를 졸업한 후에 어떻게 할 거예요?)」라고 묻고, 이때 여학생이 「音楽が専門で歌手になるのが夢でしたが、今は大学院でもっと勉強して、大学で教えたいと思っています(음악이 전공이라 가수가 되는 것이 꿈이었는데, 지금은 대학원에서 더 공부해서 대학교에서 가르치고 싶다고 생각하고 있습니다)」라고 대답한다. 즉 가수가 되고 싶다는 문장만 듣고 문제를 풀면 오답을 고르기 쉽다. 또한 대학교에서 가르치는 일은 대학교 선생님을 의미하므로 2번이 정답이다.

어휘 大学 대학 | 卒業 졸업 | ～た後 ~한 후 | 音楽 음악 | 専門 전문, 전공 | 歌手 가수 | 夢 꿈 | 大学院 대학원 | もっと 더, 더욱 | 勉強 공부 | 教える 가르치다 | 思う 생각하다 | どんな 어떤 | 仕事 일 | コンピューター 컴퓨터 | プログラマー 프로그래머 | ～と違って ~와/과 다르게 | アナウンサー 아나운서 | 放送局 방송국 | 働く 일하다

男の学生と女の学生が話しています。女の学生は明日の午後何をすると言っていますか。

女: やっと今日は金曜日ですね。今週はちょっと長くありませんでしたか。

男: 僕もそう思います。週末は何をするんですか。

女: あ…、土曜日は午前中に母とデパートに行く予定で、午後には友達と映画を見に行く約束をしているんです。

男: 日曜日も予定ありますか。よかったら一緒にカラオケでも行きませんか。

女: 日曜日は朝から図書館に行こうと思っているんですが、午後なら空いています。

男: あ、じゃあその時にどうですか。

女: はい、いいですよ。楽しみにしていますね。

女の学生は明日の午後何をすると言っていますか。

1 デパートに 行く。
2 映画を 見に 行く。
3 カラオケに 行く。
4 図書館に 行く。

남학생과 여학생이 이야기하고 있습니다. 여학생은 내일 오후에 무엇을 한다고 말하고 있습니까?

여: 오늘은 드디어 금요일이네요. 이번 주는 조금 길지 않았습니까?

남: 저도 그렇게 생각합니다. 주말에는 무엇을 합니까?

여: 음…. 토요일은 오전 중에 엄마와 백화점에 갈 예정이고, 오후에는 친구와 영화를 보러 갈 약속을 했습니다.

남: 일요일도 일정이 있습니까? 괜찮다면 같이 노래방이라도 가지 않겠습니까?

여: 일요일은 아침부터 도서관에 가려고 생각하고 있습니다만, 오후라면 (시간이) 비어 있습니다.

남: 아, 그럼 그 때는 어떻습니까?

여: 네, 좋습니다. 기대하고 있겠습니다.

여학생은 내일 오후에 무엇을 한다고 말하고 있습니까?

1 백화점에 간다.
2 영화를 보러 간다.
3 노래방에 간다.
4 도서관에 간다.

해설 ＊明日(내일)·土曜日(토요일)·午後(오후)에 집중! 여학생이 내일 오후에 무엇을 하는지에 대해 묻는 문제이다. 대화에서 남자는 주말의 계획에 대해 묻고 있다. 이때 주의할 점은, 문제에서 묻고 있는 것은 '내일'이므로 '토요일'의 일정만을 알면 된다. 주로 대화에서 함정이 될 만한 요소로 다른 때의 다른 일정들을 추가적으로 언급하기 때문에 정확히 언제 무엇을 하는지 메모하며 들어야 한다. 여자가 토요일 오후에는 「午後には友達と映画を見に行く約束をしているんです(오후에는 친구와 영화를 보러 갈 약속을 했습니다)」라고 했기 때문에 2번이 정답이다. 다른 선택지의 백화점은 토요일 오전이라 오답, 노래방과 도서관은 일요일 일정이라서 정답이 아니다.

어휘 やっと 드디어, 겨우, 간신히 | 金曜日 금요일 | 今週 이번 주 | ちょっと 조금, 잠시 | 長い 길다 | 思う 생각하다 | 週末 주말 | 土曜日 토요일 | 午前中 오전 중 | デパート 백화점 | 予定 일정, 예정 | 午後 오후 | 友達 친구 | 映画 영화 | 約束 약속 | 日曜日 일요일 | よかったら 괜찮다면 | 一緒に 함께, 같이 | カラオケ 노래방 | ~でも ~라도 | 図書館 도서관 | 空く (시간이) 비다 | 楽しみにする 기대하다

会社で男の人と女の人が話しています。女の人は男の人に何を頼みましたか。

女：鈴木さん、ちょっと話したいことがあるんですが。

男：はい、どうしたんですか。

女：さっき部長にメールで頼まれた資料を今作っていたんですが…。

男：あ、量が多かったら手伝いましょうか。

女：あ、そうじゃなくて…。実は今、私の息子が熱があるとさっき連絡が来たんです。

男：それは大変ですね。大丈夫です、あとは私がしますから。今日は帰ってください。

女：すみません、ありがとうございます。資料はもう全部できていて、コピーする だけ なんです。

男：分かりました。任せてください。

女の人は男の人に何を頼みましたか。

1　ぶちょうに　メールを　おくること
2　しりょうを　作ること
3　むすこに　連絡すること
4　しりょうを　コピーすること

회사에서 남자와 여자가 이야기하고 있습니다. 여자는 남자에게 무엇을 부탁했습니까?

여: 스즈키 씨, 잠깐 할 말이 있는데요.

남: 네, 무슨 일인가요?

여: 방금 부장님에게 메일로 부탁받은 자료를 지금 만들고 있습니다만….

남: 아, 양이 많으면 도와줄까요?

여: 아, 그게 아니라…. 실은 지금 제 아들이 열이 있다고 방금 연락이 왔습니다.

남: 그것 참 큰일이네요. 괜찮습니다. 나머지는 제가 할 테니까요. 오늘은 돌아가세요.

여: 죄송합니다. 감사합니다. 자료는 이미 전부 다 되어있고, 복사하기만 하면 됩니다.

남: 알겠습니다. 맡겨 주세요.

여자는 남자에게 무엇을 부탁했습니까?

1　부장님에게 메일을 보내는 것
2　자료를 만드는 것
3　아들에게 연락하는 것
4　자료를 복사하는 것

해설 ✱ そうじゃなくて(그게 아니라) 뒤에는 하고 싶은 말이 등장! 여자가 남자에게 부탁한 것을 묻는 문제이다. 따라서 여자의 말에 집중한다. 대화에서 남자가 먼저 '자료를 만드는 것을 도와줄까요?' 하고 물어보는데 이 질문에 속으면 안 된다. 여자가 「そうじゃなくて(그게 아니라)」라고 말하며 하고 싶은 내용이 뒤에 등장한다. 「私の息子が~(제 아들이)」라고 했기 때문에, 자칫 아들과 관련된 문장이라 착각할 수 있지만 문장을 끝까지 들으면 대화 후반에 자료는 이미 되어 있고 「コピーするだけなんです(복사하기만 하면 됩니다)」라고 한다. 즉 여자가 부탁하는 것은 복사로 4번이 정답이다.

어휘 話す 말하다, 이야기하다 | さっき 방금 | 部長 부장님 | メール 메일 | 頼む 부탁하다 | 資料 자료 | 量 양 | 多い 많다 | 手伝う 돕다 | 息子 아들 | 熱 열 | 連絡 연락 | 大変だ 큰일이다 | 大丈夫だ 괜찮다 | 帰る 돌아가(오)다 | 全部 전부 | できる 다 되다 | コピー 복사 | だけ ~만, ~뿐 | 分かる 알다 | 任せる 맡기다

会社で男の人と女の人が話しています。女の人は何を買う
と言っていますか。

男：吉田さんへの結婚プレゼント、何にしますか。

女：私は夫婦で一緒に使えるマグカップを今日買うことにし
ました。何を買うつもりですか。

男：ええっ、僕もそれにしようと思っていたのに…どうしよ
うかな、ガラスのコップだとマグカップに似ているし…

女：じゃあ、私がパジャマを買うことにします。それでどう
ですか。

男：ええ、いいんですか。よかった。買ってあげたいデザイ
ンのものがあったんですよ。有名な紅茶もセットなんで
す！今日会社が終わったらデパートに行って買ってきま
す。

女の人は何を買うと言っていますか。

1 マグカップ

2 ガラスのコップ

3 パジャマ

4 紅茶

회사에서 남자와 여자가 이야기하고 있습니다. 여자는 무엇
을 산다고 말하고 있습니까?

남: 요시다 씨에게 줄 결혼 선물, 뭘로 할까요?

여: 저는 부부끼리 함께 쓸 수 있는 머그컵을 오늘 사기로 했어
요. 뭘 살 생각이에요?

남: 헉, 저도 그걸로 하려고 했었는데…어쩌죠, 유리컵은 머그
컵이랑 비슷하고….

여: 그럼 제가 파자마를 살게요. 그건 어떨까요?

남: 앗, 괜찮나요? 다행이다. 사 주고 싶은 디자인이 있었거든
요. 유명한 홍차도 세트예요! 오늘 회사가 끝나면 백화점에
가서 사 오겠습니다.

여자는 무엇을 산다고 말하고 있습니까?

1 머그컵

2 유리컵

3 파자마

4 홍차

해설 ✻ 결심을 나타내는 표현 ことにする(~하기로 하다)! 여자가 사고 싶은 것이 무엇인지를 묻는 문제로 여자의 말에 집중한다. 「ことにす
る(~하기로 하다)」는 결심을 나타내는 표현으로 화자의 의지를 나타낸다. 대화 초반에 「夫婦で一緒に使えるマグカップ～買う
ことにしました(부부끼리 함께 사용할 수 있는 머그컵을~사기로 했습니다)」라는 문장만 듣고 머그컵을 정답으로 고르면 안 된다.
청해는 번복하는 내용이 많이 출제된다는 사실을 잊어서는 안 된다. 남자가 본인도 머그컵을 사려고 했었다는 말에 여자가 「私がパ
ジャマを買うことにします(제가 파자마를 사겠습니다)」라고 하는 문장까지 들어야 정답을 찾을 수 있다. 따라서 3번이 정답이다.

어휘 結婚 결혼 | プレゼント 선물 | ～にする ~로 하다 | 夫婦 부부 | 一緒に 함께, 같이 | 使う 사용하다 | マグカップ 머그컵 | 買う
사다 | つもり 예정 | ガラス 유리 | 似る 비슷하다, 닮다 | パジャマ 파자마(잠옷) | あげる (내가 다른 사람에게) 주다 | デザイン
디자인 | 有名だ 유명하다 | 紅茶 홍차 | セット 세트 | 会社 회사 | 終わる 끝나다 | デパート 백화점

5ばん

レストランで店の人と女の人が話しています。ランチタイムは何時から何時までですか。

女:すみません、この500円のパスタとサラダのセットをください。

男:あ、お客様、すみません。このセットは、ランチタイムしかできないんです。

女:え、ランチタイムって何時から何時までですか。

男:今は10時半なので、30分後から注文できます。

女:そうなんですか、残念です。

男:ランチタイムは毎日あるので、次にぜひ注文してください。

女:分かりました。明日は会議があって、2時なら来られそうなので、明日はパスタのセットにします。

男:ちょうどその時間にランチタイムが終わってしまうのですが、4・5分なら遅れてもいいので、早く来てください。

ランチタイムは何時から何時までですか。

1　10時から　1時半まで
2　10時から　2時まで
3　11時から　1時半まで
4　11時から　2時まで

5번

레스토랑에서 점원과 여자가 이야기하고 있습니다. 런치 타임은 몇 시부터 몇 시까지입니까?

여: 저기요, 이 500엔짜리 파스타와 샐러드 세트를 주세요.

남: 아, 손님, 죄송합니다. 이 세트는 런치 타임밖에 가능하지 않습니다.

여: 어, 런치 타임은 몇 시부터 몇 시까지입니까?

남: 지금은 10시 반이기 때문에 30분 후부터 주문할 수 있습니다.

여: 그렇습니까? 유감이네요.

남: 런치 타임은 매일 있기 때문에 다음에 꼭 주문해 주세요.

여: 알겠습니다. 내일은 회의가 있어서 2시라면 올 수 있을 것 같으니까 내일은 파스타 세트로 하겠습니다.

남: 딱 그 시간에 런치 타임이 끝나 버리긴 하는데, 4·5분 정도는 늦어도 괜찮으니까 빨리 와 주세요.

런치 타임은 몇 시부터 몇 시까지 입니까?

1　10시부터 1시 반까지
2　10시부터 2시까지
3　11시부터 1시 반까지
4　11시부터 2시까지

해설 ＊ 시간 계산을 해야 하는 ~分前(~분 전)·~分後(~분 후) 체크! 런치 타임은 몇 시부터 몇 시까지인지 묻는 문제이다. 따라서 시간이 나오는 문장을 잘 들어야 하는데, 이때 친절하게 정확한 시간을 언급하는 문제보다는 ~分前(~분 전), ~分後(~분 후)와 같이 시간을 계산해야 하는 문제가 주로 출제된다. 점원이 「今は10時半なので、30分後から注文できます(지금은 10시 반이기 때문에 30분 후부터 주문할 수 있습니다)」라고 했기 때문에 11시부터라는 것을 알 수 있고, 여자가 「2時なら~(2시라면~)」라고 하는 말에 점원이 「ちょうど~終わってしまう(마침~끝나 버린다)」라고 대답하여 2시까지라는 것을 알 수 있다. 따라서 4번이 정답이다.

어휘 パスタ 파스타 | サラダ 샐러드 | セット 세트 | ください 주세요 | お客様 손님 | ランチタイム 런치 타임(점심 시간) | しか ~밖에 | できる 가능하다 | 注文 주문 | 残念だ 유감이다 | 毎日 매일 | 次 다음 | 会議 회의 | ちょうど 마침, 딱 | 終わる 끝나다 | ~てしまう ~해 버리다 | 遅れる 늦다 | ように ~하도록

店員と女の人が電話で話しています。女の人はどうして電話をかけましたか。

男:もしもし。シーサイドホテルです。

女:もしもし。明日部屋を予約している山本というのですが。

男:はい、山本様ですね。 どうしましたか 。

女:あの、部屋にドライヤーがあるかを 聞きたくて 。

男:はい、このホテルには、全部の部屋にドライヤーがあります。

女:あ、そうなんですね。よかった。ホテルの場所は、中央公園の近くですよね。

男:はい、すぐ前にあります。

女:分かりました。では明日、よろしくお願いします。

女の人はどうして電話をかけましたか。

1 予約のため

2 予約の キャンセルのため

3 ドライヤーのため

4 公園の 場所のため

6번

점원과 여자가 전화로 이야기하고 있습니다. 여자는 왜 전화를 걸었습니까?

남: 여보세요. 씨사이드 호텔입니다.

여: 여보세요. 내일 방을 예약한 야마모토입니다만.

남: 네, 야마모토 님. 무슨 일이신가요 ?

여: 저기, 방에 드라이어가 있는지 물어보고 싶어서요 .

남: 네, 이 호텔에는 전 객실에 드라이어가 있습니다.

여: 아 그렇군요. 다행이다. 호텔 위치는 중앙 공원 근처이지요?

남: 네, 바로 앞에 있습니다.

여: 알겠습니다. 그럼 내일 잘 부탁드립니다.

여자는 왜 전화를 걸었습니까?

1 예약을 위해

2 예약 취소를 위해

3 드라이어 때문에

4 공원의 위치 때문에

해설 ✱ 희망 표현 聞きたい(묻고 싶다)에 주의! 여자가 왜 전화를 걸었는지 묻는 문제이다. 대화의 배경은 호텔이기 때문에 여자가 전화를 건 이유는 손님인 여자의 말에서 알 수 있다. 「聞きたい(묻고 싶다)」가 들어간 문장에서 화자가 호텔 점원에게 묻고 싶은 내용을 알 수 있다. 「部屋にドライヤーがあるかを 聞きたくて (방에 드라이어가 있는지를 물어보고 싶어서)」라고 했기 때문에 3번이 정답이다.

어휘 もしもし 여보세요 | ホテル 호텔 | 部屋 방 | 予約 예약 | ~様 ~님 | ドライヤー 드라이어 | ~か ~인지 | 聞く 묻다, 듣다 | 場所 장소, 위치 | 公園 공원 | 近く 근처 | すぐ 바로, 곧 | 分かる 알다

7ばん

旅行会社の人が話しています。日曜日の午後にはどこに行きますか。

女: 冬の北海道温泉旅行ツアーへの参加、ありがとうございます。今日から明日日曜日までの2日間のツアーの予定を説明します。まず今から、動物園に行きます。冬の動物がたくさんいて、楽しいですよ。その後はおいしい昼ご飯を食べて、午後はワイン工場を見学します。今日の夜は、温泉旅館に泊まります。明日の午前中はスキー場でスキーをする予定です。それからレストランでお昼ご飯を食べて、美術館に行きます。その後バスで今いる駅まで戻ってきます。

日曜日の午後にはどこに行きますか。

1 どうぶつえん
2 ワイン　こうじょう
3 スキーじょう
4 びじゅつかん

7번

여행 회사 사람이 이야기하고 있습니다. 일요일 오후에는 어디에 갑니까?

여: 겨울 홋카이도 온천 여행 투어에 참가(해 주셔서) 감사합니다. 오늘부터 내일 일요일까지 2일간의 투어 예정을 설명하겠습니다. 우선 지금부터 동물원에 갑니다. 겨울 동물이 많이 있어서 즐겁습니다. 그 후에는 맛있는 점심을 먹고, 오후에는 와인 공장을 견학합니다. 오늘 저녁은 온천 여관에서 묵습니다. 내일 오전 중에는 스키장에서 스키를 탈 예정입니다. 그리고 레스토랑에서 점심을 먹고 미술관에 갑니다. 그 후에 버스로 지금 있는 역까지 돌아옵니다.

일요일 오후에는 어디에 갑니까?

1 동물원
2 와인 공장
3 스키장
4 미술관

해설   ✱ 유의 표현 お昼(점심)과 午後(오후)! 일요일 오후 일정을 묻는 문제이다. 여행은 총 2일간 진행되기 때문에 토요일과 일요일, 오전과 오후의 일정을 정확히 메모해야 헷갈리지 않게 풀 수 있다. 보기의 장소를 소거하며 푸는 것도 좋은 방법이다. 주로 일정은 시간의 순서대로 나오기 때문에 질문에서 묻는 시점이 등장할 때에 미리 집중할 수 있다. 마지막에「お昼ご飯を食べて、美術館に行きます(점심을 먹고, 미술관에 갑니다)」라는 문장에서 오후에는 미술관에 가는 것을 알 수 있다. 직접적으로「午後(오후)」라고 언급하지는 않았지만, 점심 식사 후는 오후이므로 4번이 정답이다.

어휘   冬 겨울 | 北海道 홋카이도 | 温泉 온천 | 旅行 여행 | ツアー 투어 | 参加 참가 | 日曜日 일요일 | 2日間 이틀간 | 予定 일정 | 説明 설명 | まず 우선 | 動物園 동물원 | 楽しい 즐겁다 | おいしい 맛있다 | 昼ご飯 점심 밥 | 午後 오후 | ワイン 와인 | 工場 공장 | 見学 견학 | 旅館 여관 | 泊まる 묵다 | 午前中 오전 중 | スキー場 스키장 | レストラン 레스토랑 | 美術館 미술관 | バス 버스 | 駅 역 | 戻る 돌아가(오)다

PART 4

정해

もんだい3では、えを 見ながら しつもんを 聞いて
ください。➡(やじるし)の 人は 何と 言いますか。1か
ら 3の 中から、いちばん いい ものを 一つ えら
んで ください。

1ばん

女:駅の階段でおばあさんが重い荷物を持っています。何と
言いますか。

男:1 これ、持ちましょうか。

2 これを持ってくれませんか。

3 どうぞ、これを持ってください。

문제3

문제3에서는 그림을 보면서 질문을 들으세요. ➡(화살표)가
가리킨 사람은 뭐라고 말합니까? 1에서 3 중에서 가장 알맞
은 것을 하나 고르세요.

1번

여: 역 계단에서 할머니가 무거운 짐을 들고 있습니다. 뭐라고
말합니까?

남: 1 이거 들어드릴까요?

2 이것을 들어주지 않겠습니까?

3 자, 이것을 들어주세요.

해설 ✱ 제안하는 표현 ~ましょうか(~할까요)! 할머니가 짐을 들고 있는 상황이므로 짐을 들어드린다는 표현이 적합하다. 2번과 3번은 상대
방에게 들어달라고 요청하는 표현이므로 오답이다. 「~ましょうか(~할까요)」는 상대방에게 제안하는 표현으로 보기에서는 짐을 들
어드리겠다고 제안하는 1번이 정답이다.

어휘 階段 계단 | おばあさん 할머니 | 重い 무겁다 | 荷物 짐 | 持つ 들다, 가지다 | ~ましょうか ~할까요 | ~てくれませんか ~해주
지 않겠습니까 | どうぞ 자, 여기

2ばん

男:デパートの場所を人に聞きたいです。何と言いますか。

女:1 デパートは色々なものがありますよ。

2 デパートはどう行けばいいですか。

3 デパートで何を買いますか。

2번

남: 백화점의 위치를 사람에게 묻고 싶습니다. 뭐라고 말합니까?

여: 1 백화점은 여러가지 물건이 있어요.

2 백화점은 어떻게 가면 됩니까?

3 백화점에서 무엇을 삽니까?

해설 ★ 위치를 물을 때 사용하는 의문사 どう(어떻게)! 백화점의 위치를 찾는 문제로 의문사 どう(어떻게)를 사용한 선택지 2번「どう行けば
いいですか(어떻게 하면 됩니까?)」가 정답이다. 일상생활에 많이 쓰이는 표현으로 잘 외워 두자. 1번은 백화점에 대한 설명이고, 3
번은 백화점에서 무엇을 사는지 물어보는 문장이므로 오답이다. 따라서 2번이 정답이다.

어휘 デパート 백화점 | 場所 장소 | 色々だ 여러 가지다, 다양하다 | もの 물건 | どう 어떻게 | 行く 가다 | いい 좋다 | 何 무엇 | 買う 사다

3ばん

男:公園までバスに乗って行きたいです。何と言いますか。

女:1　バスで行こうよ。

　　2　バスはちょっと…。

　　3　バスで来たよ。

3번

남: 공원까지 버스를 타고 가고 싶습니다. 뭐라고 말합니까?

여: 1　버스로 가자.

　　2　버스는 좀….

　　3　버스로 왔어.

해설 ✻ 권유 표현 行こう(가자) 체크! 공원까지 버스로 가고 싶을 때 어떻게 말할 수 있는지를 묻는 문제이다. 동사 의지형은 '~하자'로 해석되어 상대방에게 권유할 때 사용한다. 2번의 ちょっと(좀)는 거절의 표현이다. 문장의 끝을 생략하는 표현은 함정으로 자주 등장하기 때문에 유의한다. 3번은 버스로 왔다는 문장으로 오답이다. 따라서 버스로 가자고 권유하는 1번이 정답이다.

어휘 公園 공원 | バス 버스 | 行く 가다 | ちょっと 좀, 잠시 | 来る 오다

4ばん

女:人がたくさんいて混んでいるところを通ります。何と言いますか。

男:1　ちょっとすみません。

　　2　いらっしゃいませ。

　　3　ごめんください。

4번

여: 사람이 많이 있고 붐비는 곳을 지나갑니다. 뭐라고 말합니까?

남: 1　잠시 실례하겠습니다.

　　2　어서 오세요.

　　3　누구 계세요?

해설 ★ 여러 상황에서 사용되는 すみません에 주의! 사람이 많은 곳을 지나갈 때 사용하는 문장을 고르는 문제이다. 「すみません」은 '죄송합니다' 뿐만 아니라 '실례합니다', '저기요' 등 상황에 따라 다양하게 해석된다. 2번은 가게에 손님이 왔을 때 점원이 말하는 문장이고, 3번은 어딘가 방문했을 때 누가 있는지를 묻는 문장이다. 따라서 사과하는 의미가 아닌 '(잠깐 지나가게) 실례하겠습니다'로 사용된 1번이 정답이다.

어휘 たくさん 많이 | 混む 붐비다 | ところ 곳, 장소 | 通る 지나가다

5ばん

男: 友達の元気がなさそうです。何と言いますか。

女: 1 いいことあったの？

2 どうしたの？

3 どこにあったの？

5번

남: 친구가 기운이 없어 보입니다. 뭐라고 말합니까?

여: 1 좋은 일 있었어?

2 무슨 일이니?

3 어디에 있었어?

해설 ✱ どうしたの(무슨 '일이냐')의 해석에 주의! 기운이 없어 보이는 친구에게 말을 걸 때 적합한 문장을 고르는 문제이다. 「どう」를 '어떻게' 로 이해하면 정답을 찾기 어렵다. 「どうしたの？」는 '무슨 일이니?' 혹은 '어떻게 된 거야?'라는 의미이다. 1번은 상대방이 좋은 일이 있을 때 말하는 문장이고, 3번은 물건이 어디에 있었는지 묻는 문제로 오답이다. 따라서 2번이 정답이다.

어휘 元気がない 기운이 없다 | いい 좋다 | どこ 어디

もんだい4 즉시응답 🎧04

もんだい4では、えなどが ありません。まず ぶんを 聞いて ください。それから、そのへんじを 聞いて、1から3の 中から、いちばん いい ものを 一つ えらんで ください。

문제4

문제4는 그림 등이 없습니다. 우선 문장을 들으세요. 그리고 그 대답을 듣고 1에서 3 중에서 가장 알맞은 것을 하나 고르세요.

1ばん

女: 私の本どこにあるか知らない？

男: 1 それは分かってるよ。

2 さっきキッチンで見たよ。

3 本屋で買ったよ。

1번

여: 내 책 어디 있는지 몰라?

남: 1 그건 알고 있어.

2 방금 부엌에서 봤어.

3 서점에서 샀어.

해설 ✱ 장소를 물을 때 사용하는 どこ(어디)! 여자가 본인의 책이 어디에 있는지 아는지를 묻고 있다. 知らない？(몰라?)라고 질문을 받았을 때 알고 있으면 知っている(알고 있다), 모르면 知らない(모른다)로 답하면 된다. 선택지 1번은 知っている(알고 있다)가 아니라 分かっている(이해하고 있다)라 오답, 2번의 경우 キッチンで見た(부엌에서 봤어)라고 구체적인 장소를 말해 주었으므로 정답이 된다. 3번의 本屋(서점)는 질문에서 本(책)만 들었을 경우 고를 수 있는 오답이다. 따라서 부엌에서 봤다고 대답하는 2번이 정답이다.

어휘 本 책 | 知る 알다 | 分かる 알다, 이해하다 | さっき 방금 | キッチン 부엌 | 見る 보다 | 本屋 서점 | 買う 사다

2ばん

女: ここからホテルまでは遠いですか。

男: 1　はい、とてもいいホテルですよ。

　　2　いいえ、歩いて5分くらいです。

　　3　そうです。そこに行くつもりです。

2번

여: 여기서 호텔까지는 멉니까?

남: 1　네, 매우 좋은 호텔이에요.

　　2　아니요, 걸어서 5분 정도입니다.

　　3　그렇습니다. 그곳에 갈 예정입니다.

해설　✱ 범위를 나타내는 표현 ~から~まで(~부터 ~까지)! 　여자가 여기서 호텔까지 먼지 거리를 묻고 있다. 「~から~まで(~부터~까지)」는 청해에서 자주 등장하는 표현으로 주로 해당 범위의 소요되는 시간, 금액을 묻는다. 1번에서는 호텔에 대한 설명이고, 3번은 그곳에 갈 예정이라는 문장으로 오답이다. 따라서 걸어서 5분 정도라고 대답하는 2번이 정답이다.

어휘　ホテル 호텔 | 遠い 멀다 | とても 매우 | 歩く 걷다 | くらい 정도 | そこ 그곳 | つもり 예정

3ばん

女: ねえ、ちょっと鉛筆を貸してくれない？

男: 1　ありがとう。助かったよ。

　　2　ごめん、僕のしかないんだ。

　　3　いいよ。今日の夜送るね。

3번

여: 있잖아, 잠시 연필 빌려주지 않을래?

남: 1　고마워. (네 덕분에) 살았다.

　　2　미안해, 내 것밖에 없어.

　　3　좋아. 오늘 밤에 보낼게.

해설　✱ 부탁 표현 ~てくれない(~해 주지 않을래?)에 주의! 　여자가 남자에게 연필을 빌려 달라고 하고 있다. 「~てくれない?(~해 주지 않을래?)」는 부탁의 표현이다. 1번은 상대방이 빌려주었을 때 할 수 있는 감사 인사 표현이고, 3번은 오늘 밤에 택배 등의 다른 수단을 이용하여 보낸다는 의미로 오답이다. 따라서 본인 것밖에 없어 미안하다고 말하는 2번이 정답이다.

어휘　ちょっと 좀, 잠시 | 鉛筆 연필 | 貸す 빌려주다 | ~てくれる ~해 주다 | 助かる 살아나다 | しか ~밖에 | 送る 보내다

4ばん

男　電車の中で失くしたのはどんなかばんですか？

女: 1　そのかばんは電車の中にありました。

　　2　黒くて、大きいかばんです。

　　3　新しいかばんを買いに行きました。

4번

남: 전철 안에서 잃어버린 것은 어떤 가방입니까?

여: 1　그 가방은 전철 안에 있었습니다.

　　2　검고 큰 가방입니다.

　　3　새로운 가방을 사러 갔습니다.

해설　✱ どんな(어떤)은 특징을 묻는 표현! 　남자가 여자에게 어떤 가방을 잃어버렸는지 묻고 있다. 「どんな(어떤)」는 특징을 묻는 의문사로 가방에 대한 묘사를 하는 문장이 정답이 될 수 있다. 1번은 질문에서 등장한 단어들이 대부분 사용되어 함정에 빠지기 쉬운 문장이고, 3번은 새로운 가방을 사러 갔다고 하는 문장으로 오답이다. 따라서 가방의 특징을 설명하는 2번이 정답이다.

어휘　電車 전철 | 中 안, 속 | 失くす 잃어버리다 | どんな 어떤 | かばん 가방 | 黒い 검다 | 大きい 크다 | 新しい 새롭다

5ばん

女: 新しく買った服なんだけど、どう？

男: 1 とても似合ってるよ。

　　2 買わない方がいいと思うよ。

　　3 ちょっと古いんじゃない？

5번

여: 새로 산 옷인데 어때?

남: 1 매우 잘 어울려.

　　2 사지 않는 편이 좋다고 생각해.

　　3 좀 낡지 않았어?

> **해설** ✻ 상대방의 소감을 묻는 표현 どう？(어때?)! 여자가 남자에게 새로운 산 가방에 대해 묻고 있다. 2번은 아직 사지 않은 사람에게 사지말라고 조언해 주는 표현이고, 3번은 新しい(새롭다)의 반대 의미인 古い(오래되다)로 함정이 되는 보기이다. 따라서 잘 어울린다고 말하는 1번이 정답이다.

> **어휘** 服 옷 | とても 매우 | 似合う 어울리다 | ~ない方がいい ~하지 않는 편이 좋다 | ちょっと 좀, 잠시 | 古い 오래 되다

6ばん

女: すみません、青いTシャツはもうないんです。

男: 1 もっと早く言ってください。

　　2 じゃあ、2枚ください。

　　3 それなら、その赤いのをください。

6번

여: 죄송합니다. 파란 티셔츠는 이제 없습니다.

남: 1 더 빨리 말해 주세요.

　　2 그럼, 2장 주세요.

　　3 그렇다면 그 빨간 것으로 주세요.

> **해설** ✻ 다른 것을 제시할 때는 それなら(그렇다면)! 점원이 손님에게 파란색 티셔츠가 없다고 말하고 있다. 이 때 올 수 있는 대답으로는 買いたかったのに(사고 싶었는데), ほかの色はありませんか(다른 색은 없습니까?) 등 다양하다. 1번은 더 빨리 말해 달라는 표현으로 질문과는 관련이 없고, 2번은 셔츠가 있을 때 말할 수 있는 문장이다. 「それなら(그렇다면)」는 제안을 할 때 쓰는 표현으로 다른 색으로 달라고 하는 3번이 정답이다.

> **어휘** 青い 파랗다 | Tシャツ 티셔츠 | もう 벌써, 이제 | もっと 더, 더욱 | 早く 빨리, 일찍 | ~てください ~해 주세요 | それなら 그렇다면 | 赤い 빨갛다

7ばん

男: 今日の昼ご飯は何にしようか。

女: 1　えっと、じゃあラーメンはどう？

　　2　それがいいと思うよ。

　　3　昼ご飯を食べようよ。

7번

남: 오늘 점심은 뭘로 할까?

여: 1　음, 그럼 라면은 어때?

　　2　그게 좋을 것 같아.

　　3　점심 먹자.

해설　✽ 결정을 나타내는 표현 ~にする(~로 하다)!　남자가 여자에게 점심 메뉴는 무엇으로 할지 묻고 있다. 「~にしようか(~로 할까)」라고 의향을 묻는 질문에 「じゃあラーメンはどう？(그럼 라면은 어때?)」라고 제안을 하고 있으므로 정답으로 적절하다. 2번에서는 상대방이 메뉴를 제안했을 때 답할 수 있는 표현이고, 3번은 점심을 먹자고 하는 문장으로 오답이다.

어휘　今日 오늘 | 昼ご飯 점심 밥 | 何 무엇 | ~にする ~로 하다 | ラーメン 라면 | いい 좋다

8ばん

女: 日本に住んで、もうすぐ5年になります。

男: 1　早く日本に住んだ方がいいですよ。

　　2　だからそんなに日本語が上手なんですね。

　　3　5年前に日本に住んでいたんですね。

8번

여: 일본에 산지 이제 곧 5년이 됩니다.

남: 1　빨리 일본에 사는 편이 좋아요.

　　2　그래서 그렇게 일본어가 능숙한 거군요.

　　3　5년 전에 일본에 살았었군요.

해설　✽ 상대방 말에 납득한 경우 사용하는 だから(그래서)!　여자가 남자에게 일본에 산지 곧 5년이 된다고 말하고 있다. 회화에서 「だから(그래서)」는 상대방의 말에 무언가를 깨달았을 때 자주 사용하는 표현이다. 1번은 아직 일본에 거주하지 않은 사람에게 할 수 있는 문장이고, 3번은 이미 고국으로 돌아간 사람에게 할 수 있는 문장으로 오답이다. 따라서 5년씩이나 살았기 때문에 일본어가 능숙하다고 말하는 2번이 정답이다.

어휘　住む 살다 | もうすぐ 곧 | ~になる ~가 되다 | 早く 빨리 | ~た方がいい ~하는 편이 좋다 | だから 그래서 | 上手だ 능숙하다

PART 4

청해

| 정답 |

문제1	① 3	② 2	③ 1	④ 3	⑤ 3	⑥ 3	⑦ 2	⑧ 2
문제2	① 1	② 4	③ 1	④ 3	⑤ 3	⑥ 3	⑦ 4	
문제3	① 2	② 3	③ 2	④ 1	⑤ 3			
문제4	① 3	② 2	③ 1	④ 1	⑤ 3	⑥ 3	⑦ 3	⑧ 3

| 해설 |

もんだい1 　과제이해 🎧 05

もんだい１では、まず　しつもんを　聞いて　ください。それから　話を　聞いて、もんだいようしの　１から４の　中から、いちばん　いい　ものを　一つ　えらんで　ください。

１ばん

大学で男の人と女の人が話しています。女の人はこの後何をしますか。

男: どうしたの？もう昼なのに、ご飯食べないの？

女: 朝からのどが痛くて、熱もあるみたいなの。

男: 風邪じゃないの？風邪を引いた時はぐっすり寝た方がいいんだって。

女: でも昨日はぐっすり寝たのよ。のどが痛いから朝からずっと温かいお湯も飲んでるし…。今日のお昼ご飯は食べないことにしたの。

男: ネットで見たんだけど、風邪を引いた時、一番重要なのはきちんとご飯を食べることだって。

女: お腹空いてないんだけどなあ…。

男: でも体にいいものを食べるとすぐ治るんだって。

女: そうなんだ、そうする。ありがとう。

男: 明日も痛かったら病院へ行った方がいいよ。じゃあね。

女の人はこの後何をしますか。

문제1

문제1에서는 먼저 질문을 들으세요. 그리고 이야기를 듣고, 문제용지의 1에서 4 중에서 가장 알맞은 것을 하나 고르세요.

1번

대학교에서 남자와 여자가 이야기하고 있습니다. 여자는 이후에 무엇을 합니까?

남: 무슨 일이야? 벌써 점심인데, 밥 안 먹어?

여: 아침부터 목이 아파서 열도 있는 것 같거든.

남: 감기 아니야? 감기에 걸렸을 때에는 푹 자는 편이 좋대.

여: 근데 어제는 푹 잤어. 목이 아프니까 아침부터 계속 따뜻한 물도 마시고 있고…. 오늘 점심은 안 먹기로 했어.

남: 인터넷에서 봤는데, 감기에 걸렸을 때 가장 중요한 것은 제대로 밥을 먹는 거래.

여: 배가 고프지 않은데 말이야….

남: 그런데 몸에 좋은 것을 먹으면 금방 낫는다고 해.

여: 그렇구나, 그렇게 할게. 고마워.

남: 내일도 아프면 병원에 가는 게 좋아. 그럼 안녕.

여자는 이후에 무엇을 합니까?

1　　　　2

3　　　　4

해설　＊ 상대방의 말에 따르는 표현 そうする(그렇게 할게)가 포인트!　질문에서 여자가 이후에 하는 행동에 대해 물었으므로 여자가 할 행동에 집중한다. 여자가 몸이 좋지 않아 남자가 두 가지 행동을 권한다. 자는 것과 먹는 것이다. 이때 여자가 잠은 잘 잤다고 했고, 물도 많이 마셨다고 했기 때문에 1번과 2번은 정답이 아니다. 대화 마지막에 남자가 「体にいいものを食べるとすぐ治るんだって(몸에 좋은 것을 먹으면 금방 낫는다고 해)」라고 하는 말에 여자가 「そうなんだ、そうする(그렇구나 그렇게 할게)」라고 남자의 말에 수긍한다. 따라서 3번이 정답이다.

어휘　朝 아침 | のど 목(구멍) | 痛い 아프다 | 熱 열 | ~みたい ~인 것 같다 | 風邪を引く 감기에 걸리다 | ぐっすり 푹 | 寝る 자다 | ~た方がいい ~하는 편이 좋다 | 温かい 따뜻하다 | 飲む 마시다 | ネット 인터넷 | 一番 가장 | 重要だ 중요하다 | ご飯 밥 | ~だって ~래 | 野菜 채소 | 体 몸 | 治る 낫다 | 病院 병원

2ばん

ラーメン屋で店の人と女の人が話しています。店の人はこの後何を持ってきますか。

男:いらっしゃいませ。注文は何にしますか。

女:この店に来るのは初めてなんですが、どんなのがあるか教えてくれませんか。

男:はい、まずうちのラーメンにはスープがあるものとないものの2種類があります。どちらにしますか。

女:ある方が いいです 。何かトッピングもできますか。

男:はい、コーンと、肉と、卵ができます。

女:じゃあ、肉と卵を お願いします 。

男:はい、分かりました。少しお待ちくださいね。

店の人はこの後何を持ってきますか。

2번

라면 가게에서 점원과 여자가 이야기하고 있습니다. 점원은 이 후에 무엇을 가져옵니까?

남: 어서 오세요. 주문은 무엇으로 하시겠습니까?

여: 이 가게에 오는 것은 처음인데요, 어떤 것이 있는지 알려주시지 않겠습니까?

남: 네, 우선 저희 라면은 수프가 있는 것과 없는 것 2종류가 있습니다. 어느 쪽으로 하시겠습니까?

여: 있는 쪽이 좋습니다 . 무언가 토핑도 가능한가요?

남: 네, 옥수수와 고기, 달걀이 가능합니다.

여: 그럼 고기와 달걀을 부탁드립니다 .

남: 네 알겠습니다. 잠시만 기다려 주세요.

점원은 이후에 무엇을 가져옵니까?

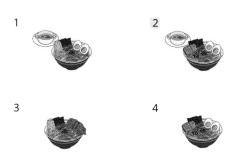

1 2

3 4

해설 ✱ いいです(좋습니다)・お願いします(부탁합니다)가 힌트! 질문에서 점원이 가져와야 할 것을 묻고 있다. 점원과의 대화는 주로 손님이 요청을 하고 점원이 가져오는 형식이기 때문에 손님의 말에 주의해야 한다. 점원이 「スープがあるものとないものの2種類があります(수프가 있는 것과 없는 것 2종류가 있습니다)」라고 하는 말에 손님이 「ある方が いいです (있는 쪽이 좋습니다)」라고 대답했으므로 3번과 4번은 오답이고, 「肉と卵を お願いします (고기와 달걀을 부탁합니다)」라고 요청 했으므로 2번이 정답이다.

어휘 ラーメン屋 라면 가게 | いらっしゃいませ 어서 오세요 | 注文 주문 | 来る 오다 | 初めて 처음 | 教える 가르치다 | まず 우선 | スープ 수프 | ~か ~인지 | ~てください ~해 주세요 | 種類 종류 | どちら 어느 쪽 | ~にする ~로 하다 | トッピング 토핑 | コーン 옥수수 | 肉 고기 | 卵 달걀 | お願いします 부탁합니다 | 分かる 알다 | 少し 조금 | 待つ 기다리다

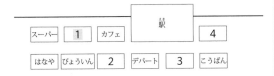 

3ばん

<ruby>会社<rt>かいしゃ</rt></ruby>で<ruby>男<rt>おとこ</rt></ruby>の<ruby>人<rt>ひと</rt></ruby>と<ruby>女<rt>おんな</rt></ruby>の<ruby>人<rt>ひと</rt></ruby>が<ruby>話<rt>はな</rt></ruby>しています。<ruby>女<rt>おんな</rt></ruby>の<ruby>人<rt>ひと</rt></ruby>はこの<ruby>後<rt>あと</rt></ruby>どこへ<ruby>行<rt>い</rt></ruby>きますか。

男:<ruby>橋本<rt>はしもと</rt></ruby>さん、ちょっとお<ruby>願<rt>ねが</rt></ruby>いがあるんですが。

女:はい、<ruby>何<rt>なん</rt></ruby>でしょうか。

男:ちょっと<ruby>郵便局<rt>ゆうびんきょく</rt></ruby>に<ruby>行<rt>い</rt></ruby>って、この<ruby>書類<rt>しょるい</rt></ruby>を<ruby>出<rt>だ</rt></ruby>してきてもらえませんか。

女:<ruby>分<rt>わ</rt></ruby>かりました。えーと、この<ruby>近<rt>ちか</rt></ruby>くに<ruby>郵便局<rt>ゆうびんきょく</rt></ruby>ってどこにありましたっけ。

男:<ruby>駅<rt>えき</rt></ruby>の<ruby>向<rt>む</rt></ruby>かいにあります。ほら、デパートの<ruby>隣<rt>となり</rt></ruby>に。

女:あ、そうでした。…あれ、でもあの<ruby>郵便局<rt>ゆうびんきょく</rt></ruby>、<ruby>最近<rt>さいきん</rt></ruby>なくなりませんでしたか。

男:そうだそうだ。スーパーとカフェの<ruby>間<rt>あいだ</rt></ruby>に<ruby>新<rt>あたら</rt></ruby>しくできたんです。

女:ああ、あそこが<ruby>郵便局<rt>ゆうびんきょく</rt></ruby>になったんですか。じゃあ、そこに<ruby>行<rt>い</rt></ruby>って<ruby>来<rt>き</rt></ruby>ます。

<ruby>女<rt>おんな</rt></ruby>の<ruby>人<rt>ひと</rt></ruby>はこの<ruby>後<rt>あと</rt></ruby>どこへ<ruby>行<rt>い</rt></ruby>きますか。

スーパー	1	カフェ	駅(えき)		4
はなや	びょういん	2	デパート	3	こうばん

3번

회사에서 남자와 여자가 이야기하고 있습니다. 여자는 이후에 어디로 갑니까?

남: 하시모토 씨, 잠깐 부탁이 있는데요.

여: 네, 무엇인가요?

남: 잠깐 우체국에 가서 이 서류를 보내고 와 주시지 않겠습니까?

여: 알겠습니다. 어, 그런데 이 근처에 우체국은 어디에 있었지요?

남: 역 건너편에 있습니다. 그, 백화점 옆에.

여: 아, 그랬지요. 어라? 그런데 그 우체국 최근에 없어지지 않았습니까?

남: 맞다! 맞다! 슈퍼와 카페 사이에 새로 생겼습니다.

여: 아, 그곳이 우체국이 된 겁니까? 그럼 거기로 다녀오겠습니다.

여자는 이 후에 어디로 갑니까?

슈퍼	1	카페	역		4
꽃집	병원	2	백화점	3	파출소

해설 ✱ 이야기 반전에 주의! 우체국의 위치를 찾는 문제이며, 대화에 반전이 있으므로 항상 주의해야 한다. 남자는 우체국이 3번 위치인 駅の向かい(역 건너편)의 데파트의 隣に(백화점 옆에)라고 이야기 하는데, 여자가 「最近なくなりませんでしたか(최근에 없어지지 않았습니까)」라고 말하며, 상황을 반전시키다. 또한 「そうだそうだ(맞다! 맞다!)」는 무언가를 알아 차렸을 때 쓰는 표현이므로 정답이 되는 문장 앞에 오는 경우가 많으니 집중하도록 한다. 「スーパーとカフェの間に新しくできたんです(슈퍼와 카페 사이에 새로 생겼습니다)」고 했으므로 1번이 정답이다.

어휘 お願い 부탁 | ちょっと 잠깐, 조금 | 郵便局 우체국 | 書類を出す 서류를 보내다 | ~てもらえませんか ~해 주시지 않겠습니까? | 分かる 알다 | デパート 백화점 | 隣 옆 | 最近 최근 | なくなる 없어지다 | スーパー 슈퍼 | カフェ 카페 | 新しい 새롭다 | できる 생기다

日本語学校で先生が話しています。学生は明日、何を持って行かなければなりませんか。

男：皆さん、前にも言いましたが、明日はごみ拾いのボランティアをする日ですね。天気予報によると、明日はとても暑いそうですから、ぼうしを必ずかぶって<u>てください</u>。ごみを拾う時には、手袋を使うのが便利ですが、手袋は学校で準備します。お昼前に終わる予定なので、ご飯は無理に持ってこなくても大丈夫ですが、水を飲まなければ危ないので、それはしっかり用意してください。では皆さん、明日は頑張りましょう。

学生は明日、何を持って行かなければなりませんか。

일본어 학교에서 선생님이 이야기하고 있습니다. 학생은 내일 무엇을 가지고 가지 않으면 안 됩니까?

남: 여러분, 전에도 이야기했지만, 내일은 쓰레기를 줍는 봉사 활동을 하는 날이지요. 일기예보에 의하면 내일은 매우 덥다고 하기 때문에 모자를 반드시 써 주세요. 쓰레기를 주울 때에는 장갑을 사용하는 것이 편리한데 장갑은 학교에서 준비하겠습니다. 점심 전에 끝날 예정이기 때문에 밥은 무리하게 가져오지 않아도 괜찮지만, 물을 마시지 않으면 위험하기 때문에 그건 확실히 준비해 주세요. 그럼 여러분 내일은 열심히 합시다.

학생은 내일 무엇을 가지고 가지 않으면 안 됩니까?

1 2

3 4

해설 ＊ 요청 표현 ～てください(~해 주세요)와 지시어 それ(그것)가 포인트! 학생이 무엇을 가져와야 하는지 묻고 있다. 선생님이 학생들에게 유의할 점을 이야기하고 있으므로 ~なければならない(~하지 않으면 안 되다)나 ~てください(~해 주세요)라는 표현에 집중하자. 선생님이 「ぼうしを必ずかぶって<u>てください</u>(모자를 반드시 써 <u>주세요</u>)」라고 했기 때문에 모자를 가져와야 한다. 모자 그림이 없는 2번과 4번은 소거하고, 「水を～用意<u>してください</u>。(많은 물을~준비<u>해 주세요</u>)」고 했기 때문에 물 역시 가져와야 한다. 따라서 3번이 정답이다. 장갑은 학교에서 준비하고 점심 전에 끝나므로 점심도 준비하지 않아도 된다.

어휘 ごみ 쓰레기 | 拾う 줍다 | ごみ拾い 쓰레기 줍기 | ボランティア 자원 봉사(자), 볼런티어 | 天気予報 일기예보 | ～によると ~에 의하면 | とても 매우 | 暑い 덥다 | 必ず 반드시 | ぼうしをかぶる 모자를 쓰다 | 手袋 장갑 | 使う 사용하다 | 便利だ 편리하다 | 準備 준비 | 昼 점심 | 危ない 위험하다 | しっかり 확실히 | 用意 준비 | 頑張る 열심히 하다

大学の前で男の人と女の人が話しています。男の人はこれからどこに行きますか。

男：久しぶり！今帰り？

女：あれ、久しぶり！元気？そう、さっき学校の授業が終わって。

男：元気元気。タイミング悪かったなあ、僕これからアルバイトに行くんだよ。何もなければカフェにでも一緒に行かない？って言いたかったんだけど。

女：へえ、アルバイトしてるんだ。

男：そう。コンビニでね。貯金してヨーロッパ旅行に行こうと思ってるんだ。

女：すごい。私は勉強ばかりしてるよ。毎日学校の図書館で。

男：そっちの方がすごいよ。あ、そろそろ行かなきゃ。また今度時間あったらゆっくり話そうね！

女：うん、頑張ってね。

男の人はこれからどこに行きますか。

대학교 앞에서 남자와 여자가 이야기하고 있습니다. 남자는 앞으로 어디에 갑니까?

남: 오랜만이야! 지금 (집에) 돌아가는 거야?

여: 어라, 오랜만이야! 잘 지냈어? 응, 방금 학교 수업이 끝나서.

남: 잘 지냈어. 타이밍 안 좋네. 나 이제부터 아르바이트 가거든. 아무것도 없으면 카페라도 같이 안 갈래? 하고 말하고 싶었는데.

여: 저런, 아르바이트 하고 있구나.

남: 응. 편의점에서. 저금해서 유럽 여행 가려고 생각하고 있어.

여: 멋있다. 나는 공부만 하고 있어. 매일 학교 도서관에서.

남: 그게 더 멋있어. 아 슬슬 가야겠다. 다음에 시간 되면 천천히 이야기하자.

여: 응, 열심히 해.

남자는 앞으로 어디에 갑니까?

1

2

3

4

해설 ✱ 당장 시행하는 일은 これから(이제부터)로 시작! 질문에서 남자가 앞으로 어디를 갈 것인지 묻고 있다. 주로 앞으로 갈 곳은 맨 마지막에 등장할 것이라고 생각하지만, 처음 혹은 중간에 언급하기도 하므로 주의한다. これから(이제부터)는 당장 시행하는 일에 붙는 표현이다. 남자가 「これからアルバイトに行くんだよ(이제부터 아르바이트 가)」라고 했고 편의점에서 일한다고 했기 때문에 3번이 정답이다.

어휘 久しぶり 오랜만이야 | 帰り (집에) 돌아가는 길, 귀갓길 | 元気だ 활기차다 | さっき 방금 | 授業 수업 | タイミング 타이밍 | 悪い 나쁘다 | アルバイト 아르바이트 | 何も 아무것도 | なければ 없으면 | カフェ 카페 | 一緒に 함께, 같이 | コンビニ 편의점 | 貯金 저금 | ヨーロッパ 유럽 | 旅行 여행 | 勉強 공부 | ばかり ~만 | そろそろ 슬슬 | 今度 이번, 다음 | 時間 시간 | ゆっくり 천천히

PART 4

청해

電話で男の人と女の人が話しています。二人はこれからどこで会いますか。

男：もしもし。今バスに乗って駅に向かっているんですが、実は道が混んでいて少し遅れそうなんです。

女：あ、そうなんですか。あとどのくらいかかりそうですか。

男：あと10分くらいはかかりそうなんです。すみません。木村さんは今どちらにいるんですか。

女：私、さっき駅で降りたところです。今駅の入り口のところにある交番の前です。

男：そうですか。じゃあすみませんが、ちょっと カフェ に入って待っていてもらえませんか。

女：あ、じゃあ駅の隣にあるデパートの3階にあるので、 そこ にいますね。

男：本当にすみません。急いで行きます。

女：大丈夫ですよ。気をつけて来てくださいね。

二人はこれからどこで会いますか。

1 駅の 入り口
2 交番の 前
3 カフェの 中
4 デパートの 前

전화로 남자와 여자가 이야기하고 있습니다. 두 사람은 앞으로 어디서 만납니까?

남: 여보세요. 지금 버스를 타고 역으로 가고 있는데, 실은 길이 막혀서 조금 늦을 것 같아요.

여: 아, 그렇군요. 앞으로 어느 정도 걸릴 것 같습니까?

남: 앞으로 10분 정도 걸릴 것 같습니다. 죄송합니다. 기무라 씨는 지금 어느 쪽에 있습니까?

여: 저, 좀 전에 역에서 막 내린 참이에요. 지금 역 입구 쪽에 있는 파출소 앞입니다.

남: 그렇습니까? 그럼 죄송하지만, 잠깐 카페에 들어가서 기다려 주시지 않겠습니까?

여: 아, 그럼 역 옆에 있는 백화점 3층에 있으니 거기에 있을게요.

남: 정말로 죄송합니다. 서둘러 가겠습니다.

여: 괜찮아요. 조심히 오세요.

두 사람은 앞으로 어디서 만납니까?

1 역 입구
2 파출소 앞
3 카페 안
4 백화점 앞

해설 ✱ 지시어 そこ(거기, 그 곳)가 가리키는 뭐이 포인트! 두 사람은 앞으로 어디서 만나는지 묻고 있다. 대화에서 여자는 파출소 앞에 있다고 했으나 남자가 「ちょっとカフェに入って待っていてもらえませんか(카페에 들어가서 기다려 주시지 않겠습니까?)」라고 했다. 이어서 여자가 「駅の隣にあるデパートの3階にあるので、 そこ にいますね(역 옆에 있는 백화점 3층에 있으니 거기 에 있을게요)」고 하는데 이때, 「そこ(거기)」는 카페를 가리키므로 3번이 정답이다. そこ(거기) 앞에 デパート(백화점)이 나와서 선택지 4번을 선택하지 않도록 조심하자.

어휘 二人 두 사람 | バス 버스 | ~に乗る ~를 타다 | 駅 역 | ~に向かう ~로 향하다 | 実は 실은 | 道 길 | 混む 붐비다, 막히다 | 遅れる 늦다 | かかる 걸리다 | どちら 어느 쪽 | さっき 방금 | 降りる 내리다 | ~たところだ 막 ~한 참이다 | 入り口 입구 | 交番 파출소 | 前 앞 | カフェ 카페 | 待つ 기다리다 | ~てもらえませんか ~해 주시지 않겠습니까? | 隣 옆 | デパート 백화점 | ~階 ~층 | 急いで 서둘러 | 大丈夫だ 괜찮다 | 気をつける 조심하다

7ばん

ジムの人が、説明をしています。プログラムに参加する人は、これから何をしますか。

男: それでは今から、ダイエット特別プログラムを始めます。このプログラムは全部で10日間です。頑張りましょうね。今日は最初ですから、簡単なことから始めます。まず軽くランニングをします。あ、もちろん準備運動をしてからですよ。それからその後に、音楽に合わせて簡単なエクササイズをします。そして最後にはストレッチをします。運動をしながら、水をきちんと飲んでくださいね。どうですか。難しくないでしょう？さあ皆さん、用意はいいですか。では、始めましょう。

プログラムに参加する人は、これから何をしますか。

7번

헬스장 직원이 설명하고 있습니다. 프로그램에 참가하는 사람은 앞으로 무엇을 합니까?

남: 그럼 지금부터 다이어트 특별 프로그램을 시작합니다. 이 프로그램은 전부해서 10일간입니다. 힘냅시다. 오늘은 처음이기 때문에 간단한 것부터 시작합니다. 우선 가볍게 달리기를 합니다. 아, 물론 준비 운동을 하고 나서입니다. 그리고 그 후에 음악에 맞춰서 간단한 운동을 합니다. 그리고 마지막으로는 스트레칭을 합니다. 운동을 하면서 물을 제대로 마셔 주세요. 어떻습니까? 어렵지 않지요? 자 여러분, 준비는 되었습니까? 그럼 시작합시다.

프로그램에 참가하는 사람은 앞으로 무엇을 합니까?

1
2
3
4

해설 ✻ 시간의 순서를 나타내는 ~てから(~하고 나서)! 프로그램에 참가하는 사람은 앞으로 무엇을 할지 묻고 있다. まず(우선)가 주로 우선시하는 일을 나타내기 때문에 ①「まず軽くランニングをします(우선 가볍게 달리기를 합니다)」를 듣고 문제를 풀면 함정에 빠지기 쉽다. 바로 이어지는 문장에서 ②「準備運動をしてからですよ(준비 운동을 하고 나서입니다)」라고 했기 때문에 ② - ① 순서로 진행한다. 간단한 운동은 이 다음에 하는 것으로 오답이고, 물을 마시는 건 운동을 하면서 하는 행동이기 때문에 정답이 아니다. 따라서 2번이 정답이다.

어휘 ジム 헬스장 | プログラム 프로그램 | 参加 참가 | ダイエット 다이어트 | 特別だ 특별하다 | 始める 시작하다 | 全部 전부 | 最初 처음, 최초 | 簡単だ 간단하다 | まず 우선 | 軽く 가볍게 | ランニング 달리기 | もちろん 물론 | 準備運動 준비 운동 | 音楽 음악 | 合わせる 맞추다 | エクササイズ 훈련, 엑서사이즈 | 最後 마지막 | ストレッチ 스트레칭 | きちんと 제대로 | ~てください ~해 주세요 | 難しい 어렵다 | さあ 자 | 用意 준비

駅の前で、学校の先生が説明をしています。学生は何時までに駅の前に来なければなりませんか。

女: では皆さん。今からこの町の人達にインタビューをします。大体1時間くらい時間がありますので、たくさんの人に話を聞いてみましょう。3時の電車には乗って学校に帰る予定ですから、5分前にはまたこの駅の前に集まってくださいね。ここから5分くらい歩いたところに店がたくさんあるところがありますから、そこでインタビューをしてみるのがいいかもしれませんね。では、頑張って来てください。

学生は何時までに駅の前に来なければなりませんか。

1　2時
2　2時　55分
3　3時
4　3時　5分

역 앞에서 학교 선생님이 설명을 하고 있습니다. 학생은 몇 시까지 역 앞에 오지 않으면 안 됩니까?

여: 그럼 여러분. 지금부터 이 마을 사람들에게 인터뷰를 합니다. 대개 1시간 정도 시간이 있기 때문에 많은 사람들에게 이야기를 들어 봅시다. 3시에는 전철을 타고 학교에 돌아갈 예정이기 때문에 5분 전에는 다시 이 역 앞에 모여 주세요. 여기서 5분정도 걸으면 가게가 많은 곳이 있기 때문에 그곳에서 인터뷰를 해 보는 것이 좋을지도 모르겠네요. 그럼 분발하고 와 주세요.

학생은 몇 시까지 역 앞에 오지 않으면 안 됩니까?

1　2시
2　2시 55분
3　3시
4　3시 5분

해설 ✱ 시간+前に(~전에) 체크! 학생은 몇 시까지 역 앞에 와야 하는지 묻고 있다. 즉 정확한 시간을 묻고 있으므로 시간 관련된 표현에 집중한다. 처음 등장한 1時間(1시간)은 시각이 아니라 소요되는 시간이므로 정답과 관련이 없다. 중간에 「3時の電車には乗って学校に帰る予定ですから、5分前には またこの駅の前に集まってくださいね(3시에는 전철을 타고 학교에 돌아갈 예정이기 때문에 5분 전에는 다시 이 역 앞에 모여 주세요)」라고 하는데 이 때, 「5分前に(오분 전에)」가 포인트이다. 시간을 묻는 문제에서 자주 출제되는 유형이다. 따라서 3시의 5분 전인 2시 55분으로 2번이 정답이다.

어휘 町 마을 | インタビュー 인터뷰 | 大体 대개 | くらい 정도 | 時間 시간 | たくさん 많이 | 話 이야기 | 聞く 듣다, 묻다 | 電車 전철 | ~に乗る ~를 타다 | 集まる 모이다 | ~てください ~해 주세요 | ところ 곳, 장소 | ~てみる ~해 보다 | 頑張る 분발하다

もんだい2 [포인트이해] 🎧06

もんだい２では、まず　しつもんを　聞いて　ください。そのあと、もんだいようしを　見て　ください。読む　時間が　あります。それから　話を　聞いて、もんだいようしの　１から４の　中から、いちばん　いい　ものを　一つ　えらんで　ください。

１ばん

男の人と女の人が話しています。女の人は週末に家族と何をしたと言っていますか。

男：原田さん、週末はどうでしたか。

女：私、一人暮らしをしているので、久しぶりに家に帰って、家族とレストランでご飯を食べてきました。本当はみんなでハイキングに行く予定だったのですが、雨が降って中止になっちゃったんです。

男：それは残念でしたね。

女：ええ、でも来週の週末にまた行くことにしました。

男：そうですか。他に何かしたんですか。

女：いえ、映画を見たり、カラオケに行ったりしたかったんですが、夜アルバイトがあって、早く帰らなければならなかったんです。来週、もっとたくさん遊ぶつもりです。

女の人は週末に家族と何をしたと言っていますか。

１　レストランで　ご飯を　食べた。
２　ハイキングに　行った。
３　映画を　見た。
４　アルバイトを　した。

문제2

문제2에서는 먼저 질문을 들으세요. 그 후 문제용지를 보세요. 읽을 시간이 있습니다. 그리고 이야기를 듣고, 문제용지의 1에서 4 중에서 가장 알맞은 것을 하나 고르세요.

1번

남자와 여자가 이야기하고 있습니다. 여자는 주말에 가족과 무엇을 했다고 말하고 있습니까?

남: 하라다 씨, 주말은 어땠나요?

여: 저는 혼자서 살고 있기 때문에 오랜만에 집에 돌아가서 가족과 레스토랑에서 밥을 먹고 왔습니다. 실은 다 같이 하이킹하러 갈 예정이었는데, 비가 내려서 중지되어 버렸습니다.

남: 그것 참 아쉬웠겠네요.

여: 네, 그래도 다음 주 주말에 다시 가기로 했습니다.

남: 그래요? 이 외에 또 무언가 했습니까?

여: 아뇨, 영화를 보거나 노래방에 가거나 하고 싶었는데, 밤에 아르바이트가 있어서 빨리 돌아가야 했습니다. 다음 주에 더 많이 놀 예정입니다.

여자는 주말에 가족과 무엇을 했다고 말하고 있습니까?

1 레스토랑에서 밥을 먹었다.
2 하이킹하러 갔다.
3 영화를 봤다.
4 아르바이트를 했다.

해설 ✱ 질문 どうでしたか(어땠나요?)의 대답에 집중! 여자가 주말에 가족과 무엇을 했는지 묻는 문제이다. 남자가 「週末はどうでしたか (주말은 어땠나요?)」라고 묻는 질문에 여자가 「家族とレストランでご飯を食べてきました(가족과 레스토랑에서 밥을 먹고 왔습니다)」고 대답했으므로 1번이 정답이다. 2번 하이킹은 비가 와서 중지되었고, 3번과 4번은 다음 주 주말 일정이므로 오답이다.

어휘 週末 주말 | 一人暮らし 자취 | 久しぶりに 오랜만에 | 帰る 돌아가(오)다 | 家族 가족 | レストラン 레스토랑 | ご飯 밥 | みんなで 다 같이 | ハイキング 하이킹 | 予定 예정 | 中止 중지 | 残念だ 유감이다 | 来週 다음 주 | ことにする ~하기로 하다 | 他に 이외에 | 映画 영화 | カラオケ 노래방 | アルバイト 아르바이트 | 早く 빨리 | ~なければならない ~하지 않으면 안 되다 | もっと 더, 더욱 | 遊ぶ 놀다 | つもり 예정, 생각

サッカー場の前で男の人と女の人が話しています。女の人は昨日何をしたと言っていますか。

男:遅いよ。サッカーの試合、5分前に始まっちゃったよ。

女:本当にごめん。今朝寝坊しちゃって。

男:いつもはそんなことないのに。昨日何かしたの？夜まで勉強でもしてた？…もしかしてゲームとか？

女:違うよ。家族と一緒に山登りをして来て、すごく疲れてそのまま寝ちゃったの。

男:そうだったんだ。連絡もないから心配してたんだよ。

女:ごめんね。次からは気をつけるから。

男:大丈夫だよ。さあ、早く中に入ろう。

女の人は昨日何をしたと言っていますか。

1 サッカー
2 勉強
3 ゲーム
4 山登り

축구장 앞에서 남자와 여자가 이야기하고 있습니다. 여자는 어제 무엇을 했다고 말하고 있습니까?

남: 늦었잖아. 축구 시합, 5분 전에 시작해 버렸어.

여: 진짜 미안. 오늘 아침에 늦잠 자 버려서.

남: 평소에는 이런 일 없더니. 어제 뭔가 했어? 저녁까지 공부라도 했어? 혹시 게임이라든가?

여: 아니야. 가족이랑 함께 등산을 하고 와서, 너무 피곤해서 그대로 자 버렸어.

남: 그랬구나. 연락도 없어서 걱정하고 있었어.

여: 미안. 다음부터는 조심할게.

남: 괜찮아. 자, 빨리 안으로 들어가자.

여자는 어제 무엇을 했다고 말하고 있습니까?

1 축구
2 공부
3 게임
4 등산

해설 ✻ 부정의 대답 違うよ(아니야) 뒤에 오는 문장이 포인트! 여자가 어제 무엇을 했는지 묻는 문제이기 때문에 여자의 말에 집중한다. 남자가 「昨日何かしたの(어제 뭔가 했어?)」라고 물으면서 勉強(공부)와 ゲーム(게임)을 함께 언급하는데, 이 함정에 빠져서는 안된다. 이어서 여자가 「違うよ。家族と一緒に山登りをして来て…寝ちゃった。(아니야. 가족과 함께 등산을 다녀와서 잠들어 버렸어)」라고 남자의 말에 부정 후 등산을 했다고 했기 때문에 4번이 정답이다.

어휘 遅い 늦다 | サッカー 축구 | 試合 시합 | 始まる 시작되다 | ~ちゃった ~해 버렸다(~てしまう의 축약형) | 今朝 오늘 아침 | 寝坊 늦잠 | いつも 항상, 평소 | 夜 저녁 | 勉強 공부 | もしかして 혹시 | ゲーム 게임 | ~とか ~라든가 | 違う 다르다, 아니다 | 家族 가족 | 一緒に 함께 | 山登り 등산 | すごく 매우, 엄청 | 疲れる 피곤하다 | そのまま 그대로 | 連絡 연락 | 心配 걱정 | 次 다음 | 気をつける 조심하다 | 大丈夫だ 괜찮다 | 早く 빨리 | 中 안 | 入る 들어가(오)다

3ばん

ラジオを聞いています。海の博物館のオープンの日にはどうなりますか。

女：今月20日は海の博物館のオープンの日！いつもの料金は、1,000円、中学生は800円です**が**、オープンの日には**900円、中学生は700円になります**。小学生以下はいつもただです。開いている時間は、午前10時から、午後7時までで、休みは毎週水曜日です。ぜひ、みんなで来てください。

海の博物館のオープンの日にはどうなりますか。

1 料金が　安く　なる。
2 小学生　いかは　ただに　なる。
3 あく　時間が　はやく　なる。
4 しまる　時間が　おそく　なる。

3번

라디오를 듣고 습니다. 바다 박물관의 오픈 날에는 어떻게 됩니까?

여: 이번 달 20일은 바다 박물관의 오픈 날! 평소의 요금은 1,000엔, 중학생은 800엔입니다만, 오픈 날에는 900엔, 중학생은 700엔입니다. 초등학생 이하는 항상 무료입니다. 열려 있는 시간은 오전 10시부터 오후 7시까지로 쉬는 날은 매주 수요일입니다. 꼭 다 같이 오세요.

바다 박물관의 오픈 날에는 어떻게 됩니까?

1 요금이 싸진다.
2 초등학생 이하는 무료가 된다.
3 여는 시간이 빨라진다.
4 닫는 시간이 늦어진다.

해설 ＊ 지금까지와 다르게 바뀌는 내용은 が(~지만) 뒤를 집중！ 바다 박물관의 오픈 날에는 어떻게 바뀌는지를 묻고 있다. 홍보를 할 때에는 '본래는 이러했는데 더 좋은 조건으로 바뀌었습니다'와 같은 문장이 사용된다. 즉 앞의 내용과 역접이 되는 표현인 「が(~지만)」가 주로 온다. 해당 표현이 들어가 있는 「いつもの料金は、1,000円、中学生は800円です**が**、オープンの日には900円、中学生は700円になります(평소 요금은 1000엔, 중학생은 800엔입니다**만**, 오픈 날에는 900엔, 중학생은 700엔입니다)」를 통해 요금이 저렴해지는 것을 알 수 있다. 따라서 1번이 정답이다. 초등학생 이하는 항상 무료이며, 오픈 날에만 적용되는 것이 아니라서 오답이다.

어휘 ラジオ 라디오 | 海 바다 | 博物館 박물관 | オープン 오픈 | いつも 평소, 항상 | 料金 요금 | 中学生 중학생 | 小学生 초등학생 | 以下 이하 | ただ 무료 | 開く 열리다 | 時間 시간 | 午前 오전 | 休み 휴일 | 毎週 매주 | 水曜日 수요일 | ぜひ 꼭, 부디 | みんなで 다 같이 | ~てください ~해 주세요

PART 4

청해

学校で男の学生と女の学生が話しています。男の学生はどうして北海道がいいと言っていますか。

女：ねえ、夏休みにどこか旅行に行かない？

男：お、いいね。行こうよ。

女：どこに行こうか。

男：北海道がいいんじゃないかな。夏は沖縄の海がきれいだから人気だけど、みんなが行くから人も多いし…。

女：確かに海でのスポーツもできるし楽しそうだけど、暑くて大変そうだね。

男：北海道の夏は涼しい|し|、おいしいものもたくさんあるから行ってみたかったんだ。

女：そうだね。私も行ったことないから行ってみたいな。飛行機のチケット予約しなくちゃね。

男：最近は新幹線で東京から簡単に行けるようになったから、予約しなくても大丈夫だよ。

女：よし、夏休みの旅行は北海道で決まり！

男の学生はどうして北海道がいいと言っていますか。

1　海が　きれいだから

2　スポーツが　できるから

3　すずしくて　食べものが　おいしいから

4　飛行機で　行けるから

학교에서 남학생과 여학생이 이야기하고 있습니다. 남학생은 왜 홋카이도가 좋다고 말하고 있습니까?

여: 있잖아. 여름방학에 어딘가 여행 안 갈래?

남: 오 좋네. 가자.

여: 어디로 갈까?

남: 홋카이도가 좋지 않을까? 여름은 오키나와 바다가 예뻐서 인기가 많지만, 모두가 가니까 사람도 많고….

여: 확실히 바다에서 스포츠도 할 수 있고 즐거울 것 같긴 해도 더워서 힘들 것 같지?

남: 홋카이도의 여름은 시원하고, 맛있는 것도 많으니까 가 보고 싶었어.

여: 그렇지. 나도 가 본 적 없어서 가 보고 싶어. 비행기 티켓 예약 해야겠네.

남: 최근에는 신칸센으로 도쿄에서 쉽게 갈 수 있게 되었으니까 예약하지 않아도 괜찮아.

여: 좋아. 여름방학 여행은 홋카이도로 결정!

남학생은 왜 홋카이도가 좋다고 말하고 있습니까?

1　바다가 예쁘기 때문에

2　스포츠를 할 수 있기 때문에

3　시원하고 음식이 맛있기 때문에

4　비행기로 갈 수 있기 때문에

해설 ※ 열거와 이유를 설명하는 표현 ~し(~이고), ~から(~이기 때문에)가 포인트! 남학생이 홋카이도가 좋다고 한 이유를 묻는 문제이기 때문에 남학생의 말에 집중한다. 이때 주의할 점은 대화에서 홋카이도뿐만 아니라 오키나와도 등장하기 때문에 오키나와의 좋은 점인지 홋카이도의 좋은 점인지를 구분해야 한다. 보기에 이미 장점으로 언급되는 내용들이 나와 있으므로 매치하며 푸는 것이 좋다. 대화 중간에 「北海道の夏は涼しい|し|、おいしいものもたくさんあるから行ってみたかったんだ(홋카이도는 여름은 시원하고, 맛있는 것도 많으니까 가 보고 싶었어)」라고 했기 때문에 3번이 정답이다.

어휘 夏休み 여름 방학 | どこ 어디 | 旅行 여행 | 北海道 홋카이도 | ~じゃない ~지 않아 | 夏 여름 | 沖縄 오키나와 | 海 바다 | きれいだ 예쁘다 | 人気 인기 | みんな 모두 | 多い 많다 | 確かに 확실히 | スポーツ 스포츠 | できる 할 수 있다 | 楽しい 즐겁다 | 暑い 덥다 | 大変だ 힘들다 | すずしい 시원하다 | おいしい 맛있다 | ~てみる ~해 보다 | 飛行機 비행기 | チケット 티켓 | 予約 예약 | ~なくちゃ ~하지 않으면 안 된다(~なくてはならない의 축약형) | 新幹線 신칸센 | 東京 도쿄 | 簡単に 쉽게, 간단하게 | 大丈夫だ 괜찮다 | 決まり 결정

学校の前で男の人と女の人が話しています。男の人はどうして歩くことにしましたか。男の人です。

女: あ、斎藤君。何してるの?

男: 今、本屋に行ってきたんだ。家に帰ろうと思って。木村さんは?

女: 私はバスを待っているの。でもバスがなかなか来なくて…斎藤君も一緒に乗って帰らない?

男: ごめん。今日は歩いて家に帰りたいんだ。

女: え、どうして?

男: 天気がすごくいいからさ。一緒に歩く?

女: そうしたいけど、後で友達と運動をしに行く約束があるから、あまり時間がないんだ。

男: そうなんだ。分かったよ。じゃあ、また明日ね。

男の人はどうして歩くことにしましたか。

1 本屋に 行くから
2 バスが なかなか 来ないから
3 天気が いいから
4 運動を しに 行くから

5번

학교 앞에서 남자와 여자가 이야기하고 있습니다. 남자는 왜 걸어가기로 했습니까? 남자입니다.

여: 아, 사이토 군, 뭐하고 있어?

남: 지금 서점에 다녀 왔어. 집에 돌아가려고. 기무라 씨는?

여: 나는 버스를 기다리고 있어. 그런데 버스가 좀처럼 오지 않아서… 사이토 군도 같이 타고 가지 않을래?

남: 미안. 오늘은 걸어서 집에 가고 싶어.

여: 앗, 왜?

남: 날씨가 너무 좋으니까. 같이 걸을래?

여: 그렇게 하고 싶은데, 이따가 친구랑 운동을 하러 갈 약속이 있어서, 별로 시간이 없어.

남: 그렇구나. 알겠어. 그럼 내일 봐.

남자는 왜 걸어가기로 했습니까?

1 서점에 가기 때문에
2 버스가 좀처럼 오지 않기 때문에
3 날씨가 좋기 때문에
4 운동을 하러 가기 때문에

해설 ✱ 이유를 나타내는 표현 から(때문에)에 주의! 남자가 왜 걸어가기로 했는지를 묻는 문제이므로 남자의 말에 집중한다. 이유를 찾는 대화문에서는 どうして(왜?)라고 묻는 부분이나, ~から(~때문에), ~ので(~때문에) 등의 대답에 유의한다. 여자가 どうして(왜?)라고 묻는 문장에 남자가「天気がすごくいい から さ(날씨가 정말 좋으니까)」라고 대답 했으므로 3번이 정답이다.

어휘 本屋 서점 | 帰る 돌아가(오)다 | 思う 생각하다 | バス 버스 | 待つ 기다리다 | なかなか~ない 좀처럼 ~않다 | 一緒に 함께, 같이 | ~に乗る ~을 타다 | 歩く 걷다 | どうして 왜 | 天気 날씨 | すごく 매우, 엄청 | いい 좋다 | 後で 이따가, 나중에 | 友達 친구 | 運動 운동 | 約束 약속 | あまり 그다지, 별로 | 分かる 알다

天気予報を聞いています。明日はどんな天気ですか。

女: 昨日は雪が降りましたが、今日は雪ではなく雨が降って寒かったです。明日は曇りで、今日よりは暖かくなるでしょう。あさっての土曜日も午前中は曇りですが、午後からは晴れます。しかし日曜日はまた寒くなって、もしかしたら午前には少し雪が降るかもしれません。

明日はどんな天気ですか。

1 雪
2 雨
3 曇り
4 晴れ

일기예보를 듣고 있습니다. 내일은 어떤 날씨입니까?

여: 어제는 눈이 내렸지만, 오늘은 눈이 아니라 비가 내리고 추웠습니다. 내일은 흐리고, 오늘보다는 따뜻해질 것입니다. 모레인 토요일도 오전 중에는 흐리지만 오후부터는 갭니다. 그러나 일요일은 다시 추워져서, 어쩌면 오전에는 눈이 조금 내릴지도 모릅니다.

내일은 어떤 날씨입니까?

1 눈
2 비
3 흐림
4 맑음

해설 ※ 문제에서 묻는 明日(내일)에 집중! 내일의 날씨를 묻는 문제이다. 일기예보 방송 형식으로 등장하는 문제에서는 문제에서 묻는 시점을 정확히 알고, 해당 표현이 등장하는 부분에 집중하는 것이 중요하다. 문제에서 明日(내일)의 날씨를 물었기 때문에 캐스터가 「明日は曇りで(내일은 흐리고)」라고 하는 부분을 들어야 한다. 따라서 3번이 정답이다.

어휘 天気予報 일기예보 | 雪 눈 | 降る 내리다 | ~ではなく ~이 아니라 | 雨 비 | 寒い 춥다 | 曇り 흐림 | ~より ~보다 | 暖かい (기온이) 따뜻하다 | あさって 모레 | 土曜日 토요일 | 午前中 오전 중 | 午後 오후 | 晴れ 맑음 | しかし 그러나 | 日曜日 일요일 | また 또, 다시 | 寒い 춥다 | もしかしたら 어쩌면 | 午前 오전 | 少し 조금

7ばん

男の人がラジオで話しています。スポーツランドでは何が無料で利用できると言っていますか。

男:健康な生活をするためには運動が必要です。皆さん、運動はしていますか。ここ、「スポーツランド」には、大きいジムときれいなプール、サウナはもちろん広いテニスコートまであります。そして毎日24時間営業しています。ジムとプールとサウナを利用するためには有料のスポーツランドカードを作る必要があります。今月から始めると、20%安く利用することができます。テニスコートは有料のスポーツランドカードが必要ありません。私達と楽しく運動しませんか。

スポーツランドでは何が無料で利用できると言っていますか。

1 ジム
2 プール
3 サウナ
4 テニスコート

7번

남자가 라디오에서 이야기하고 있습니다. 스포츠랜드에서는 무엇이 무료로 이용할 수 있다고 말하고 있습니까?

남: 건강한 생활을 하기 위해서는 운동이 필요합니다. 여러분, 운동은 하고 있습니까? 여기 '스포츠랜드'에서는 큰 헬스장과 깨끗한 수영장, 사우나는 물론 넓은 테니스 코트까지 있습니다. 그리고 매일 24시간 영업하고 있습니다. 헬스장과 수영장, 사우나를 이용하기 위해서는 유료의 스포츠랜드 카드를 만들 필요가 있습니다. 이번 달부터 시작하면 20% 저렴하게 이용할 수 있습니다. 테니스 코트는 유료 스포츠랜드 카드가 필요하지 않습니다. 우리들과 즐겁게 운동하지 않겠습니까?

스포츠랜드에서는 무엇이 무료로 이용할 수 있다고 말하고 있습니까?

1 헬스장
2 수영장
3 사우나
4 테니스 코트

해설 ※ 질문과 선택지 無料(무료)·必要ありません(필요 없습니다) 잘 체크! 스포츠랜드에서 무엇이 무료로 이용 가능한지 묻는 문제이다. 직접적으로 「無料(무료)」라고 할 수도 있고, 반대어를 사용하여 「有料ではありません(유료가 아닙니다)」 등으로 표현할 수도 있으니 주의하자. 스포츠랜드에서는 유료 카드를 사용하여 이용가능한데, 후반에 「テニスコートは有料のスポーツランドカードは必要ありません(테니스 코트는 유료 스포츠랜드 카드는 필요하지 않습니다)」라고 했기 때문에 4번이 정답이다. 1번, 2번, 3번은 모두 스포츠랜드 카드를 만들어야 하므로 오답이다.

어휘 健康だ 건강하다 | 生活 생활 | ために 위해서 | 運動 운동 | 必要だ 필요하다 | 大きい 크다 | ジム 헬스장, 체육관 | きれいだ 깨끗하다 | プール 수영장 | サウナ 사우나 | もちろん 물론 | 広い 넓다 | テニスコート 테니스 코트 | 毎日 매일 | 時間 시간 | 営業 영업 | 利用 이용 | 有料 유료 | カード 카드 | 作る 만들다 | 今月 이번 달 | 始める 시작하다 | 安い 저렴하다 | できる 할 수 있다 | 楽しい 즐겁다

<table>
<tr>
<td>

もんだい3 **발화표현** 🎧07

もんだい3では、えを 見ながら しつもんを 聞いて ください。➡(やじるし)の 人は 何と 言いますか。1か ら 3の 中から、いちばん いい ものを 一つ えら んで ください。

1ばん

女:ご飯をもっと食べたいです。何と言いますか。

男:1　もっと食べてください。

　　2　おかわりください。

　　3　これ、食べられますか。

</td>
<td>

문제 3

문제3에서는 그림을 보면서 질문을 들으세요. ➡(화살표)가 가리킨 사람은 뭐라고 말합니까? 1에서 3 중에서 가장 알맞은 것을 하나 고르세요.

1번

여: 밥을 더 먹고 싶습니다. 뭐라고 말합니까?

남: 1　더 드세요.

　　2　한 그릇 더 주세요.

　　3　이거 먹을 수 있나요?

</td>
</tr>
</table>

해설　✱ 정해진 문형에 주의! 밥을 더 먹고 싶을 때 사용하는 문장을 고르는 문제이다. 이때는 정해진 문형인 「おかわりください(한 그릇 더 주세요)」을 암기해 두는 것이 좋다. 1번은 상대방에게 더 먹으라고 권유하는 문장이고, 3번은 먹을 수 있는지를 묻는 문장으로 오답이다. 따라서 2번이 정답이다.

어휘　ご飯 밥 | もっと 더, 더욱

<table>
<tr>
<td>

2ばん

男:レストランで出てきたラーメンが温かくないです。何と 言いますか。

女:1　冷たくしてください。

　　2　ちょっと寒いんですけど。

　　3　替えてもらえませんか。

</td>
<td>

2번

남: 레스토랑에서 나온 라면이 따뜻하지 않습니다. 뭐라고 말합니까?

여: 1　차갑게 해 주세요.

　　2　조금 추운데요.

　　3　바꿔 주시지 않겠습니까?

</td>
</tr>
</table>

해설　★ 요구나 요청 표현! 레스토랑에서 나온 음식이 따뜻하지 않을 때 점원에게 말할 수 있는 문장으로 적합한 것을 고르는 문제이다. 요청을 할 때에는 ~てください(~해 주세요) 이 외에도 선택지 3번처럼 ~てもらえませんか(~해 주시지 않겠습니까?)를 사용하기도 한다. 일상생활에서 자주 사용하는 표현으로 꼭 기억해 두자. 다른 선택지 2번의 경우 「温かい(음식 등의 온도가 따뜻하다)」와 「暖かい(날씨 등이 따뜻하다)」를 혼동했을 때 헷갈리기 쉬운 오답이다.

어휘　レストラン 레스토랑 | 出る 나오다 | ラーメン 라면 | 温かい (음식 등의 온도가) 따뜻하다 | 冷たい 차갑다 | ちょっと 조금, 잠시 | 寒い 춥다 | 替える 바꾸다 | ~てもらえませんか ~해 주시지 않겠습니까?

3ばん

女: 久しぶりに先生に会いました。何と言いますか。

男: 1　これからもお元気で。

　　2　お元気でしたか。

　　3　元気がないんです。

3번
여: 오랜만에 선생님을 만났습니다. 뭐라고 말합니까?

남: 1　앞으로도 건강히 지내세요.

　　2　잘 지내셨나요?

　　3　기운이 없네요.

해설 ✱ 다양한 인사 표현 체크! 오랜만에 선생님을 만났을 때의 인사 표현을 고르는 문제이다. 모든 선택지에 元気だ(활기차다)라는 어휘가 포함되어 있지만, 인사말로 사용되면 미묘한 차이가 있어서 뉘앙스를 잘 파악해야 한다. 1번에서 お元気で는 헤어질 때 하는 인사말로 잘 지내라는 의미이며, 3번의 元気がない는 기운이 없다는 의미로 오랜만에 만난 선생님께 하는 인사말로 적절하지 않다. 정답은 2번「お元気でしたか(잘 지내셨어요?)」가 된다.

어휘 久しぶりに 오랜만에 | 先生 선생님 | ~に会う ~을 만나다 | これからも 앞으로도 | 元気だ 활기차다

4ばん

男: 車が多い道路を子供が渡ろうとしています。何と言いますか。

女: 1　危ないからだめだよ！

　　2　怖いからゆっくりね！

　　3　寂しいから早く来て！

4번

남: 자동차가 많은 도로를 아이가 건너려고 합니다. 뭐라고 말합니까?

여: 1　위험하니까 안 돼!

　　2　무서우니까 천천히!

　　3　외로우니까 빨리 와!

해설 ★ 금지 표현 だめだ(안 된다) 체크! 아이가 차가 많은 도로를 건널 때에 적합한 금지 표현을 찾는 문제이다. 2번에서 怖い(무섭다)만 듣고 정답이라 생각할 수 있으나 바로 뒤에 ゆっくり(천천히)라는 함정이 있다. 3번의 寂しい(외롭다)는 전혀 관련 없는 형용사로 오답이다. 따라서 위험하니 건너서는 안 된다는 금지 표현「だめだ(안 된다)」가 들어간 1번이 정답이다.

어휘 車 자동차 | 多い 많다 | 道路 도로 | 子供 아이 | 渡る 건너다 | 危ない 위험하다 | だめだ 안 된다 | 怖い 무섭다 | ゆっくり 천천히 | 寂しい 외롭다, 쓸쓸하다 | 早く 빨리

5ばん

女: 教室がちょっと暑いです。何と言いますか。

男: 1 どうやって窓を開けますか。

　　2 窓を閉めてくれませんか。

　　3 窓を開けてもいいですか。

5번

여: 교실이 조금 덥습니다. 뭐라고 말합니까?

남: 1 어떻게 창문을 엽니까?

　　2 창문을 닫아 주지 않겠습니까?

　　3 창문을 열어도 됩니까?

해설　✽ 허락을 구하는 정중한 표현 ~てもいいですか(~해도 됩니까?)! 교실이 더울 때 할 수 있는 말로 적합한 것을 고르는 문제이다. 1번의 ど
うやって(어떻게)는 창문을 여는 방법을 묻는 문장이고, 2번에서는 開ける(열다)가 아닌 閉める(닫다)로 창문을 닫아 달라고 할 때
사용하는 문장이므로 오답이다. 「~てもいいですか(~해도 됩니까?)」는 상대방의 의사를 묻는 표현으로 창문을 열어도 되는지 묻는
3번이 정답이다.

어휘　教室 교실 | ちょっと 조금, 잠시 | 暑い 덥다 | どうやって 어떻게 | 窓 창문 | 開ける 열다 | 閉める 닫다 | ~てくれませんか
~해 주시지 않겠습니까? | ~てもいいですか ~해도 됩니까?

もんだい4　즉시응답　🎧08

もんだい4では、えなどが ありません。まず ぶんを 聞
いて ください。それから、その へんじを 聞いて、1か
ら3の 中から、いちばん いい ものを 一つ えらん
で ください。

문제4

문제4는 그림 등이 없습니다. 우선 문장을 들으세요. 그리고
그 대답을 듣고 1에서 3 중에서 가장 알맞은 것을 하나 고르
세요.

1ばん

女: あれ、山下さん。どこに行ってきたんですか。

男: 1 はい、もちろん行きます。

　　2 隣の町にありますよ。

　　3 スーパーに行ってきました。

1번

여: 어머나, 야마다 씨. 어디에 다녀왔나요?

남: 1 네, 물론 갑니다.

　　2 옆 마을에 있어요.

　　3 슈퍼에 다녀왔습니다.

해설　✽ どこか(어딘가)・どこに(어디에)에 주의! 여자가 남자에게 어디를 다녀왔는지 묻고 있다. 이때 「どこに(어디에)」라고 물었기 때문
에 구체적인 장소를 대답해야 한다. 1번은 장소를 이야기하지 않았고, 2번은 옆 마을에 있다는 존재 표현이므로 오답이다. 따라서 슈
퍼에 다녀왔다는 3번이 정답이다.

어휘　どこ 어디 | もちろん 물론 | 隣 옆, 이웃 | 町 마을 | スーパー 슈퍼

2ばん

男: どうぞ、中<ruby>なか</ruby>に入<ruby>はい</ruby>ってください。

女: 1　お大事<ruby>だいじ</ruby>に。

　　2　失礼<ruby>しつれい</ruby>します。

　　3　どういたしまして。

2번

남: 자, 안으로 들어오세요.

여: 1　몸 조심하세요.

　　2　실례하겠습니다.

　　3　천만에요.

해설　✻ 상대방에게 권유하는 표현 どうぞ(자)에 주의!　남자가 여자에게 안으로 들어오라고 하고 있다. 「どうぞ(자)」는 상대방에게 권유할 때 사용하는 표현이다. 1번은 병문안을 갔을 때 혹은 헤어질 때 적합한 인사 표현이고, 3번은 상대방이 감사 표시를 했을 때의 대답으로 오답이다. 따라서 2번이 정답이다.

어휘　どうぞ 자ㅣ中<ruby>なか</ruby> 안ㅣ入<ruby>はい</ruby>る 들어가(오)다ㅣ~てください ~해 주세요ㅣお大事<ruby>だいじ</ruby>に 몸 조심하세요ㅣ失礼<ruby>しつれい</ruby> 실례

3ばん

男: 僕<ruby>ぼく</ruby>、昨日<ruby>きのう</ruby>大学<ruby>だいがく</ruby>に合格<ruby>ごうかく</ruby>したんだ。

女: 1　本当<ruby>ほんとう</ruby>？おめでとう。

　　2　それは残念<ruby>ざんねん</ruby>だったね。

　　3　大学<ruby>だいがく</ruby>は楽<ruby>たの</ruby>しかった？

3번

남: 나, 어제 대학에 합격했어.

여: 1　진짜? 축하해.

　　2　그건 유감이었네.

　　3　대학은 즐거웠어?

해설　✻ 合格(합격)했을 때의 축하 인사말 체크!　남자가 여자에게 대학에 합격했다고 말하고 있다. 이 때 「合格(합격)」이라는 단어를 모르면 정답을 찾기 어렵다. 2번은 상대방이 좋지 않은 일이 생겼을 때 할 수 있는 말이고, 3번은 이미 대학교를 다니고 있는 사람에게 할 수 있는 말로 오답이다. 따라서 축하 표현인 1번이 정답이다.

어휘　昨日<ruby>きのう</ruby> 어제ㅣ大学<ruby>だいがく</ruby> 대학교ㅣ合格<ruby>ごうかく</ruby> 합격ㅣ本当<ruby>ほんとう</ruby> 진짜, 정말ㅣ残念<ruby>ざんねん</ruby>だ 유감이다ㅣ楽<ruby>たの</ruby>しい 즐겁다

4ばん

男: どんなカメラをお探<ruby>さが</ruby>しですか。

女: 1　できるだけ小<ruby>ちい</ruby>さいカメラがいいんですが。

　　2　あ、それが私<ruby>わたし</ruby>が探<ruby>さが</ruby>していたカメラです。

　　3　あ、ありがとうございます。お願<ruby>ねが</ruby>いします。

4번

남: 어떤 카메라를 찾으십니까?

여: 1　가능한 한 작은 카메라가 좋습니다만.

　　2　아, 그것이 제가 찾던 카메라입니다.

　　3　아, 감사합니다. 부탁합니다.

해설　✻ 특징을 묻는 표현 どんな(어떤)!　남자가 여자에게 어떤 카메라를 찾고 있는지 묻고 있다. 「どんな(어떤)」는 특징을 묻는 의문사다. 2번은 점원이 본인이 찾던 카메라를 보여주었을 때 할 수 있는 문장이고, 3번은 점원이 원하는 것을 찾아준다고 했을 때 할 수 있는 인사 표현이다. 원하는 카메라의 특징을 설명하고 있는 3번 小<ruby>ちい</ruby>さいカメラがいい가 정답이다.

어휘　どんな 어떤ㅣカメラ 카메라ㅣ探<ruby>さが</ruby>す 찾다ㅣできるだけ 가능한 한ㅣ小<ruby>ちい</ruby>さい 작다

PART 4
정해

5ばん

女: よかったら車で送ってくれませんか。

男: 1　さっき送っておきましたよ。

　　2　ありがとうございます。お願いします。

　　3　いいですよ、乗ってください。

5번

여: 괜찮다면 자동차로 데려다 주지 않겠습니까?

남: 1　방금 보내 놨어요.

　　2　고맙습니다. 부탁할게요.

　　3　좋아요, 타세요.

해설 ✳ 상대방에게 권유하는 문장 앞에 붙는 조건 표현 よかったら(괜찮다면)! 여자가 남자에게 괜찮다면 차로 바래다 달라고 말하고 있다. 「よかったら(괜찮다면)」은 상대방에게 제안하거나 의견을 물을 때 오는 조건 표현이다. 1번은 送る를 '데려다 주다'가 아닌 '보내다'로 해석했을 때 고를 수 있는 오답이고, 2번은 질문을 화자가 데려다 준다고 했을 때 적절한 오답이다. 따라서 차에 타라고 하는 3번이 정답이다.

어휘 よかったら 괜찮다면｜車 자동차｜送る 데려다 주다, 보내다｜さっき 방금｜乗る 타다

6ばん

男: ちょっとテレビで天気予報を見てもいいですか。

女: 1　はい、いい天気ですね。

　　2　はい、いつも見ています。

　　3　はい、もちろんです。

6번

남: 잠시 TV에서 일기예보를 봐도 됩니까?

여: 1　네, 좋은 날씨네요.

　　2　네, 항상 보고 있어요.

　　3　네, 물론입니다.

해설 ✳ 상대방의 허락을 구하는 표현 ~てもいいですか(~해도 됩니까?)! 남자가 여자에게 일기예보를 봐도 되는지 묻고 있다. ~てもいいですか(~해도 됩니까?)에 올 수 있는 대답으로는 허락과 관련된 문장이 오면 적합하다. 보기 모두 「はい(네)」라고 대답했기 때문에 뒤에 오는 문장을 잘 들어야 한다. 1번은 날씨가 좋다고 말하고 있고, 2번은 일기예보를 항상 보고 있다고 했기 때문에 오답이다. 「もちろん(물론)」은 허락의 의미로도 사용하기 때문에 3번이 정답이다.

어휘 ちょっと 잠시, 좀｜テレビ TV, 텔레비전｜天気予報 일기예보｜天気 날씨｜いつも 항상｜もちろん 물론

7ばん

男:今日はどうして遅刻したんですか。

女:1 早く来てください。

2 遅刻するかもしれません。

3 寝坊してしまいました。

7번

남: 오늘은 왜 지각했습니까?

여: 1 빨리 와 주세요.

2 지각할 지도 모릅니다.

3 늦잠 자 버렸습니다.

해설 ✱이유를 물을 때 사용하는 どうして(왜)! 남자가 여자에게 왜 늦었는지 묻고 있다. 「どうして(왜)」는 이유를 묻는 표현으로 대답에서는 이유가 등장해야 한다. 1번의 ~てください(~해 주세요)는 부탁의 표현이고, 2번의 ~かもしれない(~일지도 모른다)는 추측의 표현이기 때문에 오답이다. 따라서 늦은 이유인 늦잠을 잤다고 말하는 3번이 정답이다.

어휘 今日 오늘 | どうして 왜 | 遅刻する 지각하다 | 早く 빨리 | ~かもしれない ~일지도 모른다 | 寝坊する 늦잠을 자다 | ~てしまう ~해 버리다

8ばん

男:空港にはどう行けばいいですか。

女:1 バスはまだ来ていません。

2 飛行機に乗ることができます。

3 地下鉄で行くことができますよ。

8번

남: 공항에는 어떻게 가면 됩니까?

여: 1 버스는 아직 오지 않았습니다.

2 비행기에 탈 수 있습니다.

3 지하철로 갈 수 있어요.

해설 ✱방법을 물을 때 사용하는 どう(어떻게)! 남자가 공항까지 어떻게 가는지를 묻고 있다. どう(어떻게)는 방법을 묻는 의문사로 질문에서는 교통수단을 의미한다. 보기에는 전부 교통수단이 등장하기 때문에 집중해서 들어야 한다. 조사 で(~으로)는 バス(버스)・ちかてつ(지하철)・くるま(자동차) 등에 붙어 교통수단을 표현해 준다. 1번은 버스가 아직 오지 않았다는 문장이고, 2번은 비행기를 탈 수 있다는 문장으로 오답이다. 따라서 지하철로 갈 수 있다고 하는 3번이 정답이다.

어휘 空港 공항 | バス 버스 | ~に乗る ~을 타다 | まだ 아직 | 来る 오다 | 飛行機 비행기 | 地下鉄 지하철

MEMO

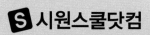

진짜 한 권으로 끝내는

JLPT N4

실전 모의테스트

딱! 2주!

진짜
한 권으로
끝내는

JLPT
N4

황선아
히야마쇼타 지음

실전 모의테스트

목차

진짜 **한 권**으로 끝내는 **JLPT N4**

실전 모의 테스트 1회

//////////

- ⊘ **1교시** 언어지식(문자 · 어휘)
  언어지식(문법) · 독해
- ⊘ **2교시** 청해

제1회 실전 모의테스트 배점표

■ 언어지식 (문자·어휘·문법)·독해

과목	문제유형	문항 X 배점	점수
문자·어휘	문제 1 한자읽기	9문 x 1점	9
	문제 2 표기	6문 x 1점	6
	문제 3 문맥규정	10문 x 1점	10
	문제 4 유의표현	5문 x 1점	5
	문제 5 용법	5문 x 1점	5
문법	문제 1 문법형식 판단	15문 x 1점	15
	문제 2 문장만들기	5문 x 2점	10
	문제 3 글의 문법	5문 x 2점	10
독해	문제 4 내용이해(단문)	4문 x 4점	16
	문제 5 내용이해(중문)	4문 x 4점	16
	문제 6 정보검색	2문 x 4점	8
합계			110점

★득점환산법(120점 만점): [득점] ÷ 110 x 120 = [   ]점

■ 청해

과목	문제유형	문항 X 배점	점수
청해	문제 1 과제이해	8문 x 3점	24
	문제 2 포인트이해	7문 x 3점	21
	문제 3 발화표현	5문 x 2점	10
	문제 4 즉시응답	8문 x 2점	16
합계			71점

★득점환산법(60점 만점): [득점] ÷ 71 x 60 = [   ]점

※위의 배점표는 시원스쿨에서 작성한 것이며, 실제 시험과는 약간의 오차가 생길 수 있습니다.

N4

げんごちしき (もじ・ごい)
(25ふん)

ちゅうい
Notes

1.　しけんが　はじまるまで、この　もんだいようしを　あけないで　ください。
　　Do not open this question booklet until the test begins.

2.　この　もんだいようしを　もって　かえる　ことは　できません。
　　Do not take this question booklet with you after the test.

3.　じゅけんばんごうと　なまえを　したの　らんに、じゅけんひょうと
　　おなじように　かいてください。
　　Write your examinee registration number and name clearly in each box below as written on your
　　test voucher.

4.　この　もんだいようしは、　ぜんぶで　9ページ　あります。
　　This question booklet has 9 pages.

5.　もんだいには　かいとうばんごうの　　1 、 2 、 3 …が　あります。
　　かいとうは、かいとうようしに　ある　おなじ　ばんごうの　ところに
　　マークして　ください。
　　One of the row numbers 1 , 2 , 3 … is given for each question. Mark Your answer in the same
　　row of the answer sheet.

じゅけんばんごう　Examinee Registration Number	

なまえ　Name	

もんだい1 _____ の ことばは ひらがなで どう かきますか。
1・2・3・4から いちばん いい ものを ひとつ えらんで ください。

（れい） あしたは 雨ですか。
　　　　1 はれ　　　　2 あめ　　　　3 ゆき　　　　4 くもり

（かいとうようし）　| （れい） | ① ● ③ ④ |

---

1 ねつが あるので 薬を 買って かえります。
　　1 らく　　　　2 くすり　　　　3 くび　　　　4 びょう

2 パソコンを つかいたいです。まず 最初に 何を しますか。
　　1 さいきん　　　2 さいしょ　　　3 さいご　　　4 さいはつ

3 林さんは クラスで いちばん 明るい 人です。
　　1 ぬるい　　　　2 かるい　　　　3 あかるい　　　4 まるい

4 しごとは よく 進んで います。
　　1 すすんで　　　2 すんで　　　　3 のんで　　　　4 とんで

5 みらい市は 工業が さかんです。
　　1 のうぎょう　　2 こうぎょう　　3 えいぎょう　　4 さんぎょう

6 私は いろの 中で 特に ちゃいろが すきです。
　　1 さきに　　　　2 べつに　　　　3 とくに　　　　4 たまに

7 台風で　どこにも　出かけませんでした。

1 だいふ 　　 2 だいふう 　　 3 たいふ 　　 4 たいふう

8 今日の　夕飯は　友だちと　食べます。

1 ひるごはん 　　 2 ちゅうしょく 　　 3 ゆうはん 　　 4 ゆうしょく

9 このまちは　こうつうが　不便です。

1 ふへん 　　 2 ふべん 　　 3 ふうへん 　　 4 ふうべん

もんだい2 ＿＿＿＿の ことばは どう かきますか。
1・2・3・4から いちばん いい ものを ひとつ えらんで ください。

（れい）　この　ざっしを　みて　ください。

1　買て　　　　　　2　見て　　　　　　3　貝て　　　　　　4　目て

（かいとうようし）　| （れい） | ① | ● | ③ | ④ |

10　ひるごはんを　食べた　あとは　いつも　ねむく　なる。

1　細く　　　　　2　眠く　　　　　3　暗く　　　　　4　軽く

11　この　にもつを　2かいまで　いっしょに　はこびましょう。

1　荷勿　　　　　2　何勿　　　　　3　荷物　　　　　4　何物

12　ジュースに　こおりを　いれて　ください。

1　泳　　　　　　2　冰　　　　　　3　氷　　　　　　4　水

13　私は　せいようの　ぶんかを　べんきょうして　います。

1　東洋　　　　　2　西洋　　　　　3　南洋　　　　　4　北洋

14　山田さんとは　そつぎょうしてから　いちども　会って　いません。

1　一回　　　　　2　一番　　　　　3　一度　　　　　4　一同

15　古い　きかいですが　まだ　うごきます。

1　動き　　　　　2　働き　　　　　3　力き　　　　　4　重き

もんだい3 （　　　　）に　なにを　いれますか。

1・2・3・4から　いちばん　いい　ものを　ひとつ　えらんで　ください。

（れい）　くるまが　3（　　）　あります。

1　さつ　　　　　　2　まい　　　　　　3　だい　　　　　4　ひき

（かいとうようし）　｜（れい）｜① ② ● ④｜

16　先生との　やくそくは　（　　　　　）　ください。

1　つつんで　　　　2　のこって　　　　3　あって　　　　4　まもって

17　わからない　もんだいは　（　　　　　）　して　おきます。

1　ミス　　　　　　2　チェック　　　　3　チケット　　　　4　テキスト

18　きゅうに　雨が　ふって　しあいが　（　　　　　）　に　なりました。

1　とちゅう　　　2　ちゅうしゃ　　　3　ちゅうい　　　　4　ちゅうし

19　みちに　（　　　　　）　おくれて　しまいました。

1　まよって　　　2　よって　　　　　3　まわって　　　　4　すぎて

20　私は　コンサートの　ポスターを　（　　　　　）　アルバイトを　して　います。

1　かむ　　　　　2　ひく　　　　　　3　はる　　　　　　4　つける

21 山田さんは　いつも　いい　（　　　　　）　を　だします。

1　タイプ　　　　　2　ファックス　　　3　アイデア　　　4　チャンス

22 がんばりましたが　（　　　　　）は　よく　ありませんでした。

1　ばあい　　　　　2　けっか　　　　　3　つもり　　　　4　ようじ

23 ふたりは　きょうだいでは　ありませんが　とても　（　　　　　）　います。

1　にて　　　　　　2　うまれて　　　　3　みせて　　　　4　ならって

24 しごとの　あとは　毎日　（　　　　　）　ビールを　飲みます。

1　うえた　　　　　2　かわいた　　　　3　やいた　　　　4　ひえた

25 じが　きたないです。（　　　　　）に　書いて　ください。

1　だいじょうぶ　　2　ていねい　　　　3　じゅうぶん　　4　けっこう

もんだい4 _____の ぶんと だいたい おなじ いみの ぶんが あります。
1・2・3・4から いちばん いい ものを ひとつ えらんで ください。

（れい） あの 人は うつくしいですね。
1 あの 人は きれいですね。
2 あの 人は 元気ですね。
3 あの 人は おもしろいですね。
4 あの 人は わかいですね。

（かいとうようし） | （れい） | ● ② ③ ④ |

26 ここは あぶないですから ちゅういして ください。

1 ここは あぶないですから あんしんして ください。
2 ここは あぶないですから 気をつけて ください。
3 ここは あぶないですから かんがえて ください。
4 ここは あぶないですから とおって ください。

27 ワイシャツを きるのが かいしゃの きそくです。

1 ワイシャツを きるのが かいしゃの トラブルです。
2 ワイシャツを きるのが かいしゃの カタログです。
3 ワイシャツを きるのが かいしゃの ルールです。
4 ワイシャツを きるのが かいしゃの クラブです。

28 いもうとは　えいがかんで　アルバイトを　して　います。

　1　いもうとは　えいがかんで　えいがを　みて　います。

　2　いもうとは　えいがかんで　友だちに　あって　います。

　3　いもうとは　えいがかんで　はたらいて　います。

　4　いもうとは　えいがかんで　かんがえて　います。

29 りょうしんは　こどもを　どうぶつえんに　つれて　行きました。

　1　りょうしんは　こどもを　どうぶつえんに　ひとりで　行かせました。

　2　りょうしんは　こどもを　どうぶつえんに　友だちと　行かせました。

　3　りょうしんは　こどもと　いっしょに　どうぶつえんに　行きました。

　4　りょうしんは　こどもと　いっしょに　どうぶつえんに　行きたいです。

30 あねは　えきまえの　パンやで　はたらいて　います。

　1　あねは　えきまえの　パンやの　こうむいんです。

　2　あねは　えきまえの　パンやの　えきいんです。

　3　あねは　えきまえの　パンやの　がかです。

　4　あねは　えきまえの　パンやの　てんいんです。

もんだい5　つぎの　ことばの　つかいかたで　いちばん　いい　ものを
　　　　　　1・2・3・4から　ひとつ　えらんで　ください。

（れい）　おたく

　　　1　こんど　おたくに　遊びに　きて　ください。

　　　2　また、おたくをする　ときは　おしえて　ください。

　　　3　もしもし、田中さんの　おたくですか？

　　　4　こどもには　おたくが　ひつようです。

（かいとうようし）　｜（れい）｜　① 　② 　● 　④ ｜

31　あじ

　　　1　あじが　いたくて　しばらく　はしる　ことが　できません。

　　　2　ここは　むかし　しょうがっこうが　あった　あじです。

　　　3　へやが　さむくて　あじを　つけました。

　　　4　この　りょうりは　どんな　あじが　しますか。

32　すずしい

　　　1　この　ソファは　とても　すずしいです。

　　　2　まどから　すずしい　かぜが　はいって　きます。

　　　3　木村先生は　いつも　すずしくて　こわいです。

　　　4　友だちが　ひっこしして　すずしいです。

33 こわれる

1 いそがしい 友だちを こわれて あげました。

2 ふたりは けんかを して こわれました。

3 パソコンが こわれて あたらしいのを かいました。

4 ちこくして 先生に こわれました。

34 ひかる

1 ちちは まいあさ しんぶんを ひかります。

2 まだ じかんが ありますから、 ゆっくり ひかって ください。

3 ほしが ひかるのを 見るために やまに のぼりました。

4 あした えいごの テストを ひかります。

35 だいじょうぶだ

1 木村さんは とても だいじょうぶな 人だと おもいます。

2 この くつは らくで いろも だいじょうぶです。

3 テーブルの 上に おいても だいじょうぶですか。

4 山田さんが だいじょうぶな 歌を 歌いました。

N4

言語知識（文法）・読解

(55分)

注　意
Notes

1. しけんが　はじまるまで、この　もんだいようしを　あけないで　ください。
   Do not open this question booklet until the test begins.

2. この　もんだいようしを　もって　かえる　ことは　できません。
   Do not take this question booklet with you after the test.

3. じゅけんばんごうと　なまえを　したの　らんに、じゅけんひょうと
   おなじように　かいてください。
   Write your examinee registration number and name clearly in each box below as written on your
   test voucher.

4. この　もんだいようしは、　ぜんぶで　15ページ　あります。
   This question booklet has 15 pages.

5. もんだいには　かいとうばんごうの　1、2、3…が　あります。
   かいとうは、かいとうようしに　ある　おなじ　ばんごうの　ところに
   マークして　ください。
   One of the row numbers 1, 2, 3 … is given for each question. Mark Your answer in the same
   row of the answer sheet.

じゅけんばんごう　Examinee Registration Number	

なまえ　Name	

もんだい1 （　　　　）に　何を　入れますか。1・2・3・4から　いちばん
　　　　　いい　ものを　一つ　えらんで　ください。

　　　（れい）　電車（　　　）会社へ　行きます。
　　　　　　　　1　し　　　　　2　と　　　　　3　で　　　　　4　に

　　　（かいとうようし）　| （れい） | ① ② ● ④ |

1　この　かばんは　10年前（ねんまえ）（　　　　）買ったので　とても　古（ふる）いです。
　　　1　で　　　　　2　へ　　　　　3　に　　　　　4　を

2　母と　いっしょに　いちご　（　　　　）ジャムを　作（つく）りました。
　　　1　に　　　　　2　を　　　　　3　も　　　　　4　で

3　友だちが　ケーキを　作（つく）って　くれたので　おれい（　　　　）プレゼントを
　買いました。
　　　1　を　　　　　2　が　　　　　3　の　　　　　4　へ

4　国に　帰（かえ）る　（　　　　）本やで　アルバイトを　する　つもりです。
　　　1　だけ　　　　2　に　　　　　3　から　　　　4　まで

5　私は　山田（やまだ）さん　（　　　　）あたまが　よく　ありません。
　　　1　だけ　　　　2　しか　　　　3　ほど　　　　4　ので

6 用事が あれば （　　　　　） れんらくして ください。

1　どこか　　　　2　どこにも　　　　3　いつ　　　　4　いつでも

7 お客さんの 名前は （　　　　　） 覚えて ください。

1　うっかり　　　　2　すっかり　　　　3　びっくり　　　　4　しっかり

8 アマゾン川は せかいで （　　　　） ながい 川です。

1　もっと　　　　2　まず　　　　3　もっとも　　　　4　きっと

9 夜遅くまで えいぎょうしている レストランは ここ（　　　　）です。

1　より　　　　2　ほど　　　　3　だけ　　　　4　しか

10 前田さんは いつも うしろの 席に 座って （　　　　） して います。

1　しずか　　　　2　しずかに　　　　3　しずかな　　　　4　しずかだ

11 旅行への さんかを （　　　　） つもりです。

1　もうしこむ　　　2　もうしこもう　　　3　もうしこみたい　　4　もうしこんで

12 また いつ （　　　　）か わからないので しゃしんを とって おきました。

1　会おう　　　　2　会える　　　　3　会えば　　　　4　会わせる

13 (デパートで)

山田　「この　スカート　（　　　　　）。」

店の人「はい、こちらへ　どうぞ。」

1　試着しますか　　　　　　　　　　2　試着していますか

3　試着してもいいですか　　　　　　4　試着してみますか

14 まだ　じゅんびが　できて　いません。もう　少し　（　　　　　）。

1　待ちます　　　　　　　　　　　　2　待たせますか

3　待ってください　　　　　　　　　4　待ってもいいです

15 めがねを　（　　　　　）　寝て　しまいました。

1　かけて　おいた　　　　　　　　　2　かけて　あった

3　かけたまま　　　　　　　　　　　4　かけるあいだ

もんだい2 _____★_____ に 入る ものは どれですか。1・2・3・4から
いちばん いい ものを 一つ えらんで ください。

---

16 きのう 家族 _____ _____ ★_____ _____ おいしい ものも たくさん 食べ
ました。

　　1　行って　　　　　2　はなみ　　　　3　と　　　　　　4　に

17 地下鉄に 乗って _____ ★_____ _____ _____ なら 1時間で 行けます。

　　1　遠いですが　　　2　車　　　　　　3　のは　　　　　4　行く

18 いつも 笑って いる 木村さんが ＿＿＿＿ ＿★＿ ＿＿＿＿ ＿＿＿＿ わかりません。

    1 か   2 なぜ   3 いる   4 おこって

19 （家で）

  A「お母さん、きのう 買った パンは どこに ある。」

  B「れいぞうこに ＿＿＿＿ ＿＿＿＿ ＿★＿ ＿＿＿＿ しまったよ。」

    1 食べて   2 お父さんが   3 おいたけど   4 入れて

20 子どものころ 「マリエ」 ＿＿＿＿ ＿＿＿＿ ＿★＿ ＿＿＿＿ ときどき 花を 買いました。

    1 花や   2 いう   3 で   4 と

もんだい3 21 から 25 に 何を 入れますか。文章の 意味を 考えて、
1・2・3・4から いちばん いい ものを 一つ えらんで ください。

下の 文章は、留学生の 作文です。

「祖母の思い出」

りん・めい

　私の 祖母は 私が 小学校 3年生の時 なくなりました。 21 10年も
前の ことなので、祖母の ことを 22 覚えては いません。もちろん 写真
を 見ると 祖母の 顔は わかりますが、自分で 思い出そうとしても なかなか
思い出せません。祖母と 一緒に くらした 時間は 長かったのに 思い出が
うすくなり 忘れて しまうようで 悲しくなります。

　でも、今でも 覚えて いる 23 。ある日 祖母は 私を つれて 飲み物を
 24 。その 飲み物は 生まれて はじめて 飲んだ 味でした。とても あまくて
おいしかったです。暑い日でしたが、その 暑さを 忘れるほどでした。それで
今でも それを 25 必ず 祖母を 思い出します。もう 祖母と 一緒に 飲む
ことは できませんが、祖母を 思い出せるので うれしいです。

21

1　もし　　　　2　もう　　　　3　まだ　　　　4　たとえ

22

1　きっと　　　　2　ぜひ　　　　3　はっきり　　　　4　まっすぐ

23

1　ことも　います　　　　　　2　ことも　あります
3　ことに　します　　　　　　4　ことに　なります

24

1　買って　行きました　　　　2　買った　行きました
3　買うに　行きました　　　　4　買いに　行きました

25

1　飲んだまま　　　2　飲めば　　　3　飲むころ　　　4　飲む間

もんだい４　つぎの(1)から(4)の文章を読んで、質問に答えてください。

　　　　答えは、１・２・３・４から、いちばんいいものを一つえらんでください。

(1)

川原駅に、このお知らせがあります。

山本駅の方に行くお客さんへ

　電車のご利用、いつもありがとうございます。昨日の台風で、木が倒れて電車が走れません。この駅の前から山本駅まで行くバスが出ますから、そちらを利用してください。

　電車が止まる期間：9月19日(水) 19:00 〜 9月20日(木) 10:00

　　　　　　・山本駅までのバス料金は、電車と同じです。
　　　　　　・バスは電車より、10分長く時間がかかります。

できるだけ早く電車が走れるようにします。すみません。

　　　　　　　　　　　　　　　　　　　　　　　　　　　　川原駅長

26　このお知らせから分かることは何ですか。

1　川原駅の近くには、今、台風が来ています。

2　木が倒れて、電車が走れません。

3　山本駅に行くバスの料金は、電車より高いです。

4　川原駅から山本駅までは、バスの方が速いです。

(2)

　　毎年参加している夏のロックコンサートに、今年も行って来ました。今年は有名な歌手が出る予定だったので、チケットが高いし、人気もあって、買うのが大変でした。私も楽しみにしていたので、買えた時はとても嬉しかったです。その歌手が出てきたとき、みんなが大きい声を出して、楽しそうでした。でもコンサートの会場はとても暑かったので、私はちょっと具合が悪くなりました。私のようになって、途中で帰る人もいました。

27　どうして途中で帰る人がいましたか。

1　チケットが高かったから

2　有名な歌手が出なかったから

3　大きい声を出して具合が悪くなったから

4　会場が暑くて具合が悪くなったから

（3）

サラさんの机の上に、DVDとメモが置いてあります。

サラさん

　サラさん、この前借りた映画のDVD、ありがとうございました。とてもおもしろかったです。私も最近DVDを三枚見つけて買ったんです。今日は一枚しか持ってきませんでしたけど、よかったら見てみてください。ほかの二枚は、週末にまた持ってきますね。

さゆり

28　さゆりさんは週末に何をすると言っていますか。

1　サラさんにDVDを二枚返します。

2　サラさんからDVDを三枚買います。

3　サラさんにDVDを二枚貸します。

4　サラさんからDVDを三枚借ります。

（4）

> いつも私たちと一緒にいる動物には犬や猫などたくさんいますが、その中でも馬は、昔から人と一緒に暮らしていました。車や電車が出てくる前には、馬が一番速かったです。それから馬は鼻や耳や目がいいし、とても頭がいいですから、色々な仕事もできました。好きな人の顔も覚えます。そして馬は、人間のような色々な気持ちも持っています。それで馬は人と昔から一緒にいたのです。

29 馬が人と昔から一緒にいた理由ではないものはどれですか。

1 馬は速い乗り物だったから
2 馬の鼻や耳や目や頭がいいから
3 馬は人が好きだから
4 馬にも色々な気持ちがあるから

もんだい5　つぎの文章を読んで、質問に答えてください。答えは、1・2・3・4から、いちばんいいものを一つえらんでください。

これはハメスさんが書いた作文です。

日本の青森

ハメス・ワン

　先月私は、日本の田舎に行って来ました。北の方にある、青森というところです。私が今住んでいる東京からは、新幹線で3時間しかかかりません。青森は、おいしいりんごを多く作っていることで有名です。そして春の桜や夏の祭り、秋には赤くてきれいな紅葉を見たり、冬は雪が多く降るのでスキーやスケートができます。
　青森では「ねぶた祭り」を見ました。これは300年くらい前からあるもので、たくさんの大きい紙の人形と一緒にたくさんの人が道を歩いたりジャンプしたりします。昔の人が悪いことや嫌なことがあった時楽しく過ごそうと、この祭りが始まったそうです。夜に見ると人形の中に電気がついて、きれいでした。この日はとても（　　　　　）が、見ている人も、祭りに参加している人も、どちらも本当に楽しそうでした。もちろん私もそうでした。
　次の日、海の近くのホテルに泊まっていたので、海を見ながら散歩をしたり、おいしい寿司やりんごのデザートを食べたり、お土産を買ったりして東京に帰りました。本当に楽しい旅行でした。機会があれば、皆さんも行ってみてくださいね。

30 青森についてあっていることはどれですか。

1　青森は日本の中でとても大きい街です。

2　青森は東京からとても遠いです。

3　青森は四つの季節を全部楽しめます。

4　青森のホテルは全部、海の近くにあります。

31 （　　　　）に入れるのに、いちばんいい言葉はどれですか。

1　暑くて大変でした。

2　静かで暗かったです。

3　寒くて残念でした。

4　うるさくて明るかったです。

32 私もそうでした。とはどういうことですか。

1　祭りが始まったということ

2　祭りに参加したということ

3　祭りを見たということ

4　祭りが楽しかったということ

33 この人がいちばん言いたいことは何ですか。

1　東京は青森より北にあるということ

2　悪いことや嫌なことがあった時は楽しく過ごそうということ

3　お土産にはおいしい寿司やりんごのデザートがいいということ

4　青森はいいところだから一度行った方がいいということ

もんだい6　右のページのお知らせを見て、下の質問に答えてください。答えは、1・2・3・4から、いちばんいいものを一つえらんでください。

[34]　クリスマスのパーティーがあります。このパーティーに参加できる人はどんな人ですか。

　　1　インターネットで色々な人と知り合いたい人
　　2　恋人を作りたい人
　　3　おいしい料理とお酒を作りたい人
　　4　プレゼントがほしい人

[35]　今日は12月18日です。男性の田中さんは、パーティーの予約をしましたが、急に出張が入って行けなくなってしまいました。田中さんはお金をいくら払わなければなりませんか。

　　1　5,000円
　　2　3,000円
　　3　2,500円
　　4　1,500円

クリスマスお見合いパーティー

　最近はインターネットで知り合う人も多いですが、やっぱり本当に会ってからが一番！レストラン「HAPPY」では、30歳から40歳の、将来結婚がしたい人たちのためにお見合いクリスマスパーティーをします！おいしい料理とお酒を飲みながら、楽しい時間を過ごしませんか。カップルができたら、プレゼントもあげますよ！たくさんの人の参加を待っています！

日にち：12月23日(金)

場所：レストラン「HAPPY」

時間：午後7時～午後9時

料金：男性 5,000円　女性 3,000円

＊料金は12月23日に持ってきてください。

*ご注意

・予約は1週間前までにしてください。

・キャンセル料金は、7日前～2日前まで50%、前の日は80%、パーティーの当日は100%です。

・キャンセル料金はキャンセルの日にホームページ(www.omimai.co.jp)で払ってください。

N4

ちょうかい
聴解

ふん
(35分)

ちゅう い
注 意
Notes

1. しけん はじ　　　　　もんだいようし あ
   試験が始まるまで、この問題用紙を開けないでください。
   Do not open this question booklet until the test begins.

2. もんだいようし も かえ
   この問題用紙を持って帰ることはできません。
   Do not take this question booklet with you after the test.

3. じゅけんばんごう なまえ した らん　じゅけんひょう おな か
   受験番号と名前を下の欄に、受験票と同じように書いてください。
   Write your examinee registration number and name clearly in each box below as written on your test voucher.

4. もんだいようし　　　ぜんぶ
   この問題用紙は、全部で16ページあります。
   This question booklet has 16 pages.

5. もんだいようし
   この問題用紙にメモをとってもいいです。
   You may make notes in this question booklet.

じゅけんばんごう 受験番号　Examinee Registration Number	

なまえ 名前　Name	

もんだい1

　もんだい１では、まず　しつもんを　聞いて　ください。それから　話を　聞いて、もんだいようしの　１から４の　中から、いちばん　いい　ものを　一つ　えらんで　ください。

れい

1　びょういんへ　いく。

2　くすりを　のむ。

3　うちへ　かえる。

4　はやく　ねる。

1ばん

1

2

3

4

2ばん

1　水<ruby>みず</ruby>と　ご飯<ruby>はん</ruby>
2　水<ruby>みず</ruby>と　シャンプー
3　ご飯<ruby>はん</ruby>と　おもちゃ
4　ご飯<ruby>はん</ruby>と　シャンプー

3ばん

1

2

3

4

4ばん

1 今週の 木曜日
2 来週の 木曜日
3 今週の 金曜日
4 来週の 金曜日

5ばん

1 イタリア料理の　レストラン
2 フランス料理の　レストラン
3 スペイン料理の　レストラン
4 日本料理の　レストラン

6ばん

1 仕事を　手伝う。
2 晩ご飯を　食べる。
3 病院に　行く。
4 祖父の　家に　行く。

7ばん

1 レストラン

2 映画館
<ruby>映画館<rt>えいがかん</rt></ruby>

3 インターネットカフェ

4 カラオケ

8ばん

1 ホテルの　部屋を　予約する。
<ruby>部屋<rt>へや</rt></ruby>　<ruby>予約<rt>よやく</rt></ruby>

2 飛行機の　チケットを　買う。
<ruby>飛行機<rt>ひこうき</rt></ruby>　<ruby>買<rt>か</rt></ruby>

3 レンタカーの　予約を　する。
<ruby>予約<rt>よやく</rt></ruby>

4 スーパーで　食べものを　買う。
<ruby>食<rt>た</rt></ruby>　<ruby>買<rt>か</rt></ruby>

もんだい2

　もんだい2では、まず　しつもんを　聞いて　ください。そのあと、もんだいようしを見て　ください。読む　時間が　あります。それから　話を　聞いて、もんだいようしの1から4の　中から、いちばん　いい　ものを　一つ　えらんで　ください。

れい

1　げつようび

2　きんようび

3　どようび

4　にちようび

1ばん

1 料理（りょうり）

2 アクセサリー

3 手紙（てがみ）

4 化粧品（けしょうひん）

2ばん

1 風邪（かぜ）を　引（ひ）いたから

2 ご飯（はん）を　食（た）べすぎたから

3 からい物（もの）を　食（た）べたから

4 ぎゅうにゅうを　たくさん　飲（の）んだから

3ばん

1 携帯電話を　見る。

2 本を　読む。

3 静かな音楽を　聞く。

4 コーヒーを　飲む。

4ばん

1 チョコレートクッキー

2 ラーメン

3 アップルパイ

4 パン

5ばん

1 開く 時間

2 チケットの 料金

3 レストラン

4 場所

6ばん

1 携帯電話で 話す こと

2 写真を 撮る こと

3 小さい声で 話す こと

4 飲み物を 持って 入る こと

7ばん

1 4:30

2 4:45

3 5:00

4 5:15

もんだい3

　もんだい3では、えを　見ながら　しつもんを　聞いて　ください。
➡ (やじるし)の　人は　何と　言いますか。　1から　3の　中から、　いちばん　いい
ものを　一つ　えらんで　ください。

れい

1ばん

2ばん

3ばん

4ばん

5ばん

もんだい4

もんだい4では、えなどが　ありません。まず　ぶんを　聞いて　ください。
それから、そのへんじを　聞いて、1から3の　中から、いちばん　いい　ものを　一つ
えらんで　ください。

―メモ―

실전 모의 테스트 2회

///////////

- ⊘ 1교시 언어지식(문자·어휘)
    언어지식(문법)·독해
- ⊘ 2교시 청해

제2회 실전 모의테스트 배점표

■ 언어지식 (문자 · 어휘 · 문법) · 독해

과목		문제유형	문항 X 배점	점수
문자 · 어휘	문제 1	한자읽기	9문 x 1점	9
	문제 2	표기	6문 x 1점	6
	문제 3	문맥규정	10문 x 1점	10
	문제 4	유의표현	5문 x 1점	5
	문제 5	용법	5문 x 1점	5
문법	문제 1	문법형식 판단	15문 x 1점	15
	문제 2	문장만들기	5문 x 2점	10
	문제 3	글의 문법	5문 x 2점	10
독해	문제 4	내용이해(단문)	4문 x 4점	16
	문제 5	내용이해(중문)	4문 x 4점	16
	문제 6	정보검색	2문 x 4점	8
합계				110점

★득점환산법(120점 만점): [득점] ÷ 110 x 120 = [   ]점

■ 청해

과목		문제유형	문항 X 배점	점수
청해	문제 1	과제이해	8문 x 3점	24
	문제 2	포인트이해	7문 x 3점	21
	문제 3	발화표현	5문 x 2점	10
	문제 4	즉시응답	8문 x 2점	16
합계				71점

★득점환산법(60점 만점): [득점] ÷ 71 x 60 = [   ]점

※위의 배점표는 시원스쿨에서 작성한 것이며, 실제 시험과는 약간의 오차가 생길 수 있습니다.

N4

げんごちしき (もじ・ごい)
(25ふん)

ちゅうい
Notes

1. しけんが　はじまるまで、この　もんだいようしを　あけないで　ください。
   Do not open this question booklet until the test begins.

2. この　もんだいようしを　もって　かえる　ことは　できません。
   Do not take this question booklet with you after the test.

3. じゅけんばんごうと　なまえを　したの　らんに、じゅけんひょうと
   おなじように　かいてください。
   Write your examinee registration number and name clearly in each box below as written on your test voucher.

4. この　もんだいようしは、　ぜんぶで　9ページ　あります。
   This question booklet has 9 pages.

5. もんだいには　かいとうばんごうの　1、2、3…が　あります。
   かいとうは、かいとうようしに　ある　おなじ　ばんごうの　ところに
   マークして　ください。
   One of the row numbers 1, 2, 3 … is given for each question. Mark Your answer in the same row of the answer sheet.

じゅけんばんごう　Examinee Registration Number	

なまえ　Name	

もんだい1 ＿＿＿＿の ことばは ひらがなで どう かきますか。

1・2・3・4から いちばん いい ものを ひとつ えらんで ください。

（れい） あしたは 雨ですか。

1 はれ　　　　2 あめ　　　　3 ゆき　　　　4 くもり

（かいとうようし）　| (例)
れい | ① ● ③ ④ |

---

1 えきまえの パンやの 営業じかんを おしえて ください。

1 えいぎょう　　2 えいごう　　3 えいぎょ　　4 えいご

2 私は まいあさ 自転車に のって 学校に 行きます。

1 じどうしゃ　　2 じてんしゃ　　3 ちかてつ　　4 でんしゃ

3 この かばんの デザインは いいですが、 ちょっと 重いです。

1 かるい　　　　2 おもい　　　　3 たかい　　　　4 やすい

4 昼ごはんの メーニューは 決まりましたか。

1 こまりましたか　2 とまりましたか　3 しまりましたか　4 きまりましたか

5 日曜日は 何を する 予定ですか。
にちようび

1 ようてい　　　2 ようでい　　　3 よてい　　　4 よでい

6 世界には いろいろな 食べものが あります。

1 せかい　　　　2 せいかい　　　3 せけい　　　　4 せいけい

7 私に　すこし　<u>考える</u>　じかんを　ください。

  1　かかえる　　　　2　みえる　　　　3　おしえる　　　4　かんがえる

8 木村さんの　<u>顔</u>に　何かが　ついて　います。

  1　うで　　　　　　2　かお　　　　　3　はな　　　　　4　くび

9 山田さんは　大学で　日本語を　<u>研究</u>して　います。

  1　げんきゅ　　　2　げんきゅう　　3　けんきゅ　　　4　けんきゅう

もんだい2 　＿＿＿＿の　ことばは　どう　かきますか。

　　　　　1・2・3・4から　いちばん　いい　ものを　ひとつ　えらんで　ください。

（れい）　この　ざっしを　みて　ください。

　　　　1　買て　　　　　　2　見て　　　　　　3　貝て　　　　　4　目て

（かいとうようし）　｜（れい）｜　①　●　③　④｜

10　父の　しごとは　車を　うることです。

　　1　売る　　　　　　2　買る　　　　　　3　貝る　　　　　4　冗る

11　私は　その　いけんに　はんたいです。

　　1　返対　　　　　　2　反対　　　　　　3　反村　　　　　4　返村

12　この　ボタンを　おすと　きっぷが　出ます。

　　1　返す　　　　　　2　貸す　　　　　　3　押す　　　　　4　消す

13　山田さんは　としょかんで　しりょうを　しらべて　います。

　　1　比べて　　　　　2　調べて　　　　　3　述べて　　　　4　並べて

14　私は　夜　寝る　前に　いつも　にっきを　書きます。

　　1　一記　　　　　　2　一話　　　　　　3　日記　　　　　4　日話

15　この　ビルは　20年前に　たてられました。

　　1　建てられました　2　律てられました　3　健てられました　4　津てられました

もんだい3（　　　　）に　なにを　いれますか。
　　　　1・2・3・4から　いちばん　いい　ものを　ひとつ　えらんで　ください。

（れい）　くるまが　3（　　）　あります。
　　　　1　さつ　　　　　2　まい　　　　　3　だい　　　　4　ひき

（かいとうようし）　　| （れい） | ① ② ● ④ |

16　ぜんぶで　いくら　（　　　　　）　いいですか。

　　1　さわれば　　　　2　すめば　　　　3　よれば　　　　4　はらえば

17　山田さんが　にゅういんしたので　みんなで　（　　　　　）　に　行きます。

　　1　おいわい　　　　2　おみまい　　　3　おみやげ　　　4　おれい

18　すこし　（　　　　）　ため　スカートが　入らない。

　　1　ふとった　　　　2　やせた　　　　3　ひろった　　　4　すてた

19　あたらしい　車を　買うために　（　　　　　）　して　います。

　　1　こしょう　　　　2　ちょきん　　　3　えんりょ　　　4　せいこう

20　けんかを　した　時　さきに　（　　　　）　ほうが　いいです。

　　1　なおった　　　　2　やんだ　　　　3　つつんだ　　　4　あやまった

21 私は　この　サービスを　6年前から　（　　　　）　して　います。

　　1　よてい　　　　　2　りよう　　　　　3　せわ　　　　　　4　しゅうかん

22 らいねん　となりの　町に　（　　　　）　ことに　なりました。

　　1　ひっこす　　　　2　きこく　　　　　3　けいけん　　　　4　れんしゅう

23 さいふを　（　　　　）　時　まず　けいさつに　れんらく　して　ください。

　　1　しかった　　　　2　てつだった　　　3　おとした　　　　4　さがした

24 じぶんの　きもちを　（　　　　）　ために　てがみを　書きます。

　　1　すすめる　　　　2　おぼえる　　　　3　しらべる　　　　4　つたえる

25 （　　　　）　いけでも　こどもだけで　あそぶのは　あぶないですよ。

　　1　ふかい　　　　　2　あさい　　　　　3　ながい　　　　　4　みじかい

もんだい４　＿＿＿＿の　ぶんと　だいたい　おなじ　いみの　ぶんが　あります。

　　　　　１・２・３・４から　いちばん　いい　ものを　ひとつ　えらんで　ください。

（れい）　あの　人は　うつくしいですね。

　　　　１　あの　人は　きれいですね。

　　　　２　あの　人は　元気ですね。

　　　　３　あの　人は　おもしろいですね。

　　　　４　あの　人は　わかいですね。

　　　（かいとうようし）　｜（れい）｜　●　②　③　④　｜

26　えきまえは　いつも　こんで　います。

　　１　えきまえは　いつも　人が　ころんで　います。

　　２　えきまえは　いつも　人が　すくないです。

　　３　えきまえは　いつも　人が　おおいです。

　　４　えきまえは　いつも　人が　だれも　いません。

27　最初から　やりなおしたいです。

　　１　はじめから　やりなおしたいです。

　　２　おわりから　やりなおしたいです。

　　３　いまから　やりなおしたいです。

　　４　あとから　やりなおしたいです。

28 かのじょの　家に　行ったが、　るすでした。

   1　かのじょの　家に　行ったが、　寝て　いました。

   2　かのじょの　家に　行ったが、　起きて　いました。

   3　かのじょの　家に　行ったが、　だれも　いませんでした。

   4　かのじょの　家に　行ったが、　だれか　いました。

29 むすめは　私に　とって　いちばん　たいせつな　人です。

   1　むすめは　私に　とって　いちばん　おもしろい　人です。

   2　むすめは　私に　とって　いちばん　こわい　人です。

   3　むすめは　私に　とって　いちばん　だいじな　人です。

   4　むすめは　私に　とって　いちばん　ていねいな　人です。

30 ねぼうして　先生に　しかられました。

   1　ねぼうして　先生に　ほめられました。

   2　ねぼうして　先生に　おこられました。

   3　ねぼうして　先生に　やめられました

   4　ねぼうして　先生に　おくられました。

もんだい5　つぎの　ことばの　つかいかたで　いちばん　いい　ものを
　　　　　　1・2・3・4から　ひとつ　えらんで　ください。

（れい）　おたく

　　　1　こんど　おたくに　遊びに　きて　ください。

　　　2　また、おたくをする　ときは　おしえて　ください。

　　　3　もしもし、田中さんの　おたく　ですか？

　　　4　こどもには　おたくが　ひつよう　です。

（かいとうようし）　　| （れい） | ① | ② | ● | ④ |

31　あんない

　　1　けんこうの　ために　明日から　あんないする　つもりです。

　　2　友だちが　学校を　あんないして　くれました。

　　3　私は　山から　見る　あんないが　すきです。

　　4　きゅうに　雨が　ふって　しあいは　あんないに　なりました。

32　かたづける

　　1　なやみが　あって　先生に　かたづけました。

　　2　うんどうを　したので　シャワーを　かたづけます。

　　3　まいあさ　お母さんは　おいしい　ごはんを　かたづけます。

　　4　へやを　かたづけてから　あそびに　いきます。

33 ぜひ

1　かれは　ぜひ　来ると　おもいます。

2　からいものは　ぜひ　すきでは　ありません。

3　ぜひ　聞いて　ほしい　曲が　あります。

4　アメリカには　ぜひ　行った　ことが　あります。

34 おどろく

1　私は　まいあさ　6時に　おどろきます。

2　ふたりが　けっこんすると　聞いて　おどろきました。

3　木村さんは　おどろくことが　すきなので　かしゅに　なりました。

4　しりょうは　明日までに　おどろきます。

35 にがい

1　よるは　にがいですから　はやく　かえって　ください。

2　今日は　とても　にがくて　クーラーを　つけました。

3　私は　にがい　いろの　ふくが　すきです。

4　これ、ちょっと　にがい　あじが　しますが…。

N4

げんごちしき
言語知識（文法）・読解
ふん
(55分)

ちゅうい
注　意
Notes

1. しけんが　はじまるまで、この　もんだいようしを　あけないで　ください。
   Do not open this question booklet until the test begins.

2. この　もんだいようしを　もって　かえる　ことは　できません。
   Do not take this question booklet with you after the test.

3. じゅけんばんごうと　なまえを　したの　らんに、じゅけんひょうと
   おなじように　かいてください。
   Write your examinee registration number and name clearly in each box below as written on your
   test voucher.

4. この　もんだいようしは、　ぜんぶで　15ページ　あります。
   This question booklet has 15 pages.

5. もんだいには　かいとうばんごうの　1、2、3…が　あります。
   かいとうは、かいとうようしに　ある　おなじ　ばんごうの　ところに
   マークして　ください。
   One of the row numbers 1, 2, 3… is given for each question. Mark Your answer in the same
   row of the answer sheet.

じゅけんばんごう　Examinee Registration Number	

なまえ　Name	

もんだい1 （　　　　）に　何を　入れますか。1・2・3・4から　いちばん
　　　　　いい　ものを　一つ　えらんで　ください。

（れい）　電車（　　　）会社へ　行きます。
　　　　　　1　し　　　　　　2　と　　　　　　3　で　　　　　　4　に

（かいとうようし）　| （れい） | ① ② ● ④ |

1　山田は　木村　（　　　　　）　せが　高いです。

　　1　だけ　　　　　　2　しか　　　　　　3　より　　　　　　4　のに

2　かれが　試合に　来る　（　　　　　）　どうか　わかりません。

　　1　に　　　　　　　2　を　　　　　　　3　も　　　　　　　4　か

3　(レストランで)
　　お客さん「私は　Aセット　（　　　　　）　します。」
　　店の人　「はい、わかりました。」

　　1　が　　　　　　　2　で　　　　　　　3　に　　　　　　　4　へ

4　夏（　　　　　）冬（　　　　　）どちらが　好きですか。

　　1　も・も　　　　　2　も・の　　　　　3　と・と　　　　　4　と・の

5　前田先生の　せつめいは　（　　　　　）やすいです。

　　1　分かる　　　　　2　分かり　　　　　3　分かって　　　　4　分かった

6 駅までの 行き （　　　　）を 教えます。

1　かた　　　　　2　ほう　　　　　3　とき　　　　　4　ころ

7 私が 作った ケーキを （　　　　） ください。

1　食べてみて　　2　食べたり　　　3　食べながら　　4　食べにくくて

8 私は 日本語能力試験を （　　　　） と 思います。

1　受けて　　　　2　受けよう　　　3　受け　　　　　4　受けること

9 いつも 遅れる 彼女だから 今日も 遅れる （　　　　）。

1　だろう　　　　2　はずがない　　3　なさい　　　　4　たがる

10 ここから まっすぐ 行く （　　　　） ゆうびんきょくが あります。

1　なら　　　　　2　たら　　　　　3　と　　　　　　4　ば

11 今朝 ねぼうして しまって 母に （　　　　）。

1　怒られた　　　2　怒らせた　　　3　怒るはずだ　　4　怒ってくれた

12 となりの キムさんは まだ （　　　　） そうです。

1　高校生　　　　2　高校生の　　　3　高校生だ　　　4　高校生で

13 (学校で)

上田「先生、私が　（　　　　　　）。」

先生「ありがとう。」

1　お持つします

2　お持ちします

3　お持つなります

4　お持ちになります

14 授業中に　ぼうしを　かぶっては　（　　　　　　）。

1　いいです

2　いいかもしれません

3　いけません

4　かまいません

15 (学校で)

木村「『朝飯前』という　言葉を　（　　　　　）」

伊藤「いいえ、どんな　意味ですか。」

1　知りますか　　2　知りましたか　　3　知っていますか　4　知っておきますか

もんだい2 ＿＿★＿＿ に 入る ものは どれですか。1・2・3・4から
いちばん いい ものを 一つ えらんで ください。

16 東京大学に ＿＿＿＿ ＿＿＿＿ ＿★＿ ＿＿＿＿ としょかんで 勉強して います。

　　1 に　　　　　　2 はいる　　　　3 毎日　　　　4 ため

17 もし かれが ＿＿＿＿ ★ ＿＿＿＿ ＿＿＿＿ つもりです。

　　1 旅行　　　　　2 来なくても　　3 は　　　　　4 行く

18 失敗 ＿＿＿＿ ★ ＿＿＿＿ ＿＿＿＿ ください。

1 がんばって　　2 あきらめ　　3 しても　　4 ずに

19 (学校で)

山田「先生、テスト ＿＿＿＿ ★ ＿＿＿＿ ＿＿＿＿ きても　いいですか。」

先生「はい、いいですよ。」

1 腕時計を　　2 の　　3 持って　　4 時

20 父に ＿＿＿＿ ＿＿＿＿ ★ ＿＿＿＿ 言われました。

1 夜　　2 ように　　3 遊ばない　　4 遅くまで

もんだい3 [21] から [25] に 何を 入れますか。文章の 意味を 考えて、
1・2・3・4から いちばん いい ものを 一つ えらんで ください。

下の 文章は、留学生の 作文です。

「先生」

ソン・ナン

　私の 先生を しょうかい します。先生の 名前は「きむら けん」です。40
さい [21] です。私が 先生を 知ってから 1年 ほど [22]。かれは と
ても せが 高くて、少し やせて いる 方です。[23] めがねを かけて いて、
えがおです。私が 先生に 初めて 会った 時、先生だとは [24]。それほど、年
より わかく 見えます。先生は いつも 学生たちの なやみを 聞いて くれま
す。だから 先生に そうだんする 学生は 多いです。また、わからない ことを
質問すると しんせつに 答えて くれます。むずかしい かもくですが、先生の
[25] 楽しく 勉強して います。

21

| 1 しか | 2 ぐらい | 3 だけ | 4 まで |

22

| 1 に します | 2 が します | 3 が なります | 4 に なります |

23

| 1 いつも | 2 あまり | 3 ぜんぜん | 4 ぜひ |

24

1 <ruby>思<rt>おも</rt></ruby>いました　　　　　　2 <ruby>思<rt>おも</rt></ruby>いたかったです

3 <ruby>思<rt>おも</rt></ruby>った 時が あります　　4 <ruby>思<rt>おも</rt></ruby>えませんでした

25

| 1 ので | 2 のに | 3 おかげで | 4 せいで |

もんだい４　つぎの(1)から(4)の文章を読んで、質問に答えてください。

　　　　　　答えは、１・２・３・４から、いちばんいいものを一つえらんでください。

（１）

テレビに、この案内文が出ました。

みんなのカラオケショー

　この番組、「みんなのカラオケショー」では、カラオケを歌ってくれる人をぼしゅうしています。あなたの上手な歌を、日本の皆さんに見せてみませんか。会場にはプロの歌手やミュージシャンたちが来て見ていますから、デビューできるチャンスがあるかもしれませんよ。出たい人は、番組のホームページから申し込んでくださいね!

　　<u>出られる人について</u>
　　　　まずは番組の一週間前にあるテストで、合格してください。
　年齢 : 18歳以上
　参加料金 : 無料

　　　　　　　　　　　　　　　　　　　　　　　　　XYZテレビ局

26　この案内文の内容にあっていることは何ですか。

　1　この番組は、プロの歌手やミュージシャンの前で歌う番組です。

　2　番組に出たい人は、テレビ局に行って申し込みます。

　3　この番組には、誰でも出ることができます。

　4　この番組に参加する時、お金が必要です。

（2）

私の母は、昼から夕方までスーパーで働いています。お客さんの会計をしたり、たくさんの食べ物や飲み物を棚に置いたりしています。それからお客さんにものがどこにあるか聞かれたときには教えてあげたり、色々な料理を作ったりもするそうです。そして家に帰ってきて、家族のためにそうじをしたりご飯を作ったりします。本当に大変だと思いますが、私はいつもそんな母に感謝しています。

27 母がスーパーでする仕事ではないものはどれですか。

1 お客さんの会計をします。

2 ものをたなに置きます。

3 色々な料理を教えます。

4 お客さんの案内をします。

제2회 실전 모의테스트 **77**

(3)

さとみさんがさくらさんに送ったカードです。

　結婚おめでとう、さくらちゃん！

結婚式で久しぶりにさくらちゃんに会いたかったんだけど、急な出張があって…。

本当にごめんね。ご主人もキャンプが好きだって言ってたけど、今度みんなで山や

海に行こうね。

それからよかったら、来週の週末に一緒にごはんを食べに行かない？お祝いに私が

ごちそうするね。じゃ、連絡待ってるね！

　　　　　　　　　　　　　　　　　　　　　　　　　　　　　　　　　　　さとみ

---

28 さとみさんはさくらさんの結婚式の日に何をしますか。

1　出張に行きます。

2　キャンプをします。

3　一緒にご飯を食べに行きます。

4　さくらちゃんに連絡をします。

(4)

　日本に住んでいると、「日本人」を見てびっくりすることがたまにあります。例えば、他の人と違うことは恥ずかしいと考える人が多いです。嬉しい時や悲しい時の気持ちもあまり見せません。それから、本当に考えていることと話すことが違うことも多いです。これは、相手を悪い気分にさせたくないからだそうです。日本語も日本の文化もたくさん勉強しましたが、日本人を知ることは、まだまだ私には難しいです。

29　この人が「日本人」を見てびっくりする理由はどれですか。

1　他の人と同じことがいいと考える人が多いから

2　嬉しい時や悲しい時の気持ちを見せる人が多いから

3　本当の考えを話す人が多いから

4　相手を悪い気分にさせたいと思う人が多いから

もんだい５　つぎの文章を読んで、質問に答えてください。答えは、

　　　　　　１・２・３・４から、いちばんいいものを一つえらんでください。

これはさくらさんが書いた作文です。

年末年始

本田さくら

　日本では一年のいちばん最後の日を、「大晦日」といいます。その次の日は「元日」、1月全部を「お正月」と言います。そしてこれら全部を、「年末年始」ともいいます。

　大晦日は、お正月の準備をする日です。家の中をきれいに掃除したり、夜にお風呂に入ったり、そばを食べたりします。そばのめんは長いですから、食べると長く生きることができるという意味があります。そして、夜の12時が過ぎるまで、家族みんなで起きて待ちます。

　そして元日には、会った人みんなに「明けましておめでとうございます」とあいさつをします。新しい年を一緒に過ごすことができて幸せですね、という意味です。お正月には「おせち料理」という、火を使わない食べものを食べます。「長く生きるように」「頭がよくなるように」「子どもがたくさん生まれるように」など色々な意味があります。おせち料理はおいしいのですが、たくさん作らなければなりません。それで、もう少しお金を払ってデパートやインターネットで買う人も多いです。

　最近は一人で暮らす人も増えたのであまり関係ない人もいますが、日本人にはこれらは意味がある重要なイベントなのです。

---

30 大晦日にはどうしてそばを食べますか。

1 お正月にそばを作らなければならないから

2 長く生きられると言われているから

3 夜に食べるとおいしいから

4 家族みんなで起きているから

31 おせち料理をデパートやインターネットで買うのはどうしてですか。

1 おせち料理は家で作ってはいけないから

2 おせち料理には色々な意味があるから

3 おせち料理を作るのは大変だから

4 デパートやインターネットのおせち料理は安いから

32 最近はどんな人が多くなりましたか。

1 家族と一緒に年末年始を過ごさない人

2 「明けましておめでとうございます」とあいさつする人

3 火を使わない食べものを食べる人

4 ゲームをしたり、お金をあげたりする人

33 この文の内容にあっているものはどれですか。

1 12月31日には「明けましておめでとうございます」とあいさつをします。

2 1月1日には料理を食べたりして家族と過ごします。

3 お正月には家の中をきれいに掃除したり、夜にお風呂に入ったりします。

4 年末年始は日本人にあまり関係ありません。

もんだい6　右のページのお知らせを見て、下の質問に答えてください。答えは、1・2・
3・4から、いちばんいいものを一つえらんでください。

34　キムさんは、「日本語」と「文化」と「音楽」の授業を受けようと思っています。
4月は、どんな授業から始まりますか。

1　1日火曜日の「音楽」の授業
2　1日火曜日の「文化」の授業
3　2日水曜日の「日本語」の授業
4　2日水曜日の「文化」の授業

35　今日は11日です。サエラさんは一週間の中で、「日本語」と「社会」と「歴史」の授
業を受けています。今日のスケジュールにあうものはどれですか。

1　「日本語」の授業を受けた後、「社会」の授業を受けます。
2　「日本語」の授業を受けた後、「歴史」の授業を受けます。
3　「歴史」の授業を受けた後、「日本語」の授業を受けます。
4　「社会」の授業を受けた後、「歴史」の授業を受けます。

A

日本語学部の学生のみなさんへ

　4月1日から始まる日本語学部の授業の受け方をお知らせします。授業を受ける曜日が違いますから、注意してください。受けたい授業を今週の金曜日までに決めて、ホームページから申し込んでください。

授業	授業を受ける曜日	時間
日本語	月曜日/金曜日	9:00〜10:00
文化	火曜日/水曜日	11:00〜12:00
社会	火曜日/木曜日	11:00〜12:00
歴史	金曜日	11:00〜12:00
音楽	火曜日/木曜日	14:00〜15:00
コミュニケーション	水曜日/金曜日	15:00〜16:00

B

4月

日	月	火	水	木	金	土
		1	2	3	4	5
6	7	8	9	10	11	12
13	14	15	16	17	18	19
20	21	22	23	24	25	26
27	28	29	30			

大森大学　事務室

N4

ちょうかい
聴解

(35分)

注　意
Notes

1. 試験が始まるまで、この問題用紙を開けないでください。

   Do not open this question booklet until the test begins.

2. この問題用紙を持って帰ることはできません。

   Do not take this question booklet with you after the test.

3. 受験番号と名前を下の欄に、受験票と同じように書いてください。

   Write your examinee registration number and name clearly in each box below as written on your test voucher.

4. この問題用紙は、全部で16ページあります。

   This question booklet has 16 pages.

5. この問題用紙にメモをとってもいいです。

   You may make notes in this question booklet.

受験番号　Examinee Registration Number	

名　前　Name	

もんだい1

　もんだい1では、まず　しつもんを　聞いて　ください。それから　話を　聞いて、もんだいようしの　1から4の　中から、いちばん　いい　ものを　一つ　えらんで　ください。

れい

1　びょういんへ　いく。

2　くすりを　のむ。

3　うちへ　かえる。

4　はやく　ねる。

1ばん

1 電話番号
2 名前
3 住所
4 病気のこと

2ばん

1

2

3

4

3ばん

1　5枚

2　10枚

3　15枚

4　20枚

4ばん

1

2

3

4

5ばん

1 コピーを　する。

2 資料を　チェックする。

3 電話に　出る。

4 飲みものを　買う。

6ばん

1 友だちと　写真を　撮る。

2 みんなで　パーティーを　する。

3 ほかの先生に　あいさつを　する。

4 アメリカで　日本語を　教える。

7ばん

1 デパートに 行_いく。
2 家_{いえ}に 帰_{かえ}る。
3 ぎゅうにゅうを 買_かう。
4 バターを 買_かう。

8ばん

1 映画_{えいが}を 見_みる。
2 ご飯_{はん}を 食_たべる。
3 ポップコーンを 買_かう。
4 本屋_{ほんや}に 行_いく。

もんだい2

もんだい2では、まず しつもんを 聞いて ください。そのあと、もんだいようしを 見て ください。読む 時間が あります。それから 話を 聞いて、もんだいようしの 1から4の 中から、いちばん いい ものを 一つ えらんで ください。

れい

1 げつようび

2 きんようび

3 どようび

4 にちようび

1ばん

1 24時間 やって いる こと

2 色々な 食べものを 売って いる こと

3 トイレが ある こと

4 簡単に ものが 買える こと

2ばん

1 窓を 閉める。

2 エアコンを 直して もらう。

3 ホテルを キャンセルする。

4 部屋を 変えて もらう。

3ばん

1　ご飯を　食べさせる。

2　歌を　歌って　あげる。

3　ゲームを　教えて　あげる。

4　体を　洗って　あげる。

4ばん

1　服や　かばん

2　手紙や　カード

3　おいしい　食事

4　花

5ばん

1 スピーチ大会_{たいかい}

1 スピーチ大会

2 料理大会

3 歌大会

4 クイズ大会

6ばん

1 森で　ハイキングを　しましょう。

2 公園　木を　植えましょう。

3 クラブの　名前を　変えましょう。

4 新しい　メンバーを　探しましょう。

7ばん

1 東京に　住みたい。

2 サッカーが　したい。

3 ゲームが　したい。

4 歌が　歌いたい。

もんだい3

もんだい3では、えを　見ながら　しつもんを　聞いて　ください。
➡(やじるし)の　人は　何と　言いますか。　1から3の　中から、いちばん　いい
ものを　一つ　えらんで　ください。

れい

1ばん

2ばん

3ばん

4ばん

5ばん

もんだい4

　もんだい4では、えなどが　ありません。まず　ぶんを　聞^きいて　ください。　それから、そのへんじを　聞^きいて、1から　3の　中^{なか}から、いちばん　いい　ものを　一^{ひと}つ　えらんで　ください。

ーメモー

실전 모의테스트 1회 정답 및 해석

1교시 언어지식(문자·어휘+문법)×독해

| 언어지식(문자·어휘) |

문제1 [1] 2 [2] 2 [3] 3 [4] 1 [5] 2 [6] 3 [7] 4 [8] 3 [9] 2
문제2 [10] 2 [11] 3 [12] 3 [13] 2 [14] 3 [15] 1
문제3 [16] 4 [17] 2 [18] 4 [19] 1 [20] 3 [21] 3 [22] 2 [23] 1 [24] 4 [25] 2
문제4 [26] 2 [27] 3 [28] 3 [29] 3 [30] 4
문제5 [31] 4 [32] 2 [33] 3 [34] 3 [35] 3

| 언어지식(문법)·독해 |

문제1 [1] 3 [2] 4 [3] 3 [4] 4 [5] 3 [6] 4 [7] 4 [8] 3 [9] 3 [10] 2 [11] 1 [12] 2 [13] 3
[14] 3 [15] 3
문제2 [16] 4 [17] 3 [18] 4 [19] 2 [20] 1
문제3 [21] 2 [22] 3 [23] 2 [24] 4 [25] 2
문제4 [26] 2 [27] 4 [28] 3 [29] 3
문제5 [30] 3 [31] 1 [32] 4 [33] 4
문제6 [34] 2 [35] 3

2교시 청해

| 청해 |

문제1 [1] 3 [2] 4 [3] 2 [4] 2 [5] 1 [6] 3 [7] 3 [8] 2
문제2 [1] 3 [2] 3 [3] 3 [4] 3 [5] 2 [6] 3 [7] 2
문제3 [1] 3 [2] 3 [3] 1 [4] 3 [5] 3
문제4 [1] 1 [2] 3 [3] 1 [4] 2 [5] 3 [6] 2 [7] 2 [8] 1

1교시 언어지식(문자·어휘+문법)x독해

|언어지식(문자·어휘)|

문제 1 ____의 단어는 히라가나로 어떻게 씁니까?
　　　　1·2·3·4 중 가장 알맞은 것을 하나 고르세요.

1 2 열이 있기 때문에 약을 사서 돌아갑니다.
어휘 ねつ 열 | 買う 사다 | かえる 돌아가(오)다

2 2 컴퓨터를 사용하고 싶습니다. 우선 처음에 무엇을 합니까?
어휘 パソコン 컴퓨터 | つかう 사용하다 | ～たい ～하고 싶다 | まず 우선 | 何 무엇

3 3 하야시 씨는 반에서 가장 밝은 사람입니다.
어휘 クラス 클래스, 반 | いちばん 가장 | 人 사람

4 1 일은 잘 진행되고 있습니다.
어휘 しごと 일 | よく 잘, 자주 | ～ている ～하고 있다

5 2 미라이 시는 공업이 활발합니다.
어휘 市 시 | さかんだ 활발하다, 번성하다

6 3 저는 색깔 중에서 특히 갈색을 좋아합니다.
어휘 いろ 색, 색깔 | ～中 ～중, ~안 | ちゃいろ 갈색 | すきだ 좋아하다

7 4 태풍으로 어디에도 나가지 않았습니다.
어휘 どこにも 어디에도 | 出かける 외출하다

8 3 오늘 저녁 밥은 친구와 먹을 거예요.
어휘 今日 오늘 | 友だち 친구 | 食べる 먹다

9 2 이 마을은 교통이 불편합니다.
어휘 まち 마을 | こうつう 교통

문제 2 ____의 단어는 어떻게 씁니까? 1·2·3·4 중 가장 올바른 것을 하나 고르세요.

10 2 점심 밥을 먹은 후에는 항상 졸려 진다(잠이 온다).
어휘 ひるごはん 점심 | 食べる 먹다 | ～たあと ～한 후 | いつも 항상 | ～くなる ~해 지다

11 3 이 짐을 2층까지 함께 옮깁시다.
어휘 ～かい ～층 | いっしょに 함께 | はこぶ 옮기다 | ～ましょう ~합시다

12 3 주스에 얼음을 넣어 주세요.
어휘 ジュース 주스 | いれる 넣다 | ～てください ~해 주세요

13 2 나는 서양 문화를 공부하고 있습니다.
어휘 ぶんか 문화 | べんきょう 공부

14 3 야마다 씨와는 졸업하고 나서 한 번도 만나지 않았습니다.
어휘 そつぎょう 졸업 | ～てから ~하고 나서 | 会う 만나다

15 1 낡은 기계이지만 아직 움직입니다.
어휘 古い 낡다 | きかい 기계 | まだ 아직

문제 3 (　　　)에 무엇을 넣습니까? 1·2·3·4 중 가장 알맞은 것을 하나 고르세요.

16 4 선생님과의 약속은 지켜 주세요.
어휘 先生 선생님 | やくそく 약속 | ～てください ~해 주세요 | つつむ 포장하다 | のこる 남다 | あう 만나다

17 2 모르는 문제는 체크해 둡니다.
어휘 わかる 알다 | もんだい 문제 | ～ておく ~해 두다 | ミス 실수 | チケット 티켓 | テキスト 교재

18 4 갑자기 비가 내려서 시합이 중지되었습니다.
어휘 きゅうに 갑자기 | 雨 비 | ふる 내리다 | しあい 시합 |

~になる ~가 되다 | とちゅう 도중 | ちゅうしゃ 주차 | ちゅうい 주의

19　1　길을 헤매서 늦어 버렸습니다.
어휘 ｜ みち 길 | おくれる 늦다 | ~てしまう ~해 버리다 | よる 들르다 | まわる 돌다 | すぎる 지나치다

20　3　나는 콘서트의 포스터를 붙이는 아르바이트를 하고 있습니다.
어휘 ｜ コンサート 콘서트 | ポスター 포스터 | アルバイト 아르바이트 | ~ている ~하고 있다 | かむ 물다, 씹다 | ひく 당기다 | つける (불을)켜다

21　3　야마다 씨는 항상 좋은 아이디어를 냅니다.
어휘 ｜ いつも 항상 | いい 좋다 | だす 내다, 제출하다 | タイプ 타입 | ファックス 팩스 | チャンス 찬스, 기회

22　2　열심히 했지만, 결과는 좋지 않았습니다.
어휘 ｜ がんばる 분발하다, 열심히 하다 | ~が ~이지만 | いい 좋다 | ばあい 경우 | つもり 예정 | ようじ 용무

23　1　두 사람은 형제가 아니지만 매우 닮았습니다.
어휘 ｜ ふたり 두 사람 | きょうだい 형제 | とても 매우 | うまれる 태어나다 | みせる 보여주다 | ならう 배우다

24　4　일을 한 후에는 매일 차가워진 맥주를 마십니다.
어휘 ｜ しごと 일 | あと ~후 | 毎日 매일 | ビール 맥주 | 飲む 마시다 | うえる 심다 | かわく 마르다 | やく 굽다

25　2　글씨가 지저분합니다. 깨끗하게 써 주세요.
어휘 ｜ じ 글자, 글씨 | きたない 지저분하다, 더럽다 | もっと 더, 더욱 | 書く 쓰다 | ~てください ~해 주세요 | だいじょうぶだ 괜찮다 | じゅうぶんだ 충분하다 | けっこうだ 충분하다, 괜찮다

문제 4 　_____의 문장과 대체적으로 비슷한 의미의 문장이 있습니다. 1·2·3·4 중 가장 알맞은 것을 하나 고르세요.

26　2　이곳은 위험하기 때문에 주의해 주세요.
　1　이곳은 위험하기 때문에 안심해 주세요.
　2　이곳은 위험하기 때문에 조심해 주세요.
　3　이곳은 위험하기 때문에 생각해 주세요.
　4　이곳은 위험하기 때문에 지나가 주세요.
어휘 ｜ ここ 이곳, 여기 | あぶない 위험하다 | ちゅうい 주의 | ~てください ~해 주세요 | あんしん 안심 | 気をつける 주의하다, 조심하다 | かんがえる 생각하다 | とおる 지나가다

27　3　와이셔츠를 입는 것이 회사의 규칙입니다.
　1　와이셔츠를 입는 것이 회사의 트러블입니다.
　2　와이셔츠를 입는 것이 회사의 카탈로그입니다.
　3　와이셔츠를 입는 것이 회사의 룰입니다.
　4　와이셔츠를 입는 것이 회사의 동아리입니다.
어휘 ｜ ワイシャツ 와이셔츠 | きる (상의를) 입다 | かいしゃ 회사 | きそく 규칙 | トラブル 트러블, 문제 | カタログ 카탈로그 | ルール 룰 | クラブ 클럽

28　3　여동생은 영화관에서 아르바이트를 하고 있습니다.
　1　여동생은 영화관에서 영화를 보고 있습니다.
　2　여동생은 영화관에서 친구를 만나고 있습니다.
　3　여동생은 영화관에서 일하고 있습니다.
　4　여동생은 영화관에서 생각하고 있습니다.
어휘 ｜ いもうと 여동생 | えいがかん 영화관 | アルバイト 아르바이트 | えいが 영화 | 友だち 친구 | あう 만나다 | はたらく 일하다 | かんがえる 생각하다

29　3　부모님은 아이를 동물원에 데려갔습니다.
　1　부모님은 아이를 동물원에 혼자 보냈습니다.
　2　부모님은 아이를 동물원에 친구와 보냈습니다.
　3　부모님은 아이와 함께 동물원에 갔습니다.
　4　부모님은 아이와 함께 동물원에 가고 싶습니다.

어휘 りょうしん 부모님 | こども 아이 | どうぶつえん 동물원 | つれる 데리고 가(오)다 | 行く 가다 | ひとりで 혼자서 | 友だち 친구 | いっしょに 함께

30 4 누나(언니)는 역 앞의 빵집에서 일하고 있습니다.
　1 누나(언니)는 역 앞의 빵집의 공무원입니다.
　2 누나(언니)는 역 앞의 빵집의 역무원입니다.
　3 누나(언니)는 역 앞의 빵집의 화가입니다.
　4 누나(언니)는 역 앞의 빵집의 점원입니다.
어휘 あね 누나(언니) | えきまえ 역 앞 | パンや 빵집 | はたらく 일하다 | ~ている ~하고 있다 | こうむいん 공무원 | えきいん 역무원 | がか 화가 | てんいん 점원

문제 5 다음 단어의 쓰임으로 가장 올바른 것을 1·2·3·4 중 가장 올바른 것을 하나 고르세요.

31 4 이 요리는 어떤 맛이 납니까?
어휘 あじ 맛 | いたい 아프다 | しばらく 잠시 | はしる 달리다 | ~ことができる ~할 수 있다 | ここ 이곳, 여기 | むかし 옛날 | しょうがっこう 초등학교 | へや 방 | さむい 춥다 | つける (불을) 켜다 | りょうり 요리 | どんな 어떤

32 2 창문으로부터 시원한 바람이 들어오고 있습니다.
어휘 すずしい 선선하다, 시원하다 | ソファ 소파 | とても 매우 | まど 창문 | かぜ 바람 | はいる 들어오(가)다 | ~てくる ~해 오다 | 先生 선생님 | いつも 항상 | こわい 무섭다 | 友だち 친구 | ひっこし 이사

33 3 컴퓨터가 고장나서 새로운 것을 샀습니다.
어휘 こわれる 고장나다 | いそがしい 바쁘다 | 友だち 친구 | ~てあげる (내가 다른 사람에게) 주다 | ふたり 두 사람 | けんか 싸움, 다툼 | パソコン 컴퓨터 | あたらしい 새롭다 | かう 사다 | ちこく 지각 | 先生 선생님

34 3 별이 빛나는 것을 보기 위해 산에 올랐습니다.
어휘 ひかる 빛나다 | ちち 아빠 | まいあさ 매일 아침 | しんぶん 신문 | まだ 아직 | じかん 시간 | ゆっくり 천천히 | ほし 별 | みる 보다 | ~ために ~을 위해서 | やま 산 | のぼる 오르다 | 明日 내일 | えいご 영어 | テスト 시험

35 3 테이블 위에 두어도 괜찮습니까?
어휘 だいじょうぶだ 괜찮다 | とても 매우 | 人 사람 | おもう 생각하다 | くつ 신발, 구두 | らくだ 편하다 | いろ 색 | テーブル 테이블 | 上 위 | おく 두다 | 時 때 | 会う 만나다

| 언어지식(문법)·독해 |

문제 1 다음 문장의 (　　)에 들어갈 것으로 가장 적당한 것을 1·2·3·4에서 하나 고르세요.

1 3 이 가방은 10년 전에 샀기 때문에 매우 낡았습니다.
어휘 かばん 가방 | 前 ~전 | 買う 사다 | ~ので ~때문에 | とても 매우 | 古い 낡다

2 4 엄마와 함께 딸기로 잼을 만들었습니다.
어휘 母 엄마 | いっしょに 함께 | いちご 딸기 | ジャム 잼 | 作る 만들다

3 3 친구가 케이크를 만들어 주었기 때문에 답례의 선물을 샀습니다.
어휘 友だち 친구 | ケーキ 케이크 | 作る 만들다 | ~てくれる (다른 사람이 나에게)~해 주다 | おれい 답례 | プレゼント 선물 | 買う 사다

4 4 고국에 돌아갈 때까지 서점에서 아르바이트를 할 예정입니다.
어휘 国 고국, 나라 | 帰る 돌아가(오)다 | 本や 서점 | アルバイト 아르바이트 | つもり 예정

5   3   나는 야마다 씨만큼 머리가 좋지 않습니다.

어휘 あたま 머리 | いい 좋다 | 좋다

6   4   용무가 있으면 언제라도 연락해 주세요.

어휘 用事(ようじ) 용무 | れんらく 연락 | ~てください ~해 주세요

7   4   손님의 이름은 확실히 외워 주세요.

어휘 お客(きゃく)さん 손님 | 名前(なまえ) 이름 | 覚(おぼ)える 외우다 | ~てください ~해 주세요

8   3   아마존 강은 세상에서 가장 긴 강입니다.

어휘 川(かわ) 강 | せかい 세계 | ながい 길다

9   3   밤 늦게까지 영업하고 있는 레스토랑은 이곳뿐입니다.

어휘 夜遅(よるおそ)く 밤 늦게 | えいぎょう 영업 | レストラン 레스토랑

10   2   마에다 씨는 항상 뒷자리에 앉아 조용히 하고 있습니다.

어휘 いつも 항상 | うしろ 뒤 | 席(せき) 자리 | 座(すわ)る 앉다 | ~ている ~하고 있다

11   1   여행 참가를 신청할 예정입니다.

어휘 旅行(りょこう) 여행 | さんか 참가 | つもり 예정

12   2   또 언제 만날 수 있을지 모르기 때문에 사진을 찍어 두었습니다.

어휘 また 또, 다시 | いつ 언제 | わかる 알다 | ~ので ~때문에 | しゃしん 사진 | とる 찍다 | ~ておく ~해 두다

13   3   (백화점에서)

야마다: 이 스커트 입어 봐도 됩니까?

점원: 네, 이쪽으로 오세요.

어휘 デパート 백화점 | スカート 스커트, 치마 | こちら 이쪽 | どうぞ 자, 드세요, 하세요 (권유)

14   3   아직 준비가 되어있지 않습니다. 조금 더 기다려 주세요.

어휘 まだ 아직 | じゅんび 준비 | できる 되다 | もう 少(すこ)し 조

금 더 | 待(ま)つ 기다리다

15   3   안경을 쓴 채로 자 버렸습니다.

어휘 めがね 안경 | 寝(ね)る 자다 | ~てしまう ~해 버리다

문제 2 다음 문장의 ___★___ 에 들어갈 것으로 가장 알맞은 것을 1·2·3·4에서 하나 고르세요.

16   4   3 と 2 はなみ 4★ に 1 いって

어제 가족과 꽃놀이하러 가서 맛있는 것도 많이 먹었습니다.

어휘 きのう 어제 | 家族(かぞく) 가족 | はなみ 꽃놀이 | おいしい 맛있다 | もの ~것 | たくさん 많이 | 食(た)べる 먹다

17   3   4 いく 3★のは 1 遠いですが 2 くるま

지하철을 타고 가는 것은 멀지만 자동차라면 1시간이면 갈 수 있습니다.

어휘 地下鉄(ちかてつ) 지하철 | ~に乗(の)る ~을 타다 | 行(い)く 가다 | 遠(とお)い 멀다 | ~が ~이지만 | 車(くるま) 차 | ~なら ~라면 | 時間(じかん) 시간

18   4   2 なぜ 4★ おこって 3 いる 1 か

항상 웃고 있는 기무라 씨가 왜 화가 나 있는지 모르겠습니다.

어휘 いつも 항상, 늘 | 笑(わら)う 웃다 | ~ている ~하고 있다 | なぜ 왜 | おこる 화나다 | わかる 알다

19   2   4 いれて 3 おいたけど 2★お父さんが 1 たべて

냉장고에 넣어 두었는데 아빠가 먹어 버렸어.

어휘 れいぞうこ 냉장고 | 入(い)れる 넣다 | ~ておく ~해 두다 | お父(とう)さん 아버지 | 食(た)べる 먹다 | ~てしまう ~해 버리다

20   1   4 と 2 いう 1★花や 3 で

어렸을 적 '마리에'라고 하는 꽃집에서 가끔 꽃을 샀습니다.

어휘 子どものころ 어렸을 적 | いう 말하다 | 花(はな)や 꽃집 | ときどき 가끔, 때때로 | 花(はな) 꽃 | 買(か)う 사다

문제 3 다음 문장을 읽고 문장 전체의 내용을 생각하여 21 부터 25 안에 들어갈 적당한 것을 1·2·3·4에서 하나 고르세요.

아래 문장은 유학생의 작문입니다.

'할머니의 추억'

린·메이

나의 할머니는 내가 초등학교 3학년 때 돌아가셨습니다. 21 벌써 10년도 전의 일이기 때문에 할머니를 22 확실히 기억하고 있지는 않습니다. 물론 사진을 보면 할머니의 얼굴은 알지만, 스스로 떠올리려고 하면 좀처럼 떠오르지 않습니다. 할머니와 함께 살았던 시간은 길었는데 추억이 흐려져서 잊어버릴 것 같아 슬퍼집니다.

그러나 지금도 기억하고 있는 23 것도 있습니다. 어느 날 할머니는 나를 데리고 음료를 24 사러 갔습니다. 그 음료는 태어나서 처음 마신 맛이었습니다. 매우 달고 맛있었습니다. 더운 날이었는데 그 더위를 잊을 정도였습니다. 그래서 지금도 그것을 25 마시면 꼭 할머니를 떠올립니다. 이제 할머니와 함께 마실 수는 없지만, 할머니를 떠올릴 수 있기 때문에 기쁩니다.

어휘 祖母 할머니 | 思い出 추억, 기억 | 小学校 초등학교 | ~年生 ~학년 | 覚える 기억하다 | もちろん 물론 | 写真 사진 | 見る 보다 | 顔 얼굴 | わかる 알다 | 自分で 스스로 | 思い出す 떠올리다 | なかなか 좀처럼 | 一緒に 함께 | くらす 살다 | 時間 시간 | 長い 길다 | ~のに ~인데도 불구하고 | うすい 흐리다, 엷다 | 忘れる 잊다 | 悲しい 슬프다 | ある日 어느 날 | つれる 데리고 가(오)다 | 飲み物 음료 | 生まれる 태어나다 | ~てはじめて ~하고 처음으로 | 味 맛 | 必ず 꼭, 반드시 | もう 이제, 벌써 | ~ので ~때문에 | うれしい 기쁘다

---

21 **3** 1 만일 2 벌써 3 아직 4 설령

22 **2** 1 반드시 2 부디 3 확실히 4 곧장

23 **2** 1 X 2 것도 있습니다 3 하기로 합니다 4 하게 됩니다

24 **3** 1 사서 갔습니다 2 X 3 X 4 사러 갔습니다

25 **3** 1 마신 채 2 마시면 3 마실 즈음 4 마시는 동안

| 독해 |

문제 4 다음 (1)부터 (4)의 문장을 읽고 질문에 답하세요. 답은 1·2·3·4에서 가장 알맞은 것을 하나 고르세요.

(1)

가와하라 역에 이 안내문이 있습니다.

야마모토 역으로 가는 손님에게

전철을 이용해 주셔서 항상 감사합니다. 어제 태풍으로 나무가 쓰러져서 전철이 달릴 수 없습니다. 이 역 앞에서 야마모토 역까지 가는 버스가 있기 때문에 그 쪽을 이용해 주세요. 죄송합니다.

전철이 멈추는 기간 : 9월 19일(수) 19:00 ~ 9월20일(목) 10:00
- 야마모토 역까지의 버스 요금은 전철과 같습니다 .
- 버스는 전철보다 10분 오래 시간이 걸립니다 .

가능한 한 빨리 전철이 달릴 수 있도록 하겠습니다. 죄송합니다.

가와하라 역장

---

26 이 안내문에서 알 수 있는 것은 무엇입니까?

1 가와하라역 근처에는 지금 태풍이 오고 있습니다.
2 나무가 쓰러져서 전철이 달릴 수 없습니다.
3 야마모토 역에 가는 버스 요금은 전철보다 비쌉니다.
4 가와하라역에서 야마모토역까지는 버스 쪽이 빠릅니다.

어휘 ~の方 ~쪽 | お客さん 손님 | 電車 전철 | 利用 이용 | いつも 항상 | 昨日 어제 | 木 나무 | 倒れる 쓰러지다 | 走る 달리다 | 駅 역 | バスが でる (버스가) 출발하다 | そちら 그쪽 | 止まる 멈추다 | 期間 기간 | 料金 요금 | 同じだ 같다 | ~より 보다 | 長い 길다 | 時間 시간 | かかる (시간이) 걸리다 | できるだけ 가능한 한 | 早く 빨리

(2)

> 매년 참가하고 있는 여름 록 콘서트에 올해도 가 보았습니다. 올해는 유명한 가수가 나올 예정이었기 때문에 티켓이 비싸고 인기도 있어서 구매하는 것이 힘들었습니다. 저도 기대하고 있어서 살 수 있었을 때에는 매우 기뻤습니다. 그 가수가 나왔을 때, 모두가 큰 소리를 내며 즐거워 보였습니다. 그러나 콘서트 장은 너무 더워서 저는 조금 컨디션이 안 좋아졌습니다. 저처럼 되어 도중에 돌아가는 사람도 있었습니다.

27 왜 도중에 돌아가는 사람이 있었습니까?

1 티켓이 비쌌기 때문에

2 유명한 가수가 나오지 않았기 때문에

3 큰 목소리를 내서 몸 상태가 나빠졌기 때문에

4 회장이 더워서 몸 상태가 나빠졌기 때문에

어휘 毎年 매년 | 参加する 참가하다 | 夏 여름 | ロック 록 | コンサート 콘서트 | 今年 올해 | 有名だ 유명하다 | 歌手 가수 | 出る 나오다 | 予定 예정 | チケット 티켓 | 高い 비싸다 | 人気 인기 | 大変だ 힘들다 | 楽しみ 기대 | とても 매우 | 嬉しい 기쁘다 | 大きい 크다 | 声 (목)소리 | 出す 내다 | 楽しい 즐겁다 | でも 그러나 | 会場 회장 | 暑い 덥다 | ちょっと 조금 | 具合 몸 상태 | 悪い 나쁘다 | 途中で 도중에 | 帰る 돌아가(오)다

(3)

사라 씨 책상 위에 DVD와 메모가 놓여 있습니다.

> 사라 씨
>
> 사라 씨, 얼마 전에 빌린 영화 DVD 고마웠습니다. 매우 재미있었습니다. 나도 최근에 DVD를 3장 발견해서 샀습니다. 오늘은 1장 밖에 가져오지 못했는데, 괜찮다면 봐 주세요. 다른 2장은 주말에 또 가져 올게요.
>
> 사유리

28 사유리 씨는 주말에 무엇을 한다고 말하고 있습니까?

1 사라 씨에게 DVD를 2장 돌려줍니다.

2 사라 씨로부터 DVD를 3장 삽니다.

3 사라 씨에게 DVD를 2장 빌려줍니다.

4 사라 씨로부터 DVD를 3장 빌립니다.

어휘 この前 얼마 전 | 借りる 빌리다 | 映画 영화 | とても 매우 | おもしろい 재미있다 | 最近 최근 | ~枚 ~장 | 見つける 발견하다 | ~しか ~밖에 | 持ってくる 가져오다 | よかったら 괜찮다면 | ほかの~ 다른~ | 週末 주말 | また 또, 다시

(4)

> 항상 우리들과 함께 있는 동물에는 강아지나 고양이 등 많이 있지만, 그 중에서도 말은 옛날부터 사람과 함께 생활하고 있었습니다. 자동차나 전철이 나오기 전에는 말이 가장 빨랐습니다. 그리고 말은 코와 귀와 눈이 좋고, 매우 머리가 좋기 때문에 여러 가지 일을 할 수 있었습니다. 좋아하는 사람의 얼굴도 기억합니다. 그리고 말은 인간처럼 여러 가지 감정을 갖고 있습니다. 그래서 말은 사람과 옛날부터 함께 있었던 것입니다.

29 말이 사람과 옛날부터 함께 살았던 이유가 아닌 것은 어느 것인가?

1 말은 빠른 탈 것이기 때문에

2 말은 코와 귀와 눈과 머리가 좋기 때문에

3 말은 사람을 좋아하기 때문에

4 말에게도 여러가지 감정이 있기 때문에

어휘 いつも 항상 | 私たち 우리들 | 一緒に 함께 | 動物 동물 | 犬 강아지 | 猫 고양이 | たくさん 많이 | 昔 옛날 | 暮らす 살다, 생활하다 | 車 자동차 | 電車 전철 | 出てくる 나오다 | 一番 가장 | 馬 말 | 速い (속도가) 빠르다 | 目 눈 | 耳 귀 | 鼻 코 | 頭 머리 | 色々だ 여러 가지다, 다양하다 | 仕事 일 | できる 가능하다 | 好きだ 좋아하다 | 顔 얼굴 | 覚える 기억하다 | そして 그리고 | 人間 인간 | 気持ち 기분 | 持つ 가지다, 들다

문제 5 다음 문장을 읽고 질문에 답하세요. 답은 1·2·3·4에서 가장 적당한 것을 하나 고르세요.

이것은 하메스 씨가 쓴 작문입니다.

일본 아오모리

하메스・원

　지난 달 나는 일본의 시골에 다녀왔습니다. 북쪽에 있는 아오모리라고 하는 곳이었습니다. 내가 살고 있는 도쿄에서 신칸센으로 3시간밖에 걸리지 않습니다. 아오모리는 맛있는 사과를 많이 만드는 곳으로 유명합니다. 그리고 봄의 벚꽃과 여름의 축제, 가을에는 빨갛고 예쁜 낙엽을 보거나 겨울에는 눈이 많이 내리기 때문에 스키나 스케이트를 탈 수 있습니다.

　아오모리에서는 '네부타 축제'를 봤습니다. 이것은 300년 정도 전부터 있던 것으로 많고 큰 종이 인형과 함께 많은 사람이 길을 걷거나 점프하거나 합니다. 옛날에 사람이 나쁜 짓이나 좋지 않은 일이 있었던 때에 즐겁게 지내보자 하고 이 축제가 시작되었다고 합니다. 밤에 보면 인형 안에 불이 들어와 예뻤습니다. 이 날은 매우 (　　)지만, 보고 있는 사람도, 축제에 참가하고 있는 사람도 어느 쪽도 매우 즐거워 보였습니다. 물론 나도 그랬습니다.

　다음 날, 바다 근처의 호텔에 묵고 있었기 때문에, 바다를 보면서 산책하거나 맛있는 초밥이나 사과 디저트를 먹거나 특산품을 사거나 하면서 도쿄에 돌아왔습니다. 정말로 즐거운 여행이었습니다. 기회가 있으면 여러분도 가 보세요.

30　아오모리에 대해서 맞는 것은 무엇입니까?

　1　아오모리는 일본에서 매우 큰 거리 입니다.

　2　아오모리는 도쿄로부터 매우 멉니다.

　3　아오모리는 4개의 계절을 전부 즐길 수 있습니다.

　4　아오모리의 호텔은 전부 바다 근처에 있습니다.

31　(　　)에 들어가기에 가장 좋은 말은 무엇입니까?

　1　덥고 힘들었습니다.

　2　조용하고 어두웠습니다.

　3　춥고 유감이었습니다.

　4　시끄럽고 밝았습니다.

32　나도 그랬습니다 라는 것은 어떠한 것입니까?

　1　축제가 시작했다는 것

　2　축제에 참가했다는 것

　3　축제를 봤다는 것

　4　축제가 즐거웠다는 것

33　이 사람이 가장 말하고 싶은 것은 무엇입니까?

　1　도쿄는 아오모리보다 북쪽에 있다는 것

　2　나쁜 일이나 좋지 않은 일이 있었던 때에는 즐겁게 지내자고 하는 것

　3　기념품에는 맛있는 초밥과 사과 디저트가 좋다고 하는 것

　4　아오모리는 좋은 곳이기 때문에 한번 가보는 편이 좋다는 것

어휘　先月 지난 달 | 田舎 시골 | 北の方 북쪽 | 青森 아오모리 | 住む 살다 | 東京 도쿄 | 新幹線 신칸센 | ～しか ~밖에 | かかる 걸리다 | おいしい 맛있다 | りんご 사과 | 多い 많다 | 作る 만들다 | 有名だ 유명하다 | そして 그리고 | 春 봄 | 桜 벚꽃 | 夏 여름 | 祭り 축제 | 秋 가을 | 紅葉 단풍 | 冬 겨울 | 降る (눈·비가) 내리다 | スキー 스키 | スケート 스케이트 | 紙 종이 | 人形 인형 | 一緒に 함께 | 道 길 | 歩く 걷다 | ジャンプする 점프하다 | 昔 옛날 | 悪い 나쁘다 | 嫌だ 싫다 | 楽しい 즐겁다 | 過ごす 지내다, 보내다 | 始まる 시작되다 | 夜 밤 | 電気 전기, 불 | つく 켜지다 | きれいだ 예쁘다 | 参加する 참가하다 | もちろん 물론 | 次の日 다음 날 | 近く 근처 | ホテル 호텔 | 泊まる 묵다 | 帰る 돌아오(가)다 | 旅行 여행 | 機会 기회

문제 6 오른쪽 페이지의 '크리스마스 맞선 파티'의 안내문을 읽고 아래 질문에 답하세요. 답은 1·2·3·4에서 가장 적당한 것을 하나 고르세요.

2 3,000엔

3 **2,500엔**

4 1,500엔

크리스마스 맞선 파티

최근에는 인터넷으로 알게 되는 사람도 많습니다만, 역시 진짜로 만나야지 최고! 레스토랑 'HAPPY'에서는 30세부터 40세의 장래 결혼을 하고 싶은 사람들을 위해서 맞선 크리스마스 파티를 합니다! 맛있는 요리와 술을 마시면서 즐거운 시간을 보내지 않겠습니까? 커플이 되면 선물도 줍니다! 많은 여러분의 참가를 기다리고 있습니다!

날짜 : 12월 23일 (금)
장소 : 레스토랑 'HAPPY'
시간 : 오후 7시~ 오후9시
요금 : 남성 5,000엔 여성 3,000엔
*요금은 12월 23일에 가져와 주세요.

*주의
• 취소 비용은 7일전~3일전까지 50%, 전날은 80%, 파티 당일은 100%입니다.
• 취소 비용은 취소 날에 홈페이지(www.omimai.co.jp)에서 지불해 주세요.
• 예약은 1주일 전까지 해 주세요.

---

34 크리스마스 파티가 있습니다. 이 파티에 참가할 수 있는 사람은 어떤 사람입니까?

1 인터넷에서 다양한 사람과 알고 지내고 싶은 사람

2 **애인을 만들고 싶은 사람**

3 맛있는 요리와 술을 만들고 싶은 사람

4 선물을 갖고 싶은 사람

35 오늘은 12월 18일입니다. 남자인 다나카 씨는 파티 예약을 했지만, 갑자기 출장이 생겨서 갈 수 없게 되어 버렸습니다. 다나카 씨는 돈을 얼마나 지불하지 않으면 안 됩니까?

1 5,000엔

어휘 クリスマス 크리스마스 | お見合い 맞선 | パーティー 파티 | 最近 최근 | インターネット 인터넷 | 知り合う 알고 지내다 | やっぱり 역시 | 本当に 정말로, 진짜로 | 一番 가장, 최고 | レストラン 레스토랑 | ~歳 ~세, 살(나이) | 将来 장래 | 結婚 결혼 | ~ために ~를 위해서 | 料理 요리 | お酒 술 | 時間 시간 | 過ごす 보내다, 지내다 | カップル 커플 | プレゼント 선물 | あげる (내가 다른 사람에게) 주다 | 参加 참가 | 待つ 기다리다 | 日にち 날짜 | 場所 장소 | 午後 오후 | 料金 요금 | 男性 남자 | 女性 여성 | ご注意 주의 | キャンセル料金 취소 비용 | 前の日 전날 | 予約 예약

もんだい1

もんだい1では、まず　しつもんを　聞いて　ください。
それから　話を　聞いて、もんだいようしの　1から4の
中から、いちばん　いい　ものを　一つ　えらんで　くだ
さい。

れい

学校で先生と男の学生が話しています。男の学生はこれか
らまず何をしますか。

女: どうしたんですか。

男: すこし寒くて、頭も痛いです。

女: 早く病院に行ったほうがいいですが、薬は飲みました
　　か。

男: はい、もう飲みました。

女: じゃ、今日は家に帰って早く寝てください。

男の学生はこれからまず何をしますか。

1　びょういんへ　いく。

2　くすりを　のむ。

3　うちへ　かえる。

4　はやく　ねる。

문제1

문제1에서는 처음에 질문을 들으세요. 그리고 이야기를 듣고,
문제 용지의 1에서 4 중에서 가장 알맞은 것을 하나 골라 주세
요.

예

학교에서 선생님과 남학생이 이야기하고 있습니다. 남학생은
앞으로 먼저 무엇을 합니까?

여: 무슨일 이에요?

남: 조금 춥고 머리도 아파요.

여: 빨리 병원에 가는 편이 좋을 것 같은데, 약은 먹었나요?

남: 네, 이미 먹었습니다.

여: 그럼, 오늘은 집에 가서 빨리 자요.

남학생은 앞으로 먼저 우선 무엇을 합니까?

1　병원에 간다.

2　점심을 먹는다.

3　집에 돌아간다.

4　일찍 잔다.

1ばん

家で、お母さんと息子が話しています。息子はこの後何を
しますか。

母: りょうた、明日のキャンプの準備はもうできたの。

息子: うん、お菓子と飲み物と、服はカバンに入れたよ。

母: あ、薬は持って行かなくていいの？キッチンに薬が入っ
た小さいカバンがあるけど。

息子: そうだね。あれ、お母さん。薬がほとんど入ってない
よ。

母: あら、そう？じゃあ、ちょっと隣の薬局で買ってきてく
れない？

息子: 分かったよ。今から行ってくるね。

母: 暗いから、車に気をつけなさいよ。

息子はこの後何をしますか。

1

2

3

4

1번

집에서 엄마와 아들이 이야기하고 있습니다. 아들은 이 후에
무엇을 합니까?

엄마: 료타, 내일 캠프 준비는 벌써 다 했니?

아들: 응, 과자랑 음료, 옷은 가방 안에 넣었어.

엄마: 아, 약은 안 가져가도 돼? 부엌에 약이 들어간 작은 가방
이 있는데.

아들: 그렇지. 어? 엄마 약이 거의 안 들어 있어.

엄마: 어머 정말? 그럼 옆에 있는 약국에 가서 사와 줄래?

아들: 알겠어. 지금 갔다 올게.

엄마: 어두우니까, 조심해.

아들은 앞으로 무엇을 합니까?

어휘 | 明日 내일 | キャンプ 캠프 | 準備 준비 | できる 되다 | お菓子 과자 | 飲み物 음료 | 服 옷 | カバン 가방 | 入れる 넣다 | 薬 약 |
持つ 갖다, 들다 | キッチン 부엌 | 小さい 작다 | ほとんど 거의 | 薬屋 약국 | 暗い 어둡다 | 車 자동차 | 気をつける 조심하다 |
~なさい ~하거라, ~해라

2ばん

電話で男の人と女の人が話しています。男の人は来週の土曜日、何を準備しなければなりませんか。

男:もしもし、来週旅行に行くので、犬の世話をお願いしたいのですが。

女:はい。旅行は何日間行く予定ですか。

男:土曜日の朝に行って、日曜日の夜に帰ってくる予定です。

女:じゃ、2日間ですね。水はこちらで用意できるのですが、犬が食べるご飯は必要ですので、注意してください。おもちゃはうちにたくさんありますので、使ってくださいね。

男:あの、よかったら体も洗ってほしいんですが…。

女:はい、大丈夫ですよ。ただ、シャンプーは持ってきてもらわなければなりません。

男:あ、はい分かりました。では土曜日の朝に行きますね。

男の人は来週の土曜日、何を準備しなければなりませんか。

1 水と　ご飯
2 水と　シャンプー
3 ご飯と　おもちゃ
4 ご飯と　シャンプー

2번

전화로 남자와 여자가 이야기하고 있습니다. 남자는 다음 주 토요일 무엇을 준비해야 합니까?

남: 여보세요. 다음주 여행을 가기 때문에 강아지 돌보는 것을 부탁하고 싶습니다만.

여: 네. 여행은 며칠간 갈 예정입니까?

남: 토요일 아침에 가서, 일요일 저녁에 돌아올 예정입니다.

여: 그럼 2일간이네요. 물은 이쪽에서 준비할 수 있지만 강아지가 먹는 밥은 필요하기 때문에 주의해 주세요. 장난감은 저희 쪽에 많이 있기 때문에 사용해 주세요.

남: 저, 괜찮다면 몸도 씻겨 주셨으면 하는데요.

여: 네, 괜찮습니다. 단 샴푸는 가져와 주시지 않으면 안 됩니다.

남: 네. 알겠습니다. 그럼 토요일 아침에 가겠습니다.

남자는 다음주 토요일 무엇을 준비해야 합니까?

1 물과 밥
2 물과 샴푸
3 밥과 장난감
4 밥과 샴푸

어휘 | 電話 전화 | もしもし 여보세요 | 旅行 여행 | 犬 강아지 | 世話 보살핌 | 何日間 며칠간 | 予定 예정 | 土曜日 토요일 | 朝 아침 | 日曜日 일요일 | 夜 저녁 | 帰る 돌아가(오)다 | 用意 준비 | 必要だ 필요하다 | 注意 주의 | おもちゃ 장난감 | うち 우리(내가 소속되어 있는 집단을 뜻하는 의미로 본문에서는 '이쪽'으로 해석함) | ~なければならない ~하지 않으면 안 되다 | 分かる 알다

3ばん

デパートのアナウンスが流れています。子供の家族は、どこに行けばいいですか。

女:いらっしゃいませ。お客様にご案内します。今、5歳の田中健太君が、1階のエスカレーターの反対側にあるインフォメーションセンターにいます。3階のエレベーターの隣にあるおもちゃ売り場に一人でいるところを見つけました。家族の方は、来てください。

子供の家族は、どこに行けばいいですか。

3번

백화점 안내 방송이 나오고 있습니다. 아이의 가족은 어디로 가면 됩니까?

여: 어서 오세요. 손님 여러분께 안내말씀 드립니다. 지금 5살 타나카 켄타 군이 1층 에스컬레이터 반대 편에 있는 인포메이션 센터에 있습니다. 3층 엘리베이터 옆에 있는 장난감 판매장에 혼자 있는 것을 발견했습니다. 가족이신 분은 와 주세요.

아이의 가족은 어디로 가면 됩니까?

1

2

3

4

어휘 デパート 백화점 | アナウンス 방송 | 流れる (방송 등이) 흐르다, 흘러내리다 | 家族 가족 | お客様 손님 | 案内 안내 | ~歳 ~세 (나이) | エスカレーター 에스컬레이터 | 反対側 반대편 | インフォメーションセンター 인포메이션 센터, 안내소 | エレベーター 엘리베이터 | 隣 옆 | おもちゃ 장난감 | 売り場 매장 | 見つける 발견하다

先生が話しています。作文はいつまでに出せばいいですか。

女：皆さん、今日見た映画はどうでしたか。この映画を見て日本のことがよく分かりましたか。初めて知ってびっくりしたことや、おもしろかったことなど、色々あったと思います。では、今日の映画を見てどう思ったのか、作文に書いて出してください。えーと、そうですね。今日は金曜日なので一週間後の金曜日までと言いたいのですが、その日は学校が休みなので、その前の日までに出してください。

作文はいつまでに出せばいいですか。

1 今週の　木曜日
2 来週の　木曜日
3 今週の　金曜日
4 来週の　金曜日

선생님이 이야기하고 있습니다. 작문은 언제까지 제출하면 됩니까?

여: 여러분 오늘 본 영화는 어땠습니까? 이 영화를 보고 일본에 대해서 잘 알았습니까? 처음 알고 놀란 일이나 재미있는 일 등 다양하게 있었을 거라고 생각합니다. 그럼 오늘 영화를 보고 어떻게 생각했는지 작문해서 제출해 주세요. 어디 보자. 오늘은 금요일이기 때문에 일주일 후의 금요일까지라고 말하고 싶지만 그날은 학교가 쉬기 때문에 그 전날까지 제출해 주세요.

작문은 언제까지 제출하면 됩니까?

1 이번 주 목요일
2 다음 주 목요일
3 이번 주 금요일
4 다음 주 금요일

어휘 映画 영화 | よく 잘, 자주 | 分かる 알다 | 初めて 처음 | 知る 알다 | びっくりする 놀라다 | おもしろい 재미있다 | など 등 | 色々 여러 가지, 가지각색 | 思う 생각하다 | 作文 작문 | 出す 제출하다 | 金曜日 금요일 | ～ので ~이기 때문에 | 休み 휴일

5ばん

男の人と女の人が話しています。男の人はどの店の予約をしますか。

男：明日、イタリアの会社から来るお客さんとお昼ご飯を一緒に食べる予定なんですよね。どこがいいでしょうか。イタリア料理とか、フランス料理とか…スペイン料理とか？

女：そうなんですよね。イタリアの人だから、もちろんピザとかパスタとかイタリア料理が好きなんでしょうけど…。

男：じゃあ、駅前の店、予約しましょうか？ちょっと高いですけど人気ですよ。

女：でもせっかく日本に来るんですから、日本料理がいいんじゃないでしょうか。

男：寿司はどうでしょうか。会社の隣の店、おいしいじゃないですか。

女：それが、魚はあまり好きじゃないそうなんですよ。

男：そうなんですか。

女：あ、でも前に来た時、一度日本のイタリア料理も食べ 　てみたい って言ってましたね…。

男：じゃあ決まりですね。すぐ予約しますね。

男の人はどの店の予約をしますか。

1 　イタリア料理の　レストラン
2 　フランス料理の　レストラン
3 　スペイン料理の　レストラン
4 　日本料理の　レストラン

5번

남자와 여자가 이야기하고 있습니다. 남자는 어느 가게의 예약을 합니까?

남: 내일 이탈리아 회사에서 오는 손님과 점심 밥을 함께 먹을 예정이지요. 어디가 좋을까요? 이탈리아 요리라든가 프랑스 요리라든가…스페인 요리라든가?

여: 음 그렇네요. 이탈리아 사람이기 때문에 물론 피자나 파스타나 이탈리아 요리를 좋아하겠지만…

남: 그럼 역 앞에 있는 가게 예약할까요? 좀 비싸긴 해도 인기가 있어요.

여: 그런데 모처럼 일본에 오는 거니까 일본요리가 좋지 않을까요?

남: 초밥은 어떨까요? 회사 옆 가게 맛있지 않나요?

여: 그게, 생선은 그다지 좋아하지 않는다고 해요.

남: 그렇습니까?

여: 아 그래도 전에 왔을 때, 한번 일본의 이탈리아 요리도 먹 어 보고 싶다고 말했지요.

남: 그럼 결정됐네요. 바로 예약할게요.

남자는 어느 가게에 예약을 합니까?

1 　이탈리아 요리 레스토랑
2 　프랑스 요리 레스토랑
3 　스페인 요리 레스토랑
4 　일본 요리 레스토랑

어휘 イタリア 이탈리아 | 会社 회사 | お客さん 손님 | お昼ご飯 점심 | 一緒に 같이, 함께 | 予定 예정, 일정 | 料理 요리 | フランス 프랑스 | スペイン 스페인 | もちろん 물론 | ピザ 피자 | パスタ 파스타 | 好きだ 좋아하다 | 駅前 역 앞 | 店 가게 | 予約 예약 | 高い 비싸다 | 人気 인기 | せっかく 모처럼 | 寿司 초밥 | 隣 옆 | 魚 물고기, 생선 | 決まり 결정 | すぐ 바로

男の人と女の人が話しています。女の人はこの後何をしますか。

男:仕事を手伝ってくれてありがとうございました。

女:いえいえ。ちょうど私も時間がありましたから。

男:お礼に晩ご飯をごちそうしたいんですけど、どうですか。

女:ありがとうございます。でも、実は病院にいる祖父のところに行かなきゃいけなくて。体の具合があまりよくないんです。

男:あ、そうなんですか。とても悪いんですか?

女:でも、最近少し良くなったんです。

男:そう、それはよかった。じゃあ、またの機会に行きましょう。

女:はい、ぜひ。楽しみにしています。

女の人はこの後何をしますか。

1 仕事を 手伝う。
2 晩ご飯を 食べる。
3 病院に 行く。
4 祖父の 家に 行く。

남자와 여자가 이야기하고 있습니다. 여자는 이 후에 무엇을 합니까?

남: 일을 도와줘서 감사했습니다.

여: 아니에요. 마침 저도 시간이 있었기 때문에.

남: 답례로 저녁 밥을 대접하고 싶습니다만 어떻습니까?

여: 감사합니다. 그런데 실은 병원에 있는 할아버지께 가야 해서요. 몸 상태가 좋지 않아요.

남: 아 그렇습니까? 많이 나쁜가요?

여: 근데 최근에는 조금 좋아졌어요.

남: 그건 다행이네요. 그럼 다음 기회에 갑시다.

여: 네 꼭. 기대하고 있겠습니다.

여자는 이 후에 무엇을 합니까?

1 일을 돕는다.
2 저녁 밥을 먹는다.
3 병원에 간다.
4 할아버지 집에 간다.

어휘 仕事 일 | 手伝う 돕다 | ~てくれる ~해 주다 | ちょうど 딱, 마침 | 時間 시간 | お礼に 답례로 | 晩ご飯 저녁밥 | ごちそうする 대접하다 | 実は 실은 | 病院 병원 | 祖父 할아버지 | ところ 곳, 장소 | ~なきゃいけない ~하지 않으면 안 되다 | 体の具合 몸 상태 | あまり~ない 그다지 ~않다 | 悪い 나쁘다 | 最近 최근 | 少し 조금 | 良くなる 좋아지다 | 機会 기회 | ぜひ 꼭, 부디 | 楽しみにする 기대하다

7ばん

学校で男の人と女の人が話しています。二人はこの後まず
どこへ行きますか。

女:ねえねえ、今日は何しようか？

男:そうだなあ。お腹も空いたし、まずはレストランに行っ
て…その後は久しぶりに映画でも見に行かない？

女:私もお腹空いちゃった。あ、でも近所の映画館、最近工
事をしていて今開いていないって聞いたけど。

男:そうなんだ、残念だなあ。じゃあ映画館じゃなくて、イ
ンターネットカフェで映画を見るのはどう？

女:えー、映画を見るなら、やっぱりインターネットカフェ
より映画館で見たいな。

男:じゃ、カラオケはどう？

女:それもいいけど。うーん、やっぱり映画にしようか。

男:わかった。じゃ、そろそろ行こうか。

二人はこの後まずどこへ行きますか。

1　レストラン
2　映画館
3　インターネットカフェ
4　カラオケ

7번

학교에서 남자와 여자가 이야기하고 있습니다. 두 사람은 이
후에 우선 어디로 갑니까?

여: 있잖아, 오늘은 뭐 할까?

남: 글쎄. 배도 고프고 우선은 레스토랑에 가고… 그 후에는 오
랜만에 영화라도 보러 안 갈래?

여: 나도 배고파. 아 그런데 근처에 영화관 최근에 공사하고 있
어서 지금 안 열었다고 들었는데.

남: 그렇구나, 아쉽다. 그럼 영화관 말고 인터넷 카페에서 영화
를 보는 건 어때?

여: 어머, 영화 볼 거라면 역시 인터넷 카페보다는 영화관에서
보고 싶어.

남: 그럼 노래방은 어때?

여: 그것도 좋은데. 음, 역시 영화로 할까?

남: 알겠어. 그럼 슬슬 갈까?

두 사람은 이 후에 우선 어디로 갑니까?

1　레스토랑
2　영화관
3　인터넷 카페
4　노래방

어휘　お腹が空く 배가 고프다 | 久しぶりに 오랜만에 | 映画 영화 | 近所 근처 | 映画館 영화관 | 最近 최근 | 工事 공사 | 開く 열다 | ~
って聞いた ~라고 들었다 | 残念だ 유감스럽다, 아쉽다 | インターネットカフェ 인터넷 카페, PC방 | カラオケ 노래방 | そろそ
ろ 이제 슬슬

男の人と女の人が話しています。女の人は今日何をすることにしましたか。

男:あんなちゃん、今週末の予定、何かある？

女:ううん、ないけど、どうしたの？

男:友達4人で沖縄に行こうと思っているんだけど。もしよかったら一緒に行かないかと思って。

女:ええ、楽しそう。行きたい。もう必要な予約はしてあるの？

男:うん、ホテルの部屋は男が使う部屋と女が使う部屋、二つ予約してあるんだ。

女:飛行機は？私もチケットを早く買わなきゃいけないんじゃない？

男:うん、そうだね。本当は5人で行く予定だったんだけど、一人行けなくなっちゃって。だからホテルは予約しなくてもいいんだけど…。

女:そっか。じゃあ家に帰ったらすぐしなきゃね。

男:レンタカーも予約したし、食べ物は着いてからみんなでスーパーで買えばいいから…。

女:分かった。沖縄、楽しみだなあ。

女の人は今日何をすることにしましたか。

1 ホテルの　部屋を　予約する。
2 飛行機の　チケットを　買う。
3 レンタカーの　予約を　する。
4 スーパーで　食べものを　買う。

남자와 여자가 이야기하고 있습니다. 여자는 오늘 무엇을 하기로 했습니까?

남: 안나야, 이번 주말에 일정 있어?

여: 아니, 없는데, 무슨 일이야?

남: 친구 4명이서 오키나와에 가려고 하는데, 괜찮다면 같이 가지 않을까 해서.

여: 와 재미있겠다. 가고 싶어. 벌써 필요한 예약은 한 거야?

남: 응, 호텔 방은 남자가 사용하는 방과 여자가 사용하는 방 두 개 예약했어.

여: 비행기는? 나도 티켓을 빨리 사지 않으면 안 되는 거 아니야?

남: 응 그렇지. 실은 5명이서 갈 예정이었는데 한 명이 갈 수 없게 되어서. 그래서 호텔은 예약하지 않아도 괜찮은데…

여: 그렇구나. 그럼 집에 돌아가서 바로 연락해야 겠네.

남: 렌터카도 예약했고 음식은 도착하면 다같이 슈퍼에서 사면 되니까.

여: 알겠어. 오키나와 기대된다.

여자는 오늘 무엇을 하기로 했습니까?

1 호텔 방을 예약한다.
2 비행기 티켓을 산다.
3 렌터카 예약을 한다.
4 슈퍼에서 음식을 산다.

어휘 ┃ 今週末 이번 주말 ┃ 予定 예정 ┃ 友達 친구 ┃ 沖縄 오키나와 ┃ もし 혹시 ┃ よかったら 괜찮다면 ┃ 一緒に 함께, 같이 ┃ 楽しい 즐겁다 ┃ もう 이미, 벌써 ┃ 必要だ 필요하다 ┃ 予約 예약 ┃ ホテル 호텔 ┃ 部屋 방 ┃ 使う 사용하다 ┃ 二つ 두 개 ┃ 飛行機 비행기 ┃ チケット 티켓 ┃ ~なきゃいけない ~하지 않으면 안 되다 ┃ 本当は 사실은 ┃ ~に着く ~에 도착하다 ┃ スーパー 슈퍼 ┃ 楽しみ 기대, 즐거움

もんだい2

もんだい2では、まず しつもんを 聞いて ください。
そのあと、もんだいようしを 見て ください。読む 時
間が あります。 それから 話を 聞いて、もんだいよ
うしの 1から4の 中から、いちばん いい ものを
一つ えらんで ください。

れい

男の学生と女の学生が話しています。二人はいつ買い物に
行きますか。
女: 今日も授業の後はアルバイトですか。
男: はい。月曜日から金曜日までしています。
女: いそがしいですね。いっしょに買い物に行きたかったで
　 す。
男: 今度の日曜日はいいですよ。土曜日は図書館へ行くけど。
女: じゃ、土曜日に電話します。
二人はいつ買い物に行きますか。

1　げつようび
2　きんようび
3　どようび
4　にちようび

문제2

문제2에서는 먼저 질문을 들으세요. 그 다음 문제용지를 봐 주
세요. 읽는 시간이 있습니다. 그리고 이야기를 듣고, 문제용지
의 1에서 4 중에서 가장 적당한 것을 하나 골라 주세요.

예

남학생과 여학생이 이야기하고 있습니다. 두 사람은 언제 쇼핑
을 갑니까?

여: 오늘도 수업 후에 아르바이트 해요?

남: 네, 월요일부터 금요일까지 하고 있어요.

여: 바쁘네요. 함께 쇼핑하러 가고 싶었어요.

남: 이번 주 일요일은 괜찮아요. 토요일은 도서관에 가지만….

여: 그럼, 토요일에 전화할게요.

두 사람은 언제 쇼핑을 갑니까?

1　월요일
2　금요일
3　토요일
4　일요일

1ばん

会社で、男の人と女の人が話しています。男の人は母に何をプレゼントしますか。

男: 山田さん、料理の作り方、教えてくれませんか。

女: え、どうしたんですか、急に。

男: 実はそろそろ母の誕生日なので料理を作ってみようかなと思ったんですが、ほとんど料理をしたことがなくて…。

女: 料理もいいと思うんですが、何かアクセサリーのような記念に残るものがいいんじゃないですか。

男: 母はアクセサリーをつけるのがあまり好きじゃないんです。

女: 木下さん、手紙って書いたことありますか。たまには気持ちを伝えてみるのもいいと思いますけど。

男: それもいいと思うが、恥ずかしくて…。

女: じゃ、化粧品はどうですか。

男: うーん、それもあまり…。やっぱり山田さんが話したように、恥ずかしくても私の気持ちを伝えてみます。

男の人は母に何をプレゼントしますか。

1 料理

2 アクセサリー

3 手紙

4 化粧品

1번

회사에서 남자와 여자가 이야기하고 있습니다. 남자는 엄마에게 무엇을 선물합니까?

남: 야마다씨, 요리 만드는 법, 알려주시지 않겠습니까?

여: 무슨 일인가요 갑자기?

남: 실은 이제 곧 어머니 생신이기 때문에 요리를 만들어 볼까 생각했는데 거의 요리를 해본 적이 없어서…

여: 요리도 좋다고 생각하지만, 무언가 액세서리 같은 기념이 될 만한 것이 좋지 않을까요?

남: 어머니는 액세서리를 하는 것을 그다지 좋아하지 않아서요.

여: 키노시타씨 편지는 써 본 적이 있으신가요? 가끔은 마음을 전해 보는 것도 좋다고 생각하는데.

남: 그것도 좋지만, 부끄러워서…

여: 그럼 화장품은 어떤가요?

남: 음, 그것도 그다지… 역시 야마다씨가 말한 것처럼 부끄러워도 제 마음을 전해 보겠습니다.

남자는 엄마에게 무엇을 선물합니까?

1 요리

2 액세서리

3 편지

4 화장품

어휘 ┃ 料理 요리 ┃ 作り方 만드는 방법 ┃ 教える 가르치다 ┃ ~てくれませんか ~해주시지 않겠습니까? ┃ 急に 갑자기 ┃ 実は 실은, 사실은 ┃ そろそろ 슬슬 ┃ 誕生日 생일 ┃ ~てみる ~해 보다 ┃ 思う 생각하다 ┃ ほとんど~ない 거의~없다 ┃ 何か 무언가 ┃ アクセサリー 악세서리 ┃ 記念 기념 ┃ 残る 남다 ┃ (アクセサリーを)つける (액세서리를) 하다 ┃ 好きだ 좋아하다 ┃ 手紙 편지 ┃ ~たことがある ~한 적이 있다 ┃ たまに 가끔 ┃ 気持ち 마음, 기분 ┃ 伝える 전하다 ┃ 本当に 정말로 ┃ 恥ずかしい 부끄럽다 ┃ 化粧品 화장품 ┃ やっぱり 역시

2ばん

学校で男の学生と女の学生が話しています。男の学生はどうしてお腹が痛いと言っていますか。

女: どうしたの? 何だか具合が悪そう。風邪?

男: ちょっとお腹が痛くて。さっきご飯食べてきたんだけど…。

女: あ、食べすぎたんだ。

男: いや、駅前のカレーの店に行ってきたんだけど、そこで一番辛いカレーを食べたんだよ。僕辛いのが好きでさ。

女: ええ、あの店のカレー、全部食べたの?

男: うん。たくさん水を飲みながらね。

女: 辛い食べ物を食べる前には牛乳を飲むのがいいって聞いたことあるよ。

男: そうなんだ。今度から食べる前に飲んでみることにするよ。

男の人はどうしてお腹が痛いと言っていますか。

1 風邪を 引いたから
2 ご飯を 食べすぎたから
3 からい物を 食べたから
4 ぎゅうにゅうを たくさん 飲んだから

2번

학교에서 남학생과 여학생이 이야기하고 있습니다. 남학생은 왜 배가 아프다고 말하고 있습니까?

여: 무슨 일이야? 뭔가 컨디션 안 좋아 보여. 감기야?

남: 배가 좀 아파서. 방금 밥 먹고 왔는데…

여: 아 과식했구나.

남: 아니, 역 앞에 카레 가게에 다녀왔는데, 거기서 가장 매운 카레를 먹었거든. 나는 매운 것을 좋아해서.

여: 아 그 가게 카레, 전부 먹었어?

남: 응 물을 많이 마시면서 말이지.

여: 매운 음식을 먹기 전에는 우유를 마시는 편이 좋다고 들은 적이 있어.

남: 그렇구나. 이제부터 먹기 전에는 마셔 보도록 할게.

남학생은 왜 배가 아프다고 말하고 있습니까?

1 감기에 걸렸기 때문에
2 과식했기 때문에
3 매운 것을 먹었기 때문에
4 우유를 많이 마셨기 때문에

어휘 具合 상태, 컨디션 | 悪い 나쁘다 | 風邪 감기 | ちょっと 조금, 잠시 | お腹 배 | 痛い 아프다 | さっき 방금 | ご飯 밥 | けど ~인데 | ます형+すぎる 지나치게~하다 | 駅前 역 앞 | カレー 카레 | 店 가게 | そこ 그 곳 | 一番 가장 | 辛い 맵다 | 好きだ 좋아하다 | 全部 전부 | たくさん 많이 | 飲む 마시다 | ます형+ながら ~하면서 | 牛乳 우유 | 聞く 듣다, 묻다 | ~たことがある ~한 적이 있다 | ~てみる ~해 보다

医者が説明をしています。夜寝る前には何をした方がいい
と言っていますか。

男：最近、夜遅くまで寝られない人が増えています。寝られ
ない時に、携帯電話でインターネットをしたり、本を読
んだりする人がいますが、暗いところで目を使うこと
は、あまりよくありませんし、頭を使ってしまいます。
一番重要なことは、何も考えないことです。リラックス
できる静かな音楽を聞いてみましょう。それから、温か
い飲み物を飲んだ方がいいという人もいますが、コーヒ
ーは寝る前に飲んではいけません。飲むなら温かい牛乳
にしましょう。

夜寝る前には何をした方がいいと言っていますか。

1　携帯電話を　見る。
2　本を　読む。
3　静かな　音楽を　聞く。
4　コーヒーを　飲む。

의사가 설명을 하고 있습니다. 밤에 자기 전에는 무엇을 하는
편이 좋다고 말하고 있습니까?

남 : 최근에 밤늦게까지 잠들지 못하는 사람이 늘고 있습니다.
잠들지 못할 때, 휴대전화로 인터넷을 하거나 책을 읽거나
하는 사람이 있는데, 어두운 곳에서 눈을 사용하는 것은 그
다지 좋지 않고, 머리를 사용해 버립니다. 가장 중요한 것
은 아무것도 생각하지 않는 것입니다. 릴랙스 할 수 있는
조용한 음악을 들어 봅시다. 그리고 따뜻한 음료를 마시는
편이 좋다고 하는 사람도 있는데, 커피는 자기 전에 마셔서
는 안 됩니다. 마신다면 따뜻한 우유로 합시다.

밤에 자기 전에는 무엇을 하는 편이 좋다고 말하고 있습니까?

1　휴대전화를 본다.
2　책을 읽는다.
3　조용한 음악을 듣는다.
4　커피를 마신다.

어휘 医者 의사 | 夜遅く 밤늦게 | 寝る 자다 | 増える 늘다 | 携帯電話 휴대전화 | インターネット 인터넷 | ~たり ~하거나 | 本 책 | 読む 읽다 | 暗い 어둡다 | ところ 곳, 장소 | 目 눈 | 使う 사용하다 | あまり~ない 그다지 ~않다 | ~し ~하고 | 頭 머리 | ~てし まう ~해 버리다 | 一番 가장 | 重要だ 중요하다 | 何も 아무것도 | 考える 생각하다 | リラックス 릴랙스, 긴장을 풀고 쉼 | 静か だ 조용하다 | 音楽 음악 | ~てみる ~해 보다 | ~ましょう ~합시다 | 温かい (온도가) 따뜻하다 | 飲み物 음료 | ~た方がいい ~ 하는 편이 좋다 | コーヒー 커피 | ~てはいけない ~해서는 안 되다 | ~なら ~라면 | 牛乳 우유 | ~にする ~로 하다

4ばん

料理教室で女の人が話しています。午後1時からの授業では何を作りますか。

女:こんにちは。一日料理教室へようこそ。今日は皆さんに、料理やお菓子をどのように作るかを教えます。まず最初の授業は、このあと午前9時に始まります。その授業では、チョコレートクッキーを作ります。それが終わったら10時にラーメンを作る授業をして、そこで作ったラーメンを12時からのお昼ご飯の時間に食べます。ご飯を食べたら、アップルパイを作る授業をします。この授業は、午後1時から始まります。そして午後4時からの最後の授業では、色々なパンの作り方を勉強します。

午後1時からの授業では何を作りますか。

1 チョコレートクッキー
2 ラーメン
3 アップルパイ
4 パン

4번

요리교실에서 여자가 이야기하고 있습니다. 오후 1시부터의 수업에서는 무엇을 만듭니까?

여: 안녕하세요. 1일 요리 교실에 어서 오세요. 오늘은 여러분에게 요리와 과자를 어떻게 만드는지를 가르칩니다. 우선 첫 수업은 이 다음 오전 9시에 시작됩니다. 그 수업에서는 초콜릿 쿠키를 만듭니다. 그것이 끝나면 10시에 라면을 만드는 수업을 하고 그 곳에서 만든 라면을 12시부터인 점심 시간에 먹습니다. 밥을 먹으면 애플파이를 만드는 수업을 합니다. 이 수업은 오후 1시부터 시작됩니다. 그리고 오후 4시부터인 마지막 수업에서는 여러가지 빵의 만드는 방법을 공부합니다.

오후 1시부터의 수업에서는 무엇을 만듭니까?

1 초콜릿 쿠키
2 라면
3 애플파이
4 빵

어휘 一日 하루 | 料理 요리 | 教室 교실 | ようこそ 어서 오세요 | 皆さん 여러분 | お菓子 과자 | どのように 어떻게 | 作る 만들다 | ~か ~인지 | 教える 가르치다 | まず 우선 | 最初 처음 | 授業 수업 | 午前 오전 | 始まる 시작되다 | チョコレート 초콜릿 | クッキー 쿠키 | 終わる 끝나다 | ラーメン 라면 | 昼ご飯 점심 밥 | 時間 시간 | アップルパイ 애플파이 | 最後 마지막 | 色々だ 여러 가지다, 다양하다 | パン 빵 | 作り方 만드는 방법 | 勉強 공부

ラジオで動物園の人が話しています。動物園が前と変わったことは何ですか。

女: 皆さん！長い間工事をしていましたが、動物園が今日、新しくオープンします。営業する時間は、前と同じで午前９時から午後８時まで、土曜日は午後６時までです。チケットの料金は、前は大人は2,000円、学生は1,500円でしたが、これからはどちらも300円安くなります。もちろん動物園の中には、色々なレストランがあって、おいしい食べ物や飲み物を楽しむことができます。動物園の場所は、前と同じところにあります。では、皆さんに会えることを楽しみにしています！

動物園が前と変わったことは何ですか。

1　開く　時間
2　チケットの　料金
3　レストラン
4　場所

라디오에서 동물원 사람(직원)이 이야기하고 있습니다. 동물원이 전과 다른 점은 무엇입니까?

여: 여러분! 오랜 시간 공사를 하고 있었지만, 동물원이 오늘 새롭게 오픈합니다. 영업 시간은 전과 같아 오전 9시부터 오후 8시까지, 토요일은 오후 6시까지 입니다. 티켓 요금은 전에는 어른 2000엔, 학생 1500엔이었지만, 이제부터는 어느 쪽도 300엔 저렴해 집니다. 물론 동물원 안에는 다양한 레스토랑이 있어서, 맛있는 음식이나 음료를 즐길 수 있습니다. 동물원의 위치는 전과 같은 곳에 있습니다. 그럼 여러분을 만날 수 있기를 기대하고 있습니다!

동물원이 전과 다른 점은 무엇입니까?

1　여는 시간
2　티켓 요금
3　레스토랑
4　장소

어휘 ラジオ 라디오 | 動物園 동물원 | 長い間 오랜 시간 | 工事 공사 | 新しい 새롭다 | オープン 오픈 | 営業 영업 | 時間 시간 | 同じだ 같다 | 土曜日 토요일 | チケット 티켓 | 大人 어른 | 学生 학생 | これから 이제부터 | どちら 어느 쪽 | 安い 저렴하다 | 中 안 | 色々だ 여러가지다, 다양하다 | レストラン 레스토랑 | おいしい 맛있다 | 食べ物 음식 | 飲み物 음료 | 楽しむ 즐기다 | できる 할 수 있다 | 場所 장소, 위치 | ところ 곳, 장소 | 皆さん 여러분 | ~に会う ~를 만나다 | 楽しみ 기대

博物館の人が話しています。博物館で、してもいいことは何ですか。

女:博物館に入る前には、携帯電話は切っておいてくださいね。写真を撮ったり、作品に触ることはできません。周りの人と話すことはできますが、大きい声では話さないでください。食べ物や飲み物はもちろん持って入ることはできません。もし今持っている人がいたら、このテーブルの上に置いてから入ってください。

博物館で、してもいいことは何ですか。

1 携帯電話で 話す こと
2 写真を 撮る こと
3 小さい声で 話す こと
4 飲み物を 持って 入る こと

박물관 직원이 이야기하고 있습니다. 박물관에서 해도 되는 것은 무엇입니까?

여: 박물관에 들어올 때에는 휴대전화는 꺼 두 주세요. 사진을 찍거나, 작품을 만질 수 없습니다. 주변 사람과 이야기하는 것은 가능하지만, 큰 목소리로는 이야기하지 말아 주세요. 음식이나 음료는 물론 갖고 들어올 수 없습니다. 만일 지금 갖고 있는 사람이 있다면, 이 테이블 위에 두고 나서 들어가 주세요.

박물관에서 해도 되는 것은 무엇입니까?

1 휴대전화로 말하는 것
2 사진을 찍는 것
3 작은 목소리로 말하는 것
4 음료를 가지고 들어오는 것

어휘 博物館 박물관 | 入る 들어가(오)다 | 携帯電話 휴대전화 | 切る (전화를) 끄다 | ~ておく ~해 두다 | ~てください ~해 주세요 | 写真 사진 | 撮る 찍다 | ~たり ~하거나 | 作品 작품 | 触る 만지다 | できる 할 수 있다 | 周り 주변 | 話す 말하다, 이야기하다 | 大きい 크다 | 声 목소리 | 食べ物 음식 | 飲み物 음료 | もちろん 물론 | 持つ 가지다, 들다 | もし 혹시, 만일 | テーブル 테이블 | 上 위 | 置く 두다 | ~てから ~하고 나서

飛行機でパイロットが話しています。この飛行機はいつ到着しますか。

男:皆さん、今の東京の時間は、午後4時半です。出発が遅くなりましたので、予定より30分遅く到着すると思います。急いでいるお客様、申し訳ありません。この飛行機は15分後に、羽田空港に到着します。席に座って、シートベルトをしてください。

この飛行機はいつ到着しますか。

1 4:30

2 4:45

3 5:00

4 5:15

비행기에서 조종사가 말하고 있습니다. 이 비행기는 언제 도착합니까?

남: 여러분, 지금 도쿄 시간은 오후 4시 반입니다. 출발이 늦어졌기 때문에 예정보다 30분 늦게 도착할 것 같습니다. 서두르고 계신 승객 여러분께 죄송합니다. 이 비행기는 15분 후에 하네다 공항에 도착합니다. 자리에 앉아 안전벨트를 해주세요.

이 비행기는 언제 도착합니까?

1 4:30

2 4:45

3 5:00

4 5:15

어휘 皆さん 여러분 | 東京 도쿄 | 午後 오후 | 出発 출발 | 遅い 늦다 | 予定 예정 | ~より ~보다 | 到着 도착 | 急ぐ 서두르다 | お客様 손님 | 申し訳ありません 죄송합니다 | 飛行機 비행기 | 羽田空港 하네다 공항 | 席 자리 | 座る 앉다 | シートベルト 안전벨트

もんだい3

もんだい3では、えを 見ながら しつもんを 聞いて
ください。➡(やじるし)の 人は 何と 言いますか。1か
ら 3の 中から、 いちばん いい ものを 一つ え
らんで ください。

れい

昔の友達に会いました。何といいますか。

男: 1 いってらっしゃい。

　 2 ひさしぶりですね。

　 3 おかえりなさい。

문제3

문제3에서는 그림을 보면서 질문을 들어주세요. ➡ (화살표)
의 사람은 뭐라고 말합니까? 1에서 3 중에서 가장 알맞은 것을
하나 골라 주세요.

예

옛날 친구를 만났습니다. 뭐라고 말합니까?

남: 1 다녀오세요.

　 2 오랜만이네요.

　 3 어서 오세요.

1ばん

友達を映画に誘います。何といいますか。

女: 1 映画がもうすぐ始まるよ。

　 2 映画館はどこ？

　 3 映画を見に行かない？

1번

친구에게 영화를 보러 가자고 권합니다. 뭐라고 말합니까?

여: 1 영화가 곧 시작돼.

　 2 영화관은 어디야?

　 3 영화 보러 가지 않을래?

어휘 映画 영화 | 誘う 권하다, 불러내다 | もうすぐ 곧 | 始まる 시작되다 | どこ 어디 | 見る 보다

息子が遅い時間まで寝ています。何と言いますか。

女: 1 おやすみなさい。

2 早く起きたね。

3 早く起きなさい。

어휘　息子 아들 | 遅い 늦다 | 時間 시간 | 寝る 자다 | 早く 빨리 | 起きる 일어나다 | ～なさい ~하거라, ~해라

아들이 늦은 시간까지 자고 있습니다. 뭐라고 말합니까?

여: 1 안녕히 주무세요.

2 빨리 일어났네.

3 빨리 일어나.

今日友達が遠いところへ引っ越しします。何と言いますか。

女: 1 遊びに行くね。

2 どこから来たの？

3 飛行機で行くんだ。

어휘　遠い 멀다 | 引っ越し 이사 | 遊ぶ 놀다 | ～に行く ~하러 가다 | どこ 어디 | 来る 오다 | 飛行機 비행기

오늘 친구가 먼 곳으로 이사합니다. 뭐라고 말합니까?

여: 1 놀러 갈게.

2 어디에서 왔어?

3 비행기로 가.

4ばん

旅行先で買ってきたお土産をあげたいです。何と言いますか。

女:1　これ、もらってもいいですか？

　　2　これ、どこで買いましたか？

　　3　これ、つまらないものですが。

어휘　旅行先 여행지 ┃ 買ってくる 사 오다 ┃ お土産 특산물, 기념품 ┃ もらう 받다 ┃ いい 좋다 ┃ つまらない 시시하다

4번

여행지에서 사 온 기념품을 주고 싶습니다. 뭐라고 말합니까?

여:1　이거 받아도 됩니까?

　　2　이거 어디서 샀습니까?

　　3　이거 별거 아니지만.

5ばん

お見舞いに来ていましたが、そろそろ帰ろうと思います。何と言いますか。

男:1　お元気でしたか？

　　2　おやすみなさい。

　　3　お大事に。

어휘　お見舞い 병문안 ┃ そろそろ 슬슬(시간이 다 되어가는 모양) ┃ 帰る 돌아가(오)다

5번

병문안을 왔는데, 슬슬 집에 돌아가려고 합니다. 뭐라고 말합니까?

남:1　잘 지내셨습니까?

　　2　안녕히 주무세요.

　　3　몸 조심하세요.

もんだい4

もんだい4では、えなどが ありません。まず ぶんを 聞いて ください。それから、そのへんじを 聞いて、1から 3の 中から、いちばん いい ものを 一つ えらんで ください。

문제4

문제4에서는 그림 등이 없습니다. 먼저 문장을 들으세요. 그리고 그 대답을 듣고 1에서 3 중에서 가장 알맞은 것을 하나 고르세요.

れい

女:きょうは なんようびですか。

男:1　あさってです。

　　2　とおかです

　　3　きんようびです。

예

여: 오늘은 무슨 요일이에요?

남: 1　내일 모레입니다.

　　2　10일입니다.

　　3　금요일입니다.

1ばん

男:うまくできるか、心配です。

女:1　きっとうまくいきますよ。

　　2　とてもおいしいですよ。

　　3　本当にすみませんでした。

1번

남: 잘 할 수 있을지 걱정입니다.

여: 1　분명 잘 될 거예요.

　　2　매우 맛있어요.

　　3　정말로 죄송했습니다.

어휘 うまい 잘하다 | できる 할 수 있다 | きっと 분명 | うまくいく (일이) 잘 되다 | とても 매우 | おいしい 맛있다 | 本当に 정말로

2ばん

女:何を食べるか、決めましたか。

男:1　いいえ、飲み物は大丈夫です。

　　2　ラーメンを食べたらどうですか。

　　3　私は、カレーにします。

2번

여: 무얼 먹을지 정했습니까?

남: 1　아니요, 음료는 괜찮습니다.

　　2　라면을 먹는 건 어떻습니까?

　　3　저는 카레로 하겠습니다.

어휘 何 무엇 | 食べる 먹다 | 決める 결정하다 | 飲み物 음료 | 大丈夫だ 괜찮다 | ラーメン 라면 | カレー 카레 | ~にする ~로 하다

3ばん

男: パーティーに僕は何を持って行けばいい？

女: 1 大丈夫。何も必要ないよ。

2 うん、もちろん来てもいいよ。

3 そうだよ。楽しみにしているね。

어휘 パーティー 파티 | 何 무엇 | 持つ 갖다, 들다 | 大丈夫だ 괜찮다 | 必要だ 필요하다 | もちろん 물론 | 楽しみにする 기대하다

4ばん

女: デパートに行くには、どんなバスに乗ればいいですか？

男: 1 30分くらいかかると思いますよ。

2 25番のバスに乗ったら行けますよ。

3 あのバス停で乗ればいいですよ。

어휘 デパート 백화점 | どんな 어떤 | バス 버스 | ～に乗る ~를 타다 | くらい 정도 | かかる 걸리다 | ～と思う ~라고 생각하다 | ～番 ~번 | バス停 버스 정류장

5ばん

女: 土曜日に遊びに行く計画、覚えてる？

男: 1 それはいい計画だね。

2 じゃあ、カラオケはどう？

3 あ、ごめん。忘れていたよ。

어휘 土曜日 토요일 | 遊ぶ 놀다 | 計画 계획 | 覚える 기억하다 | カラオケ 노래방 | 忘れる 잊다

6ばん

男: 北海道に着いたら、何が先にしたい？

女: 1 いいね。私もしたい。

2 おいしい寿司が食べたいな。

3 私、北海道は初めてなんだ。

어휘 北海道 홋카이도 | ～に着く ~에 도착하다 | 先に 먼저 | ～たい ~하고 싶다 | おいしい 맛있다 | 寿司 초밥 | 初めて 처음

3번

남: 파티에 나는 무엇을 가져가면 돼?

여: 1 괜찮아. 아무것도 필요하지 않아.

2 응, 물론 와도 돼.

3 그래. 기대하고 있을게.

4번

여: 백화점에 가려면 어떤 버스를 타면 됩니까?

남: 1 30분정도 걸릴 것이라고 생각합니다.

2 25번 버스를 타면 갈 수 있어요.

3 저 버스정류장에서 타면 됩니다.

5번

여: 토요일에 놀러가는 계획 기억하고 있어?

남: 1 그건 좋은 계획이네.

2 그럼 가라오케(노래방)는 어때?

3 아 미안, 잊고 있었어.

6번

남: 홋카이도에 도착하면 무얼 먼저 하고 싶어?

여: 1 좋네. 나도 하고 싶어.

2 맛있는 초밥을 먹고 싶네.

3 나 홋카이도는 처음이야.

7ばん

女: もしもし。夜遅く悪いんだけど、今ちょっと話すことで
きる？

男: 1　今はまだ話してないよ。

　　2　うん、大丈夫だよ。どうしたの？

　　3　もう寝る時間なのに、ごめんね。

7번

여: 여보세요. 밤 늦게 미안한데, 지금 잠시 이야기할 수 있어?

남: 1　지금은 아직 이야기하지 않았어.

　　2　응 괜찮아. 무슨 일이야?

　　3　벌써 잘 시간인데 미안해.

어휘　もしもし 여보세요 ｜ 夜遅く 밤 늦게 ｜ 悪い 미안하다, 나쁘다 ｜ ちょっと 잠시, 잠깐 ｜ 話す 말하다, 이야기하다 ｜ できる 할 수 있다
｜ 大丈夫だ 괜찮다 ｜ 寝る 자다 ｜ 時間 시간 ｜ ～のに ~인데

8ばん

男: この歌、聞いたことありますか？

女: 1　はい、一番好きな歌手の歌です。

　　2　私はカラオケによく行きます。

　　3　歌うことはあまり好きではありません。

8번

남: 이 노래 들어본 적 있습니까?

여: 1　네, 가장 좋아하는 가수의 노래입니다.

　　2　나는 노래방에 자주 갑니다.

　　3　노래 부르는 것은 그다지 좋아하지 않습니다.

어휘　歌 노래 ｜ 聞く 듣다, 묻다 ｜ ～たことがある ~한 적이 있다 ｜ 一番 가장 ｜ 好きだ 좋아하다 ｜ 歌手 가수 ｜ カラオケ 노래방 ｜ よく 자
주, 잘 ｜ 歌う 노래 부르다 ｜ あまり～ない 그다지 ~않다

실전 모의테스트
2회 정답및해석

1교시 언어지식(문자·어휘+문법)×독해

| 언어지식(문자·어휘) |

문제1 ☐1 1 ☐2 2 ☐3 2 ☐4 4 ☐5 3 ☐6 1 ☐7 4 ☐8 2 ☐9 4

문제2 ☐10 1 ☐11 2 ☐12 3 ☐13 2 ☐14 3 ☐15 1

문제3 ☐16 4 ☐17 2 ☐18 1 ☐19 2 ☐20 4 ☐21 2 ☐22 1 ☐23 3 ☐24 4 ☐25 2

문제4 ☐26 3 ☐27 1 ☐28 3 ☐29 3 ☐30 2

문제5 ☐31 2 ☐32 4 ☐33 3 ☐34 2 ☐35 4

| 언어지식(문법)·독해 |

문제1 ☐1 3 ☐2 4 ☐3 3 ☐4 3 ☐5 2 ☐6 1 ☐7 1 ☐8 2 ☐9 1 ☐10 3 ☐11 1 ☐12 3 ☐13 2
　　 ☐14 3 ☐15 3

문제2 ☐16 1 ☐17 1 ☐18 2 ☐19 4 ☐20 3

문제3 ☐21 2 ☐22 4 ☐23 1 ☐24 4 ☐25 3

문제4 ☐26 1 ☐27 3 ☐28 1 ☐29 1

문제5 ☐30 2 ☐31 3 ☐32 1 ☐33 2

문제6 ☐34 2 ☐35 2

2교시 청해

| 청해 |

문제1 ☐1 2 ☐2 4 ☐3 1 ☐4 3 ☐5 4 ☐6 2 ☐7 2 ☐8 4

문제2 ☐1 2 ☐2 4 ☐3 1 ☐4 2 ☐5 4 ☐6 3 ☐7 4

문제3 ☐1 2 ☐2 1 ☐3 3 ☐4 1 ☐5 2

문제4 ☐1 2 ☐2 1 ☐3 1 ☐4 2 ☐5 1 ☐6 2 ☐7 2 ☐8 1

| 언어지식(문자·어휘) |

문제 1 _____의 단어는 히라가나로 어떻게 씁니까?
1·2·3·4 중 가장 알맞은 것을 하나 고르세요.

[1] 1 역 앞 빵집의 영업 시간을 알려 주세요.
어휘 えきまえ 역 앞 | パンや 빵집 | じかん 시간 | おしえる
가르치다 | ~てください ~해 주세요

[2] 2 나는 매일 아침 자전거를 타고 학교에 갑니다.
어휘 まいあさ 매일 아침 | のる 타다 | 学校(がっこう) 학교 | 行(い)く 가다

[3] 2 이 가방의 디자인은 좋지만, 조금 무겁습니다.
어휘 かばん 가방 | デザイン 디자인 | いい 좋다 | ちょっと 조금

[4] 4 점심 메뉴는 정해졌습니까?
어휘 昼(ひる)ごはん 점심(밥) | メニュー 메뉴

[5] 3 일요일은 무엇을 할 예정입니까?
어휘 日曜日(にちようび) 일요일 | 何(なに) 무엇 | する 하다

[6] 1 세계에는 다양한 음식이 있습니다.
어휘 いろいろだ 다양하다, 여러 가지다 | 食(た)べもの 음식 | あ
る 있다

[7] 4 저에게 조금 생각할 시간을 주세요.
어휘 すこし 조금 | じかん 시간 | ください 주세요

[8] 2 기무라 씨의 얼굴에 무언가 붙어 있습니다.
어휘 何(なに)か 무언가 | つく 붙다

[9] 4 야마다 씨는 대학에서 일본어를 연구하고 있습니다.
어휘 大学(だいがく) 대학 | 日本語(にほんご) 일본어 | ~ている ~하고 있다

문제 2 _____의 단어는 어떻게 씁니까? 1·2·3·4 중
가장 알맞은 것을 하나 고르세요.

[10] 1 아빠의 일은 자동차를 파는 것입니다.
어휘 父(ちち) 아빠 | しごと 일 | 車(くるま) 자동차

[11] 2 나는 그 의견에 반대입니다.
어휘 その 그 | いけん 의견

[12] 3 이 버튼을 누르면 표가 나옵니다.
어휘 この 이 | ボタン 버튼 | きっぷ 표 | 出(で)る 나오다

[13] 2 야마다 씨는 도서관에서 자료를 조사하고 있습니다.
어휘 としょかん 도서관 | しりょう 자료

[14] 3 나는 밤에 자기 전에 항상 일기를 씁니다.
어휘 夜(よる) 밤 | 寝(ね)る 자다 | 前(まえ) 전 | いつも 항상 | 書(か)く 쓰다

[15] 1 이 빌딩은 20년전에 세워졌습니다.
어휘 この 이 | ビル 빌딩 | 前(まえ) 전

문제 3 ( )에 무엇을 넣습니까? 1·2·3·4 중 가장
알맞은 것을 하나 고르세요.

[16] 4 전부해서 얼마 지불하면 됩니까?
어휘 ぜんぶ 전부 | いくら 얼마 | さわる 만지다 | すむ 살다 |
よる 들리다

[17] 2 야마다 씨가 입원했기 때문에 다 같이 병문안을 갈 거예
요.
어휘 にゅういん 입원 | ので 때문에 | みんなで 다같이 | おい
わい 축하 | おみやげ 기념품 | おれい 답례(인사)

[18] 1 조금 살찐 탓인지 치마가 들어가지 않는다.
어휘 すこし 조금 | スカート 치마 | 入(はい)る 들어가다 | やせる 마
르다 | ひろう 줍다 | すてる 버리다

19 | 2 | 새로운 자동차를 사기 위해 저금하고 있습니다.

어휘 あたらしい 새롭다 | 車 자동차 | 買う 사다 | こしょう 고장 | えんりょ 사양 | せいこう 성공

20 | 4 | 싸움을 했을 때, 먼저 사과하는 편이 좋습니다.

어휘 けんか 싸움 | 時 때 | さきに 먼저 | なおる 낫다 | やむ 그치다 | つつむ 포장하다

21 | 2 | 나는 이 서비스를 6년 전부터 이용하고 있습니다.

어휘 この 이 | サービス 서비스 | 前 전 | よてい 예정 | せわ 도와 줌, 보살핌 | しゅうかん 습관

22 | 1 | 내년에 옆 마을로 이사하게 되었습니다.

어휘 らいねん 내년 | となり 옆 | 町 마을 | きこく 귀국 | けいけん 경험 | れんしゅう 연습

23 | 3 | 지갑을 잃어버렸을 때 우선 경찰에 연락해 주세요.

어휘 さいふ 지갑 | 時 때 | まず 우선 | けいさつ 경찰 | れんらく 연락 | ~てください ~해 주세요 | しかる 혼내다 | てつだう 돕다 | さがす 찾다

24 | 4 | 자신의 마음을 전하기 위해 편지를 씁니다.

어휘 じぶん 자신, 자기 | きもち 기분, 마음 | てがみ 편지 | かく 쓰다 | すすめる 추천하다 | おぼえる 외우다 | しらべる 조사하다

25 | 2 | 얕은 연못이라도 아이끼리만 노는 것은 위험해요.

어휘 いけ 연못 | こども 아이 | あそぶ 놀다 | あぶない 위험하다 | ふかい 깊다 | ながい 길다 | みじかい 짧다

문제 4 _____의 문장과 대체적으로 비슷한 의미의 문장이 있습니다. 1·2·3·4 중 가장 알맞은 것을 하나 고르세요.

26 | 3 | 역 앞은 항상 붐비고 있습니다.
1 역 앞은 항상 사람이 넘어지고 있습니다.
2 역 앞은 항상 사람이 적습니다.
3 역 앞은 항상 사람이 많습니다.
4 역 앞은 항상 사람이 아무도 없습니다.

어휘 えきまえ 역 앞 | いつも 항상 | こむ 붐비다, 혼잡하다 | ころぶ 넘어지다 | すくない 적다 | おおい 많다 | だれも 아무도

27 | 1 | 처음부터 다시 하고 싶습니다.
1 처음부터 다시 하고 싶습니다.
2 끝부터 다시 하고 싶습니다.
3 지금부터 다시 하고 싶습니다.
4 나중부터 다시 하고 싶습니다.

어휘 最初 처음, 최초 | やりなおす 다시 하다 | はじめ 처음 | おわり 끝, 마지막 | いま 지금 | あと 나중

28 | 3 | 그녀의 집에 갔지만 부재중이었습니다.
1 그녀의 집에 갔지만 자고 있었습니다.
2 그녀의 집에 갔지만 일어나 있었습니다.
3 그녀의 집에 갔지만 아무도 없었습니다.
4 그녀의 집에 갔지만 누군가 있었습니다.

어휘 かのじょ 그녀 | 家 집 | 行く 가다 | るす 부재중 | 寝る 자다 | 起きる 일어나다 | だれも 아무도 | だれか 누군가

29 | 3 | 딸은 나에게 있어 가장 소중한 사람입니다.
1 딸은 나에게 있어 가장 재미있는 사람입니다.
2 딸은 나에게 있어 가장 무서운 사람입니다.
3 딸은 나에게 있어 가장 중요한 사람입니다.
4 딸은 나에게 있어 가장 정중한 사람입니다.

어휘 むすめ 딸 | いちばん 가장 | たいせつだ 소중하다 | 人 사람 | おもしろい 재미있다 | こわい 무섭다 | だいじだ 중요하다 | ていねいだ 정중하다

30 | 2 | 늦잠을 자서 선생님에게 혼났습니다.
1 늦잠을 자서 선생님에게 칭찬받았습니다.
2 늦잠을 자서 선생님에게 혼났습니다.
3 늦잠을 자서 선생님이 그만두었습니다.
4 늦잠을 자서 선생님이 보냈습니다.

어휘 ねぼう 늦잠 | 先生せんせい 선생님 | しかる 혼내다 | ほめる 칭찬하다 | やめる 그만두다 | おくる 보내다

문제 5 다음 단어의 쓰임으로 가장 알맞은 것을 1·2·3·4에서 하나 고르세요.

31 2 친구가 학교를 안내해 주었습니다.

어휘 あんない 안내 | けんこう 건강 | 明日あした 내일 | つもり 예정 | 友ともだち 친구 | 学校がっこう 학교 | 山やま 산 | 見みる 보다 | きゅうに 갑자기 | 雨あめ 비 | ふる 내리다 | しあい 시합

32 4 방을 정리하고 나서 놀러 갑니다.

어휘 かたづける 정리하다 | なやみ 고민 | 先生せんせい 선생님 | うんどう 운동 | シャワー 샤워 | まいあさ 매일 아침 | お母かあさん 엄마 | おいしい 맛있다 | ごはん 밥 | へや 방 | あそぶ 놀다

33 3 꼭 들었으면 하는 곡이 있습니다.

어휘 ぜひ 꼭, 부디 | かれ 그 | 来くる 오다 | おもう 생각하다 | からい 맵다 | すきだ 좋아하다 | 聞きく 듣다 | 曲きょく 곡 | アメリカ 미국 | 行いく 가다

34 2 둘이 결혼한다고 들어서 놀랐습니다.

어휘 おどろく 놀라다 | まいあさ 매일 아침 | すきだ 좋아하다 | かしゅ 가수 | しりょう 자료 | 明日あした 내일

35 4 이거, 조금 쓴 맛이 납니다만…

어휘 にがい 쓰다 | よる 밤, 저녁 | はやく 빨리 | 帰かえる 돌아가(오)다 | 今日きょう 오늘 | とても 매우 | クーラー 에어컨 | つける 켜다 | いろ 색 | ふく 옷 | すきだ 좋아하다 | ちょっと 조금 | あじ 맛

|언어지식(문법)·독해|

문제 1 다음 문장의 ( )에 들어갈 것으로 가장 적당한 것을 1·2·3·4에서 하나 고르세요.

1 3 야마다는 기무라 보다 키가 큽니다.

어휘 せ 키 | 高たかい 크다

2 4 그가 시합에 올지 어떨지 모릅니다.

어휘 かれ 그 | 試合しあい 시합 | 来くる 오다 | わかる 알다

3 3 (레스토랑에서)

손님: 저는 A세트로 하겠습니다.

점원: 네, 알겠습니다.

어휘 セット 세트 | わかる 알다

4 3 여름과 겨울 중 어느 쪽을 좋아합니까?

어휘 夏なつ 여름 | 冬ふゆ 겨울 | 好すきだ 좋아하다

5 2 마에다 선생님의 설명은 알기 쉽습니다.

어휘 先生せんせい 선생님 | せつめい 설명

6 1 역까지의 가는 방법을 알려드립니다.

어휘 駅えき 역 | 行いく 가다 | 教おしえる 가르치다, 알려주다

7 1 내가 만든 케이크를 먹어 봐 주세요.

어휘 作つくる 만들다 | ケーキ 케이크

8 2 나는 일본어능력시험을 치르려고 생각합니다.

어휘 日本語能力試験にほんごのうりょくしけん 일본어능력시험 | 思おもう 생각하다

9 1 항상 늦는 그녀이기 때문에 오늘도 늦겠지.

어휘 いつも 항상 | 遅おくれる 늦다 | かのじょ 그녀 | 今日きょう 오늘

10 3 여기에서 곧장 가면 우체국이 있습니다.

어휘 ここ 여기, 이곳 | まっすぐ 곧장 | 行いく 가다 | ゆうびんきょく 우체국

11 1 오늘 아침 늦잠을 자 버려서 엄마에게 혼났다.

어휘 今朝 오늘 아침 | ねぼう 늦잠 | 母 엄마

12 3 옆 집의 김씨는 아직 고등학생이라고 합니다.

어휘 となり 옆, 옆 집 | まだ 아직

13 2 (학교에서)

우에다 : 선생님 제가 들겠습니다.

선생님 : 고맙네.

어휘 先生 선생님 | 持つ 들다, 가지다

14 3 수업 중에 모자를 써서는 안 됩니다.

어휘 授業中 수업 중 | ぼうし 모자 | かぶる (모자를) 쓰다

15 3 (학교에서)

기무라 : '식은 죽 먹기'라고 하는 말을 알고 있습니까?

이토 : 아니요, 어떤 의미입니까?"

어휘 朝飯前 식은 죽 먹기 | 言葉 말, 단어 | どんな 어떤 | 意味 의미

문제 2 다음 문장의 ___★___ 에 들어갈 것으로 가장 알맞은 것을 1·2·3·4에서 하나 고르세요.

16 1 2 はいる 4 ため 1 ★に 3 毎日

도쿄대학에 들어가기 위해서 매일 도서관에서 공부하고 있습니다.

어휘 大学 대학 | はいる 들어가다 | 毎日 매일 | としょかん 도서관 | 勉強 공부

17 1 2 来なくても 1 ★旅行 3 は 4 行く

만일 그가 오지 않아도 여행은 갈 예정입니다.

어휘 もし 만일 | かれ 그 | 来る 오다 | 旅行 여행 | 行く 가다 | つもり 예정

18 2 3 しても 2 ★あきらめ 4 ずに 1 頑張って

실패해도 포기하지 말고 분발해 주세요.

어휘 失敗 실패 | あきらめる 포기하다 | がんばる 분발하다, 힘내다 | ~てください ~해 주세요

19 4 2 の 4 ★時 1 腕時計を 3 持って

선생님 시험 (볼) 때, 손목 시계를 가져와도 됩니까?

어휘 先生 선생님 | テスト 시험 | 時 때 | 腕時計 손목시계 | 持つ 가지다, 들다

20 3 1 夜 4 遅くまで 3 ★遊ばない 2 ように

아빠에게 밤 늦게까지 놀지 않도록 들었습니다.

어휘 父 아빠 | 夜遅く 밤 늦게 | 遊ぶ 놀다

문제 3 다음 문장을 읽고 문장 전체의 내용을 생각하여 21 부터 25 안에 들어갈 적당한 것을 1·2·3·4에서 하나 고르세요.

아래 문장은 유학생의 작문입니다.

```
                    선생님

                              송 난


  나의 선생님을 소개하겠습니다. 선생님의 이름은 '기무라 켄'
입니다. 40살 21 정도입니다. 내가 선생님을 알게 된지 1년
정도 22 가 됩니다. 그는 매우 키가 크고, 조금 마른 편입니다.
 23 항상 안경을 쓰고 있고 웃는 얼굴입니다. 내가 선생님을
처음 만났을 때, 선생님이라고 24 생각하지 못했습니다. 그만
큼 나이보다 젊어 보입니다. 선생님은 항상 학생들의 고민을 들
어줍니다. 그래서 선생님에게 상담하는 학생이 많습니다. 또한
모르는 것을 질문하면 친절하게 대답해 줍니다. 어려운 과목이지
만, 선생님 25 덕분에 즐겁게 공부하고 있습니다.
```

어휘 先生 선생님 | しょうかい 소개 | 名前 이름 | ~さい ~살, ~세(나이) | 知る 알다 | ほど 정도 | とても 매우 | せ 키

| 高い 크다 | 少し 조금 | やせる 마르다 | 方 편 | めがね
안경 | かける 쓰다 | えがお 웃는 얼굴 | 初めて 처음 | 会
う 만나다 | 時 때 | それほど 그만큼 | わかい 젊다 | 見え
る 보이다 | いつも 항상 | 学生たち 학생들 | なやみ 고민
| 聞く 듣다, 묻다 | だから 그래서 | そうだん 상담 | 多い
많다 | また 또한, 또 | 分かる 알다 | 質問 질문 | しんせ
つだ 친절하다 | 答える 대답하다 | むずかしい 어렵다 |
かもく 과목 | 楽しい 즐겁다 | 勉強する 공부하다

| 21 | 2 | 1 ~밖에 | **2 정도** | 3 만 | 4 까지 |

| 22 | 4 | 1 ~로 합니다 | 2 ~가 납니다 |
| | | 3 x | **4 ~가 됩니다** |

| 23 | 1 | **1 항상** | 2 그다지 | 3 전혀 | 4 꼭, 부디 |

| 24 | 4 | 1 생각했습니다 | 2 생각하고 싶었습니다 | 3
생각했던 때가 있습니다 | **4 생각하지 못했습니다** |

| 25 | 3 | 1 때문에 | 2 인데도 불구하고 |
| | | **3 덕분에** | 4 때문에(부정적인 이유) |

|독해|

문제 4 다음 (1)부터 (3)의 문장을 읽고 질문에 답하세
요. 답은 1·2·3·4에서 가장 적당한 것을 하나 고
르세요.

(1)

TV에 이 안내문이 나왔습니다.

여러분의 노래방

이 방송 '여러분의 노래방 쇼'에서는 노래를 불러 줄 사람을 모집하
고 있습니다. 당신의 능숙한 노래를 일본에 있는 모두에게 보여주지
않겠습니까? 회장에는 프로 가수와 뮤지션이 와서 보기 때문에
데뷔할 수 있는 기회가 있을지도 모릅니다. 나오고 싶은 사람은
방송 홈페이지에서 신청 해 주세요.
나올 수 있는 사람에 대해서
　　　우선은 방송 1주일 전에 시험에서 합격해 주세요.
　　　　　　연령: 18세 이상
　　　　　　참가 요금: 무료
　　　　　　　　　　　　　　　　XYZ 방송국

---

26 이 안내문의 내용에 맞는 것은 무엇입니까?

1 이 방송은 프로 가수나 뮤지션 앞에서 노래 부르는 방송
입니다.

2 방송에 나오고 싶은 사람은 방송국에 가서 신청합니다.

3 이 방송에는 누구라도 나올 수 있습니다.

4 이 방송에 참가할 때, 돈이 필요합니다.

어휘　番組 방송 | カラオケ 노래방 | ショー 쇼 | 歌う 노래 부
르다 | ~てくれる (다른 사람이 나에게)~해 주다 | ぼしゅ
う 모집 | じょうずだ 능숙하다 | 皆さん 모두 | 見せる 보
여주다 | 会場 회장 | プロ 프로 | 歌手 가수 | ミュージシ
ャン 뮤지션 | ~達 ~들(복수형) | デビュー 데뷔 | チャン
ス 기회 | ~かもしれない ~일지도 모른다 | ホームペー
ジ 홈 페이지 | 申し込む 신청하다 | まず 우선 | ~週間 ~
주간 | テスト 시험 | 合格 합격 | 年齢 연령 | ~歳 ~세 |
以上 이상 | 参加 참가 | 料金 요금 | 無料 무료 | テレビ
局 방송국

---

(2)

> 저의 엄마는 점심부터 저녁까지 슈퍼에서 일하고 있습니다. 손님의 계산을 하거나 많은 음식과 음료를 선반에 진열하거나 하고 있습니다. 그리고 손님이 물건이 어디에 있는지 물었을 때에는 가르쳐 주거나 다양한 요리를 만들거나 합니다. 그리고 집에 돌아와서 가족을 위해서 청소를 하거나 밥을 만들기도 합니다. 정말로 힘들다고 생각하지만, 나는 그런 엄마에게 항상 감사하고 있습니다.

[27] 엄마가 슈퍼에서 하는 일이 아닌 것은 무엇입니까?

1 손님의 계산을 합니다.

2 물건을 선반에 둡니다.

3 **여러 가지 요리를 가르칩니다.**

4 손님의 안내를 합니다.

어휘 母 엄마 | 昼 낮 | 夕方 저녁 | スーパー 슈퍼 | 働く 일하다 | お客さん 손님 | 会計 계산 | たくさん 많이 | 食べ物 음식, 먹을 것 | 飲み物 음료 | 棚 선반 | 置く 두다 | それから 그리고 | もの 물건 | 聞く 묻다, 듣다 | 教える 가르치다 | あげる (내가 다른 사람에게) 주다 | 色々だ 다양하다, 여러 가지다 | 料理 요리 | 作る 만들다 | 帰る 돌아가(오)다 | 家族 가족 | そうじ 청소 | ご飯 밥 | 本当に 정말로 | 大変だ 힘들다 | いつも 항상 | 感謝する 감사하다

(3)

> 결혼 축하해, 사쿠라!
> 결혼식에서 오랜만에 사쿠라를 만나고 싶었는데, 갑작스러운 출장이 있어서… 정말로 미안해. 남편도 캠프를 좋아한다고 말했었잖아, 다음에 다같이 산이나 바다에 가자.
> 그리고 괜찮다면 다음 주말에 함께 밥 먹으러 가지 않을래? 축하 의미로 내가 대접 할게.
> 그럼 연락 기다릴게.
>
> 사토미

[28] 사토미 씨는 사쿠라 씨의 결혼식 날에 무엇을 합니까?

1 **출장을 갑니다.**

2 캠프를 합니다.

3 함께 밥을 먹으러 갑니다.

4 사쿠라에게 연락을 합니다.

어휘 結婚 결혼 | おめでとう 축하해 | 結婚式 결혼식 | 久しぶりに 오랜만에 | 急だ 갑작스럽다 | 出張 출장 | 本当に 진짜로, 정말로 | ごめんね 미안해 | ご主人 (남의) 남편 | キャンプ 캠프 | 今度 이번, 다음 | みんなで 다같이 | それから 그리고 | 来週 다음 주 | 週末 주말 | 一緒に 함께 | お祝い 축하 | ごちそうする 대접하다 | また 또, 다시 | 連絡 연락 | 待つ 기다리다

(4)

> 일본에 살고 있으면 '일본인'을 보고 놀랄 때가 가끔 있습니다. 예를 들면, 다른 사람과 다른 것은 부끄럽다고 생각하는 사람이 많습니다. 기쁠 때나 슬플 때의 감정도 그다지 보여주지 않습니다. 그리고 진짜로 생각하고 있는 것과 말하는 것이 다른 것도 많습니다. 이것은 상대에게 나쁜 기분이 들게 하고 싶지 않기 때문이라고 합니다. 일본어도 일본의 문화도 많이 공부했지만 일본인을 아는 것은 아직 나에게는 어렵습니다.

[29] 이 사람이 '일본인'을 보고 놀란 이유는 무엇입니까?

1 **다른 사람과 같은 것이 좋다고 생각하는 사람이 많기 때문에**

2 기쁠 때나 슬플 때의 기분을 보여주는 사람이 많기 때문에

3 진짜 생각을 말하는 사람이 많기 때문에

4 상대를 나쁜 기분이 들게끔 하고 싶다고 생각하는 사람이 많기 때문에

어휘 ~に住む ~에서 살다 | びっくりする 놀라다 | たまに 가끔 | 例えば 예를 들면 | 他の人 다른 사람 | 違う 다르다 | 恥ずかしい 부끄럽다 | 考える 생각하다 | 多い 많다 | 嬉しい 기쁘다 | 悲しい 슬프다 | 時 때 | 気持ち 마음 | それから 그리고 | 本当に 진짜로, 정말로 | 話す 말하다 | 相手 상대 | 悪い 나쁜 | 気分 기분 | 文化 문화 | 勉強 공부 | 知る 알다 | まだ 아직 | 難しい 어렵다

문제 5 다음 문장을 읽고 질문에 답하세요. 답은 1·2·3·4
에서 가장 적당한 것을 하나 고르세요.

이것은 사쿠라 씨나 쓴 작문입니다.

연말연시

혼다 사쿠라

　　일본에서는 일년의 가장 마지막 날을 '오미소카'라고 합니다.
그 다음날은 '설날', 1월 전부를 '정월'이라고 합니다. 그리고 이
전부를 '연말연시'라고도 합니다.
　　오미소카는 정월의 준비를 하는 날입니다. 집 안을 깨끗하게
청소하거나 밤에 목욕을 하거나 소바(메밀 국수)를 먹거나 합니
다. <u>소바의 면은 길기 때문에</u> 먹으면 오래 살 수 있다고 하는 의
미가 있습니다. 그리고 밤 12시가 지날 때까지 가족 모두가 일어
나서 기다립니다.
　　그리고 설날에는 만난 사람 모두에게 '새해 복 많이 받으세요'
라고 인사를 합니다. 새로운 해를 함께 지낼 수 있어서 행복하다
는 의미입니다. 정월에는 '오세치(명절) 요리'라고 하는 불을 사
용하지 않은 음식을 먹습니다. '오래 살기를', '머리가 좋아지기
를', '아이가 많이 태어나기를' 등 다양한 의미가 있습니다. 오세
치 요리는 맛있지만 많이 만들지 않으면 안 됩니다. 그래서 조금
더 돈을 내고 <u>백화점이나 인터넷에서 사는</u> 사람도 많습니다.
　　최근에는 혼자서 사는 사람도 늘어났기 때문에 그다지 관계
없는 사람도 있지만, 일본인에게 이 날들은 의미가 있는 중요한
이벤트인 것입니다.

30　오미소카에는 왜 소바를 먹습니까?

1　정월에 소바를 만들지 않으면 안되기 때문에
2　오래 살 수 있다고 들었기 때문에
3　밤에 먹으면 맛있기 때문에
4　가족 모두 일어나 있기 때문에

31　오세치(명절) 요리를 백화점이나 인터넷에서 사는 것은 왜
　　입니까?

1　오세치 요리는 집에서 만들어서는 안되기 때문에
2　오세치 요리에는 여러가지 의미가 있기 때문에
3　오세치 요리를 만드는 것은 힘들기 때문에
4　백화점이나 인터넷의 오세치 요리는 싸기 때문에

32　최근에는 어떤 사람이 많아졌습니까?

1　가족과 함께 연말연시를 보내지 않는 사람
2　'새해 복 많이 받으세요'고 인사하는 사람
3　불을 사용하지 않는 음식을 먹는 사람
4　게임을 하거나 돈을 주거나 하는 사람

33　이 문장의 내용에 맞는 것은 무엇입니까?

1　12월 31일에는 '(새)해가 밝은 것을 축하합니다(=새해
　　복 많이 받으세요)'고 인사를 합니다.
2　1월 1일에는 요리를 먹거나 하면서 가족과 보냅니다.
3　정월에는 집안을 깨끗하게 청소하거나 밤에 목욕을 하거
　　나 합니다.
4　연말연시는 일본인에게 그다지 관계 없습니다.

어휘 いちばん 가장 ▏最後 마지막 ▏次の日 다음 날 ▏大晦日 오
미소카, 12월 31일 ▏元日 1월1일 ▏全部 전부 ▏お正月
정월 ▏年末年始 연말연시 ▏準備 준비 ▏きれいだ 깨끗하
다, 예쁘다 ▏掃除 청소 ▏お風呂に入る 목욕하다 ▏そば 소
바(메밀 국수) ▏めん 면 ▏長い 길다 ▏生きる 살다 ▏意味
의미 ▏過ぎる 지나다 ▏みんなで 다같이 ▏待つ 기다리다
▏明ける (해가) 밝다 ▏あいさつ 인사 ▏新しい 새롭다 ▏
一緒に 함께 ▏過ごす 보내다, 지내다 ▏幸せだ 행복하다 ▏
おせち料理 명절 요리 ▏火 불 ▏使う 사용하다 ▏食べもの
음식, 먹을 것 ▏頭 머리 ▏よくなる 좋아지다 ▏～ように ～
하도록 ▏子ども 아이 ▏生まれる 태어나다 ▏おいしい 맛
있다 ▏たくさん 많음 ▏～なければならない ～하지 않으면
안 되다 ▏それで 그래서 ▏もう少し 조금 더 ▏お金 돈 ▏払
う 지불하다 ▏デパート 백화점 ▏インターネット 인터넷 ▏
最近 최근 ▏一人で 혼자서 ▏暮らす 생활하다 ▏増える 늘
어나다 ▏関係 관계 ▏重要だ 중요하다 ▏イベント 이벤트

문제 6 다음의 A'일본어학부 여러분께'와 B달력을 보고 아래 질문에 답하세요. 답은 1·2·3·4에서 가장 적당한 것을 하나 고르세요.

A

일본어학부의 학생 여러분에게

4월 1일부터 시작되는 일본어 학부의 수업 듣는 방법을 알립니다. 수업을 듣는 요일이 다르기 때문에 주의해 주세요. 듣고 싶은 수업을 이번주 금요일까지 정해서 홈페이지로 신청해 주세요.

수업	수업을 듣는 요일	시간
일본어	월요일/금요일	9:00~10:00
문화	화요일/수요일	11:00~12:00
사회	화요일/목요일	11:00~12:00
역사	금요일	11:00~12:00
음악	화요일/목요일	14:00~15:00
커뮤니케이션	화요일/금요일	15:00~16:00

B

4月

일	월	화	수	목	금	토
6	7	8	9	10	11	12
		1	2	3	4	5
13	14	15	16	17	18	19
20	21	22	23	24	25	26
27	28	29	30			

34 김 씨는 '일본어'와 '문화'와 '음악'의 수업을 들으려고 합니다. 4월은 어떤 수업부터 시작합니까?

1 1일 화요일 '음악'수업

2 1일 화요일 '문화'수업

3 2일 수요일 '일본어'수업

4 2일 수요일 '문화'수업

35 오늘은 11일입니다. 사에라 씨는 일주일 동안에 '일본어'와 '사회'와 '역사' 수업을 듣고 있습니다. 오늘 일정에 맞는 것은 무엇입니까?

1 '일본어' 수업을 들은 후 '사회' 수업을 듣습니다.

2 '일본어'수업을 들은 후 '역사' 수업을 듣습니다.

3 '역사' 수업을 들은 후 '일본어' 수업을 듣습니다.

4 '사회' 수업을 들은 후 '역사' 수업을 듣습니다.

어휘 国際 국제 | 学部 학부 | 始まる 시작되다 | 授業 수업 | 受け方 듣는 방법 | 曜日 요일 | 違う 다르다 | 注意 주의 | 受ける (수업을) 듣다 | 今週 이번 주 | 決める 결정하다 | ホームページ 홈페이지 | 申し込む 신청하다 | 文化 문화 | 社会 사회 | 歴史 역사 | 音楽 음악 | コミュニケーション 커뮤니케이션 | 月曜日 월요일 | 火曜日 화요일 | 水曜日 수요일 | 木曜日 목요일 | 金曜日 금요일 | 土曜日 토요일 | 日曜日 일요일

もんだい1

もんだい1では、まず しつもんを 聞いて ください。それから 話を 聞いて、もんだいようしの 1から4の 中から、いちばん いい ものを 一つ えらんで ください。

れい

学校で先生と男の学生が話しています。男の学生はこれからまず何をしますか。

女: どうしたんですか。

男: すこし寒くて、頭も痛いです。

女: 早く病院に行ったほうがいいですが、薬は飲みましたか。

男: はい、もう飲みました。

女: じゃ、今日は家に帰って早く寝てください。

男の学生はこれからまず何をしますか。

1　びょういんへ　いく。

2　くすりを　のむ。

3　うちへ　かえる。

4　はやく　ねる。

문제1

문제1에서는 처음에 질문을 들으세요. 그리고 이야기를 듣고, 문제 용지의 1에서 4 중에서 가장 알맞은 것을 하나 골라 주세요.

예

학교에서 선생님과 남학생이 이야기하고 있습니다. 남학생은 앞으로 먼저 무엇을 합니까?

여: 무슨일 이에요?

남: 조금 춥고 머리도 아파요.

여: 빨리 병원에 가는 편이 좋을 것 같은데, 약은 먹었나요?

남: 네, 이미 먹었습니다.

여: 그럼, 오늘은 집에 가서 빨리 자요.

남학생은 앞으로 먼저 무엇을 합니까?

1　병원에 간다.

2　점심을 먹는다.

3　집에 돌아간다.

4　일찍 잔다.

1ばん

病院で、男の人と女の人が話しています。男の人は何を書きますか。

女:こんにちは。今日はどうしましたか。

男:ええと、ちょっと頭が痛くて。あと鼻水も少し出るんです。

女:そうですか。この病院は初めてですか。

男:はい。

女:じゃ、ここに電話番号と名前を書いてください。住所は書かなくてもいいですよ。

男:あの、すみませんが最近日本に来て、携帯電話をまだ持っていないんです。

女:そうですか。じゃあ名前だけで結構です。今までに大きい病気になったことはありますか。

男:いえ、ありません。

女:じゃあそこも書かなくて大丈夫です。ソファに座って待っていて下さい。

男の人は何を書きますか。

1 電話番号
2 名前
3 住所
4 病気のこと

1번

병원에서 남자와 여자가 이야기하고 있습니다. 남자는 무엇을 씁니까?

여: 안녕하세요. 오늘은 무슨 일로 오셨요?

남: 음…. 머리가 좀 아파서요. 그리고 콧물도 조금 나옵니다.

여: 그렇군요. 이 병원은 처음이신가요?

남: 네.

여: 그럼 여기에 전화번호와 이름을 써 주세요. 주소는 쓰지 않아도 됩니다.

남: 저기, 죄송하지만 최근에 일본에 와서 휴대전화를 아직 갖고 있지 않습니다.

여: 그렇군요. 그럼 이름만으로도 괜찮습니다. 지금까지 크게 아프신 적은 있나요?

남: 아뇨, 없습니다.

여: 그럼, 저기도 쓰지 않아도 괜찮습니다. 소파에 앉아서 기다려 주세요.

남자는 무엇을 씁니까?

1 전화번호
2 이름
3 주소
4 병에 관한 것

어휘 病院 병원 | 頭 머리 | 痛い 아프다 | あと 그리고 | 鼻水 콧물 | 少し 조금 | 出る 나오다 | 初めて 처음 | 電話番号 전화번호 | 名前 이름 | 住所 주소 | 書く 쓰다 | ~なくてもいい ~하지 않아도 된다 | 最近 최근 | 携帯電話 휴대전화 | 持つ 가지다, 들다 | 名前 이름 | 結構だ 괜찮다 | 大きい 크다 | 病気 병 | 病気になる 아프다 | 大丈夫だ 괜찮다 | ソファ 소파 | 座る 앉다

会社で男の人と女の人が話しています。男の人はこの後何をしますか。

女: 鈴木さんが会社を辞めること聞きましたか。

男: ええ、そうなんですか。全然知りませんでした。

女: そうなんです。来週の金曜日に。だから今日仕事が終わったら会議室で鈴木さんのさよならパーティーをみんなでしようと思っています。今日時間ありますか。

男: はい、大丈夫です。何か手伝うこと、ありませんか。

女: そうですね…プレゼントはさっき買ったし、食べ物や飲み物は山田さんが買ってきてくれます。

男: そうなんですか。じゃあ、他に参加できる人がいないか電話して聞いてみましょうか。

女: あ、すみませんが、お願いします。

男: はい。

男の人はこの後何をしますか。

1

2

3

4

2번

회사에서 남자와 여자가 이야기하고 있습니다. 남자는 앞으로 무엇을 합니까?

여: 스즈키 씨가 회사를 그만둔다는 이야기 들었어요?

남: 정말요? 전혀 몰랐어요.

여: 그렇답니다. 다음 주 금요일에 (그만둔다고 해요). 그래서 오늘 일이 끝나면 회의실에서 스즈키 씨의 송별회를 하자고 야마다 씨와 계획하고 있어요. 오늘 시간 있으신가요?

남: 네 괜찮습니다. 제가 무언가 도울 일 없나요?

여: 음, 선물은 방금 샀고 음식이나 음료는 야마다 씨가 사 올 거예요.

남: 그런가요? 그럼 이 외에 참가할 수 있는 사람 있는지 전화해서 물어볼까요?

여: 아 죄송하지만, 부탁하겠습니다.

남: 네.

남자는 앞으로 무엇을 합니까?

어휘 会社 회사 | 辞める 그만두다 | 聞く 듣다, 묻다 | 全然 전혀 | 知る 알다 | 来週 다음 주 | 金曜日 금요일 | 残念だ 유감이다 | この間 얼마전 | 初めて 처음으로 | 話す 말하다, 이야기하다 | とても 매우 | いい 좋다 | 思う 생각하다 | ~のに ~인데 | だから 그래서 | 仕事 일 | 終わる 끝나다 | さよならパーティー 작별 파티(송별회) | 計画 계획 | 大丈夫だ 괜찮다 | 手伝う 돕다 | プレゼント 선물 | 他に 이 외에 | 参加 참가 | できる 할 수 있다 | 電話 전화

3ばん

日本語学校で男の先生と女の先生が話しています。女の先生はテストを何枚準備しますか。

女:明日は今学期最後のテストですね。もう準備してありますか。

男:それがちょっと忙しくてまだできていないんですよ。

女:じゃあ、私手伝いますよ。あれ、うちのクラスと同じテストですね。さっき私も準備して、ちょうど10枚残ってるんです。先生のクラスは何人でしたっけ。

男:うちのクラスは20人です。

女:じゃ、10枚だけ準備したらいいですね。私がしますよ。

男:ありがとうございます。あ、そうだ。明日は5人だけ違うテストをするんでした。それはもう準備できているんです。

女:そうなんですか。はい、分かりました。

女の先生はテストを何枚準備しますか。

1　5枚

2　10枚

3　15枚

4　20枚

3번

일본어 학교에서 남선생님과 여선생님이 이야기하고 있습니다. 여선생님은 시험을 몇 장 준비합니까?

여: 내일은 이번학기 마지막 시험이네요. 벌써 준비되어 있습니까?

남: 그게 조금 바빠서 아직 다 되어있지 않습니다.

여: 그럼 내가 도와 줄게요. 어? 우리 반과 같은 시험이네요. 방금 나도 준비해서 딱 10장 남아있어요. 선생님 반은 몇 명이었지요?

남: 우리 반은 20명입니다.

여: 그럼, 10장만 준비하면 되겠네요. 제가 할게요.

남: 고맙습니다. 아 맞다. 내일은 5명만 다른 시험을 봅니다. 그건 이미 준비되어 있습니다.

여: 그래요? 네, 알겠습니다.

여선생님은 시험을 몇 장 준비합니까?

1　5장

2　10장

3　15장

4　20장

어휘 学期 학기 ┃ 最後 마지막 ┃ テスト 시험 ┃ 準備 준비 ┃ 타동사+てある ~해져 있다(상태) ┃ ちょっと 조금, 잠시 ┃ 忙しい 바쁘다 ┃ できる 다 되다 ┃ 手伝う 돕다 ┃ うち 우리 ┃ クラス 반 ┃ 同じだ 같다 ┃ テスト 시험 ┃ さっき 방금 ┃ ちょうど 딱, 마침 ┃ 残る 남다 ┃ ~っけ ~이었지? ┃ だけ ~만, 뿐 ┃ 違う 다르다 ┃ 分かる 알다

4ばん

日本語学校で先生が話しています。学生達は明日、どのようにボーリング場に行きますか。

男:明日は学校のボーリング大会ですね。ボーリング場がどこにあるかは知っていますか。ここから10kmくらいのところにあります。歩いて行くのは大変ですし、近くに駅がないので、電車では行けません。クラス一つにバスを一台を用意しました。朝9時に学校の前で出発するので、明日は遅れないで来てくださいね。自転車は、皆が乗ってくるととめるところがなくなってしまうので、乗って来ないでください。

学生達は明日、どのようにボーリング場に行きますか。

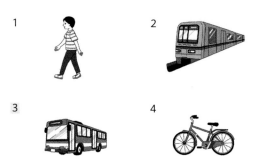

1

2

3

4

4번

일본어 학교에서 선생님이 이야기하고 있습니다. 학생들은 내일 어떻게 볼링장에 갑니까?

남: 내일은 학교 볼링 대회입니다. 볼링장이 어디에 있는지 알고 있나요? 여기서부터 10km정도의 곳에 있습니다. 걸어서 가는 것은 힘들고 근처에 역이 없기 때문에 전철로는 갈 수 없습니다. 한 클래스에 버스 한 대를 준비했습니다. 아침 9시에 학교 앞에서 출발하기 때문에 내일은 늦지 않게 와 주세요. 자전거는 모두가 타면 세울 곳이 없어지기 때문에, 타고 오지 말아 주세요.

학생들은 내일 어떻게 볼링장에 갑니까?

어휘 ボーリング大会 볼링 대회 | ボーリング場 볼링장 | ~か ~인지 | 知る 알다 | くらい 정도 | 歩く 걷다 | 大変だ 힘들다 | 近く 근처 | 駅 역 | 電車 전철 | クラス 클래스, 반 | ~台 ~대(수량사) | 用意 준비 | 出発 출발 | 遅れる 늦다 | ~てください ~해 주세요 | 自転車 자전거 | 乗る 타다 | とめる 세우다 | なくなる 없어지다

5ばん

会社で女の人と男の人が話しています。男の人はこれから何をしますか。

女: 初めまして。あなたが新しく入った佐々木さんですね。私はこのチームのリーダーの吉田です。

男: 初めまして。よろしくお願いします。佐々木です。

女: 30分後に私と一緒に会議参加しなければならないのですが、その前に仕事の説明を今からしようと思います。

男: はい、ありがとうございます。

女: 最初はコピーをしたり資料のチェックなど、私の簡単な仕事を手伝ってもらいます。

男: はい、分かりました。今日は何から始めたらいいでしょうか。

女: そうですね。私は今からちょっと電話をしなければならないので、その間に まずは コンビニに行って、会議に参加する人の飲み物を買ってきてもらえますか。

男: はい、分かりました。

男の人はこれから何をしますか。

1 コピーをする。
2 資料をチェックする。
3 電話に出る。
4 飲みものを買う。

5번

회사에서 여자와 남자가 이야기하고 있습니다. 남자는 앞으로 무엇을 합니까?

여: 처음 뵙겠습니다. 당신이 새롭게 들어온 사사키 씨군요. 저는 이 팀의 리더 요시다입니다.

남: 처음 뵙겠습니다. 잘 부탁드립니다. 사사키입니다.

여: 30분 후에 저와 함께 회의 참가하지 않으면 안되는데 그 전에 일에 대한 설명을 지금부터 하려고 합니다.

남: 네, 감사합니다.

여: 처음에는 복사를 하거나 자료를 확인하는 등 저의 간단한 일을 도와주면 됩니다.

남: 네, 알겠습니다. 오늘은 무엇부터 시작하면 됩니까?

여: 음, 저는 지금부터 잠깐 전화를 하지 않으면 안 되니 그 사이에 우선은 편의점에 가서 회의에 참가하는 사람의 음료를 사 와 주겠습니까?

남: 네, 알겠습니다.

남자는 앞으로 무엇을 합니까?

1 복사를 한다.
2 자료를 체크한다.
3 전화를 받는다.
4 음료를 산다.

어휘 会社 회사 | 初めまして 처음 뵙겠습니다 | 新しい 새롭다 | 入る 들어오(가)다 | チーム 팀 | リーダー 리더 | 一緒に 함께, 같이 | 会議 회의 | 参加する 참가하다 | ~なければならない ~하지 않으면 안 되다 | 仕事 일 | 説明 설명 | 동사 의지형+と思う ~하려고 생각하다 | 最初 처음, 최초 | コピー 복사 | ~たり ~하거나 | 資料 자료 | チェック 확인 | 簡単だ 간단하다 | 手伝う 돕다 | 分かる 알겠다 | 始める 시작하다 | ちょっと 잠시, 조금 | 電話 전화 | 間に 사이에 | コンビニ 편의점 | 飲み物 음료

日本語学校で、男の先生と女の学生が話しています。女の学生はこの後何をしますか。

男: ミシェルさん、今日で日本語学校での授業は最後ですね。

女: はい。みんなと別れるのが悲しいです。さっき、たくさんの友達と写真を撮りました。 これからみんながパティーをしてくれるんです。

男: それはいいですね。学校を出る前にほかの先生にもあいさつをしていったら、喜ぶと思いますよ。

女: そうですね、そうします。

男: そういえば、 これから はどうするか、決めましたか。

女: はい、私、アメリカに帰って日本語を教えることにしました。

男: え、そうなんですか。ミシェルさんならきっといい先生になれますよ。体に気をつけて、頑張ってくださいね。

女: はい、ありがとうございます。今までお世話になりました。

女の学生はこの後何をしますか。

1 友だちと 写真を 撮る。
2 みんなで パーティーを する。
3 ほかの先生に あいさつを する。
4 アメリカで 日本語を 教える。

일본어 학교에서 남선생님과 여학생이 이야기하고 있습니다. 여학생은 앞으로 무엇을 합니까?

남: 미셸씨, 오늘로 일본어 학교에서의 수업은 끝이네요.

여: 네. 여러분과 헤어지는 것이 슬퍼요. 방금 많은 친구들과 사진을 찍었어요. 지금부터 모두가 파티를 해 준 대요.

남: 그거 좋네요. 학교를 나가기 전에 다른 선생님과도 인사를 하면, 기뻐할 거라고 생각해요.

여: 그렇죠. 그렇게 할게요.

남: 그러고 보니 앞으로는 어떻게 할지 정했나요?

여: 네. 저는 미국에 돌아가서 일본어를 가르치는 일을 할 거예요.

남: 아 그렇군요. 미셸 씨라면 분명 좋은 선생님이 될 수 있을 거예요. 몸 조심하고 힘내세요.

여: 네, 감사합니다. 지금까지 신세 졌습니다.

여학생은 앞으로 무엇을 합니까?

1 친구와 사진을 찍는다.
2 다 같이 파티를 한다.
3 다른 선생님과 인사를 한다.
4 미국에서 일본어를 가르친다.

어휘 授業 수업 ┃ 最後 마지막 ┃ みんな 모두 ┃ 別れる 헤어지다 ┃ 悲しい 슬프다 ┃ さっき 방금 ┃ たくさん 많음 ┃ 友達 친구 ┃ 写真 친구 ┃ 撮る 찍다 ┃ パーティー 파티 ┃ 出る 나가다 ┃ ほかの 다른 ┃ あいさつ 인사 ┃ 喜ぶ 기뻐하다 ┃ 思う 생각하다 ┃ アメリカ 미국 ┃ 帰る 돌아가(오)다 ┃ 教える 가르치다 ┃ 気をつける 조심하다 ┃ 頑張る 분발하다 ┃ 世話になる 신세를 지다

7 ばん

電話で、男の人と女の人が話しています。男の人はこの後何をしますか。

女: もしもし？まだデパート？

男: 今から出るところだけど。買うの、牛乳でよかったんだよね？

女: よかった。うん、そう。牛乳。それから悪いんだけど、バターも買ってきてくれない？

男: 分かった。あ、でも冷蔵庫の下の方にまだ開けていないバターがあるのを昨日見たけど…

女: あ、そう？…あ、本当だ。じゃあバターはいいや。

男: 他に必要なものはない？

女: あとは大丈夫。ありがとう。

男の人はこの後何をしますか。

1 デパートに　行く。
2 家に　帰る。
3 ぎゅうにゅうを　買う。
4 バターを　買う。

7번

전화로 남자와 여자가 이야기하고 있습니다. 남자는 이 후에 무엇을 합니까?

여: 여보세요? 아직 백화점이야?

남: 이제 나갈 참이었는데. 살 거는 우유면 된 거지?

여: 다행이다. 응 우유. 그리고 미안한데, 버터도 사 와 주지 않을래?

남: 알겠어. 그런데 냉장고 아래쪽에 아직 개봉하지 않은 버터가 있는 걸 어제 봤는데…

여: 아 정말? 아 진짜네. 그럼 버터는 됐어.

남: 다른 거 필요한 것은 없어?

여: 다른 건 괜찮아. 고마워.

남자는 이 후에 무엇을 합니까?

1 백화점에 간다.
2 집에 돌아간다.
3 우유를 산다.
4 버터를 산다.

어휘 もしもし 여보세요 | まだ 아직 | デパート 백화점 | 出る 나가다 | 동사 사전형+ところだ ~할 참이다 | 牛乳 우유 | よかった 다행이다 | 悪い 나쁘다, 미안하다 | バター 버터 | ~てくれない ~해 주지 않을래? | 分かる 알다 | でも 그런데 | 冷蔵庫 냉장고 | 方 쪽 방향 | 開ける 열다 | 昨日 어제 | 本当だ 진짜다, 정말이다 | いいや 됐어 | 他に 이 외에 | 必要だ 필요하다

男の人と女の人が話しています。二人はこの後何をします か。

男: 今何時？

女: 6時だよ。ちょっと早く着いちゃったね。映画が始まる まであと1時間もあるよ。

男: 先にご飯食べようか？

女: 私あまりお腹空いてないんだ。それに映画見ながらポッ プコーン買って食べるんじゃないの？

男: ああ、それもそうだね。でも1時間はちょっと長い な…。

女: じゃ本屋に行くのはどう？映画館のとなりにあるじゃな い。

男: あ、いいね。買いたい本があったんだ。 じゃ、ご飯は映 画を見てから食べよう。

二人はこの後何をしますか。

1 映画を 見る。

2 ご飯を 食べる。

3 ポップコーンを 買う。

4 本屋に 行く。

남자와 여자가 이야기하고 있습니다. 두 사람은 앞으로 무엇을 합니까?

남: 지금 몇 시야?

여: 6시야. 조금 빨리 도착했네. 영화가 시작되기까지 앞으로 1시간이나 있어.

남: 먼저 밥 먹을까?

여: 나는 그다지 배가 고프지 않아. 게다가 영화 보면서 팝콘 사 먹을 거 아니야?

남: 아 그것도 그렇네. 그런데 1시간은 좀 기네.

여: 그럼, 서점에 가는 건 어때? 영화관 옆에 있잖아.

남: 아 좋네. 사고 싶은 책이 있었어. 그럼 밥은 영화 보고 나서 먹자.

두 사람은 앞으로 무엇을 합니까?

1 영화를 본다.

2 밥을 먹는다.

3 팝콘을 산다.

4 서점에 간다.

어휘 ちょっと 조금, 잠깐 | 早く 빨리 | 着く 도착하다 | 映画 영화 | 始まる 시작되다 | 先に 먼저 | ご飯 밥 | あまり~ない 그다지 ~ 않다 | お腹空く 배고프다 | 동사 ます형+ながら ~하면서 | ポップコーン 팝콘 | 長い 길다 | 本屋 서점 | 映画館 영화관 | とな り 옆 | ~てから ~하고 나서

もんだい2

もんだい２では、まず　しつもんを　聞いて　ください。
そのあと、もんだいようしを　見て　ください。読む　時
間が　あります。　それから　話を　聞いて、もんだいよ
うしの　１から４の　中から、いちばん　いい　ものを
一つ　えらんで　ください。

れい

男の学生と女の学生が話しています。二人はいつ買い物に
行きますか。
女:今日も授業のあとはアルバイトですか。
男:はい。月曜日から金曜日までしています。
女:いそがしいですね。いっしょに買い物に行きたかったで
　す。
男:今度の日曜日はいいですよ。土曜日は図書館へ行くけど。
女:じゃ、土曜日に電話します。
二人はいつ買い物に行きますか。

1　げつようび
2　きんようび
3　どようび
4　にちようび

문제2

문제2에서는 먼저 질문을 들으세요. 그 다음 문제용지를 봐 주
세요. 읽는 시간이 있습니다. 그리고 이야기를 듣고, 문제용지
의 1에서 4 중에서 가장 적당한 것을 하나 골라 주세요.

예

남학생과 여학생이 이야기하고 있습니다. 두 사람은 언제 쇼핑
을 갑니까?

여: 오늘도 수업 후에 아르바이트 해요?

남: 네, 월요일부터 금요일까지 하고 있어요.

여: 바쁘네요. 함께 쇼핑하러 가고 싶었어요.

남: 이번 주 일요일은 괜찮아요. 토요일은 도서관에 가지만….

여: 그럼, 토요일에 전화할게요.

두 사람은 언제 쇼핑을 갑니까?

1　월요일
2　금요일
3　토요일
4　일요일

男の留学生と女の留学生が話しています。女の留学生は日本のコンビニのどんなことが一番好きだと言っていますか。

女:ねえ、日本ってコンビニが本当におもしろいと思わない？

男:うんうん、日本のコンビニってどんな小さい街にもあるし、24時間やっているから便利だよね。

女:特に私が好きなのは、コンビニの食べ物なんだ。私の国のコンビニにはいつも同じものしか売ってないよ。

男:日本では毎日違うお弁当やパンやお菓子があるから、楽しいよね。

女:そうそう。

男:それにトイレもあるし、コピーをしたい時や荷物を送りたい時もコンビニに行けば全部できるんだよ。

女:日本の人達は一人暮らしをしている人が多くて、忙しくて時間がなくても簡単にものが買えるから、コンビニがこんなに便利になっているのかもね。

女の留学生は日本のコンビニのどんなことが一番好きだと言っていますか。

1　24時間　やって　いる　こと
2　色々な　食べものを　売って　いる　こと
3　トイレが　ある　こと
4　簡単に　ものが　買える　こと

남자 유학생과 여자 유학생이 이야기하고 있습니다. 여자 유학생은 일본 편의점의 어떤 점이 가장 좋다고 말하고 있습니까?

여: 있잖아. 일본은 편의점이 정말로 재미있다고 생각하지 않아?

남: 응 맞아. 일본 편의점은 어떤 작은 거리에도 있고, 24시간 하고 있는 곳도 있어서 편리하지.

여: 특히 내가 좋아하는 건 편의점 음식이야. 우리 나라 편의점에는 항상 똑 같은 것밖에 팔고 있지 않아.

남: 일본에서는 매일 다른 도시락과 과자가 있으니까 재미있어.

여: 맞아 맞아.

남: 게다가 화장실도 있고, 복사를 하고 싶을 때나 짐을 보내고 싶을 때에도 편의점에 가면 전부 할 수 있지.

여: 일본 사람들은 혼자서 사는 사람이 많고, 바빠서 시간이 없어도 간단히 물건을 살 수 있으니까 편의점이 이렇게 편리해지고 있는 걸지도 몰라.

여자 유학생은 일본 편의점의 어떤 점이 가장 좋다고 말하고 있습니까?

1　24시간 하고 있는 것
2　여러 가지 음식을 팔고 있는 것
3　화장실이 있는 것
4　간단히 물건을 살 수 있는 것

어휘　留学生 유학생｜コンビニ 편의점｜本当に 정말｜おもしろい 재미있다｜思う 생각하다｜好きだ 좋아하다｜どんな 어떤｜小さい 작은｜街 거리｜便利だ 편리하다｜特に 특히｜食べ物 음식｜同じ 같은｜～しか ~밖에｜売る 팔다｜毎日 매일｜違う 다르다｜お弁当 도시락｜パン 빵｜お菓子 과자｜楽しい 즐겁다｜トイレ 화장실｜コピー 복사｜～たい ~하고 싶다｜荷物 짐｜送る 보내다

2ばん

男の人と女の人が話しています。二人はどうすることにしましたか。

男：あれ、大丈夫？どこか具合でも悪いの？

女：熱があるのかな。何だか暑くて…。

男：いや、暑いのは僕もだよ。たぶんエアコンが壊れてるんじゃないかな。

女：本当？窓は閉まってるよね。

男：うん。下に電話して直してもらおう。

女：せっかく高いホテル予約したのに…。あと二日も泊まるから今キャンセルすることもできないし、部屋を変えてもらおう。

男：そうだね。

二人はどうすることにしましたか。

1　窓を　閉める。

2　エアコンを　直して　もらう。

3　ホテルを　キャンセルする。

4　部屋を　変えて　もらう。

2번

남자와 여자가 이야기하고 있습니다. 두 사람은 어떻게 하기로 했습니까?

남: 어? 괜찮아? 어딘가 몸 상태 안 좋아?

여: 열이 있는 걸까? 어쩐지 더워서…

남: 아니, 더운 건 나도 그래. 아마 에어컨이 고장난 것이 아닐까?

여: 진짜? 창문은 닫혀 있지?

남: 응. 아래에 전화해서 고쳐달라고 하자.

여: 모처럼 비싼 호텔을 예약했는데… 앞으로 이틀이나 묵으니 지금 취소도 할 수 없고, 방을 바꿔 달라고 하자.

남: 그래야지.

두 사람은 어떻게 하기로 했습니까?

1　창문을 닫는다.

2　에어컨을 고쳐달라고 한다.

3　호텔을 취소한다.

4　방을 바꿔 달라고 한다.

어휘 大丈夫だ 괜찮다 | どこか 어딘가 | 具合 몸 상태, 컨디션 | 悪い 나쁘다 | 熱 열 | 何だか 어쩐지 | 暑い 덥다 | たぶん 아마 | 壊れる 고장나다 | 窓 창문 | 閉まる 닫히다 | 자동사+ている ~해져 있다(상태) | 電話 전화 | 直す 고치다 | ~てもらう ~해 받다 | せっかく 모처럼 | 高い 비싸다 | ホテル 호텔 | 予約 예약 | 二日 이틀 | 泊まる 묵다 | キャンセル 취소 | できる 가능하다 | 部屋 방 | 変える 바꾸다

教室で先生が学生に話をしています。学生は来週の金曜日、どんなボランティアをしますか。

男: 来週の金曜日は、おじいさんやおばあさんがみんなで一緒に暮らしているところに行って、ボランティアをします。そこでできることには、ご飯を食べさせてあげたり、歌を歌ったり、ゲームをしたり、体を洗ってあげることなど、色々あります。来週の金曜日に私たちが行くのは午後12時なので、一緒に食事をしながらご飯を食べさせてあげることになりました。その後には、おじいさんおばあさんが、昔のゲームを私たちに教えてくれます。

学生は来週の金曜日、どんなボランティアをしますか。

1 ご飯を 食べさせる。
2 歌を 歌って あげる。
3 ゲームを 教えて あげる。
4 体を 洗って あげる。

3번

교실에서 선생님이 학생에게 이야기를 하고 있습니다. 학생은 다음 주 금요일 어떤 봉사를 합니까?

남: 다음주 금요일은 할아버지와 할머니가 다 같이 함께 살고 있는 곳에 가서 봉사를 합니다. 거기서 가능한 것으로는 식사를 드시게 하거나, 노래를 부르거나, 게임을 하거나, 몸을 씻겨 드리는 등 여러 가지 있습니다. 다음 주 금요일에 우리들이 가는 것은 오후 12시니까 같이 식사를 하면서 식사를 드시게 해 드리게 되었습니다. 그 후에는 할아버지 할머니께서 옛날 게임을 우리들에게 가르쳐 줍니다.

학생은 다음주 금요일 어떤 봉사를 합니까?

1 식사를 드시게 한다.
2 노래를 불러 드린다.
3 게임을 가르쳐 드린다.
4 몸을 씻겨 드린다.

어휘 来週 다음 주 | 金曜日 금요일 | おじいさん 할아버지 | おばあさん 할머니 | みんなで 다 같이 | 一緒に 같이, 함께 | 暮らす 살다 | ところ 곳, 장소 | ボランティア 자원 봉사(자), 볼런티어 | そこ 그 곳 | ご飯 밥 | ～させる 시키다 | あげる 주다 | ～たり ～하거나 | 歌 노래 | 歌う 노래 부르다 | ゲーム 게임 | 体 몸 | 洗う 씻다 | 色々だ 여러 가지다, 다양하다 | 昔 옛날 | 私たち 우리들 | 教える 가르치다

ラジオでアナウンサーが話しています。女の人が恋人にもらいたいプレゼントは、何が一番多いと言っていますか。

女:皆さんは、恋人に何をもらったら嬉しいですか。女の人100人に「恋人にもらいたいプレゼント」を聞いてみました。「服やかばん」が一番多いと思った人が多いかもしれませんが、50人の人が「手紙やカード」と、もっとも多く答えました。「服やかばん」がもらいたいという人は25人、「レストランでおいしい食事」がしたい人は15人でした。「花」がもらいたいという人も10人いましたよ。男のみなさん。彼女に何をあげればいいか、分かりましたか。

女の人が恋人にもらいたいプレゼントは、何が一番多いと言っていますか。

1 服や　かばん
2 手紙や　カード
3 おいしい　食事
4 花

라디오에서 아나운서가 말하고 있습니다. 여자가 애인에게 받고 싶은 선물은 무엇이 가장 좋다고 말하고 있습니까?

여: 여러분, 애인에게 무엇을 받으면 기쁩니까? 여자 100에게 '애인에게 받고 싶은 선물'을 물어봤습니다. '옷이나 가방'이 가장 많다고 생각한 사람이 많을지도 모르겠습니다만, 50명이 '편지나 카드'라고 가장 많이 대답했습니다. '옷이나 가방'을 받고 싶은 사람은 25명, '레스토랑에서 맛있는 식사'를 하고 싶다는 사람은 15명이었습니다.'꽃'을 받고 싶다고 한 사람도 10명 있었습니다. 남성분들, 여자 친구에게 무엇을 주면 좋을지 알겠습니까?

여자가 애인에게 받고 싶은 선물은 무엇이 가장 좋다고 말하고 있습니까?

1 옷이나 가방
2 편지나 카드
3 맛있는 식사
4 꽃

어휘　皆さん 여러분 | 恋人 애인 | もらう 받다 | 嬉しい 기쁘다 | 女の人 여자 | ~たい ~하고 싶다 | 聞く 묻다, 듣다 | ~てみる ~해 보다 | 服 옷 | かばん 가방 | 多い 많다 | ~かもしれない ~일지도 모른다 | 手紙 편지 | カード 카드 | もっとも 가장 | 答える 대답하다 | レストラン 레스토랑 | おいしい 맛있다 | 食事 식사 | 花 꽃 | 男 남자 | 彼女 여자친구, 그녀 | 分かる 알다

日本語学校で先生が話しています。明日の午後2時からは何があると言っていますか。

女:皆さん、明日は「日本語大会」のイベントがある日ですね。スケジュールをお知らせします。まず午前10時には「スピーチ大会」を2時間します。そしてそれが終わったら、12時からは好きな日本料理を作って、みんなで食べます。この時、先生たちにも皆さんの料理を食べてもらいます。これは「料理大会」です。これも2時間します。そしてその後、前のイベントの時は「歌大会」をしましたが、今回はそうじゃなくて、「クイズ大会」をします。時間は1時間くらいかかる予定です。3つの大会をして、誰が一番ポイントが高かったか、最後に結果を発表します。皆さん、頑張りましょう。

明日の午後2時からは何があると言っていますか。

1 スピーチ大会
2 料理大会
3 歌大会
4 クイズ大会

일본어 학교에서 선생님이 말하고 있습니다. 내일 오후 2시부터는 무엇이 있다고 말하고 있습니까?

여: 여러분, 내일은 '일본어 대회'이벤트가 있는 날이지요. 스케줄을 알려드립니다. 우선 오전 10시에는 '스피치 대회'를 2시간합니다. 그리고 그것이 끝나면 12시부터는 좋아하는 일본 요리를 만들어서 다같이 먹습니다. 이때, 선생님들에게도 여러분의 음식을 먹어보게 합니다. 이것은 '요리대회' 입니다. 이것도 2시간입니다. 그리고 그 후, 예전 이벤트 때에는 '노래 대회'를 했습니다만, 이번에는 그렇지 않고 '퀴즈 대회'를 합니다. 시간은 1시간정도 걸릴 예정입니다. 세 개의 대회를 하고, 누가 가장 포인트가 높은지 마지막으로 결과를 발표합니다. 여러분 힘냅시다.

내일 오후 2시부터는 무엇이 있다고 말하고 있습니까?

1 스피치 대회
2 요리 대회
3 노래 대회
4 퀴즈 대회

어휘 皆さん 여러분 | 大会 대회 | イベント 이벤트 | スケジュール 스케쥴 | お知らせ 알림 | まず 우선 | スピーチ 스피치 | そして 그리고 | 終わる 끝나다 | 好きだ 좋아하다 | 料理 요리 | 作る 만들다 | 先生 선생님 | ~てもらう ~해 받다 | 歌 노래 | 今回 이번 | クイズ 퀴즈 | かかる 걸리다 | 誰 누구 | 一番 가장 | ポイント 포인트 | 高い 높다 | 最後 마지막 | 結果 결과 | 発表 발표 | 頑張る 분발하다, 힘내다

6ばん

学校の会議で男の学生が話しています。男の学生が言いたいことは何ですか。

男: 僕たちのクラブの名前は、「山登りクラブ」です。しかし僕たちは、実は山を登ることだけじゃなくて、他にも色々なことをしています。例えば森の中でハイキングをしたり、公園に木を植えたり、川でボートに乗ったりもします。だから僕たちのクラブは、これから「アウトドアクラブ」にしたらどうでしょうか。そうすることでこれからこのクラブに入りたい人がどんなクラブか、もっとよくわかると思います。

男の学生が言いたいことは何ですか。

1 森で ハイキングを しましょう。
2 公園に 木を 植えましょう。
3 クラブの 名前を 変えましょう。
4 新しい メンバーを 探しましょう。

6번

학교 회의에서 남학생이 말하고 있습니다. 남학생이 말하고 싶은 것은 무엇입니까?

남: 우리 동아리 이름은 '등산 동아리'입니다. 그러나 우리들은 실제로는 산에 오르는 것뿐만 아니라 이 외에도 여러 가지를 하고 있습니다. 예를 들면 숲 속에서 하이킹을 하거나, 공원에 나무를 심거나, 강에서 보트를 타거나 하기도 합니다. 때문에 우리 동아리는 앞으로 '아웃도어 동아리'로 하면 어떨까요? 그렇게 하면 앞으로 이 동아리에 들어오고 싶은 사람이 어떤 동아리인지 더 잘 알 수 있을 것이라고 생각합니다.

남학생이 말하고 싶은 것은 무엇입니까?

1 숲에서 하이킹을 합시다.
2 공원에 나무를 심읍시다.
3 동아리 이름을 바꿉시다.
4 새로운 맴버를 찾읍시다.

어휘 クラブ 동아리 | 名前 이름 | 山登り 등산 | しかし 그러나 | 実は 실은, 실제로는 | 山 산 | 登る 오르다 | ~だけじゃなくて ~뿐만 아니라 | 他 이 외 | 色々だ 여러 가지다, 다양하다 | 例えば 예를 들면 | 森 숲 | ハイキング 하이킹 | 公園 공원 | 植える 심다 | ~たり ~하거나 | 川 강 | ボート 보트 | ~に乗る ~을 타다 | だから 때문에 | これから 앞으로, 이제부터 | 入る 들어가(오)다 | ~たい ~하고 싶다 | もっと 더, 더욱 | 分かる 알다 | 思う 생각하다

学校で先生が話しています。山口君は何がしたいと言っていますか。

女：おはようございます。今日から皆さんと一緒に勉強することになる新しい学生がもうすぐ来ます。名前は山口君です。最近、福岡からこの東京に引っ越してきました。小さい頃に一度東京に住んでいたことがあるそうです。山口君はサッカーを見ることとゲームが好きで、バンドクラブに入って歌が歌いたいそうです。皆さん、仲良くしてあげてくださいね。…あ、来ましたね。じゃあ山口君、教室に入って挨拶をしてください。

山口君は何がしたいと言っていますか。

1 東京に　住みたい。

2 サッカーが　したい。

3 ゲームが　したい。

4 歌が　歌いたい。

학교에서 선생님이 이야기하고 있습니다. 야마구치 군은 무엇을 하고 싶다고 말하고 있었습니까?

여: 안녕하세요. 오늘부터 여러분과 함께 공부하게 된 새로운 학생이 곧 옵니다. 이름은 야마구치 군입니다. 최근에 후쿠오카에서 이 곳 도쿄로 이사를 왔습니다. 어렸을 때, 한 번 도쿄에 살았던 적이 있다고 합니다. 야마다 군은 축구를 보는 것과 게임을 좋아하고, 밴드에 들어가서 노래를 불러보고 싶다고 합니다. 여러분 사이 좋게 지내세요. 아, 왔네요. 그럼 야마다 군, 교실로 들어와서 인사를 해 주세요.

야마구치 군은 무엇을 하고 싶다고 말하고 있었습니까?

1 도쿄에서 살고 싶다.

2 축구가 하고 싶다.

3 게임을 하고 싶다.

4 노래를 부르고 싶다.

어휘 皆さん 여러분 | 一緒に 함께, 같이 | 勉強 공부 | 新しい 새롭다 | 学生 학생 | もうすぐ 곧 | 名前 이름 | 最近 최근 | 福岡 후쿠오카 | 東京 도쿄 | 引っ越し 이사 | 小さい頃 어렸을 적 | 一度 한번 | 住む 살다 | ~たことがある ~한 적이 있다 | サッカー 축구 | とか ~라든가 | ゲーム 게임 | 好きだ 좋아하다 | バンドクラブ 밴드 | 入る 들어가(오)다 | 歌 노래 | 歌う 노래 부르다 | 동사 ます형+そうだ ~인 것 같다 | 仲良い 사이 좋다 | ~てあげる (내가 남에게)~해 주다 | 教室 교실 | 挨拶 인사

もんだい3

もんだい3では、えを 見ながら しつもんを 聞いて ください。➡(やじるし)の 人は 何と 言いますか。 1 から 3の 中から、 いちばん いい ものを 一つ えらんで ください。

れい

昔の友達に会いました。何といいますか。

男: 1　いってらっしゃい。

　　 2　ひさしぶりですね。

　　 3　おかえりなさい。

문제3

문제3에서는 그림을 보면서 질문을 들어주세요. ➡ (화살표)의 사람은 뭐라고 말합니까? 1에서 3 중에서 가장 알맞은 것을 하나 골라 주세요.

예

옛날 친구를 만났습니다. 뭐라고 말합니까?

남: 1　다녀오세요.

　　 2　오랜만이네요.

　　 3　어서 오세요.

1ばん

友達の携帯電話に電話が来ました。何と言いますか。

男: 1　電話番号教えてくれない？

　　 2　電話が鳴っているよ。

　　 3　電話をかけてみたら？

1번

친구의 휴대전화로 전화가 왔습니다. 뭐라고 말합니까?

남: 1　전화번호를 알려주지 않을래?

　　 2　전화가 울리고 있어.

　　 3　전화를 걸어보면 (어때)?

어휘　携帯電話 휴대전화 | 電話番号 전화번호 | 教える 알려주다 | 鳴る (벨이) 울리다 | かける 걸다 | ~てみる ~해 보다

2ばん

友達がテレビを消すのを忘れています。何と言いますか。

男:1 **テレビがついたままだよ。**

2 テレビをつけておいてね。

3 テレビが消えているよ。

2번

친구가 TV를 끄는 것을 잊고 있습니다. 뭐라고 말합니까?

남: 1 **TV가 켜진 채로 있어.**

2 TV 켜 둬.

3 TV 꺼져 있어.

어휘 友達 친구 | テレビ 텔레비전, TV | 消す 끄다 | 忘れる 잊다, 깜빡하다 | ~たまま ~한 채 | つける 켜다 | ~ておく ~해 두다 | 消える 꺼지다 | 자동사 + ている ~해 있다(상태)

3ばん

パソコンの使い方が分かりません。何と言いますか。

女:1 これを使えばいいですか？

2 とても使いやすいですね。

3 **どうやって使うんですか？**

3번

컴퓨터 사용법을 모릅니다. 뭐라고 말합니까?

여: 1 이것을 사용하면 됩니까?

2 매우 사용하기 쉽네요.

3 **어떻게 사용합니까？**

어휘 使う 사용하다 | いい 좋다 | とても 매우 | ~やすい ~하기 편하다 | どうやって 어떻게

4ばん

会議に遅刻してしまいました。何と言いますか。

男:1 申し訳ありません。

2 かしこまりました。

3 とんでもありません。

어휘 会議 회의 | 遅刻 지각

4번

회의에 지각해 버렸습니다. 뭐라고 말합니까?

남: 1 죄송합니다.

2 알겠습니다.

3 당치도 않습니다.

5ばん

友達がおいしそうなパンを食べています。何と言いますか。

女:1 私が買ってこようか？

2 それ、どこで買えるの？

3 どの店で買うつもり？

어휘 友達 친구 | おいしい 맛있다 | ~そうな ~인 것 같은 | パン 빵 | 買う 사다 | ~てくる ~해 오다 | どこ 어디 | どの 어느 | 店 가게 | つもり 예정

5번

친구가 맛있어 보이는 빵을 먹고 있습니다. 뭐라고 말합니까?

여: 1 내가 사 올까?

2 그거 어디서 살 수 있어?

3 어느 가게에서 살 생각이야?

もんだい4
もんだい4では、えなどが　ありません。まず　ぶんを　聞いて　ください。それから、そのへんじを　聞いて、1から3の　中から、いちばん　いい　ものを　一つ　えらんでください。

문제4

문제4에서는 그림 등이 없습니다. 먼저 문장을 들으세요. 그리고 그 대답을 듣고 1에서 3 중에서 가장 적당한 것을 하나 고르세요.

れい

女:きょうは　なんようびですか。

男:1　あさってです。

　　2　とおかです

　　3　きんようびです。

예

여: 오늘은 무슨 요일이에요?

남: 1　내일 모레입니다.

　　2　10일입니다.

　　3　금요일입니다.

1ばん

男:先生、ここの部分をちょっと教えてもらえませんか。

女:1　そうですか、頑張ってください。

　　2　はい、どこですか。

　　3　それはあげられませんね。

1번

남: 선생님 여기 부분을 좀 알려주시지 않겠습니까?

여: 1　그렇습니까? 힘내세요.

　　2　네, 어디입니까?

　　3　그것은 줄 수 없네요.

어휘　先生 선생님 ǀ 部分 부분 ǀ ちょっと 좀, 잠시 ǀ 教える 가르치다 ǀ ~てもらえませんか ~해 주시지 않겠습니까? ǀ 頑張る 분발하다, 힘내다 ǀ どこ 어디

2ばん

女:田中さん、頼んでおいた資料はもうできましたか。

男:1　はい、さっき終わりました。

　　2　はい、することができます。

　　3　いいえ、まだ来ていません。

2번

남: 다나카 씨, 부탁한 자료는 다 되었습니까?

여: 1　네, 방금 끝났습니다.

　　2　네, 할 수 있습니다.

　　3　아니요, 아직 오지 않았습니다.

어휘　頼む 부탁하다 ǀ ~ておく ~해 두다 ǀ 資料 자료 ǀ もう 이미, 벌써 ǀ できる 다 되다 ǀ さっき 방금 ǀ 終わる 끝나다 ǀ まだ 아직 ǀ 来る 오다

3ばん

女: ヨガの教室にはいつ通っているんですか？

男: 1 毎週木曜日の6時からです。

　　2 全部で3週間通いました。

　　3 とても疲れますが楽しいです。

어휘 ヨガ 요가 | 教室 교실 | いつ 언제 | 通う 다니다 | 毎週 매주 | 木曜日 목요일 | 全部で 전부해서 | とても 매우 | 疲れる 지치다 | 楽しい 즐겁다

3번

여: 요가 교실에는 언제 다니고 있습니까?

남: 1 매주 목요일 6시부터입니다.

　　2 전부해서 3주간 다녔습니다.

　　3 매우 힘들지만 즐겁습니다.

4ばん

男: 一度私のブログにある写真を見に来てください。

女: 1 私はまだブログをしていません。

　　2 じゃあ、アドレスを教えてください。

　　3 とてもいい写真ですね。

어휘 一度 한번 | ブログ 블로그 | 写真 사진 | ～てください ~해 주세요 | アドレス 주소 | 教える 가르치다 | いい 좋다

4번

남: 한번 내 블로그에 있는 사진을 보러 와 주세요.

여: 1 나는 아직 블로그를 하고 있지 않습니다.

　　2 그럼 주소를 알려 주세요.

　　3 매우 좋은 사진이네요.

5ばん

男: お客様、ステーキはどのように召し上がりますか？

女: 1 よく焼いてください。

　　2 ワインでお願いします。

　　3 いいえ、肉は好きじゃありません。

어휘 お客様 손님 | ステーキ 스테이크 | どのように 어떻게 | 召し上がる 드시다 | よく 잘, 자주 | 焼く 굽다 | ～てください ~해 주세요 | ワイン 와인 | お願いします 부탁합니다 | 肉 고기 | 好きだ 좋아하다

5번

남: 손님, 스테이크는 어떻게 드십니까?

여: 1 잘 구워 주세요.

　　2 와인으로 부탁합니다.

　　3 아니요, 고기는 좋아하지 않습니다.

6ばん

女: 魚屋さん、この魚、ちょっと高くないですか？

男: 1 じゃあ、ちょっと高くしますよ。

　　2 じゃあ、もう少し安くしますよ。

　　3 じゃあ、もっと低い魚にしますよ。

어휘 魚屋さん 생선가게 주인 | 魚 물고기 | ちょっと 좀, 잠시 | 高い 비싸다, 높다 | 少し 조금 | 安い 저렴하다 | 低い 낮다

6번

여: 사장님, 이 생선 조금 비싸지 않나요?

남: 1 그럼, 조금 비싸게 해 드릴게요.

　　2 그럼, 조금 싸게 해 드릴게요.

　　3 그럼, 더 낮은 물고기로 할게요.

7ばん

男: あ、その辞書あとでまた使うから、置いておいて。

女: 1 すぐに片付けますね。

2 じゃあ、そのままにしておきます。

3 私はもう使いません。

7번

남: 아, 그 사전 이따가 다시 사용할 거니까 놔 둬.

여: 1 바로 정리할게요.

2 그럼 그대로 둘게요.

3 나는 이제 안 써요.

어휘 辞書 사전 | あとで 나중에, 이따가 | また 다시 | 使う 사용하다 | 置く 두다 | すぐに 바로, 곧장 | 片付ける 다시 | そのまま 그대로 | ~ておく ~해 두다 | もう 벌써, 이제

8ばん

女: 温かいコーヒーはいかがですか？

男: 1 じゃあ、いただきます。

2 私は寒くないですよ。

3 ちょっと苦いですね。

8번

여: 따뜻한 커피는 어떻습니까?

남: 1 그럼, 마시겠습니다.

2 나는 춥지 않아요.

3 조금 쓰네요.

어휘 温かい 따뜻하다 | コーヒー 커피 | いかが 어떻다 | いただきます 잘 마시겠습니다, 잘 먹겠습니다 | 寒い 춥다 | ちょっと 조금, 잠시 | 苦い 쓰다

にほんごのうりょくしけん かいとうようし

N4

げんごちしき(もじ・ごい)

じゅけんばんごう
Examinee Registration
Number

なまえ
Name

もじ・ごい

もんだい 1

1	①	②	③	④
2	①	②	③	④
3	①	②	③	④
4	①	②	③	④
5	①	②	③	④
6	①	②	③	④
7	①	②	③	④
8	①	②	③	④
9	①	②	③	④

もんだい 2

10	①	②	③	④
11	①	②	③	④
12	①	②	③	④
13	①	②	③	④
14	①	②	③	④
15	①	②	③	④

もんだい 3

16	①	②	③	④
17	①	②	③	④
18	①	②	③	④
19	①	②	③	④
20	①	②	③	④
21	①	②	③	④
22	①	②	③	④
23	①	②	③	④
24	①	②	③	④
25	①	②	③	④

もんだい 4

26	①	②	③	④
27	①	②	③	④
28	①	②	③	④
29	①	②	③	④
30	①	②	③	④

もんだい 5

31	①	②	③	④
32	①	②	③	④
33	①	②	③	④
34	①	②	③	④
35	①	②	③	④

にほんごのうりょくしけん かいとうようし

N4

げんごちしき(ぶんぽう)・どっかい

じゅけんばんごう
Examinee Registration
Number

なまえ
Name

<ちゅうい Notes>

1. くろい えんぴつ(HB、No.2)で かいて ください。
   (ペンや ボールペンでは かかないで ください。)
   Use a black medium soft (HB or No.2) pencil.
   (Do not use any kind of pen.)

2. かきなおす ときは、けしゴムで きれいに けして ください。
   Erase any unintended marks completely.

3. きたなく したり、おったり しないで ください。
   Do not soil or bend this sheet.

4. マークれい Marking examples

よい れい Correct Example	わるい れい Incorrect Examples
●	⊘ ⊖ ⊕ ⊕ ◑ ◒

ぶんぽう・どっかい

もんだい 1

1	①	②	③	④
2	①	②	③	④
3	①	②	③	④
4	①	②	③	④
5	①	②	③	④
6	①	②	③	④
7	①	②	③	④
8	①	②	③	④
9	①	②	③	④
10	①	②	③	④
11	①	②	③	④
12	①	②	③	④
13	①	②	③	④
14	①	②	③	④
15	①	②	③	④

もんだい 2

16	①	②	③	④
17	①	②	③	④
18	①	②	③	④
19	①	②	③	④
20	①	②	③	④

もんだい 3

21	①	②	③	④
22	①	②	③	④
23	①	②	③	④
24	①	②	③	④
25	①	②	③	④

もんだい 4

26	①	②	③	④
27	①	②	③	④
28	①	②	③	④
29	①	②	③	④

もんだい 5

30	①	②	③	④
31	①	②	③	④
32	①	②	③	④
33	①	②	③	④

もんだい 6

34	①	②	③	④
35	①	②	③	④

にほんごのうりょくしけん かいとうようし

N4

ちょうかい

じゅけんばんごう
Examinee Registration
Number

なまえ
Name

<ちゅうい Notes>
1. <ろい えんぴつ(HB、No.2)で かいて ください。
   (ペンや ボールペンでは かかないで ください。)
   Use a black medium soft (HB or No.2) pencil.
   (Do not use any kind of pen.)
2. かきなおす ときは、けしゴムで きれいに けして ください。
   Erase any unintended marks completely.
3. きたなく したり、おったり しないで ください。
   Do not soil or bend this sheet.
4. マークれい Marking examples

よい れい Correct Example	わるい れい Incorrect Examples
●	⊘ ⊗ ◯ ◍ ⊖ ⊕

ちょうかい

もんだい 1

れい	①	②	●	④
1	①	②	③	④
2	①	②	③	④
3	①	②	③	④
4	①	②	③	④
5	①	②	③	④
6	①	②	③	④
7	①	②	③	④
8	①	②	③	④

もんだい 2

れい	①	②	③	●
1	①	②	③	④
2	①	②	③	④
3	①	②	③	④
4	①	②	③	④
5	①	②	③	④
6	①	②	③	④
7	①	②	③	④

もんだい 3

れい	①	●	③
1	①	②	③
2	①	②	③
3	①	②	③
4	①	②	③
5	①	②	③

もんだい 4

れい	①	②	●
1	①	②	③
2	①	②	③
3	①	②	③
4	①	②	③
5	①	②	③
6	①	②	③
7	①	②	③
8	①	②	③

にほんごのうりょくしけん かいとうようし

N4

げんごちしき(もじ・ごい)

じゅけんばんごう
Examinee Registration
Number

なまえ
Name

<ちゅうい Notes>

1. くろい えんぴつ(HB、No.2)で かいて ください。
   (ペンや ボールペンでは かかないで ください。)
   Use a black medium soft (HB or No.2) pencil.
   (Do not use any kind of pen.)

2. かきなおす ときは、けしゴムで きれいに けして
   ください。
   Erase any unintended marks completely.

3. きたなく したり、おったり しないで ください。
   Do not soil or bend this sheet.

4. マークれい Marking examples

よい れい Correct Example	わるい れい Incorrect Examples
●	⊘ ⊖ ○ ◑ ◐ ●

もじ・ごい

もんだい 1

1	①	②	③	④
2	①	②	③	④
3	①	②	③	④
4	①	②	③	④
5	①	②	③	④
6	①	②	③	④
7	①	②	③	④
8	①	②	③	④
9	①	②	③	④

もんだい 2

10	①	②	③	④
11	①	②	③	④
12	①	②	③	④
13	①	②	③	④
14	①	②	③	④
15	①	②	③	④

もんだい 3

16	①	②	③	④
17	①	②	③	④
18	①	②	③	④
19	①	②	③	④
20	①	②	③	④
21	①	②	③	④
22	①	②	③	④
23	①	②	③	④
24	①	②	③	④
25	①	②	③	④

もんだい 4

26	①	②	③	④
27	①	②	③	④
28	①	②	③	④
29	①	②	③	④
30	①	②	③	④

もんだい 5

31	①	②	③	④
32	①	②	③	④
33	①	②	③	④
34	①	②	③	④
35	①	②	③	④

にほんごのうりょくしけん かいとうようし

N4

げんごちしき（ぶんぽう）・どっかい

じゅけんばんごう
Examinee Registration
Number

なまえ
Name

ぶんぽう・どっかい

もんだい 1

1	① ② ③ ④
2	① ② ③ ④
3	① ② ③ ④
4	① ② ③ ④
5	① ② ③ ④
6	① ② ③ ④
7	① ② ③ ④
8	① ② ③ ④
9	① ② ③ ④
10	① ② ③ ④
11	① ② ③ ④
12	① ② ③ ④
13	① ② ③ ④

もんだい 2

14	① ② ③ ④
15	① ② ③ ④
16	① ② ③ ④
17	① ② ③ ④

もんだい 3

18	① ② ③ ④
19	① ② ③ ④
20	① ② ③ ④
21	① ② ③ ④
22	① ② ③ ④
23	① ② ③ ④
24	① ② ③ ④
25	① ② ③ ④

もんだい 4

26	① ② ③ ④
27	① ② ③ ④
28	① ② ③ ④
29	① ② ③ ④

もんだい 5

30	① ② ③ ④
31	① ② ③ ④
32	① ② ③ ④
33	① ② ③ ④

もんだい 6

| 34 | ① ② ③ ④ |
| 35 | ① ② ③ ④ |

실전 모의
테스트 1회

にほんごのうりょくしけん かいとうようし

N4

ちょうかい

じゅけんばんごう
Examinee Registration
Number

なまえ
Name

<ちゅうい Notes>
1. <ろい えんぴつ(HB、No.2)で かいて ください。
（ペンや ボールペンでは かかないで ください。）
Use a black medium soft (HB or No.2) pencil.
(Do not use any kind of pen.)

2. かきなおす ときは、けしゴムで きれいに けして
ください。
Erase any unintended marks completely.

3. きたなく したり、おったり しないで ください。
Do not soil or bend this sheet.

4. マークれい Marking examples

よい れい Correct Example	わるい れい Incorrect Examples
●	⊘ ⊙ ⊖ ◑ ⦸ ⊝

ちょうかい

もんだい 1

れい	①	②	●	④
1	①	②	③	④
2	①	②	③	④
3	①	②	③	④
4	①	②	③	④
5	①	②	③	④
6	①	②	③	④
7	①	②	③	④
8	①	②	③	④

もんだい 2

れい	①	②	③	●
1	①	②	③	④
2	①	②	③	④
3	①	②	③	④
4	①	②	③	④
5	①	②	③	④
6	①	②	③	④
7	①	②	③	④

もんだい 3

れい	①	②	●
1	①	②	③
2	①	②	③
3	①	②	③
4	①	②	③
5	①	②	③

もんだい 4

れい	①	②	●
1	①	②	③
2	①	②	③
3	①	②	③
4	①	②	③
5	①	②	③
6	①	②	③
7	①	②	③
8	①	②	③